Wilhelm Scherer

Vorträge und Aufsätze zur Geschichte des geistigen Lebens in Deutschland und Österreich

Wilhelm Scherer

Vorträge und Aufsätze zur Geschichte des geistigen Lebens in Deutschland und Österreich

ISBN/EAN: 9783743675865

Hergestellt in Europa, USA, Kanada, Australien, Japan

Cover: Foto ©ninafisch / pixelio.de

Weitere Bücher finden Sie auf **www.hansebooks.com**

Vorträge und Aufsätze

zur

Geschichte des geistigen Lebens

in

Deutschland und Oesterreich.

Von

Wilhelm Scherer.

———

Berlin.
Weidmannsche Buchhandlung.
1874.

Den lieben Freunden

Ottokar Lorenz

und

Marie Lorenz

in Wien.

Die Vorträge und Aufsätze, welche ich hier gesammelt vorlege, sind seit 1864 allmälich entstanden, zum Theil an verschiedenen Orten gedruckt, zum Theil jetzt neu geschrieben.

Ich hielt es für richtig, die Beziehung auf den Moment nicht zu verwischen, in welchem die Aufsätze verfaßt, die Vorträge gehalten wurden. Aber ich scheute mich nicht, Zusätze und Änderungen anzubringen, wo es die Sache zu erfordern schien. Für jede Einzelheit heute noch einzustehen, möchte ich mich trotzdem nicht verpflichten. Manches würde ich jetzt anders ausdrücken. Manches ist mir recht fremd geworden, ohne daß ich in der Lage war, die betreffenden Probleme neu durchzudenken.

Die ersten vier Arbeiten suchen in die Ursprünge und das Wesen unseres Volkes und seiner Litteratur einzudringen, großentheils im Anschluß an die Forschungen meines verehrten Lehrers Karl Müllenhoff. Die Nummern V bis X beschäftigen sich mit der geistigen Entwicklung meiner österreichischen Heimat. Der zehnte und elfte Aufsatz sind zwei Kleinigkeiten, die ich hier nur aufnahm, um eine Art Abschluß für die zweite Gruppe und einen passenden Übergang zur dritten zu gewinnen, welche in einer Reihe von Feuilletons Einzelheiten der deutschen Litteraturgeschichte des achtzehnten und neunzehnten Jahrhunderts behandelt.

Straßburg, 16. August 1874.

W. Sch.

Inhalt.

		Seite
I.	Über den Ursprung der deutschen Nationalität	1
II.	Die Entdeckung Germaniens	21
III.	Die deutsche Spracheinheit	45
IV.	Über den Ursprung der deutschen Litteratur	71
V.	Über das Nibelungenlied	101
VI.	Das geistige Leben Österreichs im Mittelalter	124
VII.	Pater Abraham a Sancta Clara	147
VIII.	Franz Grillparzer	193
IX.	Zu Bauernfelds siebzigstem Geburtstag	308
X.	Unpolitische Glossen zu einem politischen Actenstücke	316
XI.	Mittelalter und Gegenwart	322
XII.	Zu Lessings „Nathan"	328
XIII.	Die deutsche Litteraturrevolution	337
XIV.	Friedrich Hölderlin	346
XV.	Caroline	356
XVI.	Friedrich Schleiermacher	373
XVII.	Otto Ludwigs Shakespearestudien	389
XVIII.	Moderne Legenden	397
XIX.	Die neue Generation	408
XX.	Ludwig Spach	415

Über den Ursprung der deutschen Nationalität.

Vortrag gehalten im Rathhaussaale zu Straßburg
am 25. Februar 1873.

I.

Zu Ende des vorigen Jahres ist ein Buch erschienen, das gewiß auf vielen Weihnachtstischen gelegen hat und ohne Zweifel auch in diesem Kreise gekannt und vielleicht geliebt wird.

Es war ein etwas seltsames und auffallendes Buch, auffallend durch den fremdartigen Titel, durch den Verfasser, durch den Plan, durch die Sprache, durch die Zumuthungen, die es an den Leser stellte.

Ein längst beliebter Dichter, der seine schönsten Erfolge der Energie zu danken hatte, mit der er die Stoffe der Wirklichkeit zu ergreifen wußte, die Stoffe welche das deutsche Leben unmittelbar an die Hand gab; ein Schriftsteller, der uns bald in das Comtoir, bald in die Landwirthschaft, bald in die Universitätskreise, bald an die Fürstenhöfe geführt hatte, immer aber durch seine Romane uns in der Gegenwart festhielt, — dieser Schriftsteller muthet uns plötzlich einen Gang zu in ferne Vergangenheit, in weit abliegende Verhältnisse, — er redet plötzlich eine andere Sprache, die allerdings deutsch ist, aber kein fließendes natürliches Deutsch, wie wir es gewohnt sind, wie es der Roman aus der feinsten Sprache des täglichen Lebens zu nehmen pflegt, sondern ein etwas gespreiztes, wir möchten fast sagen: affectirtes Deutsch. Es ist keine Zeile Conversationston darin. Alles geht auf Stelzen. Die Personen sind von einem ungeheuren Bewußtsein unnahbarer Würde durchtrungen. Sie scheinen alle Umwege zu machen, um das hervorzubringen, was — dünkt uns — weniger einfacher Worte bedurfte. Dabei drücken sie sich so ungelenk, massig, schwerfällig, manchmal sogar schwerverständlich aus.

Und doch liegt ein Zauber auf dem Buche, es offenbart sich eine Fülle der Poesie darin, der sich schwerlich Jemand ganz entziehen kann. Wir erhalten Einblick in eine Welt, die an sich selbst poetisch ist durch den Reichthum unverbrauchter Kraft, die Naivetät der Anschauung, die einfachen unverkünstelten Lebensverhältnisse. Wir glauben uns in das homerische Zeitalter versetzt. Und es ist auch ein homerisches Zeitalter, das Heldenalter unserer eigenen Nation. Und darauf beruht der gemischte Eindruck: es ist eine andere Zeit, es ist eine fremde Zeit, und doch ist es die eigene Volksindividualität, die wir empfinden, es ist unser eigenes Denken und Fühlen. Zwar ferne, aber doch verwandt. Zwar fremd, aber doch nahe.

Sie errathen, daß ich von dem neuesten Roman von Gustav Freytag spreche, und insbesondere von der ersten Erzählung, von „Ingo". Und ich habe mir erlaubt daran zu erinnern, weil Ihnen das Buch am besten eine Ahnung gibt von der Welt, in die ich Sie einführen will, und weil ich gerade den Punct hervorzuheben wünsche, auf welchem unsere Verwandtschaft, unser Bewußtsein, eins zu sein mit jener fernen Epoche, beruht.

Wenn ich versprochen habe, über den Ursprung der deutschen Nationalität zu reden, so erwarten Sie nicht, daß ich Ihnen eine Angabe machen werde über die Zeit, in welche dieser Ursprung fällt. Wir wissen die Zeit nicht. Unsere Vorfahren treten unter dem Namen der Germanen in die Geschichte. Da sind sie ein fertiges Volk, sie haben bereits ihre eigene Nationalität, die sie auf das bestimmteste von ihren Nachbarn unterscheidet, die von den Römern mit einer gewissen scheuen Ehrfurcht angeschaut und empfunden wird, nicht ohne die Ahnung, daß sie einer unberührten gewaltigen Kraft gegenüber ständen, der sie selbst schließlich erliegen würden. Die gerade Fortsetzung dieser germanischen Nationalität ist unsre deutsche, deren Ursprung also fällt in eine Zeit, an welche keine geschichtliche Ueberlieferung hinanreicht.

Wie denn aber dann — werden Sie fragen — wie können

wir gleichwohl etwas davon wissen? Welche Mittel haben wir, um unsre geschichtlichen Kenntnisse auszudehnen weit hinter alle überlieferte Kunde, hoch hinauf in eine Epoche, die mit Nacht und mit Dunkel bedeckt sein muß, in das kein geschaffenes Auge dringt?

Die Leuchte, welche das Dunkel erhellt, ist die Wissenschaft der Sprache.

Die Mythologie der alten Scandinavier erzählt von einer ungeheuren Esche. Das ist der größte und beste von allen Bäumen, seine Zweige breiten sich über die ganze Welt und reichen hinauf über den Himmel. Seine Wurzeln reichen hinab bis dahin, wo einst das Chaos war, und dahin, wo Nacht und Nebel herrscht, und unter einer dieser Wurzeln befindet sich eine Quelle, die Quelle gehört dem Riesen Mimir: Mimir d. i. Erinnerung.

Ein solcher Baum ist die Sprache. Sie ragt aus der fernsten Vergangenheit in die Gegenwart und wieder in die fernste Zukunft. Wenn wir nur tief genug zu graben verstehen, bis an ihre Wurzeln hin; da schöpfen wir aus Mimirs Brunnen: unvordenkliche Weisheit wird uns kund.

Die Sprache ist ein lebendes Archiv. Sie ist wie ein steinalter Greis, der die Jahrhunderte und Jahrtausende durchlebt hat, zahllose werthvolle Erinnerungen in sich aufsammelnd: aber schweigend. Plötzlich in unsern Tagen öffnet ihm deutsche Wissenschaft den Mund, und er beginnt zu reden. Wir staunen und hören und staunen wieder: den Geheimnissen der Welt kommen wir um einige Schritte näher.

Der Schatz der Wörter ist der Schatz der Begriffe, der Gedanken, der Anschauungen, Ideen, Empfindungen. Die vergleichende Sprachwissenschaft, die Erkenntnis der Gesetze, nach denen die Wörter entstehen, sich wandeln und vergehen, gibt uns die Mittel an die Hand den Wortschatz der alten Germanen wiederherzustellen. Er liegt vor uns wie ein offenes Buch, und wir lesen in der Seele des Volkes. Eine ganze versunkene Welt von Geistes- und Gemüthskräften erhebt sich aus den Grüften der Vorzeit. Oft genügt ein einziges Wort, und der volle Mensch steht vor mir in athmender Gestalt, ich kann ihm nachfühlen, mich in ihn hineindenken, ich sehe ihn leidend, ringend, kämpfend, vielleicht tief unglücklich, und doch

1*

wieder muthig und unverzagt, seines Zieles bewußt und auf das Eine, Große gerichtet, das ihn emporhebt über das Niedrige und Gemeine.

Unwillkürlich habe ich vorausgreifend das Bild des Germanen hingestellt, wie er mir erscheint, als den Typus des Idealisten. Aber kehren wir zu unserem Ausgangspuncte zurück und fragen wir: was lehrt die Sprachwissenschaft über den Ursprung der deutschen Nationalität?

Zunächst lehrt sie uns, daß die Germanen sich losgelöst haben aus einem größeren Volksverbande, dem einst die Kelten, Italer, Griechen, Thracier, Slaven, Scythen, kurz der größte Theil der europäischen Nationen, ferner die Perser und Inder angehörten. Die Sprachen dieser Völker stehen in einem so entschiedenen Zusammenhange, sie sind so nahe mit einander verwandt, daß sie nothwendig einmal Eine Sprache gebildet haben müssen. Diese Eine Sprache setzt Ein Volk voraus, das vermuthlich in Asien seinen Sitz hatte und von einem bestimmten Punct aus sich theils in Asien, theils nach Europa verbreitete. Man pflegt es das indogermanische oder arische Urvolk zu nennen.

Ueber den Culturzustand desselben sind wir durch die Wörter unterrichtet, welche der alten Sprache zugehörten. Die Arier hatten die unterste Stufe auf der Leiter der Bildung bereits überschritten. Sie waren kein Jäger-, kein Fischervolk mehr. Ja sie waren nicht einmal auf Viehzucht beschränkt. Es darf als gewiß angenommen werden, daß der erste Schritt zum Ackerbau bereits gemacht war, die Namen mehrerer Getreidearten, Weizen und Gerste, stimmen in jenen verwandten Sprachen überein. Alle haben dasselbe Wort für ackern, pflügen: und die Erde heißt das Pflugland. Man besaß Mühle und Mühlstein: das Getreide wurde mithin auch gemahlen. Kurz sie waren — nach der gangbaren Bezeichnung — Halbnomaden.

Diesem Volke also gehörten die Germanen an. Sie gehörten speciell zu jenem Theil der sich nach Europa abzweigte. Sie verhielten sich zu der Gesammtheit wie ein einzelner Stamm zur Nation. Wie die zwölf Stämme Israels aus Egypten zogen, so trieben jene Arier ihre Heerden nach Westen. Die Kelten zogen voran, ihnen folgten in zweiter Linie Italer und Germanen, den dritten Zug bildeten

Griechen, Thracier und Slaven. In dieser Marschordnung wanderten sie in Europa ein, und in derselben Vertheilung breiteten sie sich darüber aus und erkämpften ihren Weg. Noch heute entspricht die geographische Lagerung ungefähr jener alten Heeresordnung.

Als Halbnomaden kamen die Germanen nach Europa; als Halbnomaden occupirten sie das norddeutsche Territorium, ihre ältesten Wohnplätze. Als Halbnomaden finden wir sie aber auch noch in den Tagen des Cheruskerfürsten Arminius; als Halbnomaden schildert sie der edle Römer, der unserm Volke zuerst eingehende Aufmerksamkeit schenkte; als Halbnomaden stürzen sie sich auf das römische Weltreich. Und jene ungeheuere welthistorische Revolution, die wir die Völkerwanderung nennen, war offenbar nur darum möglich weil die Träger der revolutionären That noch eine ungeheuere Expansivkraft besaßen, weil die siegreichen Helden des Kampfes einer noch wandernden, einer noch nicht seßhaften Nation angehörten, — mit einem Worte: weil die Germanen noch halbe Nomaden waren.

Der Zustand der germanischen Volkswirthschaft hat sich also von den Zeiten ihrer Einwanderung in Europa bis zu den Zeiten der Völkerwanderung nicht wesentlich gehoben. Der Ackerbau blieb auf einer höchst unvollkommenen Stufe. Ein Fortschritt nach dieser Richtung hat nicht stattgefunden. Und doch muß gerade in die angegebene Epoche der Ursprung der deutschen Nationalität fallen. Die Germanen als ein Stamm der übrigen Europäer, und die Germanen als ein selbständiges Volk: das ist der Unterschied, auf den es ankommt, das ist der Schritt, den es zu erklären gilt. Es handelt sich darum: wie kam es, daß die Germanen aus einem Stamme, aus einem Volkstheile, selbst ein Volk, eine eigene Nation geworden sind? Welche Kraft hat über ihnen gewaltet, um ihnen den persönlichen Stempel aufzudrücken, mit welchem sie den Römern entgegentraten?

Ich glaube, wir haben die Erklärung zu suchen gerade in jener Stabilität unvollkommener volkswirthschaftlicher Zustände, verbunden mit der geographischen Lage des Volkes.

Hätten die Germanen eine große Steppe um sich gehabt, unbewohnt, leidlich fruchtbar, die ihnen Niemand streitig machte, so hätte ihr nationales Leben ruhig verfließen können, wie eine friedliche

Idylle. Es wäre eine Art vegetativen Daseins geworden. So aber sind die Germanen eingekeilt von allen Seiten zwischen andere, theils verwandte, theils unverwandte, jedenfalls aber ebenso jugendkräftige Stämme und Nationen. Im Westen und Süden die Kelten, im Osten die Slaven, im Norden die Finnen und Lappen. Das mußte ganz andere Consequenzen haben.

Es ist ein von der Wissenschaft bewiesenes Gesetz, daß die Menschen sich rascher vermehren, als ihre Nahrungsmittel. Für Alle ist nicht genug zu essen da. Auf den niederen Stufen der Cultur wird die rohe Kraft entscheiden, der Stärkere reißt mehr als das unbedingt zum Leben Nothwendige an sich, der Schwache wird umkommen. Dies ist der Streit um die Lebensbedürfnisse, welcher neuerdings unter dem Titel „Kampf ums Dasein" eine so große Berühmtheit erlangt hat. Und es ist die Beobachtung gemacht, daß das Anwachsen der Bevölkerung nirgends rascher vor sich geht als bei nomadischen und halbnomadischen Nationen. Wenn also diesen die Möglichkeit genommen ist, sich weiter auszubreiten und neues Terrain zu occupiren, so wird der Kampf ums Dasein eine große Heftigkeit erreichen. Sehen sie sich an den Grenzen zurückgewiesen, so werden sie gegen ihr eigenes Fleisch wüthen. Sie werden sich untereinander aufreiben, und Krieg und Streit wird ihr tägliches Geschäft.

So kam es bei den Germanen. Sie standen fortwährend gegen einander im Felde. Die Römer sahen mit Behagen zu, wie viel Kraft sich da verzehrte in inneren Fehden, wie in ewigem Auf und Nieder der Machtverhältnisse bald hier bald dort ein Clan vollständig verschwand und ausgetilgt wurde. Der ruhmreiche Sieger von gestern war der Besiegte von heute.

Die socialen Verhältnisse konnten nur fördernd einwirken. Der freie Germane lebt womöglich als Aristokrat. Das Hauswesen besorgt die Frau, Greise und Kinder oder weniger brauchbare Sclaven stehen ihr darin zu Seite. Die tüchtigen Sclaven erhalten eigene Wohnungen und sind nur zu Naturalzins verpflichtet. Das Haupt der Familie aber ist blos im Kriege ein thätiger Mensch, sonst lebt er träge, geht kaum einmal auf die Jagd, pflegt seinen Leib, schläft, betrinkt sich, spielt, wenn nicht seine öffentliche Pflicht ihn ruft zu Volksversammlung und Gericht.

Also einerseits eine große Erleichterung des Krieges, von dem keine häuslichen Pflichten abhalten. Andererseits bei wachsender Bevölkerung eine wachsende Nothwendigkeit des Krieges, falls man nicht zu intensiverer Bewirthschaftung des Bodens übergehen will. Das aber wird hinausgeschoben, so lange als irgend möglich, wie bei allen Nomaden und Halbnomaden.

Sie sehen wie hier Alles darauf hinwirkt, den Krieg zum eigentlichen Lebensinhalte des germanischen Mannes zu machen. Ja nicht blos des Mannes. Wir wissen, daß auch Frauen sich am Kampfe betheiligten; vollkommen gerüstet wie Männer stürzten sie sich mit in die Schlacht. Der Krieg ist für Männer wie Frauen der ideale Zustand, auf ihn spitzt sich die ganze Organisation des Volkes zu, den Krieg verherrlicht die Poesie, im Kriege werden die Götter gedacht, der Krieg wird selbst ein religiöses Geschäft.

Gestatten Sie mir, dies etwas näher auszuführen.

Es besteht eine feste Organisation des Staates, die ganz auf sofortige Mobilmachung berechnet ist. Nach der Zahl der Kämpfer haben wir Verbände zu zehn, hundert und tausend. Sie wohnen nach Familien und Geschlechtern beisammen, und in der Ordnung, in der sie wohnen, brechen sie zum Heere auf. Das ganze Volk ist eine gegliederte Armee in fortwährender Kriegsbereitschaft. Die stärksten Bande des Blutes halten diejenigen zusammen, welche, Schulter an Schulter gedrängt, in Einer Schaar kämpfen. Ja, als wäre es damit nicht genug, als reichten die natürlichen Verbände nicht aus, als bedürfte es einer außerordentlichen Steigerung des kriegerischen Geistes: so finden wir, daß zwischen dem Fürsten und seiner Hausgenossenschaft ein besonderes Dienstverhältniß existirt, das ganz auf den Krieg gestellt ist. Die vornehmsten Jünglinge sind um den Häuptling geschaart, sie wohnen im Frieden bei ihm, sie schlafen in seinem Hause, sie lagern um seinen Herd, sie essen an seinem Tische. Er vertheilt Gunst und Gnade unter sie. Er rüstet sie aus mit Roß und Schwert und Helm und Schild, mit Armringen und anderen Kleinoden. Die Halle, in der er sie um sich versammelt, heißt die Gabenhalle, er ist ihr Goldfreund, ihr

Schatzspender und Ringvertheiler. Es ist ein Wetteifer unter den Häuptlingen, wer das zahlreichste und tüchtigste Gefolge besitzt, darauf ist ihr Ansehen gegründet, weit umher bei allem Volk. Für seine Freigebigkeit aber sind die Genossen ihrem Herrn zu unbedingter persönlicher Ergebenheit verpflichtet. Sie schützen ihn mit Leib und Leben im Kampf. Wenn er unterliegt, wenn er fällt, so wäre es schmachvoll für den Krieger, lebend aus der Schlacht zu weichen. Sie sind ein lebendiger Wall, der den Fürsten umschließt.

Dieser Wall aber wird nur durch Reichthum gebaut, und die einzige Quelle des Reichthums ist Raub und Krieg. Der Reichthum ist nur für den Krieg bestimmt und wird nur durch den Krieg erworben. Der Krieg verzehrt, was er schafft. Er ist Anfang und Ende. Er spielt mit den Menschen. Sie sind für ihn da. Er gibt die höchste Lust und Wonne, er gibt die tiefste Schmach und die äußerste Noth.

Aller Besitz hat nur Werth durch die Beziehung auf ihn. Es gibt eine einzige Industrie, ein einziges selbständiges Handwerk: das treibt der Waffenschmied. Es gibt ein einziges geschätztes Erbstück, das vom Vater auf Sohn und Enkel übergeht: das ist das Schwert.

Die Götterwelt ist ein Spiegelbild der menschlichen. Das Gewaltige überwiegt darin und steigert sich bis zum Wilden und Ungeheuerlichen. Als Regel gilt, daß jeder Gott kriegerisch ist und Freude am Kampf hat. Sogar ganze Schaaren göttlicher Frauen treiben als Walküren das blutige Kriegshandwerk und sehnen sich immerfort nach Streit und Gefecht, hierin Abbild germanischer Frauen.

Die alten Arier besaßen einen Himmelsgott Namens Djaus. Er ist der Stammvater des griechischen Zeus, wie Er Blitze schleudernd, wie Er der Herrscher aller Götter. Bei den Germanen finden wir den Namen wieder. Aber er ist auf die Bedeutung des Kriegsgottes eingeschränkt. Jupiter ist zum Mars geworden.

Der Gott des Gewitters aber hat sich zu einer besonderen Gestalt ausgeprägt, er heißt Donar, der personificirte Donner. Er ist ein Riesentödter, ein Widersacher aller Unholde wie Hercules.

Der höchste Gott ist Wodan geworden, d. h. der Wüthende, der Gott des Sturmes und der stürmischen Bewegung. Er braust mit seinem Heere durch die Lüfte, unwiderstehlich niederreißend, wie der Sturm selber und wie der Germane in der Schlacht. Jene zauber-

volle geheimnißreiche Macht, welche vom Kriege ausgeht und dem
germanischen Edlen das Herz bezwingt, diese schaut er in Wodan an.
Wodan gibt und nimmt den Sieg. Er ist wie das ewige Schicksal
selber. Es packt, entrafft uns, wir wissen nicht wohin, wir wissen
nicht warum. Wodan leiht dem geliebten, bevorzugten Helden ein
Schwert, mit dem er siegreich ist in alle Wege, und plötzlich tritt
ihm mitten im Kampfgetümmel ein alter Mann entgegen mit breitem
Hut und grauem Mantel, einäugig, einen Speer in der Hand —
an diesem Speere bricht das Schwert in zwei Stücke, und der Sieg
weicht von ihm. Der alte Mann war Wodan.

Solche fatalistische Anschauungen sind allen niedrigen Cultur=
stufen gemeinsam. Civilisation bedeutet Herrschaft des Menschen über
die Natur, auf den frühesten Entwickelungsstufen der Nationen herrscht
umgekehrt die Natur über den Menschen. Die Art und Weise, wie
der Mensch sich dieser Abhängigkeit bewußt wird, das ist der Schick=
salsglaube. Er fühlt sich in der Gewalt überirdischer Mächte, ihrer
Willkür scheint er rettungslos verfallen, erschaffen ist er zu Glück oder
Unglück, er selbst kann nichts dazu thun.

Es ist aber bekannt, wie sehr eine fatalistische Religion beiträgt,
den kriegerischen Geist zu steigern. Mit und durch die Weltan=
schauung des Fatalismus haben sich die Anhänger Mohammeds die
halbe Erde unterworfen. Ja noch in viel späterer Zeit hat der ver=
wandte Gedanke der göttlichen Vorherbestimmung eine ganz wunder=
bar stählende und fanatisirende Macht erzeigt. Der kriegerische streit=
bare Geist der Calvinisten des sechszehnten und siebzehnten Jahrhun=
derts ist wesentlich aus dem Dogma der Prädestination entsprungen.

Die Germanen sind consequent. Sie dehnen die Anschauungen
des Fatalismus auf die Götter selbst aus. Auch sie werden einst
dem Schicksal erliegen. Wie der Germane um seine Existenz kämpft
und ein ringendes Dasein führt, ringend nicht durch Arbeit um das
tägliche Brod mit einem spröden Boden, sondern ringend in aufre=
genter Fehde um lockenden Besitz, den er in fremder Hand sieht,
entbehrt und begehrt, — oder vertheidigend seine eigene Habe gegen
begehrliche Gelüste der Nachbarn: so denkt er auch die Götter. Ihre
Herrschaft über die Welt steht nicht fest. Neidische feindliche Mächte
betrügen sie ohne Unterlaß. Davon erzählen freilich auch andere

Mythologien. Aber die griechischen Götter haben im Titanenkampf ihre Weltregierung ein für allemal gegen die Anfechtung geschützt und gesichert. Der griechische Titanenkampf ist ein längst vergangener. Der germanische Titanenkampf liegt in der Zukunft; es wird die Zeit kommen, wo verzehrendes Feuer über die Welt hereinbricht, die Riesen erheben sich gegen die Götter, in einer gewaltigen Hauptschlacht messen sie ihre Kräfte. Und nicht die Götter sind Sieger, sondern Götter und Riesen vernichten sich gegenseitig. Aber nach ihrem Falle wird eine neue Erde entstehen, sie hebt sich grün aus den Fluten, ein neues Weltalter beginnt unter friedlichen Göttern, dann ruhet der Streit.

Es ist ein Ausblick der Sehnsucht, wie in starkverfeinerten und hochcivilisirten Zeiten sich utopische Vorstellungen von idyllischer Einfachheit des Lebens entwickeln. Traurige und hoffnungsvolle Träume suchen in dem Nebel der Vergangenheit und Zukunft, was die Gegenwart misgönnt. Die Gegenwart des Germanen und seiner Götter gehört dem Hader und Streit. Wenn nicht Donar wäre, der große Riesentödter, so würden die Riesen alsbald im Olymp und auf der Erde die Uebermacht gewinnen. So haben auch die Himmlischen ihren Kampf ums Dasein.

Die schaffende Phantasie formt die Götter nach menschlichem Bilde. Aber die Vorstellungen von einer höhern Welt wirken zurück auf menschliches Sein und Handeln. Jene Empfindungen, deren man voll ist, die man in Wodan und die Walküren hineindichtet, die werden wieder gestärkt im Menschen, weil die Götter dafür Muster und Beispiel sind. Ein Ideal des Heldenthums wird ausgebildet, dessen Gehalt sich den Personennamen mittheilt. Der Name, den das Kind bekommt, soll ihm seine künftige Bestimmung vorzeichnen. Der Knabe soll wie ein Held werden, ein fester unerschütterlicher Mann, Hartmann; ein Kampfberühmter, Gundomar; ein Schützer durch den Sieg, Sigismund; ein willkommener (lang gewünschter, gern empfangener) Schutz und Schirm, Wilhelm. Das Mädchen soll wie eine Walküre werden, eine Kampfjungfrau, Hildeburg; eisengerüstet, Isanbirg; eine Schildkämpferin, Randgund, u. s. w.

Das Kriegsheer zieht aus wie eine Procession. Die heiligen Thierbilder und die Symbole der Götter sind Feldzeichen. Die Priester hand-

haben die Disciplin. Vor dem Beginne der Schlacht wird Donar, der
Riesentödter, besungen, und sein zorniges Wettergebrüll sucht man nach-
zuahmen. Klingt es laut und fürchterlich, so gilt dies als ein gutes
Zeichen. Man wartet nicht auf den Angriff: man greift selber an.

Die Taktik der Germanen — sagt der General von Peucker —
war stets und überall offensiv. Die Schlachtordnung war ein Dreieck
mit der Spitze voran, an dieser Spitze der Führer mit den Feldzeichen, die vordersten Linien streng geschlossen und mit Schilden gedeckt. Durchbrechung der feindlichen Schlachtlinie war der Zweck.
Im vollen Sturmlauf rannten sie heran, und der Anprall war von
furchtbarer Gewalt. Ihre ganze kriegerische Stimmung, ihre Schlacht-
wuth und Kampfgier war verbunden mit der bedeutenden mechanischen
Kraft, die solchen dichtgeschlossenen Massen innewohnt. Dazu kam
die Bewaffnung der Vordersten mit besonders langen Speeren und
die ungeheure physische Stärke, mit welcher diese Waffe geführt wurde.
Und das Ganze in der raschesten Bewegung, im vollen Lauf. Es
hatte etwas Unwiderstehliches. Sie selbst verglichen die Keile ihrer
Schlachtordnung, die sie in die feindlichen Reihen trieben, mit dem
Kopf eines Ebers, der wüthend einherstürmt.

II.

Was ist das für eine Welt in die wir hineinblicken mußten!
Wie rauh, bewegt und unruhvoll! Wie beängstigend und aufregend,
fast qualvoll für eine heutige Phantasie!

Als ich vor acht Tagen diesen Saal zum ersten Mal betrat, da
hatte ich keine Ahnung, daß das Erste, worauf mein Auge fallen
würde, Raphaels Parnaß wäre.*) Es war ein Eindruck, den ich
nie vergessen werde. Ich bin nicht in Rom gewesen. Zum ersten
Male habe ich diese erhabenen Gestalten, wenn ich so sagen darf,
leibhaftig vor mir gesehen, und ganz plötzlich, wie aus der Erde gestiegen. Immer und immer wieder mußte ich zu ihnen emporblicken, und
ich mußte an die Stelle des Plato denken, welche Raphael inspirirte,

---

*) Gegenüber der Thüre, durch die man in den großen Rathssaal eintritt,
befindet sich eine kolossale Tapete mit Raphaels Parnaß.

wo er die Dichter schildert, die gleich der Biene umherfliegen und von den Blumen saugen und aus gewissen Gärten und Thälern der Musen von honigströmenden Quellen uns ihre Lieder bringen — und so oft ich in diesen Tagen überlegte, wovon ich heute sprechen würde, immer stand dieser Homer vor mir und dieser Apollo und die Heiterkeit und Klarheit der olympischen Götter und das Sonnige der griechischen Poesie — und immer empfand ich es wie einen dumpfen schwülen Druck, wenn ich wieder in das Dunkel germanischer Wälder zurückkehrte an die Stätte des Ursprunges unsrer Nation.

Ein größerer Contrast ist nicht denkbar. Die Phantasie des germanischen Dichters schwebt nicht wie eine suchende sammelnde Biene über den Blumen der Wirklichkeit. Sein Auge schaut nicht groß und klar und ruhig und unbefangen in die Welt, wie das Auge Homers. Es blitzt darin ein unheimliches Feuer, eine wilde Leidenschaft, welche wie flackernde Lohe an die Dinge fliegt, die es beobachtet, um ihre Form und Farbe zu versengen und auch in ihnen den glühenden Funken der Seele zu suchen, welche in rastlosem Begehren ringt und sich müht, und im heißesten Kampfe am meisten genießt und den Gipfel des Lebensgefühls erklimmt, wo sie der Vernichtung am nächsten ist.

In jeder Zeile germanischer Poesie ist eine gleichmäßige Siedehitze der Empfindung. Ihr Wesen ist Leidenschaft.

Freilich was wir besitzen von solcher Poesie, das reicht nicht hinauf in die Ursprünge des Volkes. Aber wie ein Gesicht, das gewohnt ist, sich leidenschaftlich zu verzerren, zuletzt gleichsam starr wird in dem angenommenen Ausdruck: so erstarrt der Geist, aus welchem die deutsche Nationalität geboren wurde, in dem feststehenden Style der alten Poesie, der von den scandinavischen Schneebergen bis an die Nordabhänge der Alpen in gleicher Weise theils in ärmlichen Spuren, theils in reicher Entfaltung uns vorliegt.

Etwas von diesem Styl hat auch Freytag in seine Erzählung von Ingo hinübernehmen müssen, wollte er getreu schildern, wollte er seine Personen annähernd so reden lassen, wie sie wirklich geredet haben können.

Ein geistvoller College sagte neulich: „Das ginge ja beständig wie im Trabe vorwärts." Und verwundert fügte er hinzu: „Sind denn die Leute wirklich damals so gewesen?" Ich konnte nur erwidern:

soviel ich wüßte: allerdings. Man liest das in der That manchmal mit einer Empfindung, als ob man in kleinen stetig wiederholten Stößen, wie im Trab, emporgeworfen würde. Aber ebenso liest sich altgermanische Poesie.

Derjenige unter den modernen Schriftstellern, der zuerst die Leidenschaft ihren eigenen Dialekt sprechen ließ, Rousseau, drückt sich darüber so aus: „Die Leidenschaft, voll von ihr selber, ist mehr redselig als beredt. Das Herz, voll von einer überströmenden Empfindung, wiederholt immer dasselbe und wird nie fertig, es zu sagen, wie eine sprudelnde Quelle, die unaufhörlich fließt und sich niemals erschöpft."

Das ist nur halb richtig. Die Leidenschaft ist allerdings keiner Befriedigung fähig, alles Erreichte wird ihr nur Vorstufe zu neuem Erreichbaren sein. Sie wird daher nie fertig mit dem, was sie anstrebt: aber sie strebt immer nur auf Einen Punkt hin, und was nicht dieser ist, das läßt sie bei Seite; sie ist insofern sparsam. Der Redselige hat vielerlei zu sagen: der von Leidenschaft Ergriffene sagt nur Eins, dies aber oft und dringend.

So finden wir die germanische Poesie. Sie ist nicht ausführlich und nicht beredt. Sie befaßt sich nur mit den großen Hauptsachen und darin zeigt sie die Sparsamkeit der Leidenschaft. Es gilt schon von der altgermanischen Poesie, was Wilhelm Grimm in einem wunderschönen Bilde von dem Volkslied sagt: „Die Ereignisse stehen wie Berge neben einander, deren Gipfel nur beleuchtet sind."

Aber man muß hinzufügen: diese Gipfel, die beleuchtet sind, dahin scheint die Sonne mit einer intensiven Kraft, die fast verzehrend wirkt. „Die Sprache der Leidenschaft — bemerkt Otto Ludwig — ist eine Sprache, in der alle Gemüths-, Geistes- und Körperkräfte mitwirken, eine potenzirte, wie denn der Mensch, der ganze, sinnliche Mensch, in ihr potenzirt erscheint."

Dieses Potenzirte hat die germanische Poesie überall. In der Darstellung der Hauptsachen, die sie zur Behandlung auswählt, entwickelt sie eine Unermüdlichkeit, die offenbar davon herrührt, daß sie sich nicht genug thun kann. Der Dichter stellt einen bezeichnenden Ausdruck hin, im nächsten Augenblick scheint ihm dieser aber nicht bezeichnend genug, er sucht nach einem noch bezeichnenderen, aber auch wenn der gefunden, ist der Inhalt, den er in der Seele trägt, immer noch größer als was die Sprache vermag; das Bild, das er sich von dem Gegenstande macht, ist unausschöpflich, — und er geht zu einem anderen Gegenstande über, ohne daß er sich bei dem ersten genug gethan hätte. Man hat den Eindruck als ob der Dichter sich abmüht, einem ungeheueren Stoffe, wovon er ganz durchdrungen ist, annähernd zur Gestalt zu verhelfen.

Der nie befriedigte Drang, die Anschauungen und Begriffe, welche dem germanischen Lebensgehalte nach obenan stehen, in der Seele des Hörers zum Leben aufzurufen, hat für jede Hauptvorstellung eine Unzahl von gleichbedeutenden Wörtern geschaffen.. In der durchgeführten Häufung solcher gleichbedeutender Wörter besteht das charakteristische Merkmal unseres ältesten poetischen Styles.

Zum Beispiel: Ein Volkskönig ist gefallen im Kampfe. Sein Leichnam ist verbrannt, ins Grab gelegt, der Hügel aufgeschüttet. Die Edlen reiten um das Grab und beklagen ihn.

> In Kummer klagten sie, den König lobend,
> Hochgesang erhebend und von dem Helden redend.
> Sie verkündeten seine Kampfesgröße und seine Kraftwerke
> Priesen sie gewaltig: wie das passend ist
> Daß man den freundlichen Herrn feiere mit Worten
> Und in Liebe sein gedenke, wenn von dem Leibe fort
> Die Seel' im Tode sich trennen muß.
> So bejammerten die Gothenleute
> Des Herrschers Fall, die Herdgenossen.
> Sie sprachen, aller Weltenkönige sei in Wahrheit er
> Der mildeste und menschenfreundlichste,
> Den Mannen liebreichst und nach Lob und Ruhm begierigst.

Sie werden zugeben, in allen diesen vielen Worten haben Sie nichts gehört, als: die Ritter sangen und lobten den König als einen vollkommenen Helden. Mit verschiedenen Worten ist immer nur dasselbe gesagt. Des Dichters Gedanke scheint festgewurzelt auf dem einen Punct, wie ein Redner, der nicht weiter weiß, vorläufig das schon Gesagte wiederholt. Jener Dichter aber will gar nicht weiter, er thut der Tiefe seines Gefühles nur genug, indem er verweilt.

Grillparzer hat in einer Novelle einen alten Spielmann beschrieben, der auf seiner Violine immer nur Terzen und Quinten und andere consonirende Intervalle wiederholt, unablässig, unermüdlich, schwelgend in dem Wohllaut und ohne alles Bedürfniß eine ganze Melodie correct wiederzugeben. Ebenso schwelgt der germanische Dichter in der einen Vorstellung, die ihn gerade beherrscht.

Und nun vergleichen Sie mit dem angeführten Schlusse eines germanischen Heldengedichtes — vergleichen Sie damit den Schluß der Ilias: die Bestattung des Hector. Nur dritthalb Verse:

sie ordneten Sänger
Daß sie die Klag' anstimmten; und nun mit jammernden Tönen
Sangen sie Trauergesang, und rings nach seufzten die Weiber.

Wie viel mehr episches Nacheinander schon darin allein, wie viel mehr Bild und Anschauung, wie viel mehr Handlung. Und vollends wie Andromache klagt und dann Hekabe und dann Helena und wie die Gestalt des Gefallenen sich noch einmal aus ihren Klagen aufbaut, ein volles ganzes Menschenbild, das uns mit zahlreichen Zügen deutlich und lebendig wird: es ist eben ein total anderer Himmelsstrich der poetischen, der ästhetischen Weltanschauung.

Der Germane hat nur Interesse an dem Factum. Die Thatsache als solche genügt ihm zu seiner poetischen Erbauung, sie genügt ihm zur Entzündung der Phantasie. Er hat ein starkes Interesse daran, aber es ist ihm nur um die Wahrheit zu thun. Er will sie dem Zuhörer eindringlich sagen, aber nicht anschaulich, darum schlägt er immer auf denselben Fleck. Darum empfängt man einen Eindruck als ob man unaufhörlich gestoßen würde. Und der Eindruck ist stark, aber er ist ohne Form und Farbe, ohne den Reiz der verlaufenden, sich abspielenden Melodie. Wir hören die gewaltsame, die stockende und stotternde Rede der Leidenschaft. Ihr ist es nur um den factischen Gehalt ihrer Empfindung oder Anschauung zu thun, nicht um die Form.

Diese selbe ästhetische Weltanschauung der Germanen hat nun aber auch ihre Sprache ergriffen und umgestaltet. Sie hat nicht blos die Poesie beherrscht, sie beherrscht auch das Material der Poesie, das einzelne Wort.

Auch die Sprache ist ein Kunstwerk. In jedem einzelnen Wort unterscheiden wir zwischen Inhalt und Form. Eine Silbe des Wortes ist stets dem Inhalt, dem wichtigsten Element des Begriffes gewidmet. Die übrigen Silben dienen der Form und der Beziehung.

Das Wort Mensch hieß in unserer Sprache einst manniskàn. Da ist die erste Silbe, die Silbe man, für die Bedeutung weitaus die wichtigste; man heißt „denken", manniskàn ist „der Denkende". Diese Silbe aber, in welcher der Begriff des Denkens liegt, diese Hauptsilbe für den Inhalt, die wird im Germanischen betont. Während in anderen Sprachen der Ton bald auf dieser, bald auf jener Silbe ruhen kann, oder sich nach gewissen mechanischen Rücksichten auf einer bestimmten niedersetzt, heftet das Deutsche den Accent auf die Bedeutungssilbe fest. Die Sprache gibt ihre Ansicht über den Werth der Silben kund. Nur diese Bedeutungssilbe, die den Hauptbegriff enthält, ist ihr werthvoll. Alle andern sind gleichgiltig und werden vernachlässigt. So zwar, daß sie nach und nach gänzlich oder fast gänzlich dahin schwinden. Jenes manniskàn lautet heute Mensch. Das dreisilbige Wort ist ein einsilbiges geworden. Wo man in der ältesten Sprache gesagt hätte manniskànâm (das ist die zweite Endung der Mehrzahl), da sagt man heute Menschen. In manniskànâm, oder, wie es im achten Jahrhundert heißt, manniskôno, was für eine Fülle von Ton und Klang und Farbe: das alles verklungen und verblaßt, nur der kahle Begriff übrig gelassen. Und deutlich der ganze Proceß blos Wirkung des starken auf die Silbe man gelegten Accentes.

Da haben Sie das Accentuirte, das Potenzirte der leidenschaftlichen Rede auch im einzelnen Wort.

Dies aber ist sehr wichtig.

Auch das Germanische besaß einst einen freieren, einen weniger gewaltsamen, einen mehr musikalischen Accent, wie seine verwandten Sprachen, wie das Indische, wie das Griechische und all die anderen. Aber sämmtliche wichtigste Eigenthümlichkeiten der äußern Form, des Klanges, der Consonanten und Vocale, wodurch das Germanische sich von seinen Schwestersprachen unterscheidet, lassen sich darauf zurückführen, daß es jenen ursprünglichen Accent verlassen hat und ausschließlich die Silbe hervorhob, in welcher die Bedeutung sich am entschiedensten geltend macht. Die Hauptkraft, welche den Germanen eine eigene Sprache bildete, war mithin der veränderte Accent; es war die ausschließliche Werthschätzung des Gehaltes, die Vernachlässigung der Form.

Sie wissen nun wohl, daß mit Recht die Sprache für das wesentlichste Kennzeichen der Nationalität gehalten wird. Eine Sprache für sich, das heißt: ein Volk für sich.

Und nun blicken wir noch einmal zurück und lassen Sie mich fragen: ob nicht die Sprachwissenschaft das Dunkel, das über dem Ursprung unserer Nationalität ruht, einigermaßen aufgehellt hat, soweit es für jetzt möglich scheint.

Was haben wir gefunden?

Die Weltlage der Germanen, eingekeilt von allen Seiten, verbunden mit dem hartnäckig festgehaltenen halbnomadischen Culturzustand erhob den Krieg zur Leidenschaft dieses europäischen Stammes. Solche Leidenschaft wirkte als unumschränkt herrschende Macht über alle Gebiete des geistigen und materiellen Lebens, sie hat die Religion umgestaltet, sie hat die Poesie umgestaltet, sie hat die Wörter verwandelt, sie hat den Germanen ihre eigene Sprache geschaffen, sie hat aus dem europäischen Stamme eine selbständige Nation gemacht.

Aber wir sind noch nicht zu Ende. Wir sahen, welche Folgen der germanische Lebensgeist, den wir zergliederten, für die ästhetische Anschauung des Volkes, für Poesie und Sprache, gehabt hat. Wir müssen uns noch klar machen, welche sittlichen Folgen daran hängen.

Nicht ohne Absicht habe ich bisher stets nur von der Nationalität, nicht vom Nationalcharakter geredet. Wie wir bei der Beurtheilung des Einzelnen vom Charakter als der höchsten Kraft und höchsten Entfaltung des Sittlichen in ihm sprechen: so wollte ich auch in der Beurtheilung unseres Volkes den Charakter für das Gebiet der Ethik aufbehalten.

Erlauben Sie mir, daran zu erinnern, wie Hegel die Leidenschaft definirt.

Er versteht darunter, daß ein Subject das ganze lebendige Interesse seines Geistes, Talentes, Charakters, Genusses in Einen Inhalt gelegt habe.

Dieser eine Inhalt war für den Germanen der Krieg. Aber

sehen wir ab von dem Inhalte. Der Inhalt ist uns hier ganz gleichgiltig. Wir sehen nur auf die Form der sittlichen Gesinnung, auf die gänzliche Hingebung an Einen Gedankenkreis, durch den alles Andere wie durch eine helle fressende Flamme aufgezehrt wird. Jener Inhalt war temporär: diese Form ist geblieben.

Der Germane selbst wußte die Form sehr wohl von dem Inhalte zu scheiden. Er hat besondere Worte für die Gesinnung, die ich schilderte, und diese Worte drücken ihm den höchsten Begriff der Männlichkeit aus.

Das erste haben wir noch heute; es hat nur seine Bedeutung wesentlich verändert, aber doch nicht so, daß man nicht die Veränderung begriffe. Das Wort ist: einfalt. Einfalt ist für uns in Gegensatz zu vielseitiger Bildung getreten. Wir gebrauchen es lobend für die Einfachheit des Geistes und Gemüthes. Wir gebrauchen es tadelnd für die Beschränktheit des Blickes und des Urtheils. Für den alten Germanen bedeutet es „die Haltung des Gemüths, vermöge deren nur Ein Sinn, nur Ein Gedanke, nur Ein Wille das ganze Innere des Menschen erfüllt und beherrscht."

Das zweite Wort ist einhart. Gemeint ist das hartnäckige Ausharren, das felsenhafte Standhalten bei dem Einen, einmal Ergriffenen.

Diese Eigenschaft zu bewähren, hatten die alten Germanen reichlich Gelegenheit. Der heftige Kampf ums Dasein brachte große Schwankungen des Glückes. Erst im Unglück zeigt sich der Held in ganzer Größe. Seine Würde, sein Selbstgefühl, seine Hoheit der Empfindung, sein Vertrauen und sein hochgerichtetes Streben gibt er nie auf. Er bleibt einfalt, er bleibt einhart.

Mit Recht hat uns Freytag in seinem Ingo gerade einen solchen Helden vorgeführt. Wir treffen ihn heimatlos, verfolgt, seiner Genossen und Kriegsgesellen beraubt. Einen Augenblick lächelt ihm scheinbar das Glück. Zuletzt verschlingt ihn tragisches Verhängniß.

Die altgermanische Poesie hat eine Gabe, das Unglück darzustellen, die Heimatlosigkeit, die Einsamkeit, die Verlassenheit und Noth zu schildern, — welche manchmal von erschütternder Wahrheit ist.

Ich habe Sie auf das innige Treueverhältniß aufmerksam gemacht, das zwischen dem Häuptling und seinem Gefolge obwaltet. Ein solcher Gefolgsmann ist fern von der Heimat. Heimat aber, das ist die Halle, in der sie um den Herrn versammelt waren, das sind die liebreichen Genossen, der Jubel und Gesang beim Trunk, der den Saal durchtönt, und der Hochsitz, der Thron des Herrn, von dem er die Gaben vertheilt. Daran denkt der Wanderer in der Ferne am düstern Gestade. Wenn Schlaf und Sorge gesellt den armen Einsamen oftmals fesseln, so dünkt es ihn in träumendem Gemüthe, daß er seinen Herrn küsse und umarme und auf das Knie ihm lege die Hände und das Haupt, wie er manchmal früher in vergangenen Tagen sich zum Throne neigte. Er sucht die Genossen und redet sie an mit Jubel, eifrig sie überschauend. Doch der freundlose Mann erwacht, und vor sich sieht er die fahlen Wogen, sieht baden die Brandungsvögel und breiten ihre Federn, sieht sinken Schnee und Reif, gesellt dem Hagel; und der Herr und die Freunde — sie schwimmen hinweg mit den Wogen.

In einer ähnlichen Lage befindet sich Freytags Ingo, und wir begreifen nun den Jubel, mit welchem er die Schwertbrüder, die Kampfgenossen empfängt.

Aber die Nachempfindung des Unglücks in der altgermanischen Gesinnung geht noch viel weiter. Was gibt es trockeneres für unseren heutigen Geschmack, als einen Gesetzesparagraphen! Tiefe des Gefühls wird vielleicht manchen menschenfreundlichen Satzungen zum Grunde liegen. Aber Niemand wird erwarten, daß diese Empfindung selbst darin zu Worte kommt. In der Rechtssprache der Germanen war es anders. Hören Sie, wie ein friesisches Gesetz die Bedingung angibt, unter der das Vermögen eines vaterlosen Kindes angegriffen werden darf.

„Wenn das Kind ist stocknackt oder hauslos und dann die düstere Nacht und der eiskalte Winter über die Zäune scheint: so eilen alle Menschen in ihren Hof und in ihr Haus, und das wilde Thier sucht den hohlen Baum und der Berge Schlüfte, um darin sein Leben zu fristen. Da weint das unmündige Kind und bejammert seine nackten Glieder und klaget laut, daß es kein Obdach habe, daß sein Vater der ihm helfen sollte gegen den kalten Winter und gegen den heißen Hunger, so tief und in Dunkel ruht, unter Eichenholz und

Erde, mit vier Nägeln verschlossen und bedeckt: — dann darf die Mutter ihres Kindes Erbe veräußern und verkaufen."

So bekommen wir auch hier einen grellen Ausblick in die Noth des Lebens, welche der Kampf ums Dasein mit sich führt.

Ich glaube, in jeder solchen Schilderung steckt der ganze germanische Mensch mit seinem vollen Charakter. Hochgespanntes Streben und tiefes Unglück: die beiden hängen nothwendig zusammen. Das erste tritt nicht auf, ohne daß wir das zweite in seinem Gefolge erblicken. Nimmst du deinen Flug zur Sonne, so werden dir die Flügel versengt.

Ich darf nunmehr das letzte Wort sagen.

Der alte Germane ist das, was wir heute einen Idealisten nennen würden.

Wir haben gefragt nach dem Ursprunge der deutschen Nationalität.

Wohlan, das Himmelszeichen, unter welchem die Geburt des deutschen Nationalgeistes geschieht, das ist der Idealismus.

Erinnern Sie sich jener Schilderung in Freytags Roman, wie Ingo das römische Feldzeichen erobert? „Es schaute der Held auf dem Stein über seinem Haupt den Drachen des Caesar, den grimmigen Wurm, und im Sprunge durchbrach er die Waffen des Römers; er sprang auf den Stein, mit Bärengriff faßte er den Riesen, der das Banner trug, und warf ihn vom Felsen. Leblos tauchte in die Fluten der Römer, und das Banner erhebend rief der Held gewaltig den Schlachtruf und sprang mit dem Drachen hinab in den Strom."

Auch unser Volk hat sich ein Banner erobert, aber nicht dem Römer abgewonnen, sondern aus dem Hort der eigenen Brust hervorgezogen, ein Banner, das es hochhielt im Strome der Geschichte und das es seinen späten Enkeln vererbte, wie Ingo, als einen Talisman, als ein Zauberding, auf daß sie würdig leben der großen Ahnen. Und dieser Talisman — er hat uns bis jetzt nicht verlassen. Denn wir wissen es wohl, unser Heil beruht auf der selbstlosen Gesinnung, auf der Hingebung, auf der Opferwilligkeit, auf dem Idealismus.

Die Entdeckung Germaniens.

Deutsche Alterthumskunde von Karl Müllenhoff. Erster Band.
Berlin, Weidmann, 1870.

Wer mit der gewöhnlichen Vorstellung dessen was man „Alterthümer" zu nennen pflegt, das gegenwärtige Buch in die Hand nimmt und durchblättert, der wird sich seltsam angemuthet, ja wahrscheinlich sehr getäuscht finden. Er liest einige Ueberschriften: „Sage von Troja," „Abenteuer des Odysseus," „Aviens Ora maritima," „Eudoxus von Knidos," „der Erdglobus des Krates," „die Erdmessung des Eratosthenes," „Hipparch und Eratosthenes," „Polybius," „Timäus" — ja ums Himmelswillen, wo fangen denn die Alterthümer an? was haben alle diese Griechen in der deutschen Alterthumskunde zu schaffen? So ungefähr wird der verwunderte Leser fragen, und wenn er ein Pedant ist, so wird er über Irreführung des bücherkaufenden Publicums klagen, das für sein Geld wenigstens einen unzweideutigen Titel verlangen könne, er wird den Band zuklappen und weglegen mit dem beruhigenden Bewußtsein, das gehöre für die classischen Philologen, ihn, den Leser, der über deutsche Antiquitäten belehrt sein wolle, gehe das nichts an.

Wenn er aber kein Pedant und ein bischen gutwillig und wißbegierig ist, so wird er nicht blos blättern, sondern auch lesen und bald nicht blos lesen, sondern auch studiren. studiren mit aller Anspannung und Hingebung deren er fähig ist, studiren mit dem von Seite zu Seite, von Bogen zu Bogen gesteigerten Gefühle, eine ganz gewaltige, eine nach Ziel, Methode und Resultaten großartige Arbeit vor sich zu haben. Ja er wird dem stolzen Gange dieser ernsten Untersuchungen zuerst völlig kritiklos sich überlassen, und wenn er dann die Nachprüfung unternimmt und hie und da in Einzelheiten, in Fragen äußerst subtiler und schwieriger Natur sich für eine andere Auffassung entscheidet, so wird er sich doch bei einiger Bescheidenheit gestehen müssen, daß der Kern und die Bedeutung des Werkes von solchen Einwendungen unberührt bleibt. „Es ist wol eines der gelehrtesten Bücher, die je geschrieben wurden," sagte mir ein Freund, bald nachdem der Band erschienen war. Und das war nicht zu viel gesagt, aber man muß hinzufügen: es ist auch eines der lebendigsten. Der lebendigsten, wenn man dabei nur nicht etwa an springende Lebhaftigkeit des Styls denken will, sondern an die gestaltende Kraft, die aus wenigen unscheinbaren, mühsam gesichteten Nachrichten und Notizen lebensvolle Bilder von Zuständen und Personen zu entwerfen versteht. Wie Müllenhoff z. B. den „rasenden Eifer" des Krates von Mallos für die Theorie von der Kugelgestalt der Erde, seinen eifersüchtigen Gegensatz zu den alexandrinischen Gelehrten, seine Aufstellung eines großen Erdglobus zu Pergamum schildert — wie er uns in einen Theil der wissenschaftlichen Arbeit des Eratosthenes einführt, wie er diesem Gelehrten fast ehrfürchtig gegenüber steht, als einem Manne von seltenem Glanz und Reichthum der Begabung, von immer gleicher Frische, Energie und Regsamkeit des Geistes, von solcher Schärfe und Strenge des methodischen Denkens nebst so viel Hoheit der Gesinnung, daß sich ihm überhaupt nur wenige vergleichen lassen — wie er dann etwa den engen Gesichtskreis des Polybius umgrenzt, der als praktischer, ganz der Gegenwart und ihren Bedürfnissen zugewandter Staatsmann und weitgereister nüchterner Beobachter über den Kreis der unmittelbaren Selbsterfahrung hinaus alles Verständniß einbüßt — und wie er diesem antiken Rotteck den nur rhetorisch und litterarisch geschulten, antiquarisch gelehrten und immer leicht phantastischen Geschichts- und Sagenforscher Timäus an die Seite stellt: dies und manches ähnliche zeigt, daß dem Verfasser die alten Gelehrten in jahrelangem Verkehr zu vollständig gegenwärtigen, gleichsam mitlebenden Menschen geworden sind, zu denen er ein bestimmtes persönliches Verhältniß hat, mit denen er theils auf gutem, theils auf schlechtem

Fuße steht, die er theils mit Liebe theils mit Abneigung betrachtet, denen er wol auch in drastischer Weise seine Meinung sagt, wie er denn einmal den „guten" Strabo, nachdem er ihm seine Sünden gegen Eratosthenes vorgehalten, für einen Mann von stumpfen, ja groben Sinnen, von kurzem Verstande, geringer Verschmitztheit und mäßigem Wissen, und schließlich für einen argen Tölpel erklärt.

Aber nochmals fragen nun vielleicht auch meine Leser, was denn alle diese griechischen Geographen und Historiker mit dem deutschen Alterthum zu schaffen haben?

Die Sache läßt sich in zwei Worten klar machen. Alle die verwickelten und vielverzweigten Untersuchungen des vorliegenden ersten Bandes beziehen sich mehr oder weniger auf einen und denselben Punct, auf eines und dasselbe Ereigniß, das mit seiner allmählichen Vorbereitung und seinen wissenschaftlichen Nachwirkungen einerseits von so tiefgreifender und einschneidender Bedeutung, andererseits durch vielfache litterarische Verluste so sehr in Dunkel gehüllt war, daß der ganze große Aufwand von Fleiß, Mühe und Scharfsinn, den wir hier vor uns sehen, unbedingt nöthig war, um nach allen Seiten hin festen Boden zu gewinnen, die entscheidenden Thatsachen gehörig ins Licht zu setzen und das Resultat in Sicherheit zu bringen.

Dieses Ereigniß ist die Entdeckung unserer Vorfahren, die Entdeckung des ersten in der antiken Welt bekannten germanischen Stammes, die Entdeckung der Teutonen an der nördlichen Rheinmündung, durch einen Griechen im vierten Jahrhundert vor Christus.

Jeder Entdeckung gehen Ahnungen vorher, sie kündigt sich an von weitem, das neue Land tritt allmählich aus dem Nebel der Ferne. Näher und näher reicht die Fahrt. Eine Zeit schiebt die Aufgabe der folgenden zu, ein Volk dem andern. Zuletzt ist es Wagniß eines Einzelnen.

Der Vorgänger des kühnen Genuesers ist Erik der Rothe von Island: die geistigen Ahnen der Spanier und Portugiesen des fünfzehnten Jahrhunderts sind die Normannen des zehnten, welche schon damals Grönland entdeckten und besiedelten: die Lieder der alten Edda, die den grausamen Tod der Nibelungen an Attilas Hof erzählen, sind im nördlichsten Amerika gesungen. Die Vorgänger der

Griechen des vierten Jahrhunderts vor Christus waren die Phönizier — wir wissen nicht, welches Jahrhunderts.

Aber die Natur selbst sendet ihre Boten aus und gibt den Menschen Kunde von ihren weitgetrennten Brüdern. Der Golfstrom trug künstlich geschnitztes Holz aus dem Meerbusen von Mexiko an die Westküste Europas und unter die Augen des Christoph Columbus. „Dem lauschenden Seemann erzählten Bewohner von Fayal und Graciosa, daß Fichtenstämme einer fremden Art von Abend her an ihre Inseln gespült seien."

Auch der europäische dunkle Norden sandte seine Botschaft an den hellen vorgeschrittenen Süden, aber sie wurde nicht verstanden. Der wilde Singschwan der im Fluge schwermüthige Töne ausstößt, hat jetzt im hohen Norden seine Heimat, früher auch gewiß im alten sumpf= und wasserreichen Deutschland: im Anfang des Winters zieht er nach Süden, ans schwarze Meer, nach Griechenland, nach Afrika. Die Deutschen wie die Griechen benennen den Schwan vom Singen, die Alten behaupten daß seine Stimme vorzugsweise beim Heran= nahen des Todes laut werde, und wir selbst haben den Begriff des Schwanengesanges aus der antiken Poesie entnommen. „Die Schwäne — sagt Müllenhoff — kamen Jahr für Jahr aus dem Norden nach Griechenland und ließen ihre Stimme hören, aber eine Kunde ist mit ihnen nie hinüber noch herüber gekommen."

Das älteste Denkmal einer starken Erweiterung des geographi= schen Gesichtskreises der Hellenen ist die Odyssee. Da finden wir die erste Spur des Nordens, dessen kurze helle Sommernächte voll= kommen deutlich erscheinen. Bei dem menschenfressenden Riesenvolke der Lästrygonen, die in den hohen Norden oder Nordwesten verlegt werden, kann der des Abends eintreibende Hirte den des Morgens austreibenden anrufen, und einer der nicht schliefe, würde sich leicht doppelten Lohn erwerben:

. Denn nicht weit sind die Pfade der Nacht und des Tages entfernet.

Die Stelle ist, soviel wir wissen, in der ersten Hälfte des sie= benten Jahrhunderts vor Christus abgefaßt. Damals aber kann den Griechen solche Nachricht nur durch die Phönizier zugekommen sein.

Auf demselben Wege erhielten sie Zinn und Bernstein, jenes

aus Brittaunien, diesen vom Rhein. Weiter als an die Küste der Bretagne und der gegenüberliegenden „Zinninseln" sind die Fahrten der Phönizier früher in der Regel nicht gegangen. Ein anderes als das Handelsinteresse hat sie dabei nie geleitet.

Der Bedarf an Zinn war im Alterthume sehr groß. Man brauchte es zur Bereitung der Bronze, schon in einer Zeit, welche das Eisen noch nicht kannte und deren Bezeichnung als Erzalter jetzt aller Welt geläufig ist. Es scheint daß dieser Bedarf fast nur aus den Gruben von Kornwall gedeckt wurde. Und Denjenigen, der das Zinn von dort zuerst brachte, nannten die Alten Medakritus, das ist vermuthlich Melkart, der mythische Repräsentant der Phönizier.

Seit dem achten Jahrhundert mindestens müssen aber die Phönizier ihre Fahrten gelegentlich doch weiter ausgedehnt haben, wenn auch der Zinnhandel das Hauptziel blieb: in der Odyssee wird der Bernstein bekannt als eine phönizische Kostbarkeit, wovon die ältere Ilias noch nichts weiß. Nur nach der Ostsee sind die Phönizier niemals gelangt, der ostpreußische Bernstein kam nicht früher als im ersten Jahrhundert nach Christus in den Handel. Die älteste Bezugsquelle ist die Nordseeküste, die Gegend der Mündung des Rheins.

Im nordwestlichen Ocean vom Meere ausgeworfen: mehr wissen die Griechen nicht von dem wunderbaren Fossil. Wie krystallisirte Sonnenstrahlen erschien es ihnen: sie nannten es Elektron, das ist „Sonnenstein". Täglich wandelt die Sonne von Osten nach Westen, wie einen Strom ergießt sie ihr Licht, der Strom heißt Eridanos, „der von Morgen stammende". Die Sonne selbst, „die leuchtende" (Phaethon) sinkt im Westen ins Meer. Daraus macht der griechische Mythus einen einmaligen Fall um die Entstehung des Bernsteins zu erklären. Phaethon wird abgetrennt von Helios, der Sonne; Phaethon ist nur der Sohn des Sonnengottes, und sein Fall wird menschlich und sittlich motivirt. Er ist gefallen, weil er gefrevelt. Er hat sich angemaßt was er nicht vermochte. Die Gotteskraft ist nicht in ihm, die er beweisen will. Zeus schleudert seinen Blitz, vernichtet ihn. —

Die erste griechische Stadt, die bei dem Sinken der phönizischen Macht seit dem siebenten Jahrhundert mehr und mehr der Mittelpunct eines Weltverkehres wurde, war Milet. Und wie Handel und Erdkunde überall auf gegenseitige Förderung angewiesen sind, so begann auch in Milet die Speculation über das Weltgebäude und die Gestalt der Erde sich zuerst über die alte volksmäßige Weltansicht zu erheben.

In Milet hatte die griechische Naturphilosophie begonnen mit Thales, dem ersten der „sieben Weisen", welche das delphische Orakel, das Rom des hellenischen Mittelalters, anerkannte.

Und bereits Anaximander (610—547), der Schüler des Thales, wagte es ein sichtbares Bild der bewohnbaren Erde aufzustellen: die erste Landkarte. Und etwa fünfzig Jahre später hat sein Landsmann Hecatäus diese Karte verbessert und mit einer erklärenden Schrift, der ersten Erdbeschreibung, begleitet.

Wer nur die Reihen der Namen überblickt, die uns daraus aufbehalten sind, wird staunen über die Fülle und den Umfang des Stoffes der dem Milesier zu Gebote stand. Seine Kenntnis reichte von den Säulen des Hercules bis nach Kaspapyros am Indus; seine Beschreibungen der Länder gingen zum Theil tief ins Detail, so daß man sich von der großartigen Ausdehnung der milesischen und ionischen Verbindungen nirgend besser eine Vorstellung machen kann als aus den dürftigen Ueberbleibseln seines Werkes.

Auf jenen Karten aber waren Gestalt, Größe, Lage der Länder und Meere nach ungefährer Vorstellung auf einer kreisrunden Scheibe zu einem Gemälde geordnet, in dessen Mittelpunct Delphi als „Nabel der Erde" lag.

Anaximander hatte den Hecatäus zur Nacheiferung gereizt. Hecatäus seinerseits regte den Herodot und Demokrit zu ihren Forschungen an, und Demokrit versuchte eine neue verbesserte Karte. Dieser erste glänzende Vertreter der Atomenlehre, ein Gelehrter von dem umfassendsten Wissen, ein Freigeist und ein Revolutionär auch auf religiösem Gebiete, hat die Kreisfläche in ein Oval verwandelt und Delphi für immer aus dem Mittelpuncte der Welt gerückt. Zwischen Naturwissenschaft und Priesterreligion war stets Gegensatz und Kampf. Mit dem Emporkommen der ersteren ging im alten Griechenland wie im neuern Europa das Mittelalter zu Ende. Delphi nicht mehr im Centrum der bewohnbaren Erde anerkannt: es ist ein Einschnitt, ein

Emancipationsschritt in der Geschichte des geistigen und des religiösen Lebens wie ihn 2000 Jahre später die Bestätigung der Kugelgestalt der Erde durch die Entdeckung von Amerika und das copernicanische Weltsystem gemacht haben.

Die Kunde des westlichen Europas aber ist bei diesen Griechen des fünften Jahrhunderts nicht wesentlich vorwärts gekommen. Was sie wußten beschränkte sich darauf, daß auf der äußersten Südwestspitze jenseits der Säulen des Hercules die Kyneten oder Kynesier und nördlich weiter hinauf die Kelten wohnten und daß aus dem höheren Westen das Zinn und der Bernstein komme. Und Herodot konnte, wenigstens ehe er Italien, Sicilien, Karthago besucht, nichts näheres über den westlichen Ocean von einem Augenzeugen in Erfahrung bringen.

Hier war man also über die phönizischen Traditionen wenig hinaus. Und auch im vierten Jahrhundert zeigt sich noch bei Aristoteles und seinen Altersgenossen kein sonderlicher Fortschritt.

Von Ebbe und Flut wußten Platon und Aristoteles nur ganz im allgemeinen und von ihrem Zusammenhange mit den Perioden des Mondes hatten sie keine Ahnung.

Die Behauptung des Aristoteles daß es im Kelten- und Scythenlande wegen der Kälte keine Esel gebe, scheint beinahe nur auf einer Schlußfolgerung zu beruhen. Auch daß zahlreiche große Flüsse von den Arkynien (den Alpen) sich gegen Norden ergießen, lautet so unbestimmt, daß man nicht weiß, ob da wirkliche Kenntnis oder bloße Vermuthung redet.

Nur eine einzige neue Thatsache kommt zum Vorschein, in etwas märchenhafter Gestalt, aber der sittliche Kern unserer Ahnen liegt dem Märchen zu Grunde, mit der Tiefe ihres Charakters erscheinen sie zuerst vor dem Weisen der alten Welt.

Er nennt sie in seiner Ethik als diejenigen, welche die Tugend der Tapferkeit übertreiben. Ganz ungeheuerlich und unmenschlich sind sie ihm, „wahnsinnig oder unfähig Schmerz zu empfinden". Denn sie sollen weder Erdbeben noch Meerflut fürchten.

Und andere Griechen erläutern uns dies näher, wenn sie erzählen, daß jene die eindringende Flut in voller Rüstung mit gezogenen Schwertern, mit gezückten Speeren bekämpften. Auch daß sie ruhig zusähen, wie ihre Häuser weggeschwemmt würden, und sie nachher wieder aufbauten. Und daß durch das Wasser in jenen Gegenden ein stärkerer Menschenverlust entstehe als durch den Krieg.

Das Local ist deutlich, wir befinden uns an den Küsten der Nordsee wo noch heute der Mensch mit dem Wasser ringt. Der Waffenkampf klingt freilich absurd. „Aber bei einem Volke, in dem der Heldensinn lebendig und das rechte Zeichen des Mannes war — sagt Müllenhoff — ist es sehr wohl denkbar, daß bei Ueberschwemmungen und Sturmfluten, wenn kein Entkommen mehr möglich war, die Männer ihre Waffen anlegten: nicht um die andringenden Wogen zu bekämpfen, wohl aber um in ihrem besten Schmuck als Helden und Krieger den Tod zu finden, der ihnen auf dem Schlachtfelde nicht beschieden war."

Daß diese wilden Krieger Germanen waren, wußte man noch nicht, man nannte sie Kelten: daß außer den Kelten noch ein anderes Nordvolk existire, war ganz unbekannt. Aus dem Keltenlande aber muß jene Erzählung den Griechen zugekommen sein.

Dort war im Jahre 600 vor Christus die Stadt Marseille, Massalia, gegründet worden von den rührigsten und kühnsten Seefahrern Joniens, den Phokäern, — ein fester Sitz hellenischer Cultur, fest und geschützt schon durch die äußere Lage: auf einer schmalen Landzunge, drei Seiten vom Wasser umspült, fast eine Insel; neben ihr der Hafen theaterförmig von dem felsichten Ufer umgeben, mit sehr engem Eingang.

Es waren aber noch nicht Kelten, welche die ionischen Ansiedler im Süden Galliens trafen. Zwei Jahrhunderte lang hatten sie hier in unmittelbarer Nachbarschaft nur mit den Ligurern zu thun, einem Volke das wie die Räter und Iberer zu der vorindogermanischen Urbevölkerung Europas gehörte: die Kelten waren noch nirgends bis an das Mittelmeer vorgedrungen. Gegen die Ligurer errang die Stadt ihre ersten Erfolge. Ihnen kämpfte sie Schritt für Schritt nach Osten hin die Küste ab: Antibes Nizza Monaco sind massaliotische Gründungen. Den steinigen Boden um die Stadt selbst wandelten sie in Olivengärten und Weinberge um: das Bild der heutigen Provence — hier ist es zuerst da: die Frucht harter Arbeit jener griechischen Kolonisten, einem barbarischen Volke, einem widerwilligen Erdreich mühsam abgewonnen.

Weiter ins Innere hinein knüpften sie Verbindungen an. Den Fundstätten des Zinns und Bernsteins suchten sie auf dem Landwege näher zu kommen. Mit den Kelten bestand gute Freundschaft: sie führten ihnen Oel und Wein zu und erhielten jene kostbaren Handelsgegenstände dafür zurück. Feste Wege bahnten sich ins Binnenland; auf Saumthieren brachten die Kaufleute ihre Zinn- und Bernsteinschätze an die Mündung der Rhone. Von der Straße zur Rhone zweigte sich ein Nebenweg an den Po ab, und der Phaethon-Mythus wurde jetzt an diese beiden Flüsse versetzt, von denen Griechenland seinen Bernstein bezog; bald die Rhone bald der Po hieß Eridanos.

Als nun zu Ende des fünften oder zu Anfang des vierten Jahrhunderts die Kelten im Rhonethal südwärts vordrangen um sich dann östlich in die Poebene zu wenden, da trugen jene Verbindungen auch ihre politischen Früchte. Das drohende Unwetter brachte der Stadt Vortheil. Sie erlangte eine Erweiterung ihres Gebietes. Ihre civilisirende Einwirkung auf die Kelten wurde erleichtert und gefördert. Die Kelten wurden Griechenfreunde „Philhellenen", und der griechische Kaufmann genoß von nun an im Barbarenlande den stärksten Schutz des Gastrechtes.

Mittlerweile aber waren noch andere für die Machtentfaltung von Massalia günstige Ereignisse eingetreten.

Die Seeherrschaft im westlichen Theile des mittelländischen Meeres stand um das Jahr 500 vor Christus bei den verbündeten Etruskern und Karthagern, und diese wieder waren durch das Verhältniß der Phönizier zu Persien in die Bahnen der persischen Politik hineingezogen worden. Diese ganze etruskisch-phönizisch-persische Allianz richtete sich gegen das Hellenenthum im Osten wie im Westen. Aber die Schlacht bei Salamis trieb die Perser zurück und gleichzeitig siegte Syrakus über die Karthager bei Himera (480), bald auch über die Etrusker bei Cumae (472). Innere afrikanische Kämpfe kamen hinzu, welche die Karthager auf lange dort gefesselt hielten.

Diesen günstigen Zeitpunct benutzten die Massalioten um ihre Kolonien an der Küste westlich der Rhone vorzuschieben und sich an der spanischen Ostküste festzusetzen, welche Karthago eifersüchtig behütete. Auch kam es zum Kriege „wegen der Fischerschiffe" — sagt unsere Nachricht — die Massalia an die spanische Küste hinauszusenden wagte. Aber die Griechenstadt war glücklich. Und fernere Kämpfe müssen ihnen die spanische Küste und das westliche Meer eröffnet haben. „Es liegt viel Kriegsbeute in der Stadt aufbewahrt — so wird erzählt — die sie in fortwährenden Seekämpfen denen abgenommen hatten, welche auf die Herrschaft des Meeres widerrechtlich Anspruch machten." Ein Bündniß mit den Urbewohnern Spaniens, den Iberern, wurde nun geschlossen, eine Reihe von Kolonien entstanden bis gegen die Säulen des Hercules und noch in der Nähe von Malaga gründeten sie Mainake. Die Stadt erhob sich auf den Gipfel ihrer Macht. Das war im vierten Jahrhundert.

Jetzt erst waren griechische Entdeckungsfahrten außerhalb der Säulen des Hercules möglich. Euthymenes segelte nach dem Westen von Afrika, Pytheas nach dem Westen und Norden von Europa.

Pytheas von Massalia ist der Entdecker der Germanen.

Es war ebenso selbstverständlich, daß die Entdeckung der Germanen von Massalia ausgehen mußte, wie es selbstverständlich war daß die ersten großen Orientreisenden des Mittelalters aus Venedig stammten.

In Massalia trafen phönizische und griechische Kenntnisse zusammen. Materielle und wissenschaftliche Interessen waren vorhanden welche einen Entdecker in Bewegung setzen konnten.

Im vierten Jahrhundert nach Christus, zur Zeit des Kaisers Julianus Apostata etwa, beschäftigte sich ein römischer Beamter Namens Avienus damit, verschiedene höchst prosaische Stoffe in lateinische Verse zu bringen, was man Lehrgedichte nennt. Ein glücklicher Zufall spielte ihm eine griechische Küstenbeschreibung (Periplus) in die Hände, welche er zu gleichem Zwecke benutzte. Müllenhoff hat erkannt, daß wir darin ein uraltes Denkmal der geographischen Litteratur vor uns haben. Der Periplus rührt nach seiner Ansicht von einem Phönizier her und ist im fünften Jahrhundert vor Christus von einem Massalioten aus dem Phönizischen ins Griechische übersetzt, im zweiten Jahrhundert vor Christus wieder von einem massaliotischen Gelehrten mit Zusätzen und Erweiterungen versehen.

Der phönizische Periplus war etwa um 550 abgefaßt, er gab eine genaue Beschreibung der spanischen Küste und reichte nördlich bis an die Bretagne und die Zinninseln. Die Karthager haben noch nicht festen Fuß gefaßt in Spanien, was um 500 geschah; die Kelten sind noch nicht in Spanien eingedrungen, was um 525 geschehen sein mag; ja der Name der Kelten überhaupt scheint noch nicht bekannt: der Name der Ligurer oder Ligyer begreift alle Bewohner Galliens in sich.

Die griechische Uebersetzung aber fällt in eine Zeit, in welcher die Gedanken und Unternehmungen der Bürger von Massalia sich immer mehr darauf richteten, an der spanischen Küste Boden zu gewinnen.

Hundert Jahre etwa nach dieser Uebersetzung schiffte Pytheas durch die Säulen des Hercules und befuhr den alten Phönizierweg nach den Zinninseln.

Das Unternehmen entsprang aus jener reinen unverfälschten Leidenschaft für die Wahrheit, welche allen großen Forschern und Entdeckern eigen ist. Pytheas legt durch seine bloße Existenz das glänzendste Zeugniß ab für den wissenschaftlichen Sinn seiner Vaterstadt. In der augusteischen Epoche war sie die Hochschule nicht blos für die Gallier, sondern auch vornehme Römer gingen jetzt lieber dahin als nach Athen. Nicht uneben hat ein neuerer Historiker Massalia mit dem Genf des sechszehnten Jahrhunderts verglichen: aristokratische Verfassung, religiöser Sinn, strenge Sittenpolizei, Beschränkung des Individuums, starke geistige Interessen, weitwirkende Hochschule. Noch beteten sie zur Diana der Epheser, deren Bildniß sie aus der ionischen Heimat mitgebracht. Noch knieten sie „vor dem Wesen, an dem wir die Breite der Gottheit lesen," wie Goethe sagt, dem sie ein Symbol der Natur gewesen ist. Die ionische Naturforschung fand hier im Zeitalter des Aristoteles eine bedeutsame Fortbildung.

Pytheas stellt uns zum ersten Mal in der Geschichte der Wissenschaft jenen Typus des Gelehrten dar, für welchen uns Alexander von Humboldt das geläufigste Beispiel ist. Pytheas war ein ebenso hervorragender Reisender wie Gelehrter.

Die Combination astronomischer, geographischer und ethnographischer Kenntnisse und Forschungen, die ihn auszeichnet, war freilich nichts neues. Eine Generation vor ihm hatte die griechische Astronomie ihre wissenschaftliche Begründung durch Eudoxus von Knidos erhalten, der in Kyzikos und Athen ein Decennium lang, etwa 370—360, lehrte. Und eben dieser Eudoxus hat auch eine Geographie geschrieben. Aber sein Verdienst in der Astronomie war zusammenhängende Beobachtung, er war ein blos beschauender, kein messender und rechnender Forscher. Und so war auch seine Erdbeschreibung mehr eine Länderbeschreibung, ausgestattet mit vielen angesammelten Merkwürdigkeiten, Seltsamkeiten und Geschichten. Geographie und Astronomie haben in ihm nicht befruchtend auf einander gewirkt.

Pytheas, der jedenfalls von ihm lernte, gleichviel ob er sein unmittelbarer Schüler war oder nur sonst auf seinen Ergebnissen fußte, — Pytheas hat diesen Fortschritt gemacht. Er war der erste, der daran dachte, die Astronomie auf die Geographie anzuwenden. Wenn man sich nur einigermaßen vergegenwärtigt, welche Rolle die Astronomie in der heutigen Geographie spielt, wie völlig alle genaue Ortsbestimmung auf den Diensten der Astronomie beruht: so wird man ermessen, was das sagen will und welchen hohen Rang es dem Massalioten anweist unter den wissenschaftlichen Genies aller Zeiten. Er ist ein Zielzeiger und Wegweiser.

Pytheas stand auf der Höhe der astronomischen Bildung seiner Zeit. Er hat die Astronomie selbst gefördert durch die Erkenntnis, daß der Himmelspol nicht, wie Eudoxus annahm, ein einzelner immer auf derselben Stelle bleibender Stern, sondern ein leerer Punct sei, mit welchem drei benachbarte Sterne fast genau ein regelmäßiges Viereck bilden.

Und er hat die Astronomie auf die Geographie angewendet, indem er die Polhöhe eines Ortes, die Polhöhe seiner Vaterstadt Massalia zu bestimmen suchte: der erste Versuch dieser Art, und abermals hundert Jahre lang bis auf Eratosthenes (275—194) wurde kein zweiter gemacht. Es unterliegt wol keinem Zweifel, daß Pytheas ebenso wie Aristoteles wußte, daß Polhöhe und geographische Breite einander gleich sind und daß er daher die Beobachtung benutzte, um die Lage seiner Vaterstadt auf der Erdkugel zu berechnen. Die Beobachtung geschah mittels des auf einer Fläche aufgerichteten Sonnenzeigers (Gnomon), dessen Verhältnis zu seinem Schatten im Sommersolstiz ermittelt wurde. Und in Anbetracht der Unvollkommenheit dieses Hilfsmittels war das Resultat des Pytheas merkwürdig genau. Welcher langwierigen Vorbereitungen, welcher wiederholten Versuche, welcher Ausdauer muß er bedurft haben!

Sein fester Mannesmuth wagte sich noch an eine dritte Aufgabe, welche mit jenen beiden astronomischen Beobachtungen auf das engste zusammenhängt, an seine Reise. Diese war, um es kurz zu sagen, die älteste Nordpolexpedition, welche versucht wurde. All sein wissenschaftliches Denken und Trachten also dreht sich um die Erforschung des Pols, und sein Charakterbild ist dadurch so merkwürdig modern, daß ganz im Gegensatze zur sonstigen hellenischen Vielseitigkeit, welche jeden großen Gelehrten mehr oder weniger zum Polyhistor macht, bei ihm sich alle mannigfaltigen Kenntnisse, alle vielseitigen Interessen, alles Wollen und alle Thatkraft auf ein einziges Problem concentrirt. Wie er denn nur Ein Werk geschrieben hat, worin er die Ergebnisse seiner Reise mit den astronomischen Beobachtungen zusammenfaßte, und wie seine ganze Persönlichkeit für uns geschwunden ist — außer soweit sie an jenem Probleme haftet.

Es gab eine volksthümliche Ansicht von drei Erdzonen, der kalten, der gemäßigten und der verbrannten: nur die mittlere ist bewohnbar, in den beiden anderen kann Niemand leben. Die griechische Wissenschaft aber, die seit dem vierten Jahrhundert, insbesondere seit Aristoteles, über die Kugelgestalt der Erde einig war und sich bestimmtere Vorstellungen über die Vertheilung des Bewohnbaren zu machen suchte, acceptirte jene volksthümliche Anschauung im Ganzen, forschte aber nach den näheren Grenzen. Sie glaubte den 54° nördlicher Breite, um in heutiger Sprache zu reden, als die Mark ansehen zu müssen, jenseits deren nach Norden hin die unbewohnbare Welt beginne.

Ob Pytheas diese Begrenzung gekannt, die doch bei seinem älteren Zeitgenossen Aristoteles schon vorkommt, ob er ausfuhr um ihre Richtigkeit zu prüfen, das wissen wir nicht. Aber das ist wol unzweifelhaft, daß er unseren Polarkreis als Ziel ins Auge faßte.

Seine Fahrt — bemerkt Müllenhoff — „war eine wissenschaftliche Erforschungs- und Entdeckungsreise, zunächst unternommen um das wunderbare große Phänomen der Steigung des Pols und der Neigung des Kosmos gemäß der Veränderung des Horizonts nach Norden hin mit eigenen Augen zu verfolgen und zugleich die Ausdehnung unseres Welttheils und die Zugänglichkeit seiner Länder zu erkunden."

Das Unternehmen führte zur Entdeckung des europäischen Nordwestens, zur Entdeckung Brittanniens, zur Entdeckung jener vielumfabelten Thule; und — für uns hier das wichtigste — zur Entdeckung deutscher Völker an der Nordsee.

Man kann also wohl mit Müllenhoff sagen: „Die Entdeckung der Germanen und die Entdeckung von Amerika beruhen auf demselben wissenschaftlichen Probleme, auf der Frage nach der Größe des Erdballs."

Pytheas unternahm seine Reise etwa 325 vor Christus. Um dieselbe Zeit war Alexander der Große den Indus hinab gefahren, seine Flotte erforschte die Südküste von Persien, er selbst machte jenen berühmten schrecklichen Wüstenzug. Indien sollte mit Persien in Verbindung gesetzt, für griechische Wissenschaft und griechischen Unternehmungsgeist aufgeschlossen werden. Dasselbe wollte Pytheas für den Nordwesten Europas. Wie im Jahre 480 bei Salamis und Himera der Hellenismus im Osten und Westen den combinirten semitisch-persischen Angriff zurückschlug, so setzte er jetzt denselben Mächten zum Trotz die Erweiterung seines Gebietes durch und rückte die Grenzen der für ihn zugänglichen Welt hinaus. Aber es war leider hier wie dort nur ein kurzer Höhestand der Entwicklung. Blos in der Wissenschaft trug er seine Früchte und wirkte auf alle Zukunft fort: „weil im Gebiete des geistigen Lebens die Kraft des Menschen weiter reicht als in der äußeren Welt."

Ob Pytheas seine Expedition auf eigene Kosten unternahm, ob er sich der Unterstützung der massaliotischen Kaufmannschaft oder des Staates erfreute, das wissen wir nicht. Gewiß ist nur, daß er die Oberleitung des Unternehmens in Händen hatte und Richtung und Ausdehnung der Fahrt nach seinem Belieben bestimmte.

Mit dem ersten Beginn der Schifffahrt im Mittelmeere, im

März, wird er von Massalia abgereist sein. Er segelte durch die Säulen des Hercules in den atlantischen Ocean hinaus und bekam hier Gelegenheit das wunderbare Phänomen von Ebbe und Flut genauer als irgend ein Grieche vor ihm zu beobachten und dessen Zusammenhang mit dem Monde zu erkennen. Auch weiterhin auf seiner Reise behielt er die Sache im Auge und hat sogar Fluthöhen gemessen.

Er fuhr an der West- und Nordküste Spaniens und an der Westküste Frankreichs hinauf, an den Inseln vorüber, die sich von der Mündung der Loire und weiter der Charente längs der Bretagne hinziehen bis zu der äußersten Ouessant, die er Uxisame nannte. Er lernte die Westspitze der Bretagne, das Vorgebirge Kabaion, und das Volk der Ostiäer kennen.

Von der Bretagne aus suchte er zuerst das gegenüberliegende Zinnland im südwestlichen Theile der großen Insel Albion auf. Hier hatte man ziemlich unbestimmt nur von den Kassiteriden, den „Zinninseln", gesprochen. Durch Pytheas ist der Name der Brittannischen Inseln und die Specialnamen Albion für England, Ierne für Irland u. a. bekannt geworden.

An dem südwestlichen Vorgebirge von Albion — er nennt es Belerion (das ist Landsend) — hatte er Gelegenheit die Gewinnung und Verladung des Zinns zu beobachten.

Die Landschaft am Vorgebirge Belerion — so lautete etwa sein Bericht — bringt das Zinn hervor, dessen Bau von den Einwohnern, die gegen Fremde ausnehmend freundlich und durch den Verkehr mit den fremden Kaufleuten in ihren Sitten gemildert sind, kunstgerecht betrieben wird. Das Land ist felsicht, aber von erdigen Strichen durchzogen, in denen der Bau, die Schmelzung und Reinigung des Metalls geschieht. In Würfeln wird es dann auf die anliegende Insel Iktis hinübergebracht, die zur Zeit der Ebbe mit Wagen zu erreichen ist, wie auch andere Inseln zwischen Brittannien und dem Festlande bei den Ebben als Halbinseln erscheinen. Auf Iktis aber erhandeln die Kaufleute das Zinn von den Einwohnern, bringen es hinüber ins Keltenland und dann über Land auf Pferden in etwa dreißig Tagen nach der Rhonemündung.

Die Insel Iktis wird eine der kleinen Inseln sein, welche genaue Karten (näher dem Land als die Scilly-Inseln) noch heute am Landsend ausweisen. Und ohne Zweifel hatten schon die Phönizier dieselbe als Handelsstation ausersehen. Von ihnen zuerst wurde die Milderung in den Sitten der Einwohner bewirkt.

Im übrigen fand Pytheas das Land eiskalt und feucht und den Himmel trübe. Die zarteren Früchte und Thiere des Südens begegnen nur selten oder gar nicht. Man züchtet Bienen, man baut Getreide, Weizen und Gerste. Aus der letzteren wie aus dem Honig werden Getränke — Bier (die Korma der Britten und Gallier) und Meth — bereitet.

Man hat keine Tennen im Freien, denn diese würden durch Mangel an Sonnenschein und durch Regengüsse bald unbrauchbar werden. Es werden daher nur die Aehren abgeschnitten, gesammelt und in Häuser gebracht, der tägliche Bedarf ausgerauft, unter Dach gedroschen und zur Speise verarbeitet.

Das Volk lebt meist in ärmlichen Hütten von Holz und Stroh, natürlich ohne jeden Luxus. Sie haben viele Könige und Dynasten. Im Kriege bedienen sie sich der Streitwagen. Das Meer befahren sie in ledernen Schiffen. Zu der Zeit als Pytheas ankam, herrschte Friede.

Er fand das Land dicht bevölkert: sehr begreiflich in der Gegend des Zinnbaues. Und tiefer ging er nicht ins Innere, es mußte ihm daran gelegen sein, bis zur Mitte des Sommers möglichst weit nach Norden vorzudringen, um selbst vielleicht das Schauspiel der nicht untergehenden Sonne zu genießen.

Bis hierher war er nur dem alten Zuge der phönizischen Schifffahrt gefolgt. Jetzt wagte er sich auf neue Bahnen.

Er fuhr vom Landsend die Westseite von Albion hinauf, immer langsam und vorsichtig an der vielgegliederten Küste hin. Er überschritt den vierundfünfzigsten Parallel und trat in die angebliche kalte Zone ein. Er sah die Sterne über seinem Scheitel, welche Eudoxus als die immer sichtbaren der arktischen Region beschrieben hatte. Die Insel Jerne mit ihren herrlichen Weiden und die Haemoden (Hebuden, Hebriden), deren er sieben zählte, wurden ihm bekannt. Er erreichte die Nordspitze von Albion: Orkan.

Schon war das Klima rauher und die Bevölkerung dünner geworden. Weizen und Gerste verschwanden. Die Einwohner lebten von „Hirse" (vielmehr Hafer), von wildwachsenden Gemüsen und Früchten und Wurzeln. Ein Bild der äußersten Armuth stellte sich dem verwöhnten Griechen dar.

Aber er strebte weiter. Von Orkan fuhr er an den Orkaden hin, deren Zahl er ziemlich richtig auf dreißig angibt, und über sie hinaus zu den Shetlandinseln (»Vergos«?), nach Berrike der größten von allen (das shetländische Mainland) und nach der letzten: nach Thule, der nördlichsten von den brittannischen Inseln, wie sie Pytheas nannte. Das wäre das heutige Unst.

Dort zeigten ihm die Eingebornen den Ort — wie sie sich treuherzig ausdrückten: „wo die Sonne Ruhe hält."

Für die Entstehung dieser Volksansicht bedurfte es, sagt Müllenhoff, nur einiger hervorragender Puncte die den Abschnitt, den der Umlauf der Sonne zur Zeit ihres höchsten Standes im Horizonte machte, ungefähr begrenzten. „Wer auf Unst im Innern der von Norden in dieselbe eindringenden Meeresbucht (des Burrafjords) steht, überblickt zwischen dem felsigen Vorgebirge Hermaneß im Nordwesten und dem 938 Fuß hohen Saxavord in Nordosten einen Horizontalbogen von mindestens 70 Grad, also gerade so viel als hier der Horizontabschnitt der Sonne im Mittsommer ausmacht."

Daß Pytheas auf diesen wenig einladenden Inseln noch Menschen fand, ist sehr merkwürdig. Aber man muß es ihm glauben. Es waren keltische Britten, und seine keltischen Dolmetscher ließen ihn nicht im Stich. Er erhielt auch Nachricht von dem östlich gegenüberliegenden Festlande, Norwegen, dessen Bewohner hier Belken (Belkai) genannt wurden.

Nach Norden hin aber meinte er ans Ende der Welt vorgedrungen zu sein, wie sich Columbus am Orinoco in der Nähe des irdischen Paradieses glaubte.

Es war um die Sommersonnenwende. Er erlebte die hellen Nächte von denen Homer gesungen, ja er berechnete die Dauer der Nacht irrthümlich auf nur zwei Stunden: er glaubte um fünf Breitengrade nördlicher zu sein als er war. In ähnlicher Weise hat sich Columbus, als er 1477 Island besuchte, sogar um zehn Grade geirrt.

Die Kelten versicherten, eine Tagfahrt jenseits Thule beginne Morimarusa, wie sie es nannten, das heißt: das todte Meer. Auch davon überzeugte sich Pytheas noch selbst, das Meer schien ihm dort dickgeworden, „geronnen". Und nun glaubte er auch, was die Britten ferner zu berichten wußten: es gebe dahin weiter kein Land mehr, auch kein Meer und keine Luft, sondern nur ein Gemisch aus diesem allen, und Erde und Wasser und alles schwebe, und diese Masse sei wie ein gemeinsames Band aller Substanzen, weder begehbar noch beschiffbar.

In der That sind schon weiter südlich noch heute die Windstillen und die Seenebel jener Gegend gefürchtet: die letzteren steigen von dem Eise des Polarmeeres auf, das in den warmen Golfstrom einfällt.

Pytheas hatte genug versucht und erfahren. Er kehrte um. Kein Grieche und kein Römer nach ihm ist wieder so hoch in den Norden vorgedrungen. Die Römer, welche der in Brittannien commandirende Agricola 84 nach Christus aussandte um Thule zu suchen, begnügten sich damit, das shetländische Mainland von ferne gesehen zu haben.

Pytheas segelte nicht nach Norwegen hinüber, er wollte zunächst die Gestalt Brittanniens erkunden, er fuhr daher zurück nach Orkan und an der Ostseite Albions hinab nach der Südostspitze Kantion (Kent).

Von hier aus wendete er sich zu dem gegenüberliegenden Continent und fuhr etwa von Dünkirchen an längs der Küste nach Nordost, an den Schelde-, Maas- und Rheinmündungen vorüber — wir wissen nicht genau bis wie weit. Jedenfalls lernte er die Nordsee und ihre Inseln, „die Inseln zwischen Brettanike und Europa", wie er sie nannte, aus eigener Anschauung kennen.

Das Meer erschien ihm hier wie ein ungeheurer Meerbusen der voll großer und kleiner Inseln lag. Es breitet sich nirgend weit aus, weil es immerfort im Schooße der Küsten aufgenommen wird. Auch gleicht es nirgends einem Meere, sondern, da seine Gewässer hin und wieder zwischen dem Lande herfließen, auch oft übersteigen, so vertheilt es sich hin und her und zerstreut sich in Gestalt krummer Flüsse. Es wird wo es an die Küsten spült von den Gestaden der Inseln, die nicht weit und fast überall gleich weit von einander abstehen, eingeschlossen, in ein schmales Bette gedrängt und einer Meerenge gleich. Und weil durch Flut und Ebbe der Raum ihres Abstandes von einander bald mit Wasser bedeckt, bald wieder davon frei ist, so scheinen sie bald Inseln bald festes Land zu sein. Weiterhin krümmt sich das Gestade und beschreibt einen großen Bogen.

Das Meer heißt Toban, ein deutsches Wort: „das Zerstreute". Die meisten der Inseln sind wüst und ohne Namen. Nur eine derselben, Abalus, etwa oberhalb der Elbe im Gebiete der Eibermündungen, wird als ein Hauptfundort des Bernsteins genannt. Und in der That wird in dieser Gegend noch heute der meiste Bernstein an der Nordsee gefunden.

Auf dieser Küstenfahrt nun hatte Pytheas beobachtet, wie das Gebiet der Kelten aufhörte und eine neue Nationalität begann, für welche er die unbestimmte Bezeichnung der Scythen gebrauchte. Der Rhein, dessen Name Rhênos auch wol durch Pytheas zuerst bekannt wurde, schien die Grenze zwischen ihnen und den Kelten zu bilden. Das neue Volk selbst wurde ihm, in keltischer Entstellung des Wortes, als die Teutonen genannt, d. h. auf deutsch nur die Angehörigen der theuda, thiuda, des Volkes. Ihr Land soll Baunonia (Bohnenland?) oder Raunonia geheißen haben.

Hier betrat Pytheas deutschen Boden. Hier wurde er der geographische Entdecker unserer Ahnen. Seine Teutonen sind dieselben, welche zwei Jahrhunderte später in Gemeinschaft mit den Cimbern der Schrecken Roms wurden.

Von ihrer Art und Sitte hat er, soviel wir wissen, nichts überliefert. Blos über ihre Betheiligung am Bernsteinhandel berichtet er, aber wo er nicht selbst beobachten konnte, mischt sich schon Hypothese und Fabuloses bei.

Der Bernstein ist nach ihm eine Absonderung des geronnenen Meeres, das er hinter Thule gesehen. Im Frühjahr tragen ihn die Fluten nach der Insel Abalus und werfen ihn ans Ufer. Die Einwohner sammeln ihn und haben so reichlich davon, daß sie ihn statt des Holzes zum Feuer gebrauchen. Sie bringen ihn auch eine Tagfahrt weit nach dem gegenüberliegenden Festlande hinüber und verkaufen ihn an die Teutonen, ihre nächsten Nachbarn, von denen er dann weiter durch das Keltenland an die Rhonemündung und zu den Griechen gelangt.

Der Bernstein als Feuerungsmaterial! „Aber die Fabel weist wol unleugbar — bemerkt Müllenhoff — auf den auf allen Marschinseln der Nordsee herrschenden Mangel an Holz und Brennmaterial und setzt vielleicht voraus, daß man sich dafür auch des modrigen, harzigen Holzes und des Seetangs, mit dem zusammen der Bernstein gewöhnlich gefunden wird, wie des Torfes oder Dargs, der auch auf dem Meeresboden bei Ebbezeit gegraben wird, bediente." Und in einer schleswig-holsteinischen Landeskunde von 1799 heißt es von dem am Ausfluß der Eider gefundenen Bernstein in der Landschaft Eiderstedt: „Schwarze Stücke sind keine Handelswaare, sondern arme Leute bedienen sich ihrer zum Anzünden statt der Lichte." Auch dies ist ein Wink zur Erklärung der Fabel.

Aber noch weitere seltsame Geschichten wurden Pytheas zugetragen hier am Endpuncte seiner Fahrt, theils unvollkommene Beobachtungen wirklicher Zustände, theils scherzende Märchen, wie sie an den Grenzen ethnographischer Kenntnisse so gern auftauchen. Sie gehen von der Nordseeküste aus und ziehen sich an ihr dann mit einer gewissen Steigerung hinauf in den entlegneren Norden.

Man erzählte von den Oeonen, den Eieressern, von denen noch Cäsar hörte, die sich nur von Vogeleiern und Fischen oder wilden Halmpflanzen nähren. „Wer die Inseln und das von Wasserläufen und Strömen hin und her durchfurchte Uferland der Nordsee und die zahllosen Schwärme der da hausenden Vögel je gesehen hat, wird die Meinung ganz natürlich finden, daß die Bewohner von Fischen und Vogeleiern lebten. Sie gründet sich auf die Anschauung und Kenntnis der Gegend, nur übertreibt die Sage und rückt die von ihr behauptete Thatsache mit einer Schlußfolgerung über den nächsten und ersten Gesichtspunct hinaus in die weitere Ferne."

Man erzählte von den Hippopoden, den Pferdefüßlern. Liegt irgend eine Fußtracht von besonderer Festigkeit, die an Hufe erinnern mochte, zu Grunde?

Man erzählte endlich von den Panotiern, Ganzohren, deren große Ohren den ganzen Körper bedecken und eine andere Bekleidung überflüssig machen. „Aber hier deutet sich das ursprünglich scherzende

Märchen leicht aus einer Mantel= und Kapuzentracht, wie sie namentlich nördlichen Seeanwohnern zum Schutze gegen Wind und Regen nötig sein mochte."

Mit diesen Fabeln schloß für Pytheas das Bild der Welt ab. Die Wundervölker traten mit den Belken in eine Reihe, das Gestade zog sich ununterbrochen bis Norwegen hinauf, von Kattegat oder gar Ostsee keine Ahnung. Den Belken gegenüber war dann Thule und darüber hinaus die Lagerstatt der Sonne und der chaotische Urbrei von Wasser, Luft und Erde: ein Resultat vielleicht schon druidischer Speculation. —

Das Ganze aber, Brittannien mit eingeschlossen, schob sich ihm viel zu weit nach Osten. Den Endpunct seiner Fahrt bei Thule vermuthete er nördlich vom Don, wo sich Europa und Asien scheiden. Hier waren wieder Scythen und so mochten auch die Wundervölker jenseits der Teutonen mit ähnlichen, die man im Norden Asiens dachte, in seiner Vorstellung zusammenrinnen.

Durchgängig überschätzte er auch die Räume die er durchmessen, und man muß seine ungeheuren Zahlen auf die Hälfte reduciren um das richtige zu finden. Die große Langsamkeit der Fahrt auf dem unbekannten Meere kam ihm nicht zum Bewußtsein und er glaubte mit einer Tagfahrt ebenso weit gekommen zu sein, wie sonst auf dem Mittelländischen Meere. Gleichzeitig berechnete aus denselben Gründen Alexander des Großen Admiral Nearch die Strecke vom Indus bis zum Euphrat auf 600 Meilen, die nicht 300 lang ist. —

Das neue Volk, bei welchem die Kenntnis des Keltischen nichts mehr half, mochte Pytheas von weiterem Vordringen abschrecken. Er fuhr längs der Küste zurück, schätzte auch die Südseite des albionischen Dreiecks nur nach dem Maße der gegenüberliegenden Küste ab, lenkte dann bei der Bretagne in schon bekannte Wege ein, beobachtete daß im Norden Spaniens die Rückfahrt schwieriger war als die Hinfahrt — denn die Meeresströmung führt von West nach Ost in den biscayischen Golf hinein und Westwinde herrschen vor — und lief endlich, wir wissen nicht wann, wieder in den Hafen der Vaterstadt ein. —

So viel ungefähr wissen wir von der Entdeckungsreise des Pytheas, deren Resultate er zugleich mit seinen sonstigen Forschungen in einer Schrift „über den Ocean" niederlegte, die leider nicht auf uns gekommen ist. In seine Seele ist uns kein Einblick vergönnt wie in die des Christoph Columbus. Und seine That hat nicht den weltbewegenden Einfluß gehabt wie die des Genuesers.

Der Weg den er eröffnet, wurde nicht sofort häufiger befahren und ausgebeutet. Selbst die Folgen für den Zinn- und Bernsteinhandel die sich daran knüpfen konnten, blieben aus. Denn die Macht Karthagos erhob sich bald wieder über die von Massalia: aus dem dritten Jahrhundert berichtet Eratosthenes daß die Karthager jedes fremde nach den Säulen des Hercules segelnde Schiff, dessen sie habhaft wurden, versenkten. Und auch die Verbindungen der Massalioten über Land wurden im dritten Jahrhundert durch neue Keltenbewegungen gestört.

Aber in der Wissenschaft lebten die Entdeckungen des Pytheas fort. Zwar Aristoteles konnte davon nicht mehr Gebrauch machen, und sein Schüler Dikäarch verhielt sich ablehnend dagegen, weil sie zu seiner im voraus festgestellten Theorie von der Gestalt und den Dimensionen der bewohnbaren Welt nicht paßten. Aber der Sicilianer Timäus machte in der ersten Hälfte des dritten Jahrhunderts davon Gebrauch. Und Eratosthenes, der das Problem von der Größe der Erde weiter verfolgte und in der Gradmessung die theoretische Lösung fand, dessen Ansichten über die Ausdehnung und Vertheilung des Bewohnbaren noch auf Columbus einwirkten und so an der Entdeckung Amerikas mit arbeiteten, — Eratosthenes hat die Resultate der Expedition des Pytheas einfach acceptirt und durch Thule seinen Polarkreis gelegt. Die Beschreibung Brittanniens aber wurde die Grundlage für alle weitere Forschung und wirkte in unabgebrochener Tradition durch Ptolemäus noch auf die neuere Kartographie seit dem Ende des Mittelalters. Die ultima Thule wurde von den Dichtern besungen bis auf Goethes König von Thule, ein Romanschreiber des dritten Jahrhunderts nach Christus verfaßte „Unglaubliche Geschichten jenseits Thules". Und nur gerade die Entdeckung eines neuen Volkes jenseits der Kelten ging wieder verloren, der Keltenname wurde fort und fort in falscher Ausdehnung gebraucht zur Irreführung auch noch mancher Gelehrten des neunzehnten Jahrhunderts.

Erst im zweiten Jahrhundert vor Christus lernten die Römer den Namen Germanen kennen.

Der Historiker Polybius aber (etwa 208—127 v. Chr.) war wol der letzte der die Schrift des Pytheas selbst gelesen hat. Er wagte beschränkten Sinnes die Glaubwürdigkeit des Mannes anzuzweifeln und ihn als Lügner hinzustellen, worin ihm der Geograph Strabo in augusteischer Zeit blindlings folgte. Erst durch Müllenhoffs umsichtige sorgfältige und tief eindringende Erörterungen erhielt das Bild des Mannes wieder so viel Klarheit und Bestimmtheit, als bei dem mangelhaften Zustand unserer Quellen überhaupt noch möglich war: man wird nicht wesentlich darüber hinauskommen.

Pytheas und seine wissenschaftliche Bedeutung, das heißt: Pytheas und seine Stellung innerhalb der gesammten Entwickelung griechischer Geographie bilden den Gegenstand von Müllenhoffs zweitem Buch. Das erste Buch behandelt die „Phönizier", d. h. die Kunde der Phönizier vom europäischen Westen und Norden: nebenbei kommt der Einfluß der Phönizier auf die Griechen und das Anfangsdatum der griechischen Geschichte zur Sprache, die Sage von Ilias und Odyssee wird erklärt: dies Alles hier scheinbar vereinzelt und ungehörig, wenn man starr systematischen Gang fordern wollte; aber sehr berechtigt in dem Ganzen von Müllenhoffs Betrachtungen, — Vorausdeutungen, deren Werth sich später zeigen wird, wenn der Plan des Werkes weiter zu Tage tritt.

Es ist eine breite Unterlage, auf der sich der Bau dieser deutschen Alterthumskunde erhebt. Das Zuständliche der Antiquitäten löst Müllenhoff in Erzählung auf. So wie das Wesen der Germanen den Griechen und Römern nach und nach klar wurde, so führt uns der Verfasser allmählich in dasselbe ein.

Das Heldenthum unserer Vorfahren, wie es sich auf allen Lebensgebieten offenbarte, muß der Kern des Buches werden. Noch hat es sich in diesem ersten Bande nicht enthüllt. Aber wir werden gelegentlich darauf vorbereitet durch jene Erzählung von den Nordseevölkern, welche die eindringende Flut in voller Rüstung mit ihren Speeren bekämpfen.

Das ist nur ein erstes fernes Wetterleuchten germanischen Heldenthums, das den Griechen sichtbar wird. Den Römern standen darüber weit unmittelbarere Erfahrungen bevor. Müllenhoffs zweiter Band muß mit den Cimbernkriegen beginnen, dann folgt Cäsar, dann die Kriege des ersten Jahrhunderts nach Christus und als Niederschlag der angesammelten Kenntnisse die unsterbliche Schrift des Tacitus: da erhalten wir schon den vollen Einblick in Wesen, Charakter und Gesinnung unserer Nation, deren geistige Erzeugnisse dann in einheimischen Quellen, in Mythologie und Heldensage, vorliegen.

Ich fürchte nicht, den Werth der germanischen Studien zu überschätzen, wenn ich glaube, daß die deutsche Alterthumskunde, wie Müllenhoff ihre Aufgabe faßt, auch mit den lebendigen Interessen der Gegenwart in einigem Zusammenhange steht.

Die Völkerwanderung war ein materieller Sieg des germanischen Heldenthums über Rom. Aber der äußere Sieg führte eine innere Niederlage mit sich. Die geistige Herrschaft Roms und des Romanismus wurde nicht gebrochen, sondern erst recht ausgebreitet. Das ureigenthümliche Element, das dem römischen Wesen lange Widerstand leistete, um es schließlich wieder siegreich zu bekämpfen, das in vielfachen Metamorphosen bis auf die Gegenwart reicht und in ihren größten Thaten als wichtigster Factor mit enthalten ist, — dieses Element vollständiger, allseitiger und tiefer darzustellen und zu begreifen, als es bisher geschah: das scheint mir die Aufgabe der deutschen Alterthumskunde, deren Lösung wir von Müllenhoff erwarten.

Die deutsche Spracheinheit.

I.

Die Geschichte unserer Sprache ist bis zu einem gewissen Grade die Geschichte unseres Volkes selbst.

Die Sprache ist das treueste Abbild des Volksthums. Die Totalität aller geistigen Kräfte ist darin vertreten. In der Sprache ist Musik und Melodie. Die Sprache ist ein Kunstwerk, und ästhetische Bedürfnisse, welche sie geschaffen, finden sich als bildende Mächte in der Poesie und allen Künsten wieder. In der Sprache ist Gesinnung und That. Sie ist für ein Volk, was das Gesicht für den einzelnen Menschen. Jede Stimmung, jedes Gefühl, jeder Gedanke malt sich auf ihr. Was der Genius einer Nation dichtet und träumt, das erfährt die Sprache und berichtet's fernen Jahrtausenden. Sprache an sich, abgesehen von aller geschriebenen Litteratur, ist die wichtigste, unvertilgbarste Urkunde der Geschichte. Wovon die Chroniken nichts wissen, worüber Keilinschriften und Hieroglyphen stumm bleiben, wovon der umgewühlte Erdboden nichts erzählt, darüber geben uns Laute, Formen, Wörter Auskunft.

Aber die Sprache ist noch mehr. Sie ist auch eine bildende Kraft des Staatslebens. Sie ist das hauptsächlichste Band, das eine Nation umschlingt und woran derselben ihre innere Einheit zum Bewußtsein kommt. Die Sprache gilt unseren Statistikern als das sicherste Kennzeichen der Nationalität. Wo die Sprachen ausgestorben sind, da nehmen wir die Völker als verschwunden an. Darum ist in Ländern mit gemischter Bevölkerung die Sprachenfrage eine politische Frage ersten Ranges. Die untergeordnetsten Natiönchen, Völker ohne irgend nennenswerthe Cultur, Völker, welche ohne Schaden für die Menschheit von der Erde hinweggeweht werden könnten, klammern sich mit einer frenetischen Angst an ihre Sprache wie an das kostbarste Gut, an den letzten Hort und Schirm ihrer Eigenart, an welchem ihre Existenz zu hängen scheint.

Und sie hängt in der That daran.. Auch für uns Deutsche war die Sprache stets eine segnende Göttin, die uns zusammenhielt, wenn Politik und Religion uns trennte, ja die gerade zu der Zeit, wo die größten Spaltungen über uns hereinbrachen, die Einheit unseres Volksthums geschaffen hat durch die Möglichkeit einheitlichen Geisteslebens, welche sie uns erst gewährte.

Dieses politische Verdienst unserer Muttersprache, ihre bindende, einigende Kraft ist der Gegenstand, dem ich hier einige Blätter widmen will.

Die Geschichte der Sprachen läßt uns Erscheinungen beobachten, welche auf anderen Gebieten durch die neuere Naturwissenschaft aller Welt sehr geläufig geworden sind. Große Gruppen des Thierreiches, die man bisher neben einander zu stellen gewohnt war, werden jetzt genealogisch angeordnet. In viel verzweigten und mannigfaltig verästelten Stammbäumen gewahren wir, wie durch jahrhundertelange, jahrtausendelange Entwicklung aus uralten Einheiten allmählich Vielheit und Mannigfaltigkeit entsteht. Verschiedene und, soweit menschliche Beobachtung reicht, getrennte Thiergattungen werden auf gemeinschaftliche Urväter zurück geführt.

Ein Zug zur Specialisirung beherrscht die gesammte organische Schöpfung. Auch der Mensch ist davon nicht ausgenommen. Das Völker- und Sprachenmeer der heutigen Erde ist nichts ursprüngliches. Die unendliche Mannigfaltigkeit geht auf wenige ältere Einheiten zurück. Und wenn wir den Blick auf die überreichen Verzweigungen und Theilungen einmal festheften, so geräth der Begriff der Nationalität ins Schwanken. Wir wissen nicht mehr genau, wo die Grenze ist. Alle Unterschiede erscheinen relativ. Das Kennzeichen der Sprache wird selbst zweifelhaft und läßt uns im Stich.

Die Germanen, welche Tacitus schildert, waren ein Volk, dessen verschiedene Theile eine im ganzen noch einheitliche Sprache redeten und sich ohne Zweifel untereinander verstanden. Aus diesem Urvolke sind Deutsche, Niederländer, Engländer, Dänen, Schweden, Norweger geworden. Die Vorfahren dieser Völker waren sprachlich gewiß nicht weiter getrennt, als heute etwa Schwaben und Baiern durch ihre Volksmundart. Was jetzt besondere Sprachen sind, waren damals Dialekte. Was jetzt besondere Nationen sind, waren damals Stämme. Die Unterschiede sind nur sehr allmählich gewachsen, theils kraft des natürlichen inneren Triebes, mit welchem sich die Eigenthümlichkeit durch Vererbung steigert, theils kraft äußerer trennender Umstände und abweichender historischer Schicksale.

Im sechsten Jahrhundert war die Sprache der Sachsen in Deutschland und der Angelsachsen in England viel mehr einheitlich, als die Sprache der Sachsen und Baiern. Noch im dreizehnten Jahrhundert hätte ein Niederländer den Kölner eher verstanden als dieser den Schwaben. Auch heute können sich Holländer und Friesen ganz gut verständigen, während ein plattdeutsch redender Bauer den tirolischen Alpenhirten vergeblich befragen und anhören wird. Ja die sprachliche Verwandtschaft zwischen Plattdeutsch und Holländisch hat in den Köpfen annexionslustiger Statistiker schon die merkwürdigsten Verwirrungen angerichtet und unseren ehrenwerthen Nachbarn scheinbare Belege für die chauvinistischen Neigungen an die Hand gegeben, die sie uns so grundlos zutrauen.

Gibt es also überhaupt eine Grenze zwischen Sprache und Mundart, zwischen Volk und Stamm? Oder müssen wir auf feste Scheidungen ganz verzichten?

Wo Völker und Sprachen ihrem natürlichen Sonderungstriebe überlassen bleiben oder die Bedingungen ihrer Existenz denselben noch befördern, da können alle Stämme nach und nach zu Völkern, alle Mundarten nach und nach zu Sprachen werden. Die Individualisirung geht ins Unendliche. Die Nationaleinheiten fallen bis zu gänzlicher Zersplitterung auseinander. Die Neger Afrikas, die Indianer Amerikas liefern dafür Beispiele.

Aber in geschichtlich bewegten Ländern, in welchen die natürlichen Triebe von geistigen Kräften überherrscht werden, fehlt es nie an Bindemitteln, die sich der Absonderung entgegen stemmen und die auch ihren sprachlichen Ausdruck finden. Regelmäßig beobachten wir, daß zwar einerseits die Individualisirung der Mundarten ihren Fortgang nimmt, daß aber andererseits einer dieser Dialekte, dessen Träger politisch oder geistig besonders hervorragen, in das Verhältniß einer Hegemonie zu den übrigen tritt. Und die herrschende Sprache wird mehr und mehr auch innerlich Gemeinsprache, indem sie aus allen Mundarten einzelne Bestandtheile aufnimmt und so eine Art Mikrokosmus sämmtlicher Dialekte darstellt.

Die Zunge Latiums breitet sich durch die römische Politik zuerst über ganz Italien aus, siegt über das Volskische, Samnitische, Umbrische, Messapische, Etruskische, über die keltischen und ligurischen Sprachen Oberitaliens, breitet sich dann über einen großen Theil des Orbis Romanus aus und drängt das Iberische, Gallische, Thracische immer weiter zurück. Zu dem Lateinischen als Schriftsprache verhalten sich die provinziellen Schattirungen wie Volksdialekte, und aus diesen Dialekten werden die verschiedenen romanischen Sprachen.

Innerhalb jeder einzelnen romanischen Sprache derselbe Proceß. Im Französischen z. B. hebt das politische Uebergewicht der Isle de France die Mundart dieser Landschaft empor. Aber nur ganz allmählich und nachdem sie viele fremde Elemente aus anderen Dialekten aufgenommen hat, gelangt sie dazu, erst die übrigen nördlichen, dann die südlichen Mundarten Frankreichs aus der Schriftsprache zu verdrängen.

Die Erscheinung wiederholt sich, nur auf etwas anderen Wegen, bei fast allen europäischen Völkern. Unter ihnen ist es den Deutschen und Italienern eigenthümlich, daß es mitten in ihrer Geschichte lange Perioden gab, in denen das politische Band gelockert oder ganz zerrissen und die Gemeinsprache das einzige nationale Bindemittel war.

Solche Gemeinsprache aber erringt und behauptet ihre Herrschaft in der Regel durch die Schrift, durch eine geschriebene Litteratur, die in ununterbrochener Fortbildung sich stetig entwickelt. Die Gemeinsprache wird Schriftsprache.

Und das scheint mir nun der maßgebende Gesichtspunct für den Unterschied von Volk und Stamm zu sein. Die Schriftsprache ist das Merkmal des Volkes. Wo eine besondere Schriftsprache vorhanden, da pflegen wir von einer besondern Nation zu reden. Nie wird es uns einfallen, die deutschen Schweizer oder deutschen Oesterreicher für etwas anderes als für Angehörige deutscher Stämme zu erklären. Die Holländer aber sind ein selbständiges Volk, so gut wie die Deutschen, Dänen oder Engländer.

Wenn wir uns nun die Entstehung und Ausbildung der heutigen deutschen Schriftsprache vergegenwärtigen, so tritt uns die wunderbarste Mischung geistiger und politischer Motive entgegen.

Man kann sagen: unsere Schriftsprache ist ein Erzeugniß des altdeutschen Kaiserthums, und umgekehrt: das neudeutsche Kaiserthum ist ein Erzeugniß der deutschen Schriftsprache und ihrer Litteratur. Das lehrt die Geschichte unseres Volkes.

Die Germanen, wie sie die Römer kennen lernen, zerfallen in eine Unzahl kleiner politischer Gemeinwesen. Nur der südwestliche Theil der Nation, alle Germanen mit Ausnahme des gothisch-vandalischen und scandinavischen Stammes, bewahren ein Bewußtsein gemeinschaftlicher Abkunft. Aber auch sie sind staatlich getrennt und nur auf religiösem Gebiete bestehen unter ihnen Einungen, welche die verschiedenen kleinen Staaten zu drei umfassenden Gruppen und Cultusgenossenschaften um drei große Haupttempel versammeln.

Wie nun der gewaltige Thatendrang der Völkerwanderung über die Germanen kommt, wie da gemeinschaftliche Ziele, gemeinschaftlicher Ruhm, gemeinschaftliche Ehre winkt, da stellen sich jene religiösen Genossenschaften plötzlich auch als politische Verbände und Einheiten dar. Die drei Stämme der Franken, Sachsen, Alemannen entstehen, die früheren Priestergeschlechter an den Stammestempeln sehen sich an der Spitze erobernder Heeresmassen, die alten Amphiktyonien werden organisirte Gemeinwesen. Dagegen entsprechen die kleineren Stammesfragmente der Friesen, Hessen und Thüringer ungefähr den ursprünglichen kleinen germanischen Staatsverbänden. Jenen dreien aber gesellen sich als vierter deutscher Hauptstamm die Baiern und Oesterreicher, von gothisch-vandalischer Abkunft, doch nicht unvermischt.

Durch diese vier Stämme, welche das heutige Deutschland ausmachen, geht im sechsten Jahrhundert ein sprachlicher Riß, der sie in zwei Hälften zertheilt und die Baiern, Alemannen, Franken von den

Sachsen und Friesen weiter entfernt, als diese den Engländern und Scandinaviern stehen. Das ist die Scheidung in niederdeutsche und hochdeutsche Stämme. Daß jene dat, diese das; jene Water, diese Wasser; jene open, diese offen; jene maken, diese machen sagen, rührt aus der angegebenen Zeit her. Die Niederdeutschen hielten wie die Engländer und Scandinavier die alten germanischen Laute fest, während sich die hochdeutschen Stämme davon entfernten.

Diese Trennung ist nichts anderes als der sprachliche Ausdruck für die geschichtliche Thatsache, daß die hochdeutschen Stämme als Mitglieder des merowingisch-fränkischen Reiches in einen staatlichen Verband mit romanischen Völkerschaften und dadurch in dauernde Culturbeziehung zu einer fremden Nationalität traten. Das Christenthum wurde ihnen zugeführt, der Romanismus konnte auf sie Einfluß nehmen. Der politische und Culturfortschritt prägt sich in einem Fortschritt der Laute aus. Die politische und Cultureinheit des älteren Frankenreiches spiegelt sich noch heute in der sprachlichen Scheidung von Oberdeutsch und Plattdeutsch. Der Gegensatz von Süddeutsch und Norddeutsch hat damals seine Begründung erhalten. Eine tiefgreifende Trennung hatte sich vollzogen, die durch unsere ganze Geschichte hin sich oft in der verhängnißvollsten, oft in der segensreichsten Weise geltend machte. Wenn je die Gefahr nahe lag, daß aus den Deutschen zwei Völker werden konnten, so war es damals.

Der Mann, dem wir vor allen das Verdienst beimessen müssen, ein solches Unglück (wir dürfens so nennen) verhütet zu haben, ist Karl der Große. Die karolingische Politik mit ihren Plänen der Weltmonarchie, die schließlich in der Wiederherstellung des weströmischen Kaiserthums gipfelten, vereinigte vieles, was nicht beisammen bleiben konnte, aber sie vereinigte auch manches, was vermöge seiner innersten Natur zusammen gehörte, sie vereinigte zum ersten Male alle Stämme, die das heutige Deutschland ausmachen und die sich in den Reichstheilungen des neunten Jahrhunderts als eine besondere Einheit abschieden.

Die Monarchie Karls des Großen und seiner Nachfolger mit ihren christlichen Bildungsbestrebungen gibt die Veranlassung zur Entstehung einer geschriebenen deutschen Litteratur. Zunächst bedient sich jeder, der etwas in deutscher Sprache aufschreibt, seiner eigenen Mundart. Wir finden fränkische, bairische, alemannische Uebersetzungen kirchlicher Gebete und Formeln. Ein Baier beschreibt das jüngste Gericht in Versen seines heimatlichen Dialektes. Ein sächsischer Dichter bearbeitet auf Veranlassung Ludwigs des Frommen das Leben Jesu Christi in seiner Mundart. Wir bemerken aber schon, wie sich die localen Idiome unter einander berühren, vermischen und ausgleichen. Mit der Verbreitung hervorragenderer Leistungen greift auch die betreffende Sprachform um sich. Mit dem litterarischen Austausch geht ein sprachlicher Hand in Hand. Fränkische Aufzeichnungen, ins Baierische übertragen, schleppen von ihrer Mundart etwas ein. Mitten in sächsischen Schriftstücken finden wir hochdeutsche Spuren und umgekehrt. Nur in wenigen Denkmälern herrscht der reine ungemischte Dialekt.

Zu solchen litterarischen Thatsachen kommt ein sociales Moment. Wenn der sächsische Edeling an Karls des Großen Hofe mit dem fränkischen Bischof, mit dem alemannischen Mönch, mit dem baierischen Grafen zusammentraf, in welcher Sprache tauschten sie ihre Gedanken aus? Gewiß redete jeder seinen Landesdialekt, aber möglichst so, daß ihn der andere verstehen konnte, d. h. so, daß die Unterschiede zurücktraten und das Einheitliche sich hervorhob. Unwillkürlich mußten sich die Gegensätze abschleifen. Und da es in der fränkischen Mundart, wie sie am mittleren Rhein, etwa um Mainz, gesprochen wurde, ein Bindeglied zwischen Hochdeutsch und Niederdeutsch wirklich gab, so darf man sich die sprachliche Entwickelung und Bewegung zur Zeit Karls des Großen als eine Gravitation zu diesem rheinfränkischen Mittelpuncte denken.

Die Hofsprache Karls des Großen war der erste, wenn auch schwache Anfang zu einer Art von Gemeinsprache, die sich in demselben Maße auf verschiedene deutsche Gegenden ausbreiten konnte, als das provinzielle Leben von dem fränkischen Hofe aus bestimmt wurde. Aber die Hofsprache Karls des Großen wirkte nicht blos in der Epoche der fränkischen Monarchie auf ferne Gegenden, sondern auch lange nach den Tagen der Karolinger auf ferne Zeiten.

Solange ein Kaiserthum bestand, blieb die Tradition der Hofsprache ununterbrochen. Zwei Elemente sind darin immer zu unterscheiden, die heimatliche Mundart des betreffenden Herrschergeschlechtes und ein überlieferter Bestandtheil, worin das Fränkische der Karolinger nachklingt. An dem Hofe der sächsischen Ottonen redete man nicht sächsisch, sondern einen fränkischen Dialekt, der in gerader Linie von jener vermittelnden Mundart des Rheines abstammt und nur einige sächsische Färbung angenommen hat. Als dann im elften Jahrhundert die fränkischen Kaiser ans Regiment kamen, konnte das fränkische Grundelement nur neue Verstärkung erhalten, und diese fränkische Hofsprache wurde den Staufern vererbt, welche ihrerseits einen beträchtlichen alemannischen Zusatz hinein brachten, der Laut und Klang melodischer und wohltönender gestaltete.

Und zu allen Zeiten geht von dieser Conversationssprache des Hofes etwas auf die Schriftsprache über. Eine eigentlich feste, von den Dialekten geschiedene und in sich gleichmäßige Schriftsprache gab es allerdings nicht. Aber die Hofsprache mit ihrer Tendenz, sich auszubreiten und zur Gemeinsprache zu werden, spielt in viele Mundarten herein, wenn sie geschrieben werden: sie mobificirt sie, drückt ihnen einen einheitlichen Stempel auf, mildert das allzu Besondere, verwischt das allzu Eigenartige. In der Hofsprache der fränkischen Kaiser finden wir zu Ende des elften, Anfang des zwölften Jahrhunderts eine reiche Litteratur geistlichen Inhalts, allerdings großentheils in fränkischen Gegenden entstanden; aber auch die gleichzeitigen baierischen und österreichischen Aufzeichnungen lassen Einfluß der fränkischen Orthographie bemerken und legen damit Zeugniß ab für die überwiegende Geltung jener Mundart, welche durch die Macht des Kaiserthums getragen wurde.

Es ist ein Unterschied zwischen Hofsprache, Gemeinsprache, Schriftsprache: aber diese drei hängen auf das innigste zusammen, der kaiserliche Hof ist das belebende Centrum, das alle Tendenz zur Einheit erweckt und fördert.

Die Hofsprache der staufischen Kaiser mit ihrer alemannischen Färbung ist im wesentlichen die Sprache der großen Dichter des dreizehnten Jahrhunderts. In ihr haben Wolfram von Eschenbach, Gottfried von Straßburg, Walther von der Vogelweide, die Verfasser der Nibelungenlieder und der Gudrun gedichtet. Jeder fällt gelegentlich in die Mundart seines Geburtslandes. Walther merkt man den Oesterreicher an, Wolframs Dialekt verräth die Ansbacher Gegend, Gottfried läßt sich hie und da einen Elsässer Provinzialismus entschlüpfen. Aber im ganzen ist es doch Eine Sprache, als solche unzweifelhaft kenntlich, ein Organ der Litteratur und Bildung, von den rohen Volksmundarten bestimmt geschieden.

Doch aber erstreckt sich ihre Herrschaft nur über das eigentliche Süddeutschland und die Schweiz. Der mittlere und untere Rhein, Hessen und Thüringen verschloß sich gegen den alemannischen Zusatz der süddeutschen Gemeinsprache. Auf Grund der Hofsprache der fränkischen Kaiser entwickelte sich hier ein eigenes Mitteldeutsch, das seinerseits zwar auch einzelne Sachsen in seinen Bereich zieht, aber an dem Kern des sächsischen Stammes doch seine Grenze findet, während es nach Nordwesten hin sich ausbreitet und z. B. das Gewand hergibt, in welchem die Ritter des deutschen Ordens das Leben der Heiligen und ihre eigenen Thaten besingen.

Also drei sprachliche Gebiete! Sollte es zu einer einheitlichen Sprache in Deutschland kommen, so mußte zwischen der süddeutschen und mitteldeutschen Gemeinsprache eine Ausgleichung gefunden, und es mußte das Resultat auch den Niedersachsen noch mitgetheilt werden. Aber weit entfernt davon: eine einheitliche starke Reichsgewalt wurde nicht aufgerichtet, eine einheitliche feste Sprache wurde nicht gewonnen.

Als vollends mit dem Fall der Staufer die dürftige Einheit immer mehr zerbröckelte, als die Autorität des Kaiserthums auf Null herabsank und die Fürsten immer mächtiger wurden, die Territorialhoheit immer größere Rechte an sich zog und der politische Particularismus ins Kraut schoß, da riß auch sprachlicher Particularismus ein, selbst jene relativen sprachlichen Einheiten gingen verloren und die ungemilderten Dialekte wurden Schriftsprachen. Die Oesterreicher schrieben österreichisch, die Baiern baierisch, die Schwaben schwäbisch u. s. w. Der Steirer Ottokar erzählte in seinem Heimatsdialekt die Befestigung der Habsburger in den österreichischen Landen. Klosener und Königshofen erzählten im Straßburger Deutsch ihre städtischen Fehden, Gottfried Hagen auf Kölnerisch die inneren Wirren der Vaterstadt. Detmar beschrieb in seinem Plattdeutsch die Großthaten der Lübecker. Und Nürnberg, Augsburg, Magdeburg,

Braunschweig und wie sie alle heißen die großen Städte, in denen sich deutsche Bürgerherrlichkeit offenbarte, die fleißigen Mittelpuncte der Industrie und des Handels, sie zeichnen ihre Chroniken, ihre Rechtsbücher im Localdialekt auf. Es ist für unsere Empfindung, als ob etwa heutige Berliner Zeitungen sich des Jargons von Müller und Schulze bedienten. Und wie eine Berliner Posse ihren Anzug wechseln muß, um in Wien auf den Brettern zu erscheinen, so gingen um jene Zeit Lieder und sonstige Gedichte in andere Mundarten über, wenn sie aus dem Orte ihrer Entstehung sich weiter verbreiteten.

Und doch! Der letzte Faden, an welchem die politische Einheit hing, an diesen knüpft sich auch ein neuer Anfang der Gemeinsprache, der Anfang unseres heutigen Schriftdeutsch an.

Dieser Anfang erwuchs in der That aus Elementen des Hochdeutschen und des Mitteldeutschen, er vereinigte in sich Mundarten jener Sprachkreise, in welche wir die Gemeinsprache des zwölften und dreizehnten Jahrhunderts zerfallen sahen. Und er bildete sich seltsamer Weise in dem Lande, das ein mehr komischer als gefährlicher nationaler Größenwahn in unseren Tagen der deutschen Cultur entreißen möchte.

In Böhmen begegnete sich baierisch-österreichische und mitteldeutsche (obersächsische) Mundart. Und aus diesen Bestandtheilen erwuchs die Hofsprache der luxemburgischen Kaiser, die sich auf die Habsburger des fünfzehnten Jahrhunderts übertrug und sich in immer weiteren Kreisen verbreitete.

Im fünfzehnten Jahrhundert spielt die Schrift für alle Zwecke des Verkehrs eine größere Rolle als je früher, und als Verkehrs- und Geschäftssprache wird schon das Deutsche, nicht mehr das Lateinische gebraucht. Insbesondere die im fünfzehnten Jahrhundert immer häufiger werdenden Reichstage verlangten eine einheitliche Sprache, die Ausfertigungen der kaiserlichen Kanzlei gingen nach allen vier Weltgegenden aus, und die in ihnen gebrauchte Sprache nimmt damit gleichzeitig ihren Weg. Die Kanzleien der Reichsfürsten richten sich im allgemeinen nach der kaiserlichen, wenn auch natürlich die heimische Mundart stets etwas hineinspielt.

Zugleich aber nimmt mit der Erfindung der Buchdruckerkunst

die litterarische Production immer größere Dimensionen an und berechnet ihre Hervorbringungen auf möglichst weite Kreise. Sie muß daher eine äußere Form suchen, die weithin Anklang und Aufnahme finden kann. Dazu bietet sich gleichfalls jene Hof- und Kanzleisprache dar, und so bemerken wir, wie um die Scheide des fünfzehnten und sechszehnten Jahrhunderts gewisse charakteristische Eigenheiten des heutigen Schriftdeutsch, welche auf der luxemburgisch-habsburgischen Hofsprache und zuletzt auf der baierisch-österreichischen Mundart beruhen, sich mittelst der gedruckten Bücher auch in Gegenden verbreiten, deren heimatlicher Dialekt davon nichts weiß.

Das sind die sprachlichen Zustände, in welche Luther hinein tritt. Er acceptirt sie, wie sie liegen und gibt den Nothwendigkeiten der Situation nach, wie er sie vorfindet. Er richtet sich nach dem Deutsch der sächsischen Kanzlei und dadurch mittelbar nach der Hof-, der Kaiser-, der Reichssprache, nach dem „gemeinen Deutsch" des fünfzehnten Jahrhunderts. Aber auch er gelangt allmählich erst zu einer festen Sprache. In seinen frühesten Schriften nimmt die Mundart seiner Heimat noch einen breiten Raum ein und die reinere Sprache der Bibelübersetzung ist das Resultat einer langsamen, erst um 1525 bestimmter gewendeten Entwickelung.

Die Lutherische Bibel war die entscheidende That zur Begründung einer einheitlichen deutschen Cultur und Sprache. Sie war der Schöpfungsact dessen was wir heute unsere Nation nennen. Wir knüpfen an Luther unsere nationale Einheit wie Italien die seinige an Dante. Luthers Bibel ist unsere Divina commedia. Sie ist der Grundstein des Tempels, der uns umschließt.

Aber wie? Hat nicht die Reformation neue Entzweiung über unser vielgespaltenes Volk gebracht?

Scheinbar wohl. Sie hat Stämme, die bis dahin geistig eins waren, getrennt. Aber sie hat auch Stämme vereinigt, die bis dahin fremd neben einander standen. Und diese Einigung war wichtiger als jene Trennung. Was sie schadete, konnte gut gemacht werden. Was sie nutzte, konnte nur ihr gelingen.

Der von Anbeginn kräftigste, durch siegreiche Colonisation auf Slavenboden übermächtig gestärkte und durch unablässige Arbeit und Kampf weit ausgebreitete Stamm der Niedersachsen hatte sich fast seit der Christianisirung Allem fern gehalten, was Gemüth und Phantasie der Süddeutschen bewegte. Die gewaltsame Bekehrung wurde nie ganz überwunden. Der neue Ideenkreis, Religion und Bildung, blieb etwas äußerlich Aufgezwungenes, durch eine tiefe Kluft von dem inneren Geist und Sinn des Volkes getrennt.

Erst die Reformation hat die Kluft ausgefüllt und diese spröden Norddeutschen für ein gemeinschaftliches geistiges Interesse gewonnen. Wie einst die losen Verbände germanischer Stämme in den Zeiten der Völkerwanderung sich zu festen einheitlichen Heeresmassen verdichteten, als es den Kampf galt gegen das Rom des dritten Jahrhunderts: so war es das Rom des sechzehnten Jahrhunderts, das unser Volk in den leidenschaftlichsten Gegensatz trieb und dadurch mit einem Zauberschlage bewirkte, woran sich seit Karl dem Großen sieben Jahrhunderte vergeblich abgemüht hatten.

Was die Karolinger auf die Dauer nicht vermochten, was den Ottonen nicht gelang, was die Staufer so wenig zu Stande brachten wie die alte Kirche oder wie die großen Dichter des dreizehnten Jahrhunderts, woran die Kraft der politischen wie der Culturheroen des deutschen Mittelalters scheiterte: Luther hat es vollbracht. Er hatte, wie er selbst einmal sagt, von dem vierfächtigen Geist Eliä den Wind, Sturm und Feuer, so die Berge zerreißt und die Felsen zerschmettert, bekommen. Er mußte „die Klötze und Stämme ausreuten, Dornen und Hecken weghauen, die Pfützen ausfüllen" und war „der grobe Waldrechter, der Bahn brechen und zurichten muß."

Er hat die Bahn gebrochen. Das geistige Band, das er uns schuf, war noch in viel weiterem Umfange ein sprachliches. Eine Gesammtsprache der Gebildeten, der Litteratur und Wissenschaft haben wir erst durch ihn. Er war in der That, wie sich der Turnvater Jahn in seinem cyklopischen Styl ausdrückt, „Luther war für das gesammte deutsche Volk ein Raummacher, Wecker, Lebenserneuerer, Geistesbeschwinger, Ausrüster mit der edelsten Geisteswehr, Herold eines künftigen Bücherwesens, und der Erzvater eines dereinstigen deutschen Großvolkes, durch das aufgefundene Vermächtniß einer Gemeinsprache."

Aber Luthers Schöpfung war auch für die Sprache nur ein Anfang. Es war nur ein Ausgangspunct gewonnen für die künftige

Einheit, nicht diese Einheit selbst. Die Eroberung ist keine plötzliche. Der Reformator Zwingli schreibt sein Schwyzer Dütsch, die lutherische Bibel muß in Basel mit Worterklärungen versehen werden, und in niederdeutscher Uebertragung wurde sie noch bis gegen Ende des sechszehnten Jahrhunderts gedruckt. Die Sprache Luthers ist zu einer definitiven Niedersetzung noch nicht gelangt, sie unterscheidet sich in einigen Puncten noch recht wesentlich von unserem Schriftdeutsch, gewisse Abschleifungen, Formübertragungen, Uniformirungen sind in ihr noch nicht vorgenommen.

Die Entwickelung geht Schritt für Schritt, aber mit unbeirrbarer Sicherheit ihren Gang. Sehr bald fühlt man ihre Macht. In gewissen Gegenden Süddeutschlands, wie in dem litterarisch so reich producirenden Straßburg, müssen Bücher, die um 1515 entstanden waren, bereits um 1540 modernisirt werden. Und so greift die neue Sprache weiter um sich nach Süden und nach Norden, und die Volksmundarten sinken zu einem Mittel komischer Wirkungen herunter. Zu Anfang des siebzehnten Jahrhunderts ist das Schriftdeutsch noch nicht ganz durchgedrungen, aber im Laufe des dreißigjährigen Krieges vollendet sich die Bewegung.

Während auf politischem und religiösem Gebiete Alles furchtbar schwankt, während die Nation pfadlos im Sande zu waten scheint, während gleich nach Luthers Tode sich die widerlichsten Erscheinungen breit machen, der Jesuitismus einerseits, die starrste lutheranische Zionswächterei andererseits, während die Blüte der deutschen Städte sinkt, während ein gräßlicher Krieg unser Volk zerfleischt, unser Land verwüstet: geht die Sprache ihren stillen Gang, ein einheitliches Idiom befestigt seine Herrschaft über alle deutschen Kehlen und Zungen, dies eine Gebiet stetigen Fortschrittes bleibt ungestört.

Da bei geringer litterarischer Production der Einfluß der Sprachgelehrten steigt, so konnte gerade um jene Zeit der Grammatiker Schottelius, ein Niedersachse, sich um die Fixirung der deutschen Sprache die allerwesentlichsten Verdienste erwerben. Und der Ostpreuße Gottsched erbt im achtzehnten Jahrhundert seine Autorität. Diese ehrsamen Pedanten in Allongeperücken wollen wir hochhalten und ihre Bemühungen um die Festsetzung einer einheitlichen Sprache wahrlich nicht gering anschlagen. Unsere Grammatik, unsere Formenlehre und Orthographie ist hauptsächlich ihr Werk. Sie haben den großen Dichtern des achtzehnten Jahrhunderts das Organ im Wesentlichen fertig überliefert, mit welchem die ewig denkwürdigen Geistesthaten unserer litterarischen Glanzepoche vollbracht werden sollten.

Sowie diese eintrat, sowie ein mächtig aufstrebender litterarischer Schaffensdrang sich geltend machte, war es mit dem Ansehen der Grammatiker vorbei. Adelung hatte gut zanken und schelten und der Sprache und Litteratur ihren Weg anweisen. Sie wandelte selbstgebahnte Straßen und ging an ihm stolz vorüber.

Derselbe stetige Fortschritt, den uns die Sprache durch das sechszehnte und siebzehnte Jahrhundert hin darbot, den gewahren wir in politischer, moralischer und geistiger Beziehung seit dem Ende des dreißigjährigen Krieges auf norddeutschem Colonialboden.

Der brandenburgisch-preußische Staat ist der Ausdruck des niederdeutschen Geistes in seiner nüchternen verständigen Kühle, der keine phantastischen Grillen und Einseitigkeiten aufkommen läßt. Er hat uns aus dem Labyrinthe herausgeleitet, in welches die allzu leidenschaftlich ergriffene religiöse Bewegung uns verlockte. Die Toleranz war der Ariadnefaden, an welchem zuerst der große Kurfürst sich zurechtfand, um ein Zielzeiger und Wegweiser für seine Nachkommen zu werden.

Das deutsche Volk hatte sich in dogmatische Fragen verrannt und verbissen. Und alle geistigen Richtungen, welche es befreien konnten, fanden nur in Brandenburg-Preußen Aufnahme und Pflege, während man sie anderwärts verstieß. So Spener und die Seinigen, so die mit den Fortschritten der Naturwissenschaft verbundene Aufklärung. Ausgezeichnete Verwaltung theilte dem Bürger das Gefühl aufsteigenden Lebens und fruchtbringenden Gedeihens mit, sie schenkte ihm dadurch feste Staatsgesinnung, persönliches Selbstgefühl, unbefangenen Lebensgenuß, Freude und Behagen, offenes Auge und kecke Empfindung, die Quellen aller echten Poesie. Und ein wahrhaft großer Mensch an der Spitze des Staates, ein Held und ein Denker, voll gewaltiger Leidenschaft und gewaltigen Ernstes, Ursache und Mittelpunct ungeheurer Kämpfe und Siege, weckte den Nationalstolz, beschämte eine kleinliche Dichtung durch die größte Wirklichkeit, riß die Phantasie zu kühnerem Fluge fort und gewährte der Religion und Wissenschaft ganz freie Bewegung.

Hieraus hat unser geistiges Leben seine Kraft geschöpft, von da bekam es Macht und Glanz. Nun erst ist es im Stande, wieder erobernd aufzutreten, Süddeutschland in den gemeinsamen Ideenkreis hineinzuziehen und so die Wunden allmählich zu heilen, welche Reformation und Gegenreformation und kleinfürstlicher Despotismus geschlagen haben. Lessing und seine Freunde sind der Ausdruck des fridericianischen Geistes in der Litteratur. Sie bahnen Goethe und seinen Genossen den Weg, aus deren Hand wir unsere heutige Cultur empfingen.

Die politische Action, welche seit dem siebzehnten Jahrhundert theils bewußt, theils unbewußt das Ziel verfolgte, den deutschen Staat durch Preußen zu ersetzen, und welche schließlich zu der Aufrichtung des protestantischen Kaiserthums geführt hat, ist die Voraussetzung und Bedingung für unsere litterarische Entwickelung im siebzehnten und achtzehnten Jahrhundert.

Die ganze Einheitsbewegung aber, deren vorläufigen Abschluß wir erlebten, beginnt mit der Ausbreitung der Schriftsprache im sechzehnten Jahrhundert.

II.

Wie nun steht unsere Sprache zum nationalen Leben? Wie bewährt sie alle jene Eigenschaften, die wir der Sprache überhaupt nachrühmen? Inwiefern ist sie Abbild unseres innersten Seins? Was verräth sie uns, was lehrt sie, was erzählt sie von den geheimsten Gedanken des Volkes, von seiner Zukunft und seinen Zielen?

Ich will kurz sein, denn es wäre viel zu sagen. Daß eine Schriftsprache als übergeordnete Sprachregion allen Mundarten entgegensteht, ist, wie wir sahen, nichts eigenthümlich Deutsches. Aber nirgends sonst beherrscht die Schriftsprache eine solche Mannigfaltigkeit und schließt solche weit auseinander klaffende Gegensätze ein wie bei uns. Nirgends gestattet sie den Mundarten so viel freie Bewegung, so ungehemmte Entfaltung, ein so selbständiges Leben wie bei uns. Nirgends steht sie selbst in so ununterbrochener frischer

Wechselwirkung mit allen Mundarten wie bei uns. Mundartliche Poesie bildet in Deutschland einen besonderen gern gepflegten Zweig der Litteratur. Jede Landschaft fast hat ihren Localpoeten, der aus dem Sprachgefühl des niederen Volkes heraus künstlerische Wirkungen erzielt, welche in der Schriftsprache unerreichbar wären. Ja der gelesenste deutsche Dichter überhaupt ist in diesem Augenblicke ein Dialektdichter. Und fortwährend wird die vornehme hochdeutsche Sprache aus dem Born der Volksmundart getränkt und verjüngt, jeder Dichter und Schriftsteller kann daraus zutragen. Es zeigt sich, daß unsere Gesammtsprache nicht gewaltsam centralisiren will, daß jede Eigenthümlichkeit in ihr Platz findet, ja daß der individualistische Trieb sich noch verstärken kann, während die Einheit wächst.

Unsere Sprache hat nie in litterarisch productiven Zeiten eine Autorität geduldet. Keine Akademie hat sie geregelt; keine Hauptstadt auf sie maßgebenden Einfluß geübt. Der genialste Grammatiker der Deutschen, Jacob Grimm, erklärte: „Jeder Deutsche, der seine Sprache schlecht und recht, d. h. ungelehrt spricht, ist selbst eine lebendige Grammatik." Nicht einmal das äußerlichste Gewand, die Orthographie, steht fest. Grade Jacob Grimm hat sie wieder in Bewegung gebracht, nachdem sie sich schon fixirt zu haben schien. Individuelles Wollen und Meinen hat auf diesem Gebiete fast zu große Macht.

Und je ohnmächtiger nun die Autorität ist, je weniger eine bestimmte Sprache, ein bestimmter Styl als der gemeingiltige dasteht: desto größere Forderungen werden in dieser Hinsicht an den Einzelnen gestellt. Wir haben keine Sprache, die für uns denkt und dichtet, jeder muß sich seinen Ausdruck selbst erschaffen. Es scheint sich das wohl zu ändern mit der anschwellenden litterarischen Production und mit den gesteigerten Bedürfnissen eines immer größeren und immer verwöhnteren Publicums. Der ordinäre Leitartikel, die ordinäre Wochenblattnovelle hat schon jetzt ihren ziemlich feststehenden Styl. Und für eine gewisse Durchschnittsbildung, für die Befestigung eines nicht tiefen aber sicheren Geschmackes, für die allgemeine Fähigkeit und Gewandtheit des Ausdrucks ist das vielleicht ein Vortheil. Aber stets wird es deutsche Forderung bleiben, daß ein Schriftsteller, der als Individuum Anspruch auf Geltung erhebt, sich über dieses Niveau durch einen starken persönlichen Beisatz emporschwingen müsse. Wir scheuen nichts so sehr als das Gewöhnliche.

Ist das aber nicht Alles symbolisch für die politische und geistige Entwickelung der Nation selbst? Ist es nicht eine Gewähr dafür, daß wir bleiben werden wie wir waren und sind, daß die zunehmende Einheit nie die vielgestaltige Eigenheit knicken und stören werde?

Die Sprache ist auf dem Wege schon lange, den unsere Politik erst seit Kurzem eingeschlagen hat. Die Sprache zeigt, wohin er führt. Nicht zur Erstickung, sondern zur Weckung und Erhöhung des berechtigten Sonderlebens. Heimatsgefühl und Vaterlandsgefühl verhalten sich wie mundartliches und schriftdeutsches Sprachbewußtsein. Der Particularismus wollte die Glieder vom Leibe abreißen, er nahm ihnen die beherrschende, ordnende, leitende Seele damit. Erst jetzt dürfen wir hoffen, daß alles Treffliche, das an einzelner Stelle gedeiht, dem großen Ganzen zu gute komme. Beiden ist Glück widerfahren, das Ganze und die Theile haben gewonnen, beide tragen Gewähr neuen Wachsthums, neuer Kräftigung und Ausbildung in sich. Und beide sind von der Schablone befreit.

Aber unsere Sprache, diese Sprache der Freiheit, die jedem Sprechenden und Schreibenden seine Eigenthümlichkeit läßt, ja abzwingt, die jeder Mundart das Leben gönnt, diese Sprache, die so viel enthält und so viel versöhnt, sie faßt noch ganz andere, von außen zugetragene Elemente friedlich in sich.

Die Wörter wandern mit den Sachen, Culturaustausch spiegelt sich in der Sprache wieder. Alle Cultureinflüsse, welche Deutschland je erfahren hat, machen sich in sprachlichen Entlehnungen geltend. Wir finden semitische, griechische, lateinische Wörter, Begriffe der Religion und des Staatslebens, des Maßes und Gewichtes, des Garten-, Wein- und Häuserbaues, der Culturpflanzen und Hausthiere, mit denen das alte Rom unseren germanischen Vorfahren die aufgehäuften Schätze der mittelländischen Civilisation zuführte. Im zwölften Jahrhundert wird die ganze aristokratische Gesellschaft Deutschlands auf französischen Fuß eingerichtet: Spiel, Tanz und Waffenhandwerk, Küche, Tracht und Wohnung wimmeln von französischen Bezeichnungen. Der kaiserliche Hof des sechszehnten und siebzehnten Jahrhunderts und seine fremden Beamten bringen uns italienische, zum Theil auch spanische Wörter. Das aus allen Nationen zusammengewürfelte Kriegsvolk des dreißigjährigen Krieges verschont die deutsche Sprache so wenig wie die deutschen Fluren. Der Glanz des französischen Hofes, die Eleganz der französischen Industrie begünstigt neue Entlehnungen. Lateinisch und Französisch im Allgemeinen üben eine dauernde Fremdherrschaft im Gebiete unserer Sprache aus. Der Gelehrte glaubt seine Rede würdevoller und feierlicher zu machen, wenn er sie mit lateinischen Brocken schmückt, der Hofmann meint ihr die mangelnde Zierlichkeit und Feinheit mitzutheilen, wenn er ihr französische Schnörkel aufheftet.

Gegen diese Ausländerei der Sprache erhob sich während des dreißigjährigen Krieges eine Reaction des Volksthums, so heftig und rücksichtslos, daß sie ihrerseits wieder zu weit ging, am liebsten alle Fremdwörter wie lästige Parasiten aus dem Deutschen verwiesen und die Spuren stattgehabter Cultureinwirkungen verwischt hätte: als ob es der deutsche Stolz verlangte, zu leugnen, daß man je etwas von außen empfangen habe.*) Die Bewegung wurde bald wieder mäßiger, nachdem es ihr gelungen war, die Grenze zu Gunsten des einheimischen Sprachstoffes hinauszurücken. Aber zur Ruhe, zu einem festen

---

*) Der Krieg gegen die Fremdwörter als Symptom erstarkenden Nationalgefühles ist eine Erscheinung, die wir auf niedrigeren Stufen der Civilisation (wie es das siebzehnte Jahrhundert für Deutschland war) noch täglich vor Augen sehen. Treffend sagt darüber Miklosich, Die slavischen Elemente im Magyarischen (Wien 1871) S. 10: „Die falsche Ansicht von Nationalehre hat in neuerer Zeit bei mehreren osteuropäischen Völkern einen wahren Kreuzzug gegen die Fremdwörter hervorgerufen, man ist bemüht, die Fremdwörter, diese lauten Zeugnisse der Abhängigkeit jedes einzelnen Volkes von der mitlebenden und der dahingegangenen Menschheit, durch einheimische Fabrikate zu verdrängen, die es jedoch selten weiter als zu einem Scheinleben in selten oder gar nie gelesenen Büchern bringen, während die wahre Sprache sie bei Seite liegen läßt und in dieser Haltung verharren wird, bis man zu dem in Europa noch unversuchten Mittel des Kaisers Kienlung seine Zuflucht nimmt, der in dem 1771 veröffentlichten Mandschu-Wörterbuch 5000 einheimische Ausdrücke an die Stelle der bis dahin gebräuchlichen chinesischen setzen ließ und jeden mit körperlicher Züchtigung bedrohte, der sich in Geschäften nicht der neuen Wörter bediente."

Abschluß, zu einer sicheren Mark des Vaterländischen gegenüber den Eindringlingen sind wir bis heute nicht gelangt.

Die übermäßige Gastlichkeit unserer Sprache bei allem berechtigten Gefühl ihrer Selbständigkeit, die Unmöglichkeit, alle Lehnwörter zu vertreiben, und doch der begreifliche Drang, sie thunlichst in engere Schranken einzudämmen, ist gleichfalls symbolisch für das innerste Wesen des deutschen Geistes.

Auch andere Sprachen haben Fremdwörter, keine kann sich nach außen gänzlich verschließen. Aber für keine Sprache Europas ist die Frage der Fremdwörter eine so fortwährend brennende, jedem Schriftsteller sich neu aufdrängende, wie für uns. Denn keine Nation Europas hat sich so tief und gründlich mit fremdem Volksthum auseinandergesetzt wie die deutsche.

Erwägen wir nur einmal unsere Stellung zum Christenthum. Welche vielfältigen Formen hat seine Einwirkung durchlaufen! Welche Mannigfaltigkeit der Beziehungen von der ersten Aufnahme des abgeschlossenen Papismus bis auf die modernsten deutschen Forschungen, von der gläubigsten Anerkennung bis zum verwegensten historisch gerüsteten Zweifelmuth! Wie sind alle Elemente, die darin lagen, nach und nach zur Geltung gekommen! Wie ist der ethische, dogmatische, ästhetische Gehalt entwickelt worden! Es ist ein Problem, das uns fortwährend beschäftigt, von dem wir nicht ablassen, das wir nach allen Seiten drehen und wenden, immer tiefer und tiefer greifend, bis in die letzten Ursprünge bringend, auflösend, erklärend, verstehend.

Erwägen wir unsere Stellung zur Antike. Die romanischen Völker haben das nähere innere Verhältniß voraus, man merkt, wie ihnen das im Mittelalter zu gute kommt, wie es dann Renaissance und Humanismus gebiert: aber wir haben nicht abgelassen auch hier, immer wieder gebohrt, immer wieder gegraben, immer den spröden Stoff von neuem vorgenommen und bearbeitet, bis er keinen Widerstand mehr leistete. Von dem ungeheuren praktischen Werthe des römischen Rechtes bis zu den idealsten Anschauungen der Kunst, welche Fülle fruchtbringender Beziehungen! Und wer darf sich jetzt rühmen, die Antike besser zu begreifen als wir Deutschen. Wen haben andere Nationen unseren Raphael Mengs, Winckelmann, Goethe,

Voß, Carstens, Cornelius, unseren Wolf, Niebuhr, Savigny, Böckh, Lachmann, Bekker an die Seite zu stellen.

Und was deutsche Dichter, Künstler, Forscher für die Erkenntniß der Antike leisteten, das haben sie im weitesten Umfang auch für andere Nationen gethan. Man überblicke nur unsere Uebersetzungslitteratur. Keine Sprache ist wie die deutsche geeignet, den fernliegendsten Idiomen noch etwas von ihrem Charakter abzugewinnen, der fernliegendsten Poesie und ihren Formen noch ein verwandtes Element aus ihrem Eigensten entgegenzubringen, um sie vermittelst dessen in die fremde Lebensluft herüber zu verpflanzen und doch den ursprünglichen Duft nicht gänzlich zu verwischen. So sind uns die Griechen und Römer zugeführt worden, Vossens Homer ist fast ein deutsches Originalwerk. So sind Shakespeare, Dante, Ariost, Calderon unter uns erschienen. So hat uns der Orient seine Schätze geboten, persische Dichter fanden an Goethe einen Schüler, die Ueberfülle arabischen Reimwohllautes hat sich unserem Rückert nicht versagen können.

Aber die Leistungen nachschaffender Poesie wurden von der Wissenschaft an hingebendem Verständniß und tiefgründender Erforschung noch überboten. Es darf nur erinnert werden, daß die vergleichende Sprachwissenschaft eine deutsche Schöpfung ist. In das Wesen der Sprache, in den Ursprung der Poesie und Mythologie, in die Geheimnisse der menschlichen Urgeschichte ist Niemand tiefer als die Deutschen eingedrungen.

Man erhält ein falsches Resultat, wenn man seinen Maßstab für die wissenschaftliche Schätzung der Nationen lediglich aus der Naturwissenschaft entnimmt. Die Deutschen, welche auch auf manchem Gebiete der Naturforschung jetzt das Banner vorantragen, haben doch in den Geisteswissenschaften am deutlichsten gezeigt, worin ihre eigenthümliche geistige Macht beruht. Die hingebende Vertiefung in Fremdes und Fernliegendes; die strenge Methode, welche keine Autorität ungeprüft annimmt, welche sich selbst Schritt für Schritt controlirt und überall behutsam fragt, wie viel man wissen könne; die Andacht zum Unbedeutenden, die jede kleinste Thatsache gewissenhaft beachtet und mit dem Höchsten in Beziehung setzt; dabei das energische Forschen nach den Ursprüngen der Dinge und nach ihrem universalen Zusammenhang: kurz Kritik, Fleiß, Gründlichkeit und unbestochene allseitige Erwägung haben erst die Gelehrten unseres Volkes der Historie und Philologie in vollem Maße zugeführt. Der große Blick auf das Ganze zeichnet die Deutschen aus wie kein anderes Volk, ein wahrhaft titanisches Ringen, zu erkennen was die Welt im Innersten zusammenhält, hat uns manchmal ergriffen: die nationalste Gestalt unserer Sage ist Faust.

Hier ist auf einem Gebiet vollauf bewährt, was sich auf den meisten anderen wiederfindet und was die hervorragendste Eigenthümlichkeit der Deutschen ausmacht und ihrer Geschichte den individuellen Stempel aufdrückt: die ernste tiefe und allumfassende Begeisterung. Sie ist eine Erbschaft des ältesten Germanenthums, mit ihr ausgerüstet treten unsere Ahnen in die Weltgeschichte ein.

In dem gewaltigen chaotischen Ringen der deutschen Urwelt, in welchem unaufhörlich Völker sanken und Völker stiegen, entwickelte sich die Kriegslust zur Leidenschaft, ja mehr als das — wenn Ein Wort es sagen soll: zur Religion. Ich meine jene Religion, welche unabhängig von allem bestimmten Glaubensinhalte gedacht wird, und welche nichts anderes bedeutet, als die unbedingte Anerkennung einer höheren Macht, der ich mich ganz gefangen gebe, der ich mein Denken, Thun und Fühlen gänzlich unterordne, und zwar aus freier Wahl, nicht aus dem Gefühl einer widerwillig geleisteten Pflicht, sondern aus reiner Begeisterung und Liebe — ich bin hingenommen, verzückt, ich kann nicht anders, eine fremde Gewalt thront in meiner Seele, sie tilgt jeden Gedanken aus an mein eigenes Ich.

Diesen Begriff der Religion vorausgesetzt, darf ich sagen: der Krieg war der erste Gott, den die Germanen verehrten, aber an ihm lernten sie Gottesdienst überhaupt. Ihm wird es verdankt, daß die Germanenvölker religiöse Völker geworden sind. Und unter ihnen wieder sind die Deutschen das religiöseste. Alle anderen lassen sich mehr oder weniger tief ein mit den Dingen dieser Welt und die Hingebung an ideale Güter geht nur bis zu einem gewissen Grad. Bei den Deutschen ist sie grenzenlos und geht bis zu dem gänzlichen Verschwinden in dem einen gerade übermächtig herrschenden Trieb.

So hat das Ringen um die ewige Seligkeit die Deutschen der Reformation in wahre Irrsale des Denkens und Handelns geführt.

Aber während die eine gebietende Geistesmacht aller Schranken zu spotten scheint und das Uebermaß einseitig erregten Strebens ganze Volkstheile mit sich fortreißt, enthält die innere Mannigfaltigkeit der Nation stets das Correctiv und die Heilung. Während auf der großen Bühne der Welt sich eine drangvolle Gegenwart aufreibt, wächst in der Stille irgendwo der neue Gott, dem die glücklichere Zukunft gehört.

Das Vaterland, die nationale Idee, oder wie man es nennen will, das Streben nach einer vaterländischen Cultur, nach einem vaterländischen Staat: das ist der Inhalt jener Bewegung, welche auf geistigem Gebiet mit dem Kriege gegen die Fremdwörter und der grammatischen Fixirung unserer Sprache, auf politischem mit dem Staate des großen Kurfürsten beginnt; das ist die bestimmende Macht unserer Geschichte seit dem Ausgang des dreißigjährigen Krieges.

„Im nationalen Aufschwung glaube ich Abwehr und Kraft zu finden — schrieb Fürst Bismarck, als man ihm die seltsamsten französischen Sympathien zutraute —: wenn ich einem Teufel verschrieben bin, so ist es ein teutonischer und kein gallischer."

Was so in der Politik der Gegenwart lebendig ist, das beherrscht unsere gesammte geistige Entwicklung schon viel länger. Das Nationalbewußtsein ist auch in der trübsten Zeit des siebzehnten Jahrhunderts nicht erstorben. Wäre es selbst zu einem oberflächlichen „Hermanns"-Cultus oder zu der landläufigen Phrase von der „uralten deutschen Heldensprache" eingeschrumpft, vorhanden ist es doch. Und dieselben Männer, welche im achtzehnten Jahrhundert die universalen Tendenzen auf die Spitze treiben, die der ganzen Menschheit Wohl und Wehe auf ihren Busen häufen wollen, sie sind zugleich sehr deutsch gesinnt, auch sie haben ihre Seele dem teutonischen Teufel verschrieben. Es sind gerade hundert Jahre her, seit zu Straßburg der Teutonismus in Goethe zum Durchbruch kam. Der deutsche Geist regiert den Kreis, der sich um ihn sammelt. „Deutsche Art und Kunst" ist der Gegenstand ihres heißen Bemühens. Das Wesen unserer Sprache, ihre hohe Bildsamkeit und Freiheit, ihr lebendiger Zusammenhang mit der Volksmundart wurde ihnen zuerst wieder klar. Das Wesen der deutschen Kunst, auf welches unsere natürliche Anlage hinweist, haben sie zuerst wieder geahnt. Jenes Ueberwiegen des Gehaltes über die Form, das schon der germanischen Ursprache — dem ältesten Kunstwerk, das wir geschaffen — seinen besonderen Lautcharakter aufprägte; jenes Princip des Naturalismus, dem Shakespeare und Rembrandt ihre eigenthümliche Größe verdanken, das wird vom jungen Goethe und seinen Genossen wieder gefunden. Sie fühlen sich der Natur näher als die Griechen. Sie horchen aufmerksamer auf ihren Herzschlag. Natur selbst in ihrer ewigen Schönheit suchen sie zu belauschen, zu ertappen. Sie vereinfachen nicht, sie regeln nicht, die ganze Vielgestaltigkeit der zufälligen Erscheinung wollen sie in das Kunstwerk hinüberretten. Alles Unbewußte im menschlichen Geistesleben wird sorgsam beachtetes Vorbild. Die Lyrik geht beim Volkslied in die Schule. Der Ausdruck des gewöhnlichen Lebens, die ungezügelte Sprache der Leidenschaft werden die Muster des dramatischen Dialogs. Die bewegte Stimmung des Augenblicks spiegelt sich im Style wieder. Die Grundzüge einer Kunstrichtung werden gewonnen, die noch heute lange nicht erschöpft ist.

Wie die Kunst, so die Wissenschaft. Der Geist universaler Analyse, der sich mit Christenthum und Antike so gründlich auseinander setzt, kommt auch dem deutschen Wesen selbst zu gute. Seit dem sechszehnten Jahrhundert wird unsere Geschichtswissenschaft nicht müde, die entscheidenden Charakterzüge der heimischen Nationalität zu erforschen, oder wenigstens das Bewußtsein der nationalen Entwickelung wachzuhalten und das Andenken unserer historischen Großthaten stetig zu erneuern. Es ist eine fortschreitende Arbeit nationaler Selbsterkenntnis zu verfolgen, welche sich vom sechszehnten Jahrhundert ab in wechselnder, aber schließlich gesteigerter Intensität entfaltet. Der ganze Umfang ihrer Aufgabe mag Herdern zuerst dunkel vorschweben. Er ahnt eine Wissenschaft vom deutschen Wesen, gegründet auf das germanische, in dem es wurzelt, verfolgt durch alle Zeiten und Wechselfälle, kurz die deutsche Geschichte im höchsten umfassendsten Sinne, welche alle Lebensgebiete bis zu den unscheinbarsten Aeußerungen des Volksgemüthes betrachtet und überall die treibenden Kräfte bloslegt. Er ahnt, was Jacob Grimm zu schaffen beginnt, den stattlichen Bau, um welchen seit ihm tausend fleißige Hände sich rühren.

Jacob Grimm und seine Tendenzen sind auf wissenschaftlichem Gebiete der klarste und mächtigste Ausdruck der nationalen Geistesströmung, welche unsere neueste Geschichte beherrschte und noch lange beherrschen wird. Wie einst die französische Occupation Jacob Grimms wissenschaftliche Gesinnung zur vollen Reife brachte, so hat auch heute die aufgezwungene Abwehr unseres westlichen Nachbars alle nationalen Antriebe verstärkt. Fort und fort bewegen wir uns in derselben Richtung und die Folgen davon, daß wir zu uns selbst gekommen, daß wirklich eine staatliche Autorität den Begriff der Nation gegenüber ihren Theilen hochhält, die Rechte und Pflichten des Ganzen gegenüber den Fragmenten wahrnimmt, —. die Consequenzen davon machen sich in ausgedehnter Weise fühlbar.

Deutschland sammelt sich in sich. Es scheidet die fremdartigen Elemente aus. Es will nichts Antinationales in seiner Mitte dulden. Nach innen wie nach außen sind große Rechnungen zu begleichen. Seit Jahrhunderten aufgelaufene Schuldforderungen werden eingetrieben. Ungelöste Probleme harren in großer Zahl. Das Nationalgefühl als treibendes Pathos unserer Entwickelung muß und wird noch wachsen.

Aber hüten wir uns vor der hochmüthigen Ansicht, als ob es damit gethan wäre, als ob unsere Aufgabe damit erschöpft sei. Weil die Deutschheit in uns mächtiger geworden, sollen wir darum weniger nach reiner und schöner Menschlichkeit im Sinne unserer großen Dichter streben? Sollen wir über dem Teutonismus den Universalismus vernachlässigen? Soll der neue Reichthum, der uns zuströmt, den alten zur Armuth herabdrücken? Sollen wir das allseitige Verständnis, die unbefangene und tiefe Würdigung fremden Volksthums je verlieren? Würden wir damit nicht zugleich den schönsten Vorzug einbüßen, auf welchem unsere Stellung unter den Nationen zu allererst beruhte?

Wir haben lange genug die materiellen Lebensmächte gering geachtet: hüten wir uns, daß wir nicht in das entgegengesetzte Extrem verfallen. Der deutsche Universalismus ist auch ein nationales Gut und — sobald nur der Staat auf vernünftiger Grundlage errichtet und durchgebildet ist — das unschätzbarste von allen. Nationale Fortschritte der Deutschen sollen Fortschritte der Menschheit sein. Die deutsche Nationalcultur soll die Tendenz beibehalten, sich zur Weltcultur zu erweitern. Nur in diesem Streben dürfen die Enkel hoffen, würdig der großen Ahnen zu leben. —

Noch immer erfüllt die Sprache, als das vornehmste Gefäß von Wissenschaft und Kunst und geistigem Leben, jene alte Aufgabe, ein Band der Einigung herzugeben für die politisch getrennten Theile unseres Volkes. Und wichtiger, größer, ernster, aber auch leichter und vollkommener zu lösen war diese Aufgabe nie.

Wieder bestätigt sich die Erfahrung: Politik und geistiges Leben bedingen sich gegenseitig und verstärken sich gegenseitig. Intensive Cultur, worin der Nationalcharakter sich ausprägt, arbeitet der staatlichen Einigung vor. Umgekehrt erhöhen gewaltige Thaten, in welchen innere Größe vor das Angesicht der ganzen Welt tritt, den Einfluß nationaler Cultur und Sprache. In allen Welttheilen zitterten die Schläge des letzten Krieges um den Rhein vernehmlich nach. In allen Welttheilen haben sie das Selbstgefühl auch der fernsten Glieder unseres Volkes entzückend gesteigert. Je mehr das Mutterland in sich wächst und emporstrebt, desto fester werden die Deutschen im Auslande an ihm hangen, desto treuer werden sie ihre Sprache, ihre heimische Denk- und Gefühlsweise bewahren, desto sicherer werden sie in der Nähe und in der Ferne, in Oesterreich wie in Amerika und sonst, auch als Mitglieder fremder Staaten ihre Nationalinteressen wahrnehmen. Mit der deutschen Geduld und Schmiegsamkeit hat es ein für allemal und überall ein Ende.

Aber gerade diese auswärtigen Deutschen in ihrer Verbreitung über alle Striche der Erde stellen sich als die lebendige Verkörperung unseres Universalismus dar. Ihre Fähigkeit, sich einzuleben, zurechtzufinden, durchzukämpfen ist außerordentlich. Die tausendfältigen Schattirungen, in denen sich deutsches Wesen durch sie entfaltet, gehören sehr nothwendig mit zu dem Gesammtbilde unserer Nation.

Je mehr aber das Mutterland ihnen zu geben im Stande ist, desto mehr hofft es, von dort zurückzuempfangen. Sie sind die natürlichen Organe der Vermittelung zwischen dem nationalen Geist und dem Genius der Menschheit. Sie sind gleichsam die äußersten feinsten Fühlfäden, die wir ausstrecken, damit nichts Menschliches uns fremd bleibe. Erst in der Wechselwirkung aller Theile erfüllt sich das Höchste, was ein Volk vermag. Und wenn es auch meist politische und materielle Interessen waren, welche einzelne Stämme, Stammesglieder und Individuen abtrennten von der geeinigten Hauptmasse oder fern hinaustrieben in die weite Welt — und wenn es auch wieder politische und materielle Interessen sind, die sie einander nähern oder worin sie sich hilfreich die Hand bieten: — das eigentliche Symbol der Einigung für alle Deutschen wird immer das geistige Leben, Wissenschaft und Kunst bleiben.

Hören wir nicht auf, darin die höchste Ehre der Nation zu suchen. Leben wir als ein politisch groß gewordenes Volk fort und fort des Lessing'schen Freimaurerglaubens, daß die Staaten um der Menschen willen da seien. Streben wir, irdisch so hoch gestiegen, unablässig über das Irdische hinweg nach dem Ewigen.

Wien, 10. November 1871.

Über den Ursprung der deutschen Litteratur.

Vortrag gehalten an der Universität Wien
am 7. März 1864.

Das älteste geistige Besitzthum eines jeden Volkes lebt allein in dem schwankenden Gedächtniß der Menschen. Später beginnt eine andere geistige Production, deren Schöpfungen gleich bei ihrer Entstehung bestimmt sind, durch die Schrift zu scheinbar unvergänglicher Dauer bewahrt zu werden. Die Poesie ist so alt wie der Mensch selbst: die geschriebene Litteratur tritt mit einem historisch fixirbaren Moment aus dem Gesammtleben einer Nation hervor; unter bestimmten Bedingungen und auf bestimmte Anlässe, deren specielle Darlegung in der deutschen Geschichte uns hier beschäftigen soll.

Die erste Ausbreitung der Germanen ist ein bienenstockartiges Wachsen, in welchem an die vorhandenen Bildungen immer neue und neue Zellen sich ansetzen. Darauf folgt eine Epoche der heftigsten und allgemeinsten Bewegung zu einem vorschwebenden Ziel: es ist der Eintritt eines politischen Ideals in die germanische Geschichte. Wie das Insect vom Lichte betäubt in willenlosem Drange der Flamme zustürzt: so kam über die nordischen Barbaren die Herrlichkeit des römischen Reiches als eine geheimnißvolle Macht, die sie mit unwiderstehlicher Gewalt zu sich heranzog. Das Begehren, in irgend einer Form den Boden des Orbis Romanus bebauen zu dürfen, beherrschte die Grenzvölker, leitete die Nachdrängenden.

Diese löst eine dritte Periode ab, voll neuer und selbständiger Bildungen. Halten wir uns an die wichtigste, das Frankenreich, in welchem zuerst ein germanischer Stamm — es genügt nicht zu sagen:

erobernd, denn auch die Züge der Völkerwanderung waren Eroberungen, sondern — annectirend auftrat. Einem raschen Emporlodern der Kraft folgte, wie bei übermäßigem, zu hoch gespanntem Thun, eine plötzliche innere Schwäche. Für die schleichende Krankheit erstand endlich in dem Karolingischen Geschlechte ein fähiger Arzt. Und wie äußere Feinde aufs Zusammennehmen aller Mittel und Kräfte: so trieb äußere Förderung in höhere Bahnen. Christliches und Germanisches hatte sich in Brittannien zu einer eigenthümlichen und hohen Cultur vermählt: angelsächsische Mönche bereiteten im inneren Deutschland dem römischen Christenthum, durch dieses der fränkischen Annexion den Weg. Wie dergestalt im Norden geistige, so gesellten im Süden politische Beweggründe den Karlen und Pippinen einen mächtigen Bundesgenossen. Die italienische Einheitstendenz, die sich in begabten Langobardenkönigen gefährliche Organe schuf, warf das Papstthum einer auswärtigen Allianz in die Arme. So war die Situation zur Zeit Pippins. Was er vermochte, um sie zu nützen, davon hat er nichts versäumt. Und als erster König von Gottes Gnaden bestieg der würdigere Usurpator den Thron der absterbenden Merowinger.

In diesen Besitz trat Karl der Große ein. Die Geschichte kennt ihn als den Erben jenes Chlodowech und seiner Söhne, die zum ersten Male, Germanen, Germanen zu unterjochen begannen. Sie kennt ihn als den Erben und Fortsetzer des Bonifacius, als den, der mit der Gewalt der Waffen dem Christenthum eroberte, was des Apostels Wort noch unbezwungen ließ. Sie sieht ihn endlich als den Alliirten der Päpste, den Erben der Cäsaren, den neuen Herrscher der Welt. Das ist nicht vorbedacht, nicht angelegt: sondern dem glücklichen Sieger, der ein Ziel im Fluge erreicht, erschien immer wieder ein neues wünschenswerther und reizender. Die Strömungen lagen in der Zeit und waren gegeben. Kam ein Mensch von so außerordentlicher psychischer und physischer Organisation, wie Karl der Große, so mußte er mehr von ihnen ergriffen und seinem Ruhme entgegengerissen werden, als daß er in überrechnender Sorge bei sich gebrütet hätte, mit welchen Thaten er vor den erstaunten Augen der Welt um seinen Namen den Glanz der Größe breiten könnte.

Aus dieser Persönlichkeit mit diesem Inhalte entsprang die deutsche Litteratur.

Wie sich Dünste der Gewässer in die Lüfte heben und zu riesigen Gestalten der Wolken ballen: so gibt es Individuen, in denen ihre ganze Zeit sich verdichtet, und deren Originalität aus den elementarsten Kräften ihrer Epoche zusammengeschossen ist. Und wie aus dem Gewölke ein neuer Segen auf die dankbare Erde quillt: so haben jene mit ihrem Thun Jahrhunderten Befruchtung, spätern Generationen belebenden Anstoß gebracht.

Ueber dem achten und neunten Säculum thront so Karl der Große. Die Kaiseridee, das Resultat und oberste Ende seiner Politik, ist der Angelpunct der deutschen Geschichte geworden und im Grunde geblieben. An seinen Namen knüpft sich denn auch die entscheidende Wendung des geistigen Lebens unserer Nation, mit welcher sie aus einem schriftlosen Volke ein Litteraturvolk wurde, mit welcher sie losgewunden aus den engen Fesseln einer für sich seienden Bildung an die Kette der Weltcultur als ein neues Glied sich fügte, mit welcher sie den untergegangenen Civilisationen eine Stätte ewiger Fortdauer zu bereiten sich anschickte.

Poetische und prosaische Production für die Schrift, Fixirung und Ausbreitung des Gedankens durch den Buchstaben wird in dem Augenblicke nothwendig, wo es gilt eine große zusammenhangende Masse von Vorstellungen, ein System völlig neuer Ideen in ihrer Gesammtheit und auf einmal einem Volke zuzuführen. Zu der Zeit Karls des Großen soll unzerstörbar das Christenthum eingepflanzt werden in die rohen Gemüther der germanischen Stämme im heutigen Deutschland.

Sehen wir, wie Karl diese Stämme fand, was er beabsichtigte, welche Organe ihm für seine Wirkung zu Gebote standen, was diese leisteten, auf welche Weise.

Es fehlte viel damals, daß das Christenthum, auch wo es dem Namen nach galt, überall fest begründet, daß vom Heidenthum die letzten Trümmer verschwunden wären. Wirft dieses doch in heutigen Aberglauben und Volksbrauch noch starke Schatten herein! Wie unendlich lebhafter wird damals sein Verständniß, wie sehr das Christenthum davon durchwachsen und gefärbt gewesen sein. Man muß die Briefe des h. Bonifacius lesen mit ihren unerschöpflichen Klagen vor dem Papst und den angelsächsischen Freunden, um eine Vorstellung zu gewinnen von dem summarischen Verfahren des Bekehrers, den äußerst geringen Anforderungen, durch welche er den Glauben der Neugewonnenen auf die erste Probe stellte. Freilich der christliche Gott ist der officiell anerkannte. Zu ihm beten der König, die Beamten, die Geistlichkeit. Das Volk findet sich mit ihm ab durch die Taufe, höchstens durch sonntägliche spärliche Kirchgänge. Es fühlt seine Herrschaft durch die mannigfaltigen Eheverbote am drückendsten. Auch durch den Zehnten, der seit der Mitte des Jahrhunderts eingeführt ist. Aber es betet zu seinen alten Göttern, es ruft ihre Hilfe an in jeder einzelnen Noth. Von den früheren Opfern sind Reste geblieben: an den Quellen, an den Bäumen, und ganz besonders die Todtenopfer. Wohl waren dies Alles verpönte Dinge. Aber die Bedrängniß, die Verfolgung macht erfinderisch. Den Namen der alten Götter wurden christliche Märtyrer und Beichtiger untergeschoben, oder Namen der Engel. Noch heute erzählt das Volk vom heiligen Michael oder Martin oder Johannes, was ursprünglich vom Wodan oder Donar gemeint war. Die alten Lieder, durch Concilienbeschlüsse unermüdlich verfolgt, wurden immerfort gesungen. Noch im zehnten Jahrhundert liefen reinheidnische Zaubersprüche um.

Ich meine nicht, daß im ganzen damals christlichen Deutschland das Heidenthum noch in gleicher Kraft stand. Am meisten unterdrückt war es natürlich in der Umgebung der großen Klöster, in der unmittelbaren Nähe der Bischofsitze. Am wenigsten in ausgedehnten Waldgebieten und in den Bergen. Denn auch auf die Priester, die nicht unter scharfer Controle standen, war kein Verlaß. In Kleidern der Laien gingen sie einher, Weiber hielten sie ungescheut. In Waffen, mit Hunden und Falken streiften sie auf der Jagd durch Wald und Feld. Und wenn alljährlich einmal — so war es Gesetz — der Bischof seine Parochien bereiste, so fand er vielleicht seit Monaten die Heerde verwaist, den Hirten in einen andern Sprengel entwichen. Prüfte er aber die gebliebenen: welche bodenlose Unwissenheit, welcher Mangel an den nothwendigsten Begriffen, an den unentbehrlichsten

Kenntnissen! Es war viel, wenn einer die Taufformeln ordentlich wußte, den Glauben, und allenfalls die Meßgebete.

So stand es mit dem Volke. So stand es mit seinen unmittelbaren Leitern und Führern. Welch ein Abstand, wenn man damit verglich was Iren und Angelsachsen thatsächlich erlangt hatten, was in den romanischen Theilen des Frankenreiches, was in Italien lebendig blieb. Antik=christliche Bildung war eine selbständige sichtlich erstarkende Macht der Zeit, welche Karl den Großen in ihren Dienst zwang und sein Leben mehr und mehr beherrschte.

Es ist ein Wachsthum und Fortschritt darin zu beobachten, der sich in vier Stufen vollzieht. Ich rechne die erste vom Regierungsantritt bis zum Jahre 781; die zweite von 781 bis 787; die dritte von 787 bis zur Kaiserkrönung 800; die vierte von der Kaiserkrönung und den daran sich schließenden Reichsversammlungen zu Aachen bis zu Karls Tod 814. Jede neue Periode ist durch einen Zug nach Italien eingeleitet; jede hat litterarische Spuren in deutscher Sprache zurückgelassen, sogar die erste.

Karl dachte nicht sogleich an eine radicale Reform der vorhandenen Zustände. Er begnügte sich in den Spuren seiner Vorgänger zu wandeln. Er erneuerte ein Gesetz, das sein Oheim Karlmann erlassen hatte zur Zeit und ohne Zweifel auf Betrieb des Bonifacius: ein Gesetz, das nur die ärgsten und scandalösesten Dinge abstellte; im übrigen seine Anforderungen an Klerus und Laien noch möglichst bescheiden hielt.

Mehr als für die Befestigung that Karl damals für die Ausbreitung des Christenthums. Hier winkte der Ruhm glorreicher Kämpfe. Ich werde nicht versuchen die Sachsenkriege zu schildern. An sie knüpft sich die Abfassung und Aufzeichnung eines litterarischen Denkmals, wahrscheinlich des ältesten, das uns in zusammenhangender deutscher Rede erhalten worden.

Ein wesentlicher Antheil an der Christianisirung der Sachsen fiel den Mönchen in Fulda zu. Sturm, ein Baier, damals ihr Abt, erwarb sich den Beinamen eines Apostels der Sachsen. Er selbst zog aus und schickte manchen Glaubensboten in das heidnische Land. Das äußere Zeichen der vollbrachten Bekehrung ist die Taufe, und dabei sind die bindenden Formeln: Abschwörung des Teufels, der Teufelsopfer und Teufelswerke; Bekenntniß des Glaubens an Gott den Vater, den Sohn und den heiligen Geist: Abschwörung und Bekenntniß spricht der Täufling dem fragenden Priester nach. Diese Fragen und Antworten hat man zu Fulda für die ausgesandten Geistlichen in sächsischer Sprache aufgeschrieben, sei es weil nicht alle des Dialektes hinlänglich mächtig waren, sei es um der großen Wichtigkeit willen, welche man einer genauen und ordnungsmäßigen Hersagung der Formeln beilegte.

Es war ein langes und blutiges Ringen in Sachsen. Das Volk wehrte sich mit der letzten Verzweiflung, mit dem letzten Muth. Endlich erlag es. Der Sieger dictirte ein scheinbar grausames Gesetz. Acht Artikel zum Schutze des Christenthums endigen mit dem strengen Refrain „der soll des Todes sterben." Doch war begnadigt wer sich einem Priester entdeckte, beichtete und die Kirchenbuße leistete. Ein besonderes Verzeichnis specialisirt auf das sorgfältigste alle heidnischen Opfer und Gebräuche, deren völlige Unterdrückung erzielt werden sollte. Man begnügte sich nun in der Taufe nicht mehr mit der einfachen Abschwörung des Teufels; sondern ein Zusatz zu den erwähnten deutschen Formeln bezeichnete die Mächte, denen entsagt werden sollte, ausdrücklich als die alten Götter Wodan, Donar und Sachsnot „und alle die Teufel die ihre Genossen sind."

Auch eine Beichtformel wurde damals in sächsischer Sprache aufgesetzt. In dem Rahmen des Sündenbekenntnisses erschöpft sie die ganze christliche Moral. Alles ist darin gesagt, was der Neubekehrte zu thun und zu lassen hatte. Aber man sieht auch, wie das Heidenthum, wie der alte Glaube und die alte Poesie noch in Kraft stand. Man sieht alle Schwierigkeiten welche die Bekehrer zu überwinden hatten: das Ansehen der Bischöfe und Priester noch bestritten, die Kirchen bedroht, geweihte Speise und Trank vor muthwilliger Zerstörung nicht sicher. Die Fehdelust ist unaufhörlich rege und der friedliche Sinn wird dringend eingeschärft. Gott erscheint wie ein weltlicher Gefolgsherr, in dessen Dienst sich der Mensch begeben soll, dem er Treue schuldig ist.

Die mittlerweile eingetretene Berührung mit Italien trägt 781 zuerst erkennbare Frucht. In Karl selbst war die Wißbegier erwacht: und sein Volk, Klerus und Laien, die Großen voran, sollten seine Interessen theilen. Er brachte Lehrer mit aus dem Mutterlande der mittelalterlichen und modernen Bildung. An den Hof und in die hohen Kirchenwürden suchte er aus Italien und Brittannien alle zu ziehen, durch welche die geretteten Reste der entschwundenen Culturblüte eine glückliche Pflege fanden oder welche um deren Wiedererweckung sich erfolgreich bemühten. Ich nenne Paulinus von Aquileja, Theodulf von Orleans, Paulus Diaconus, Petrus von Pisa und den hervorragendsten und einflußreichsten von allen: den Angelsachsen Alcuin.

Wie sich die Hofschule belebte, wie sich eine Art Akademie um den König versammelte, wie Geschichtschreibung und Poesie aufblühten, die Persönlichkeit Karls überall im Mittelpunct: das habe ich hier nicht zu erzählen. Von allen diesen lateinisch schreibenden Gelehrten und Dichtern wurde eine originale und selbständige Litteratur nicht begründet. Hieronymus, Augustin, Isidor, Beda waren die Lehrmeister Alcuins, und er ein sklavischer Schüler. Einhard schmückte mit antiken Säulen den Dom zu Aachen, aus Suetonischen Phrasen zimmerte er seine Charakteristik Karls des Großen. Das Einzige, worin sich diese Zeit productiv erwies, war die Verfassung. Neue politische Gestaltungen erschaffen sich gleichsam selbst die Mittel ihrer Erhaltung und Befestigung. Die Nothwendigkeit, ein so großes Reich zu centralisiren, forderte eine Vervielfältigung der Person des Monarchen, für welche man in dem System der missi dominici oder Königsboten die passende Form fand. Was dann noch fehlte, um das Einheitsbewußtsein in Allen lebendig zu erhalten und den wünschenswerthen Maßregeln die pünctliche Ausführung zu sichern, das leisteten die Reichsversammlungen. Die Instructionen der Königsboten und die Beschlüsse der Reichsversammlungen sind die Marksteine für die innere Entwickelung Karls des Großen. Darin sind die Absichten niedergelegt, welche Karl über die Befestigung und Sicherung des Christenthums und christlicher Bildung hegte und die er ins Werk zu setzen gesonnen war.

Es geschah vermuthlich bald nach seiner Rückkehr aus Italien 781, daß der König ein Circularschreiben an alle Abteien erließ, worin er sie aufforderte, sich neben einem gottergebenen Leben auch der Wissenschaft zu befleißigen. Er rügt die ungebildete Sprache in den Zuschriften der Klöster, beklagt ihre Unfähigkeit gut Gedachtes auch gut auszudrücken. Er hebt die Wichtigkeit des grammatischen Studiums für die richtige Erklärung der heiligen Schrift hervor. Er ermahnt sie endlich zum Schulamte nur solche Männer zu wählen, die sowohl die Fähigkeit und den Willen zu lernen, als auch Freude und Lust zeigten Andere zu unterweisen. Vielleicht im Zusammenhange mit diesem Rundschreiben steht die Herstellung eines höchst primitiven Hilfsmittels zum Unterrichte im Lateinischen. In ein weitverbreitetes und vielgebrauchtes lateinisches Wörterbuch zur Bibel wurden die deutschen Bedeutungen eingetragen. Die Arbeit wimmelt von den ärgsten Verstößen, den gröbsten Misverständnissen. Ihre äußere Einrichtung ist so sinnlos als möglich. Vergebens sucht man sich vorzustellen, wie Lehrer und Lernende davon nur den mindesten Nutzen ziehen mochten. Wir aber gewinnen daraus die willkommensten Aufschlüsse über den damaligen Wortschatz unserer Sprache. Den beabsichtigten Zweck hat der Verfasser gänzlich verfehlt, einem unbeabsichtigten wider Erwarten gedient.

Der Römerzug von 787 bewirkte einen weiteren Schritt auf der betretenen Bahn. Aus den Händen des Papstes hatte Karl der Große die kanonische Sammlung des Dionysius Exiguus empfangen und damals vielleicht auch die römische Liturgie. Von neuem soll er Grammatiker und Mathematiker und Lehrer des Gregorianischen Gesanges über die Alpen mitgenommen haben. Und am 23. März 789 wurde zu Aachen ein von längeren Instructionen begleitetes Edict erlassen, welches eine umfassende kirchliche Gesetzgebung auf Grundlage des kanonischen Rechtes enthielt, wie dasselbe in dem erwähnten Codex canonum vorlag. Ich hebe nur die Bestimmungen hervor, welche auf die Entstehung litterarischer Denkmäler unleugbaren Einfluß übten. Mehrere Paragraphen des Edictes machen Bischöfen und Priestern eifrige Predigt zur Pflicht. Als Gegenstände derselben führen sie auf unter andern das Vaterunser, das apostolische und das athanasianische Glaubensbekenntniß, ein Verzeichniß von Sünden, das dem Galaterbriefe des Apostels Paulus entnommen ist.

Die ganze Verordnung rief eine Flut von lateinischen Musterpredigten, von Blumenlesen aus den Kirchenvätern, von Vaterunser- und Glaubenserklärungen hervor, welche in diesem Zeitpuncte theils neu entstanden, theils, aus älteren Quellen geschöpft, die weiteste Verbreitung fanden.

Natürlich bediente die Lehre des Volkes sich der Sprache des Volkes. Deutsch hatte der Priester die lateinischen Vorlagen wiederzugeben. Es schien daher unumgänglich, eine verläßliche Grundlage dem Unterrichte zu schaffen. Man mußte versuchen, in gesicherter Uebertragung der wichtigsten kirchlichen Gegenstände und Formeln Herr zu werden. Am gründlichsten wurde die Aufgabe zu Weißenburg gelöst, einem Kloster im Elsaß. Ein ganzer Katechismus kam zu Stande, der alle im Edict aufgezählten Stücke umfaßte. Die Uebersetzung ist ziemlich fehlerfrei gerathen und verdient alles Lob, wenn man ähnliche Arbeiten der Zeit daneben hält.

Wie wenig verbreitet die Kunst im allgemeinen noch war, christliche Formeln und Begriffe in unser Deutsch umzugießen, das zeigt der Erfolg des neuen Gesetzes in Freising. Dort war unter Bischof Aribo der erste Anfang gemacht worden zu einer litterarischen Cultur in Baiern. Dort hat man um jene Zeit einzelnen Worten und Wortgruppen aus dem Buche des Isidorus über die Pflichten deutsche Erklärungen beigeschrieben. Dort übertrug man jetzt eine Auslegung des Vaterunsers in die Muttersprache. Allein man begnügte sich mit dieser einen, allerdings wohlgelungenen, Verdeutschung. Der Glaube wurde in einer leicht verständlichen lateinischen Fassung hinzugefügt.

Bei weitem schlimmer erging es dem königlichen Gebot in einem alemannischen Kloster, vielleicht St. Gallen. St. Gallen ist eine Hauptstätte der musikalischen Bildung im früheren Mittelalter. St. Gallen ist die Heimat einer ganz neuen und folgenreichen Art der lyrischen Kirchenpoesie. St. Gallen kann Werke der bildenden Kunst aufweisen von unveröchtlichem Werth. St. Gallen hat der Logik und Theologie, es hat der deutschen Sprache eine höchst einsichtige Pflege gewidmet. St. Gallen hat eine Fülle originellen Lebens in seinen Mauern beherbergt und auch Geschichtschreiber hervorgebracht, die es für die Nachwelt zu fixiren verstanden. Aber

St. Gallen ist vor den Einwirkungen der Rabanischen Schule zu Fulda, vor dem Auftreten der Walafried Strabo, der Hartmuat und Werinbert, kurz vor der Mitte des neunten Jahrhunderts noch weit entfernt von dem was es später bedeutete. Manche gute Ansätze gehen bald wieder verloren. Ein lateinisch-deutsches Sachglossar aus den Sechziger Jahren des achten Säculums, das in der trockensten Form doch ein sinnvolles Welt- und Lebensbild entrollte, blieb zunächst vereinzelt. Fortwährende Kämpfe mit den Konstanzer Bischöfen ließen keine rechte geistige Thätigkeit aufkommen. Urkunden und litterarische Versuche wiesen oft das roheste und abscheulichste Latein auf. Wenn man nun hier wagte deutsch zu schreiben, so mußte auch dieses den Stempel eines solchen Bildungsstandes sichtbar an der Stirn tragen. In der That erinnern die jetzt angefertigten Uebersetzungen des Vaterunsers und des Glaubens, welche den lateinischen Texten von Wort zu Wort folgen, durch ihre groben Verstöße an die Ungeheuerlichkeiten des oben besprochenen Bibelglossars. Um nur eins zu erwähnen, im Glauben wird creatorem für creaturam genommen, also „an Gott das Geschöpf Himmels und der Erde" geglaubt. Man kann leicht ermessen, welche Klarheit der religiösen Begriffe in den harten Köpfen deutscher Hörer eine Predigt hervorbringen mußte, welche sich derartiger Machwerke als Ausgangspunct zu bedienen hatte.

Alle bisher betrachteten litterarischen Arbeiten verdanken dem localen Bedürfnisse des Augenblickes ihre Entstehung. Dieses Bedürfnis jedoch haben die kirchlichen Maßregeln Karls des Großen erst geweckt. Und noch mehr, Einhard, Karls Biograph, berichtet an einer bekannten Stelle von diesem wie folgt: „Deutsche Gedichte von hohem Alter, in welchen der vormaligen Könige Thaten und Kriege besungen wurden, erhielt er dem Gedächtniß der Menschen, indem er sie aufschreiben ließ. Auch begann er eine Grammatik der Muttersprache. Ferner gab er den Monaten durchweg einheimische Benennungen, da sich die Franken bis dahin theils lateinischer, theils deutscher Wörter dafür bedienten. Ebenso belegte er die Winde mit zwölf eigenen Bezeichnungen, während man vorher kaum vier Windnamen auftreiben konnte."

Es ist wichtig, die Bedeutung dieser kurzen Nachrichten vollauf zu ermessen. Gelehrte Spielereien Karls des Großen würden uns ebenso wenig interessiren, wie die dilettantischen Bestrebungen irgend eines anderen großen Herrn, der es zu einer lebendigen Betheiligung an der Nationallitteratur nicht gebracht hat. Sie wären uns schätzbare Beiträge zu seiner Charakteristik, nichts weiter. Hier aber steckt mehr dahinter.

Karl der Große, der Zeitlebens nicht so weit kam, die Kunst des Schreibens zu erlernen, sprach doch Lateinisch wie Deutsch und auch Griechisch verstand er. Es wird kein classisches Latein gewesen sein, aber ein Jargon, über den er frei verfügte, die Umgangssprache der Gebildeten in den romanischen Theilen seines Reiches. Und die deutsche Aristokratie folgte ihm, soviel wir sehen, darin nach. Es scheint daß vom achten bis ins elfte Jahrhundert jeder deutsche Edelmann schlecht und recht sein Latein zu handhaben wußte wie etwa die ungarischen Junker und Magnaten bis 1848.

Das Unnationale einer vorzugsweise von Geistlichen getragenen und ganz aus dem späteren Alterthume genährten Bildung kommt darin zum Ausdruck. Karl der Große aber bewahrte sich Herz und Sinn auch für das Nationale, und seine sonstigen wissenschaftlichen Neigungen werden fruchtbar für die einheimische Dichtung und Sprache.

Karl ließ sich am liebsten Geschichten und Thaten der Alten vorlesen. Er erfreute sich auch an den Werken des heiligen Augustinus, besonders am „Gottesstaat". Er nahm Unterricht in Grammatik, Rhetorik und Dialektik, am meisten Zeit und Mühe jedoch schenkte er der Astronomie: er lernte die Kunst des Rechnens und mit scharfer Aufmerksamkeit erforschte er begierig den Lauf der Sterne.

Das historische Interesse — das erste und nächstliegende das in großen Staatsmännern lebendig zu sein pflegt — finden wir in jener Sammlung deutscher Gedichte wieder. Unter Karls Nachfolgern auf dem Throne vergleicht sich ihm darin Kaiser Maximilian I. zumeist. welcher die nationale Historiographie um sich her anregte, welcher der älteren deutschen Poesie liebevolle Beachtung schenkte, welcher höfische und volksthümliche Gedichte der mittelhochdeutschen Blütezeit in ein umfassendes Corpus vereinigen ließ. Was die Karlische Sammlung enthalten haben mag, können wir nur vermuthen. Frühere Frankenkönige, deren mehrere wie Hugdietrich und Wolfdietrich lange sagenberühmt blieben, aber auch Ermenrich, Attila, Siegfried, Gunther, Dietrich von Bern, kurz die heldenhaften oft ins übermenschliche gesteigerten Persönlichkeiten der gothischen, hunischen, der Nibelungensage: sie alle können unter den „alten Königen" gemeint sein. Jene Lieder mochten dem Kreise des deutschen Epos angehören, und wenn wir sie besäßen, so würden wir Karls des Großen Verdienste darum vielleicht mit demjenigen vergleichen was unter den Griechen Pisistratus für den Homer gethan. Aber das deutsche Volk stand zu seinem Epos nicht mehr wie die Griechen zu ihrem Homer. Das Geistliche Fremde Römische hatte sich dazwischen geschoben, eine Art erster Renaissance, welche die vornehmsten Kreise zunehmend beherrschte. Selbst unter der weltlichen Aristokratie war der Sinn für die alten Sagen mehr und mehr im Weichen, er zog sich in immer engere Kreise zurück bis er zuletzt nur im niedrigen Volke haftete, um erst nach der Mitte des elften Jahrhunderts wieder in die höheren Schichten der Gesellschaft Eingang zu finden. Im zehnten Jahrhundert wird noch ein Brief aus dem Ende des neunten erwähnt, dessen geistlicher Verfasser seine Kunde von dem König Ermenrich und seinem ungetreuen Rathgeber aus deutschen Büchern geschöpft haben soll. Das wäre die letzte Spur die sich auf Karls des Großen Sammlung deutscher Lieder beziehen läßt. Noch im vorigen Jahrhundert wurden Preise für ihre Auffindung ausgesetzt. Sie ist uns wol unwiederbringlich verloren.

Auch den geheimnißvollen Zug zu den Gestirnen theilt Karl der Große mit manchem Herrscher und Kriegsfürsten. Cäsar hinterließ ein Werk über die Bewegungen der Sterne, und die Hofastrologen einer sehr viel späteren Epoche, die Schicksale Keplers, den Aberglauben Kaiser Rudolfs II. und Wallensteins kennt Jedermann. In Karl dem Großen machen sich verwandte Interessen auf bescheidene Weise geltend, wenn er die deutschen Namen der Winde und Himmelsgegenden specialisirte und vermehrte und für die Terminologie der Jahrestheilung sorgte. Während die Namen der Wochentage schon in heidnischer Zeit aus dem Lateinischen ins Deutsche übersetzt wurden und die aus dem alten Babylon stammende siebentägige Woche mit diesen Namen bei allen Germanen in Gebrauch kam, so ist für die zwölf Monate nicht das Gleiche, eher das Gegentheil zu erweisen. Die

Bezeichnungen wurden später aufgenommen und blieben schwankend. Nicht blos daß für manche Monate der deutsche Name fehlte, daß daher fremde Namen neben den heimischen verwendet werden mußten, wie Einhard berichtet: sondern auch die heimischen selbst mochten nicht fest stehen, ein Name mochte in verschiedenen Gegenden verschiedene Geltung haben, ein und derselbe Monat hier so, dort anders benannt sein. Karl suchte eine einheitliche Bezeichnung in der Muttersprache bei allen Deutschen einzuführen. Es war eine Kalenderreform im Kleinen, ein würdiges Geschäft für den Nachfolger Julius Cäsars, dem wie der ganzen mittelalterlichen Wissenschaft größere productive Leistungen versagt waren. Aber seine Monatsnamen sind bis' ins zehnte Jahrhundert wenigstens von den Gelehrten gekannt und gebraucht worden und blieben die Grundlage auch für die spätere deutsche Benennung.

Lateinisch sprechen hat Karl der Große ohne Zweifel durch praktische Unterweisung gelernt, aber auch in die wissenschaftliche Grammatik ließ er sich einführen seit 781. Und was er sich da am Lateinischen aneignete, das wollte er gleich für das Deutsche verwerthen. Eine Aufgabe, welche erst der Humanismus des sechszehnten Jahrhunderts wieder in Angriff nahm, hat Ihn wenigstens zu dem Versuche gereizt. Deutsche Grammatik! Was konnte er wollen? Zunächst gewiß nur in das Fachwerk der lateinischen Alles eintragen, was deutscher Sprachgebrauch zu sein schien. Vergleichung deutscher und lateinischer Regel, wobei die letztere mit achtungsvoller Scheu als ein höheres und mehrberechtigtes Gesetz angesehen wurde, beschäftigte auch nach ihm die mönchische Gelehrsamkeit. Ihm aber schwebte vielleicht noch ein anderes Ziel vor. Wie bei den Monatsnamen wollte er vielleicht auch hier eine Einheit stiften um das bunte Vielerlei der deutschen Mundarten etwas zu beschränken. Die unwillkürliche Nivellirung der Sprache, welche die politische Vereinigung aller Stämme, ihr Zusammentreffen an Karls Hof bewirkte und die Mundart des Mittelrheins, welche zu den übrigen Dialekten ein fast centrales Verhältniß einnahm (oben S. 51), würde ihm Maßstab und Norm geliefert haben. Und orthographische Festsetzungen wären von ihm ausgegangen, wie er Verordnungen über die Bewirthschaftung seiner Landgüter erließ. Auch mit diesen grammatischen Beschäftigungen wandelt er in den Spuren seiner Vorgänger im weltlichen Regiment: wollte doch Kaiser Claudius dem lateinischen Alphabete drei Buchstaben hinzufügen, und der Merowinger Chilperich erfand vier neue Schriftzeichen für eigenthümlich fränkische Laute und erließ Schreiben durch alle Städte seines Reiches daß die Knaben darin unterrichtet werden sollten.

Geschichte, Astronomie, Grammatik fanden wir in Karls nationalen Interessen wieder: es fehlt nur die Theologie. Soll gerade sie vergessen sein, die Hauptmacht der Zeit? Soll sie mit Karls Bestrebungen für die Muttersprache in keiner Weise befruchtend zusammengetroffen sein? Eigene Leistungen dürfen wir freilich von einem Laien nicht erwarten. Aber wir besitzen religiöse und liturgische Fragen wie sie Karl an die Bischöfe und sonstigen Theologen seines Reiches ausgehen ließ um ihre Meinung zu vernehmen über wichtige Puncte, die ihn beschäftigten: sollte er die litterarische Thätigkeit der Geistlichen nicht auch zu Uebersetzungen theologischen Inhaltes angeregt haben?

Karl der Große ist der einzige innerhalb der gelehrten Akademie die er versammelte, von welchem die Liebe zur Muttersprache und zur einheimischen Dichtung bezeugt wird. Aber soll diese Liebe, sollen seine eigenen Bemühungen ein vereinzeltes Phänomen, eine durch nichts vermittelte, durch nichts erklärbare Laune seiner Mußestunden gewesen sein? Müssen wir nicht vielmehr glauben und annehmen, daß er nur von einem sonst verbreiteten Drang und Streben für die nationale Sprache in seiner Weise mit ergriffen wurde? Weist darauf nicht schon die nur mundartlich verschiedene, innerhalb der Landschaften aber ziemlich feste und selbst manche Feinheiten ausdrückende Orthographie, mit welcher überall in Urkunden die deutschen Namen und die vereinzelten sonstigen deutschen Sprachdenkmäler aufgezeichnet wurden? Und wenn Karl solche Neigungen theilte, wurden sie nicht dadurch allein schon auch in Anderen verstärkt, auch in Anderen geweckt? Und wenn jene Mönche zu Weißenburg, Freising, St. Gallen sich dem zwar nützlichen und förderlichen, aber doch nicht nothwendigen, dabei höchst mühevollen Geschäfte der Verdeutschung kirchlicher Formeln unterzogen: steckt nicht auch darin noch ein Element von selbständiger Liebe für das heimatliche Idiom? Und führt uns nicht dies Alles auf eine mittlere Schichte der Gesellschaft, welche einerseits mit dem Könige selbst, andererseits mit den klösterlichen Regionen in Contact stand, irgend ein Bischof, irgend welche Hofgeistliche, von denen durch Beispiel und Aufforderung zu solch löblichem Beginnen Anregung und Reizung ausging?

Ich glaube: wir haben Grund zu diesen Annahmen, und wir finden sie bestätigt durch eine Reihe von Uebersetzungen, welche schon vermöge ihrer weiten Verbreitung über fast alle und die entlegensten Theile des mächtigen Reiches, schon vermöge einer beinah unbedingten Herrschaft und Meisterschaft im Verstehen der einen, im Gebrauche der anderen Sprache — mit deutlichen Fingerzeigen auf die Kreise der höchsten und thätigsten Intelligenz als auf die Stätte ihres Ursprungs weisen.

Was Ulfilas seinen Gothen schenkte, was die oberste Pflicht eines bekehrungsfreudigen Schaffens zu allen Zeiten gewesen ist — die Uebertragung der Bibel —, das wurde hier für die Franken zwar nicht seinem ganzen Umfange nach geleistet, aber zu einem kleinen Theile mit beispielswürdiger Kraft und Liebe ausgeführt. Das Evangelium Matthäi, welchem merkwürdiger Weise an einer Stelle mehrere Verse des Lucas beigearbeitet sind, wurde auf eine treffliche Art, mit gar wenigen Fehlern ins Deutsche gebracht. Demselben ungenannten Verfasser oder Anderen, die in seinem Sinne verfuhren, sind dann noch weitere, zum Theil vollkommenere Leistungen gelungen. Mit Sorgfalt und Bedacht haben sie ihre Aufgaben gewählt. Da ist aus dem Werke des Isidorus „gegen die Juden" das erste Buch „von der Geburt des Herrn", in welchem die jüdischen Einwendungen gegen die Grundlehren des Christenthums zurückgewiesen werden. Da ist ein Tractat von der Berufung aller Völker zum Christenthume, recht geeignet daran zu erinnern, daß auch die Deutschen der Ehre würdig geworden seien, welche einst für die Heiden der Apostel Paulus den judenchristlichen Anmaßungen abgekämpft hat. Da ist eine Predigt Augustins „von Petrus der auf dem Meere wandelt", worin unter anderem die Schwankenden im Glauben, d. h. die Neubekehrten und dem Heidenthum nur halb Entwachsenen als ein ebenfalls nothwendiges Glied der Kirche hingestellt werden. Da ist noch Anderes, dessen näheren Inhalt der spärliche Rest nicht verräth, der davon auf uns kam. Alle diese Werke wurden in deutschem Laut, in deutschem Worte bezwungen.

So war die deutsche Sprache in die Schule des Lateins genommen. An vielen Puncten ist noch jetzt sichtbar, wie tiefe und dauernde Spuren es in unserer Rede zurückließ.

Für alle wesentlichen Begriffe des Christenthums mußten deutsche Worte gefunden werden: schon den ersten Bekehrern drängte sich das Bedürfniß dazu auf. Es gab drei Wege. Analoge Vorstellungen gehen durch alle Religionen, die Aeußerlichkeiten des Gottesdienstes sind oft nahezu dieselben: darum konnten z. B. die einheimischen Ausdrücke für Opfer und Tempel ohne Schaden beibehalten werden; die Bezeichnung des allgemeinen heidnischen Todtenreiches „Hölle" ließ sich auf den christlichen Strafort der Bösen übertragen. Dies ist die eine Weise auf die man verfuhr. Die zweite war einfache Herübernahme angelsächsischer christlicher Benennungen und Umsetzung derselben in die entsprechenden deutschen Laute. Dahin gehört beispielsweise die Wiedergabe des Namens Jesus durch „Heiland", des Begriffes der Incarnation durch infleiscnissa, etwa „Einfleischung". Die dritte bestand in der Zulassung von Fremdworten, wie diabolus „Teufel", angelus „Engel". Man wandte zuweilen in einem einzelnen Falle zwei, selbst alle drei Methoden an, um die neuen Begriffe einzuführen.

Aber nicht darum allein handelte es sich für die emsigen Männer, denen die Pflege ihres Idioms am Herzen lag. Gezwungen durch die unselbständige Art ihrer litterarischen Production sannen sie auf Mittel, den langen Perioden, dem vielgegliederten Satzbau ihrer Vorlagen beizukommen. Unsere alte Sprache bewegte sich in kurzen, einander parallel geordneten Sätzen und Wortreihen. Die Bestimmung des Bindewortes war fast nur, diese Beiordnung in helleres Licht zu setzen. Jetzt galt es, für die größere Abstufung der lateinischen Conjunctionen entsprechende deutsche zu finden. Es mußte den Bedeutungen der vorhandenen eine Färbung gegeben werden, die ihnen ursprünglich fremd war.. Es mußten Adverbien zu Hilfe genommen werden, welche nur langsam und widerstrebend auf das Niveau von Conjunctionen herabsanken. Es mußten Wiederholungen einzelner und mehrerer Worte angewandt werden, um in viel unterbrochener Fügung Zusammengehöriges zu binden.

Durch derartige Bemühungen zuerst wurden der deutschen Rede viele Eigenschaften errungen, welche wir heute als ihren unbestrittenen Besitz von jeher zu betrachten gewohnt sind. Durch derartige Bemühungen hat die fränkische Geistlichkeit, insbesondere die Umgebung Karls des Großen, auch der deutschen Litteratur und Sprache die Zeichen ihres Daseins eingegraben. Eine lange Geschichte hat nur ihre Gründungen erweitert und ausgebaut. Aber wenn bei lebhafter Seefahrt nach einem entlegenen Land zufällige Ankerplätze zu volkreichen Städten emporblühen, so haben die ersten Schiffer daran nicht gedacht. Ihr Sinnen stand auf ein ferneres Ziel. Das Goldland, welchem Karls Hoftheologen zusteuerten, mag lange von Nebel umhüllt gewesen sein. Der zertheilte sich mählich. Es wurde sichtbarer, völlig klar endlich. Das Ereigniß vollzog sich, welches für das fränkische Reich, für Deutschland und Italien, für Europa und die ganze civilisirte Welt zu so ungeheurer Bedeutung, theilweise zu so schwerem Verhängniß gediehen ist. Ich meine die Erneuerung des weströmischen Kaiserthums.

Die ersten bezüglichen Andeutungen fallen in einer theologischen Staatsschrift gegen das byzantinische Reich. Alcuin scheint in Briefen dem Könige den Gedanken nahezulegen. Sein und Karls Lieblingsautor, der heilige Augustinus, konnte ihn nähren. Bereits übte der fränkische König die thatsächliche Oberherrschaft über Rom aus. Die historischen Erinnerungen, in denen er lebte; die Traditionen einer rücksichtslos um sich greifenden Politik, in denen er aufwuchs; die Eifersucht auf den Glanz des oströmischen Reiches; der Rückblick auf eine Zeit, in welcher der Westen ihm ebenbürtig gegenüber stand; der weite Weltblick und das hohe Selbstgefühl, das die eigene Würde an Khalifen und Cäsaren wetteifernd maß; dazu der natürliche Instinct des Herrschers, der schrankenlose Ehrgeiz des Eroberers: dies Alles mußte den Wunsch in Karls Seele zum Entschluß, den Entschluß zur That reifen.

Der geeignete Moment schien endlich gekommen. Papst Leo III. war durch eine feindliche Partei in Rom mißhandelt und vertrieben worden. Fränkische Hofpoeten mußten den Vorfall besingen, fränkische Vasallen nahmen den Vertriebenen auf, fränkische Gesandte setzten ihn wieder ein. Aber Leo wurde von seinen Gegnern schwerer Verbrechen beschuldigt: Karl war der oberste Richter: er ließ den Papst zu sich kommen nach Paderborn. Er hatte dessen ganze Existenz in seiner Hand. Er konnte fordern. Er forderte die Kaiserwürde.

Das war im Jahre 799. In dem Jahre darauf wurden die Vorbereitungen getroffen, um die Sache ins Werk zu setzen. Noch einmal besprach sich Karl mit seinen bevorzugtesten Räthen: mit Angilbert in St. Riquier, mit Theodulf in Orleans, mit Alcuin in Tours. Im August hielt er eine große Reichsversammlung zu Mainz ab „und sah daß Friede war in seinem ganzen Reich", wie ein Zeitgenosse schreibt. Nun zog er nach Rom; berief einen zahlreichen Convent von Erzbischöfen, Bischöfen und Aebten, von den anwesenden Franken und dem römischen Volk; ließ den Papst schuldlos erklären; ließ sich von dem Papst und der ganzen Versammlung die Kaiserwürde antragen; und „wollte ihre Bitte nicht abschlagen: sondern in aller Demuth, unterwürfig Gott und nachgebend dem Flehen der Geistlichkeit und der übrigen Christenheit, empfing er am Tage der Geburt des Herrn (Weihnachten 800) den Namen des Imperators und die Einsegnung des Papstes Leo."*)

Karl erhielt durch die neue Würde keinen Zuwachs an reeller Macht. Aber auf dem Titel lag ein Zauber. Dieser Name wurde eine Idee. Die Idee wurde eine Gewalt, welche den Kaiser zu frischen Thaten zwang. Rascher Jugendmuth, Ehrgeiz und etwas

---

*) So drücken sich die Jahrbücher von Lorsch aus. Das Motiv der Demuth wurde von der Hoftradition später mehr ausgebeutet. Karl sollte durch den Antrag überrascht gewesen sein. Leo sollte dem Ahnungslosen, der vor dem Altare im Gebete kniete, plötzlich die Krone aufgesetzt haben. Karl sollte sogar versichert haben, er würde trotz des hohen Festes aus der Kirche weggeblieben sein, wenn er den Plan des Papstes vorausgewußt hätte. — Noch immer meinen neuere Historiker genug zu thun, wenn sie das Märchen nicht ganz glauben. Der Papst und der erstaunte Kaiser am Altar in Weihrauchdunst, das Volk jubelnd umher, die Peterskirche die von seinem Zuruf dröhnt: es ist ein zu effectvolles Bild, als daß, ein geschmackloser Geschichtschreiber es sich entgehen lassen dürfte.

Glaubenseifer vielleicht hatten ihn in die Sachsenkriege getrieben, hatten ihn zum Kampf gegen die Langobarden bereit gemacht, hatten ihn über die Pyrenäen geführt und in die Steppen der Theiß. Jetzt waren gute Gesetze der einzige Ruhm, nach dem er geizte. Sein Land war ausgesogen: es bedurfte des Friedens. Er selbst war alt: er bedurfte der Sammlung fürs Ende. Zeitlebens hatte er nur hier gemäht, dort gerodet: jetzt wollte er ein neues Pflügen, neues Säen; er wollte neue Frucht, neue Ernten schauen. Er wollte es mit der Hast und dem Ungestüme eines Mannes, der mit einem Fuße im Grabe steht und doch mit ungebrochenen Kräften ins Leben ragt, der, was die Natur ihm an Jahren vorenthält, durch die Masse seines Schaffens, durch den Werth seiner Leistungen ersetzen will. Wir können bei weitem nicht die ganze Thätigkeit seiner letzten Zeit betrachten. Schon haben wir uns von dem eigentlichen Gegenstande vielleicht zu weit entfernt.

Karls Ideal war kein politisches mehr. Nicht der Staat, den Gaius Cäsar einst begründete, sollte wiederhergestellt, nicht der Staat Justinians sollte nachgebildet werden. Ein christliches Haupt und christliche Glieder; die Zucht des göttlichen Gesetzes über den ungebändigten Seelen: das war sein Streben. Unmittelbar nach seiner Rückkehr aus Italien, im November 801, berief er die hervorragendsten geistlichen Würdenträger des Reiches, um mit ihnen zu rathen über eine noch tiefer greifende Umgestaltung des religiösen Lebens des Klerus wie der Laienwelt, als die erste von 789 gewesen war. An die Bildung jener sollten noch höhere Forderungen gestellt, dem Glaubenseifer dieser eine harte Leistung auferlegt werden. Nichts Geringeres verlangten Einige, als daß Jedermann die Formeln des Vaterunsers und Glaubens lateinisch auswendig lernen und herzusagen im Stande sein solle. Ein entgegengesetzter Vorschlag, sich wenigstens mit dem Glauben allein zu begnügen, wurde verworfen. Ein von Anhängern desselben vorgelegter Entwurf einer in ihrem Sinne gefaßten Ermahnung an das Volk wurde zwar benutzt, aber durch geeignete Zusätze der anderen Meinung angepaßt, und in solcher Gestalt den zur Ausführung des Beschlusses Beauftragten mitgegeben. Von dieser Exhortation hat man in Freising eine deutsche Uebersetzung angefertigt. Zugleich wurde der früher daselbst verfaßten Erklärung des Vaterunsers neue Brauchbarkeit verliehen, indem man die einzelnen Bitten im lateinischen Texte an ihrem Orte einschaltete. Die Einübung geschah nämlich so, daß der Priester erst einen ganzen Satz, dann die einzelnen Worte desselben in der Ursprache vorsagte und mit deutschen Erklärungen begleitete.

Ob dies fruchtete? Ob damals gelang, was selbst heute auf unüberwindliche Schwierigkeiten stoßen müßte? Wir haben Grund zu behaupten: nein. Unermüdlich wird die Verordnung eingeschärft. Von dem Kaiser selbst fast in jeder Reichsversammlung, von den Bischöfen in ihren Sprengeln. Diese Frage, so unerhört es klingt, steht eine Zeit lang im Mittelpuncte der kaiserlichen Bestrebungen. Vergebens. Die Widerspenstigen werden zur Pathenschaft nicht zugelassen. Männer und Weiber werden mit Schlägen und Fasten bedroht. Umsonst. Endlich macht eine Synode den Vorschlag: wer anders nicht könne, möge die Formeln in seiner Muttersprache lernen. Man sieht aber nicht, daß der Kaiser den Vorschlag bestätigt hätte. Ebensowenig, daß er die frühere strenge Forderung erneuert hätte. Er scheint sich von ihrer Undurchführbarkeit schließlich überzeugt zu haben.

Es liegt in der Natur der Sache, daß Maßregeln, welche die Erlernung der kirchlichen Formeln in der Ursprache zum Zweck hatten, auf die Hervorbringung deutscher litterarischer Denkmäler von geringerem Einfluß sein mußten, als dreizehn Jahre vorher die Verordnung über das Predigtwesen. Doch ist vielleicht der weitere Verlauf der Karlischen Reformbestrebungen nach der Kaiserkrönung auf anderen Gebieten nicht ganz ohne litterarische Frucht geblieben.

Unmittelbar an die eben besprochene Novemberversammlung des Jahres 801 schloß sich eine allgemeine Untersuchung, Enquête, "Examination" des Bildungszustandes der Kleriker und Laien durch das ganze Reich. Dabei verlangte man von den letzteren, daß sie das Recht und Gesetz, nach welchem sie lebten, wüßten und verstünden. Es folgte im März 802 eine große Reichsversammlung, auf welcher mit Benutzung des alten Edicts von 789 ein System der kirchlichen Gesetzgebung festgestellt und unter anderem beschlossen wurde, daß Aebte und Mönche ihre Klosterregel verstehen und wohl im Gedächtniß behalten sollten. Auf diese Veranlassung wurde zu St. Gallen von mehreren Mönchen nach der Reihe einem Exemplar der Regel des h. Benedict eine zwischenzeilige Verdeutschung übergeschrieben, die an richtigem Verständniß des Grundtextes noch immer sehr vieles zu wünschen übrig läßt.

Im Oktober 802 fand hierauf abermals eine allgemeine Reichsversammlung statt. Ihre Theilnehmer sonderten sich in drei Gruppen. Die Bischöfe und Priester nahmen eine Lesung und Erklärung der Canones der Concilien und der Decrete der Päpste vor, wovon sie die ersteren als künftig geltendes Recht förmlich recipirten. Die Aebte und Mönche beschäftigten sich mit der Benedictinerregel. Der Kaiser selbst endlich mit den Herzögen, Grafen und den übrigen weltlichen Anwesenden ließ alle Gesetze seines Reiches lesen und jedem Manne das seinige erklären, nöthige Zusätze beschließen, und die verbesserten Rechte aufzeichnen. Es könnte sein, doch läßt es sich mit Sicherheit nicht behaupten, daß entweder zum Behufe dieser Gesetz-Erklärung oder schon im Winter 801 auf 802 zur Erleichterung der erwähnten Untersuchung und Laien-Examination Uebertragungen einzelner oder mehrerer Volksrechte angefertigt worden wären. Dann würde ein uns erhaltenes Bruchstück von einer Verdeutschung des salischen Gesetzes wohl diesem Anlasse seine Entstehung verdanken.

Auf einer weiteren, zu Mainz im Jahre 803 abgehaltenen Reichsversammlung sind vielleicht die Beschlüsse zu Stande gekommen, welche eine durchaus unglaubwürdige Ueberlieferung als Statuten des h. Bonifacius bezeichnet. Darin werden mit Verlust ihrer Parochie die Priester bedroht, welche den Täuflingen die Formeln der Teufelsentsagung und des bei der Taufe vorgeschriebenen kurzen Glaubensbekenntnisses nicht in ihrer Muttersprache abfragen wollten. Vielleicht, doch sei auch das mit allem Vorbehalte geäußert, hängt mit diesem Beschlusse die Abfassung eines jedenfalls im Mainzer Sprengel entstandenen und officiell geltenden deutschen Taufgelöbnisses zusammen.

Dies ist der Gesammtbestand der deutschen Prosalitteratur aus der Zeit Karls des Großen. Ein einziges Rechtsdenkmal. Die übrigen religiösen Inhalts. Alle gleicherweise Uebersetzungen, höchstens unfreie Bearbeitungen lateinischer Originale.

Es ist wiederholt hervorgehoben worden, daß nirgends und niemals wieder die Hierarchie in solchem Grade das Fundament des Staates war, wie in dem Reiche Karls des Großen. Nicht blos in diesem Sinne, sondern in Bezug auf den ganzen geistigen Inhalt der Zeit ist der Ausspruch Hegels richtig, das Frankenreich sei das erste sich Zusammennehmen des Christenthums zu einer staatlichen Bildung, die rein aus ihm hervorging. Was aber wahrhaft in Sinn und Geist einer Epoche lebendig ist, das wird seine Kraft und seine Wirkung nicht allein durch litterarische Hervorbringungen von unselbständiger Art, sondern vor allem auf dem Gebiete der Poesie durch wo nicht der Materie, so doch der Form nach originale Schöpfungen äußern müssen. Und schon Herder hat erkannt, daß mit den Anfängen der Prosa die der Kunstpoesie zusammenzufallen pflegen.

Poetische Denkmäler aus den Jahren Karls des Großen sind nicht so viele auf uns gekommen als prosaische. Besäßen wir die Sammlung epischer Gesänge, welche sein Befehl ins Leben rief, sie würden uns als Beispiele der Naturpoesie in Herders Sinne gelten: wir nennen es jetzt eher Volkspoesie. Erhalten ist uns, auch nur fragmentarisch, ein aus dem Gedächtniß aufgeschriebenes Volkslied, das den Zweikampf Hildebrands und Hadubrands zum Gegenstande hat. Aber nicht die Reste des zurückweichenden Volksgesanges ziehen uns hier an: wir suchen die neu entstehende, die Kunstpoesie.

Es gibt eine Verordnung vom Jahre 794, welche die deutsche Sprache gegen das Vorurtheil, sie sei zum Gebete weniger geeignet als die lateinische, griechische und hebräische, in Schutz nimmt. Daraus ist uns auf das Vorhandensein deutscher Gebete oder deren Entstehung in Folge dieses Gesetzartikels ein wahrscheinlicher Schluß gestattet. Wirklich kennen wir zwei deutsche Gebete aus jener Zeit. Das ältere, soweit es aus unsicherer Ueberlieferung sich herstellen ließ, lautet:

>   Truhtin god, thu mir hilp   indi thu forgip mir
>   in thinêm ginâdôm   rehtan gilouban
>   indi guodan willeon,   wisdôm indi spâhida,
>   heili indi gisundi   indi thîna guodûn huldi.

das heißt:

> Herre Gott, du hilf mir   und du verleih mir
> in deinen Gnaden   den rechten Glauben
> und guten Willen,   Weisheit und Klugheit,
> Heil und Gesundheit   und deine freundliche Huld.

Es sind einfältige Worte, in denen die nächstliegenden Bitten karg und ärmlich ausgesprochen werden.

Von größerem Interesse, aber zum Theil noch geringerem Werth als dichterisches Product, ist das nach dem baierischen Kloster Wessobrunn, seinem Fundorte, so genannte Wessobrunner Gebet.

Es ist weder ein Gebet noch überhaupt ein einheitliches Werk der Litteratur. Es ist nur eine Zusammenstellung von drei Gedichtanfängen, womit der Verfasser eines Schulbuches, der von den sieben freien Künsten spricht, den Begriff der Poetik zu erläutern sucht.

Das erste Stück ist vermuthlich die Eingangsstrophe eines heidnischen volksthümlichen Gedichtes von der Entstehung der Welt und des Menschen. Sie ist aus sächsischer Sprache incorrect ins Baierische umgeschrieben und lautet:

> Dat gafregin ih mit firahim   firiwizzo meista,
> dat ero ni was noh ufhimil:
> ni swigli sterro nohhein   noh sunna ni liuhta,
> noh mâno noh der mâreo sêu.

In unserer Sprache:

> Das vernahm ich unter den Menschen   als der Wunder größtes,
> daß Erde nicht war noch der Himmel darüber:
> daß kein glänzender Stern   noch die Sonne leuchtete,
> noch der Mond noch das herrliche Meer.

Damit stimmt ziemlich genau ein isländisches ebenfalls heidnisches Gedicht überein in welchem es heißt:

> Einst war das Alter,   da Ymir lebte:
> da war nicht Sand, nicht See,   nicht salzge Wellen.
> Nicht Erde fand sich   noch Ueberhimmel:
> gähnender Abgrund   und Gras nirgend.
> Sonne wußte nicht   wo sie Sitz hätte,
> Mond wußte nicht   was er Macht hätte,
> Die Sterne wußten nicht   wo sie Stätte hätten.

Man sieht, es ist eine und dieselbe Ansicht von einem uranfänglichen Chaos. Ihr steht die christliche Vorstellung entgegen, welche die Welt aus Nichts geschaffen werden läßt. Diese finden wir in dem zweiten Fragmente niedergelegt, dem Anfang eines Gedichtes, worin mindestens die Schöpfung und etwa auch der Sündenfall nach dem ersten Buche Mosis in allitterirenden Langversen bearbeitet war. Das Bruchstück lautet:

Dô dâr niwiht ni was	enteo ni wenteo
enti dô was der eino	almahtîco cot,
manno miltisto,	enti manake mit inan
cootlihhe geista.	enti cot heilac ...
Als da nichts war	aller Orten und Enden,
da war der alleinige	allmächtige Gott,
der mildeste der Männer,	und viele mit ihm
ruhmreiche Geister.	Und der heilige Gott ...

So weit nur hat uns der baierische Klosterlehrer dieses merkwürdige Gedicht gönnen wollen, dessen Gegenstand erst Jahrhunderte später wieder eine Behandlung in deutschen Versen fand.

Das dritte Stück endlich ist der Anfang eines Gebetes, dessen vollständigen Inhalt wir vermuthungsweise aus jüngeren Aufzeichnungen herstellen können. Der Verfasser desselben wollte Verse machen, er schmückte seine Worte mit Allitteration und Reim, aber er setzte sich über die Regeln der Metrik hinweg, die er vielleicht nicht hinlänglich kannte. Aus dem vorhin erwähnten kurzen Gebete hat er zwei Zeilen geborgt. Er fleht zu Gott, der den Menschen so vieles Gute gegeben habe, er fleht um Kraft den göttlichen Willen zu thun; Herz und Gedanke, Seele und Leib befiehlt er dem gnädigen freigebigen Herrn, der alle seine Bedürfnisse kennt. Und zu Christus betet er um Rettung und Erlösung: er betet, daß er sich vor dem Weltenrichter nicht zu schämen brauche, daß ihm Reue verliehen und die Strafe seiner Sünden noch in dieser Welt über ihn verhängt werden möge.

Es sind auch hier die allerersten Grundlagen des Christenthums nach der moralischen Seite hin, welche in einfachen Worten zum Ausdruck gelangen: die Ergebung in den göttlichen Willen, das Leben nach Gottes Gebot, das Vertrauen das ihm alles anheim gibt, die Begriffe Sünde, Strafe, Reue, Erlösung, ewige Seligkeit.

Den Ausblick in das Ewige, in die letzten Schicksale des Menschen und der Welt eröffnet uns ein anderes Gedicht, woraus wir zugleich ein vollständigeres und begründeteres Urtheil über die christliche Poesie jener Zeit gewinnen: das sogenannte „Muspilli", eine — soll ich sagen Predigt? oder Erzählung? oder Prophezeihung? von der Zukunft nach dem Tode, deren Gang etwa folgender ist:

„Daran denke jeder der Menschen, daß auch für ihn der Tag erscheint, an dem er sterben muß. Gleich wenn die Seele auf ihren Weg sich begibt und den Körper liegen läßt, so kommt ein Heer aus dem Himmelsäther, das andere aus der Hölle, und sie kämpfen um sie. Sorgen mag die Seele bis es entschieden wird, von welchem der Heere sie gewonnen ist. Wenn des Satans Genossen sie erringen, so führen sie sie dahin wo ihr weh geschieht, in Feuer und in Finsterniß: welches ist ein grausig Ding. Wenn sie aber die erstreiten, die da von dem Himmel kommen, und sie den Engeln eigen wird, so tragen die hinauf sie in des Himmels Reich, woselbst ist Leben ohne Tod, Licht ohne Finstre, eine Wohnung ohne Sorge: Niemand ist dort siech. Wenn in dem Paradiese der Mensch ein Haus gewinnt, eine Wohnung in dem Himmel: so ist ihm geholfen. Darum thut es jedem Menschen Noth, daß ihn sein Herz antreibe, daß er mit Freude Gottes Willen thue und sorglich vermeide das Feuer der Hölle, des Peches Pein. Dort erwarten ihn Satans heiße Flammen. Drum zittre wer sich schuldig weiß. Wehe dem der in der Finstre muß seine Missethaten büßen, brennen in der Hölle. Das ist so furchtbar, wenn er dann ruft zu Gott, und ihm keine Hilfe kommt. Auf Gnade hofft die jammernswerthe Seele, doch der himmlische Gott hat ihrer vergessen, weil sie hier auf Erden darnach nicht handelte.

„Wenn der mächtige König das große Gericht beruft, so muß dahin kommen jegliches Geschlecht; keines der Menschenkinder wagt es fern zu bleiben: Jedermann muß dort vor dem Herrn Rede stehn über alles was er auf der Welt vollbracht. Darum ist es gut dem Manne, wenn er selbst zu Gerichte sitzt, daß er über jede Sache nach dem Recht urtheile: dann braucht er nicht zu zagen, wenn er vor den Herrn tritt. Der aber weiß nicht welches Urtheil ihm wird, der durch Bestechung störet das Recht. Der Teufel steht dabei verborgen und setzt auf seine Rechnung alles was er übles auf Erden jemals that, damit er alles sage, wenns zum Weltgerichte geht: kein Mann fürwahr sollte der Bestechung offen sein.*)

„Wenn das himmlische Horn geblasen wird und sich der Weltenrichter aufmacht, dann erhebt sich mit ihm ein mächtiges Heer, das ist all so kühn, daß kein Mensch ihm widersteht. Er fährt zur Mahlstätte, die da abgegrenzt ist, und die Engel eilen hin fern über die Marken, erwecken die Völker, führen sie zum Herrn. Da soll Jedermann aus dem Staub erstehn, aus Grabes Banden. Zurück soll ihm das Leben kehren, damit er sich rechtfertige und er nach seinen Thaten abgeurtheilt werde. Wenn der dann seinen Sitz einnimmt, der richtet über Lebende und Todte, dann steht um ihn her die Menge der Engel und guter Menschen ein großer Chor; dann kommen sie alle die aus ihrer Ruh erstehn: und die Hand wird sprechen, das Haupt es sagen, jedes Glied es verkünden bis herab zum kleinen Finger, wenn er unter den Menschen Mord verübte. Keiner ist so künstereich, daß er dort löge, daß er eine That verhehlte und sie dem Könige nicht verkündigt würde. Nur wer seine Missethaten vorher hat gebüßt mit Fasten und mit Almosen, der braucht nichts zu fürchten, wenn er zum Gerichte kommt. Dann wird her-

---

*) Diese dringende Einschärfung der richterlichen Unbestechlichkeit fällt auf. Dasselbe Thema, sogar auf ähnliche Weise, behandelt Theodulf in seiner „Mahnrede an die Richter". Alcuin schreibt an seinen Freund Arno, Bischof von Salzburg, nach Rom: „Wenn aber deine liebevolle Sorge für vieler Menschen Wohl mich antrieb, meinen süßesten David (Karl den Großen) zur Aussendung seiner Boten zu bewegen, damit sie Gerechtigkeit übten: so sei versichert, daß ich dies wiederholt gethan habe und auch seine Räthe dafür zu gewinnen suche." Die beiden Freunde setzten ihren Wunsch durch. Im Jahre 802 wurden in der That zur Handhabung von Recht und Gericht die vornehmsten Männer des Reiches ausgesandt, „welche nicht nöthig hatten, zum Nachtheil der Unschuldigen Geschenke anzunehmen." Und in dem Gesetz, welches diese Sendung begleitete, sagt Karl wiederholt: „Daß keiner sich heranneheme, durch Lohn oder Geschenke oder Schmeichelei oder die Unterstützung mächtiger Blutsfreunde die Gerechtigkeit zu stören." — Das hier besprochene Gedicht ist im baierischen Dialekt geschrieben und ohne Zweifel zu Ende des achten oder im Anfang des neunten Jahrhunderts abgefaßt. Man könnte auf die Vermuthung kommen, daß Erzbischof Arno seiner Entstehung nicht ganz fremd war.

vorgetragen das heilige Kreuz, woran Christus erhenkt ward, und er zeigt die Wundmale die er auf Erden empfangen aus Liebe zu den Menschen."...

Der Rest des Gedichtes ist verloren. Aber ich habe noch nicht alles Erhaltene mitgetheilt. Das Lied hat eine Erweiterung erfahren, die gleich merkwürdig ist.

Die großen epischen Stoffe, aus welchen unter günstigen Umständen Nationalepen werden, sind der Schrein, in welchen jedes Volk sein Bestes und Liebstes hineinträgt und verschließt Jahrhunderte hindurch. Die letzten Wellen der Völkerwanderung spülten die Nibelungensage aus. Als hierauf Theodorichs Name groß war unter den Germanen, wurde auch ihm eine Rolle zugetheilt bei dem großen Mord an Attilas Hofe. Einen alten mythischen Helden, Rüdiger von Pöchlarn, setzt Oesterreich in dieser Sage ab. Zwei historische Markgrafen des zehnten Jahrhunderts, Gero und Eckehart, werden durch sächsische Dichter hineingebracht. Und andere anderswo. Derselbe Vorgang wiederholt sich an kleineren epischen Gedichten. Da gibt es z. B. ein Lied von den Wundern Christi. Zufällig wird in der ersten Strophe des Paradieses erwähnt und in der zweiten Strophe von der Schöpfung des Menschen gehandelt. Das ist einem andern Dichter genug, um allerlei über die Schöpfung Adams, über die Schöpfung im allgemeinen und über die nähere Beschaffenheit des Paradieses einzuschalten. Der war freilich nur ein geschmackloser Verseschmied. Aber auch gute Dichter verschmähen es in der alten Zeit zuweilen, ihren Producten die Abrundung selbständiger Werke zu geben, und setzen sie lieber an bereits Vorhandenes an.

Die christliche Mythologie hat eine Vorstellung ausgebildet vom Antichrist und seinem Kampf mit Elias am jüngsten Tage. Auf diesen Stoff fällt ein gewandter Poet. Aber er kennt auch die so eben vorgeführte Schilderung des Lebens nach dem Tode und des Weltgerichtes. Er findet daß gerade sein Thema eine angenehme Vervollständigung dieser Schilderung wäre. Er bedenkt sich also nicht, sie an einer ziemlich unpassenden Stelle zu unterbrechen, und ihr folgendes einzufügen:

„Das hört' ich sagen die vor der Welt das Rechte lehren, daß der Antichrist soll mit Elias kämpfen. Der Bösewicht ist gewaffnet, der Krieg bricht unter ihnen los. Die Kämpfer sind so kraftvoll, so schwer ist dieser Handel. Elias streitet für das ewige Leben. Er will der Guten und Gerechten Reich verstärken. Darum wird ihm helfen der des Himmels waltet. Der Antichrist steht auf des Erbfeinds Seite, steht bei dem Satan, der ihn wird zu Falle bringen. Er wird auf der Kampfstätte verwundet niedersinken, und bei diesem Gange sieglos werden. Doch glauben viele weise Gottesmänner, daß der Heilige in dem Kampfe soll verletzet werden. Und wenn des Elias Blut träuft auf die Erde, so entzünden sich die Berge, kein Baum steht auf dem Boden fest, die Gewässer all' vertrocknen, das Meer verschluckt sich selbst, der Himmel wird verzehrt in Flammen, herab fällt der Mond, die Erdscheibe brennt, stehen bleibt kein Fels. Wenn der Straftag fährt ins Land und mit diesem Feuer sucht die Menschen heim: da kann kein Blutsfreund helfen vor dem Weltbrand. Wenn der unermeßliche Glutregen Alles verbrennt, und Feuer und Luft es Alles durchfegt: wo ist dann die Mark, um die der Mensch mit seinen Sippen stritt? Die Mark ist verbrannt, die Seele steht verzweifelt, mit nichts kann sie mehr Buße thun: stracks fährt sie zu der Hölle."

Man kann nicht sagen, daß dieser Dichter große Mittel aufwende, um eine — nach meinem Gefühl wenigstens — nicht geringe Wirkung hervorzubringen. Er nennt einfach seinen Gegenstand, weist auf dessen große Bedeutung hin, stellt die Kämpfer einander gegenüber, vergleicht die Sachen die sie verfechten, bezeichnet kurz den Ausgang des Kampfes, schildert dann die Folge desselben, den Weltbrand (muspilli), indem er das Ereigniß durch die einzelnen Vorgänge und durch die einzelnen Objecte verfolgt, an denen es sich vollzieht. Er schließt endlich, indem er auf eindringliche Weise eine Sittenlehre daraus ableitet. Ueberall ist er sehr kurz, sehr sparsam mit Worten, stets nur die Sache bezeichnend, verzichtend auf jeden Schmuck. Dafür ist auch die Größe des Gegenstandes völlig rein aufgefaßt, und wirkt allein durch sich selbst, wie eine Choralmelodie ohne Harmonisirung und Begleitung. Die wiederholte Berufung auf die Autorität gelehrter Theologen als die Quelle, aus welcher der Dichter schöpft, befremdet und klingt uns prosaisch. Sie ist aber bei den alten Poeten hergebrachte Manier, und deshalb diesem zu verzeihen.

Vergleicht man den Zusatz mit dem ursprünglichen Gedichte, zu dem er gemacht worden, so hat er Einiges voraus. Beide Verfasser behandeln ihren Stoff nach Art der Predigten, in denen Erzählung und Schilderung mit Ermahnung und Betrachtung wechselte. Dem ersten Dichter muß man den Vorwurf machen, daß seine Schilderungen trotz dem größeren Aufwand an Worten nicht immer anschaulich werden. Insbesondere hat er das Bild der Hölle nicht vollständig und sinnlich genug ausgemalt, obgleich ihm dafür, ebenso wie für die Beschreibung des Himmels, eine Menge beinahe feststehender Anschauungen überliefert waren. Die lehrhaften Theile sind ihm in noch höherem Grade mislungen. Da verfällt er zuweilen in den trockensten Ton, oder wird unklar und schwer verständlich, oder verwickelt sich in endlose Wiederholungen derselben Ausdrücke und Redensarten, daß man meint, er komme nicht los davon. Ich habe Einiges dieser Gattung oben gemildert, um das Verdienst auch seiner Arbeit besser hervortreten zu lassen. Ohnehin ist es niemals möglich, die edle Kraft der Sprache in heutigem Deutsch wiederzugeben. Die Pracht des vollen Klanges, bei aller Rauhheit tiefe Lieblichkeit, genießt nur wer die Originale kennt. Uebersetzungen aus dem Altdeutschen, auch die besten, machen stets den Eindruck, als ob man Richard Wagner'sche oder Berlioz'sche Musik mit Sebastian Bachs oder Händels Orchester zu spielen versuchte.

Das „Muspilli" und die wenigen poetischen Reste die wir sonst anführen konnten, sind uns nur wie durch vereinzelte Gebelaunen des Schicksals erhalten: wir finden sie an die Ränder anderer Bücher hingekritzelt, auf zufällig leere Blätter und freie Stellen eingetragen, als Beispiele deutscher Verse ausgewählt und übel aneinander gereiht, aus schwankendem Gedächtniß aufgezeichnet, oft entstellt, nirgends in sicherer Ueberlieferung fortgepflanzt.

Die ersten Dichter, welche christlichen Lebens- und Lehrgehalt in deutsche Verse fassen wollten, schlossen sich an den Brauch der Volkspoeten an, deren Kunst sie übten, deren Strophen, Versformen und Stabreime sie nachahmten. Sie wollten den heidnischen Volksgesang durch christlichen ersetzen. Sie vertrauten die Eingebungen ihrer Muse in Gestalt kurzer Lieder ebenso der mündlichen Ueberlieferung wie die fahrenden Sänger des germanischen Epos.

Soll man das christliche Volkspoesie nennen? Die Gedankenwelt aus der sie entspringt ist eine andere. Die Methode der Production ist gewiß dieselbe. Aber die alte Form wurde mit Bewußtsein, zu bestimmten äußern Zwecken auf einen neuen Inhalt angewendet, das nationale Kleid über einen fremden Leib gezogen. Und dieses bewußte Schaffen ist der Charakter der Kunstpoesie. Der Weg, der zu einer neuen Productionsart führte, war damit eingeschlagen. Und das erste entschiedene Erzeugniß der Schriftpoesie, das von Anfang an nur für die Schrift gedacht und nur in der Schrift denkbar war, fällt bereits in die Zeit Ludwigs des Frommen. Es ist der sächsische Heliand, das Leben des Heilands, in sechstausend Langversen, eine der größten Leistungen deutscher Dichtkunst überhaupt.

Doch davon habe ich heute nicht mehr zu reden. Ich stehe am Schlusse meiner Betrachtung. Von den Erzeugnissen eines augenblicklichen und zufälligen Bedürfnisses bis zu solchen Schöpfungen, welche der Genius der echten Poesie im Fluge wenigstens gestreift hat, sind die sämmtlichen Denkmäler unserer ältesten Prosa und Kunstdichtung an uns vorübergezogen. Ihrer aller Lebenselement ist das Christenthum. Ihrer aller Anreger — mittelbar oder unmittelbar, gleichviel — ist Karl der Große. Dieser Mensch von grenzenloser Sinnlichkeit, von unersättlicher Eroberungslust, von einem Fanatismus der zur Grausamkeit ihn fortriß: wie wollen wir seine Gestalt festhalten, wenn wir an den Mann denken, dessen Herz mitten unter den Geistlichen und Gelehrten treu an deutscher Muttersprache und deutscher Poesie gehangen und der in dem Gedächtniß unserer Vorfahren nicht wie bei den Franzosen als streitbarer Kriegsfürst, sondern wie ein ehrwürdiges Familienhaupt als gerechter Richter fortlebte?

Karl sitzt freundlich in milden Gedanken. Drei seiner Töchter nahen sich eine nach der andern, und drücken einen zärtlichen Kuß auf die weiße Stirn. Sie kommen wieder Hand in Hand, und bekränzen mit Blumen dies theure Haupt. Bertha bringt Rosen, Rotrud bringt Veilchen, Gisela Lilien.

Es war ein gelehrter Zeitgenosse, der dieses anmuthige Bild entwarf.

Über das Nibelungenlied.

Vortrag gehalten im Saale der Handelsakademie zu Wien
am 5. März 1865.

Es ist nicht meine Absicht, über das Nibelungenlied in allen den verschiedenen Beziehungen zu handeln, in welchen über ein Denkmal der Litteratur Betrachtungen angestellt werden können. Die ästhetische Würdigung, die Analyse des Gedichtes in poetischer Hinsicht, die Nachproduction seiner idealen Charaktertypen, die nähere Beschreibung der Zustände die es voraussetzt und abspiegelt, selbst die genauere Darstellung der Entstehung des uns überlieferten Nibelungenliedes und die Schilderung des wissenschaftlichen Streites der sich in neuerer Zeit daran geknüpft hat, bilden nicht den eigentlichen Gegenstand meines Vortrages. Was ich versuchen will, ist die Entwickelung der ersten Ursprünge des Gedichtes. Ich möchte Ihnen an einem Beispiele zeigen, wie Sagen in der Volksphantasie entstehen, wie die großen epischen Stoffe sich ausbilden und gestalten.

Was ich gebe sind im Wesentlichen die Anschauungen Lachmanns. Und diese werde ich hinstellen, ohne mich auf die Widerlegung dessen einzulassen, was von Anderen dagegen vorgebracht wurde. Aber durchgängig setze ich die Fortbildung voraus, welche jene Lachmann'schen Ansichten durch Karl Müllenhoff erfuhren.

Die ersten Ursprünge des Nibelungenliedes, das heißt die Entstehung der Nibelungensage, liegen weit vor der Zeit in welcher das uns bekannte Nibelungenlied entstand.

Denn das Nibelungenlied ist nicht das Werk Eines Dichters in dem Sinne wie wir heute von poetischen Werken sprechen. Die Vorstellung die wir uns von der Arbeit eines Romandichters etwa machen, wie er aus Erlebtem und Gedachtem, aus Fremdem und Eigenem, aus Ueberliefertem und Erfundenem eine einheitliche Composition erschafft, welcher sein Geist das eigenthümliche und entscheidende Gepräge aufdrückt, — diese Vorstellung müssen wir gänzlich fallen lassen, wenn es sich von der Entstehung des Nibelungenliedes handelt.

An dem Nibelungenliede ist Jahrhunderte hindurch gearbeitet worden, bis es die Gestalt erhielt in der wir es kennen. Und wenn wir die Personen wüßten denen wir das Verdienst der Arbeit zuerkennen müssen, so würden auch sie ohne Zweifel nach Hunderten zählen.

Das Gedicht selbst ist keineswegs ein einfaches untheilbares Wesen mit scharfen, markirten Zügen, das nur einmal vorhanden nicht seines Gleichen hätte. Es ist keineswegs das einzige und ausschließliche Ziel jener Arbeit von Jahrhunderten, jener Bemühungen von zahllosen Dichtern gewesen. Das Nibelungenlied ist nur Ein Exemplar einer weit verbreiteten, mit dem verschiedenen Himmel sich wandelnden Pflanze.

Unser Nibelungenlied ist in Oesterreich gewachsen. In Westfalen aber sang man von Siegfried und Kriemhild und Attila ganz anders. Im fernsten Norden, auf Island, in Grönland, flüsterte die Muse den Dichtern von Sigurd dem Drachentödter und von der Jungfrau Brunhilde weit verschiedenen Gesang zu. Die altdänischen Heldenlieder weisen ihre besonderen Züge auf, mit denen sie die Gestalten der Sage ausstatten. Und auf den Färöischen Inseln singt das Volk im Chor und zum Tanze noch heute wieder andere Lieder von Grimhild und wie sie ihre Brüder mordet.

Dennoch ein und derselbe Stoff, ein und dieselbe Sage, die unzählige Mal ihre Gestalt wechselt ohne jemals ihr innerstes Wesen zu verändern.

Wir aber müssen angesichts dieser Vielgestaltigkeit die Frage erheben: wo sang man zuerst von den Nibelungen? wann und was sang man von ihnen?

Und weiter müssen wir fragen: auf welchem Wege wurde die poetische Phantasie von den besungenen Gegenständen entzündet? Sind es Erdichtungen ausgeheckt von der freispielenden Einbildungskraft eines großen genialen Mannes? Oder ist es historische Wahrheit:

haben Siegfried, Brunhild, Hagen, Kriemhild gelebt und als leibhaftige athmende Menschen die Erde betreten? Oder gehören sie zu jenen Wahngebilden, welche der menschliche Geist sich selber erschafft ohne es zu wissen, die in Wahrheit niemals gewesen sind und an die er dennoch glaubt so fest und fester als an die Dinge die sein Auge betrachtet, seine Hand berührt?

Wir können auf alle diese Fragen ganz bestimmte und einfache Antworten geben.

Der Inhalt des Nibelungenliedes ist zur Hälfte wahr, zur Hälfte unwahr. Wahr im wesentlichen ist der zweite Theil des Gedichtes, wo Alles hindrängt auf das furchtbare Ende, auf den blutigen Mord an Attilas Hof: das Gedächtniß großer erschütternder historischer Ereignisse ist darin bewahrt worden. Unwahr ist die erste Hälfte der Dichtung in welcher Siegfried im Mittelpuncte steht, der glänzende Held, wie er kämpft, wie er liebt, wie er herrscht, wie er stirbt. Aber auch dieser Theil ist nicht erdichtet, wie ein Poet freiwählend in der Masse des Möglichen erfindet; sondern er ruht auf alten religiösen Vorstellungen unserer Urväter, enthält germanisches Heidenthum, erzählt Thaten und Schicksale von Göttern wie sie in der Mythe lebten.

Mit der Zusammenfügung beider Theile entsteht die Nibelungensage. Der deutsche Volksstamm bei welchem diese Zusammenfügung geschah, ist derjenige, dem es zuerst gelang mit frischer, bezwingender Macht die zerstreuten Kräfte der anderen germanischen Stämme zu einer einzigen Keule zusammenzubinden, die auf die romanischen Völker furchtbar herabsauste. Die Zeit in welcher die Zusammenfügung vollzogen wurde, ist der Höhepunct der Völkerwanderung, die zweite Hälfte des fünften Jahrhunderts unserer Zeitrechnung, als Attila starb und in Rom der Thron der Cäsaren zerbrach. Die Zeit, in welcher die europäische Welt den Germanen zu gehören begann, ist auch die Zeit in welcher das größte Gedicht ihres Heidenthums von den Göttern ihnen geschenkt wurde. Die Nibelungendichtung ist der vollständigste großartigste Ausdruck den das deutsche Heidenthum gefunden hat, es ist die bleibende Erbschaft die es späteren Geschlechtern vermacht hat.

Wie, wenn wir heute nach einem ähnlichen Ausdrucke unserer

Zeit suchten? nach einem Gedicht worin wir unser bestes Fühlen, unser bestes Denken, den feinsten Duft unserer eigensten Empfindungen und Ideen beisammen fänden? Wir würden vergeblich suchen. Keine zwei Menschen heute, die eine gemeinsame Weltanschauung ohne gegenseitige Concessionen aus dem bloßen Zusammenklange ihrer Gesinnungen heraus proclamiren könnten. Keine zwei Menschen heute, welche denselben Gedanken in gleiche Worte hüllen würden. Politik und Religion, die Angelpuncte um die sich unser allgemeines Leben dreht, — Wissenschaft und Poesie, die erhabenen Trösterinnen in deren Armen der individuelle Geist aus den Stürmen des Lebens fliehend sich zur Beruhigung und Sammlung hindurchringt: — überall in ihnen Parteien: denn überall Streit möglich. Alle Autoritäten sind für uns gefallen. Aus eigener Kraft, mit eigenem Muth sucht jeder seinen besondern Weg. Da entstehen wohl Werke des Geistes zu denen wir demüthig emporschauen, auch Despoten treten auf, Bezwinger der Seelen und Bezwinger der Leiber: aber wir fühlen und scheuen den Zwang und ergeben uns nicht. Keine Dichtung, kein wissenschaftliches System wird uns geboten, worin wir Alle uns selbst wiedererkennten, dem wir Alle nichts hinzuzusetzen, dem wir Alle nichts hinwegzuwünschen hätten. Was in die letzte Hütte seinen Weg sich bahnt, ist uns trivial. Die Kirche, worin wir uns erbauen, dazu ist jenen das Thor verrammelt. Jeder Einzelne bildet für sich eine Welt.

In der Zeit hingegen, aus welcher die Nibelungendichtung stammt, bedeutete der Einzelne nichts und die Gesammtheit Alles. Eine und dieselbe Ausdrucksweise für Alle im Leben wie in der Poesie. Eine und dieselbe Religion für Alle, gegen welche kein Zweifel und keine Kritik sich regt. Eine und dieselbe politische und rechtliche Anschauung und Sitte. Und die Individuen Sklaven der nationalen Gemeinsamkeit deren geistiges Kleid sie tragen.

Aus dem Innersten dieser Alles und Alle gleichmäßig durchdringenden heidnischen Welt- und Lebensanschauung entströmte die Nibelungendichtung.

Sie hat, wie gesagt, ein doppeltes Theil an sich, ein unwahres und ein wahres, ein göttliches gleichsam und ein menschliches. Langsam stieg jenes, ein reiner Geist, aus dem Himmel herab auf die

Erde, um sich mit Knochen, mit Fleisch und mit Blut zu bekleiden. Drei Momente können wir unterscheiden, in welchen diese Vermählung des Himmlischen und Irdischen sich vollzog.

Betrachten wir zuerst den mythologischen Gedankenkreis der in die Nibelungensage sich hineinschlug.

Unsere Vorfahren hatten nur so weit Eine Religion wie sie Ein Volk waren. Und die vier großen Stämme in welche sie zerfielen bildeten im Grunde jeder eine Nation für sich mit seiner eigenen Priesterschaft, seinen eigenen Heiligthümern, seinem eigenen Hauptgott dem er vor den übrigen Preis und Verehrung widmete. Bei dem einen war dies eine Göttin, die Mutter Erde, auf einer Insel des Oceans an einem düsteren See ihr Heiligthum. Bei dem zweiten ein göttliches Brüderpaar, dem Castor und Pollux vergleichbar. Bei dem dritten Zeus der uralte Himmelsgott, in einem ausgedehnten Walde durch Menschenopfer geehrt. Bei dem vierten endlich, bei den Franken, ist Wodan der oberste Gott, der Gott der im Sturm über die Erde braust in langem wallendem Mantel.

Verweilen wir bei ihm.

Auf ihn ist aller Glanz versammelt, womit das Volk die umgibt die es liebt und von denen es Liebe erwartet. Andere Götter galten in einzelnen Naturerscheinungen als die wirkenden Mächte, oder standen einzelnen Lebensbeziehungen als die leitenden segenverleihenden Gewalten vor. Wodan überragt sie alle. Was Er gewährt ist das Werthvollste, Ihm dankt der fromme Mensch das Höchste was ihm zu Theil werden kann. Wenn dichte Saaten reichliche Ernte versprechen, so ist das Wodans Geschenk. Wenn tüchtigen Kämpfern die Krone des Sieges zufällt, so hat Wodan ein Wunder gewirkt und dem ruhmreichen Helden seinen Speer geliehen.

Das ganze Leben der Natur schien dem heidnischen Franken in dieses Gottes Leben beschlossen. Was freudenvoll und schön und herrlich ist in der äußeren Welt, das gehörte Wodans Reich an. In den wechselnden Zeiten des Jahres erblickte der Franke Wodans wechselnde Schicksale. Mit der aufsteigenden Pracht des Frühlings sieht er Wodan lebendig werden, im Sommer weiß er ihn als den unbestrittenen König der Erde. Aber die grüne Pracht fällt ab, wird verweht — und der Gott stirbt dahin. Die winterlichen Mächte über die er gesiegt, über die er geherrscht, bereiten ihm nun den Tod.

Heilige, ehrfürchtige Lieder bis zu deren Entstehung kein Gedächtniß hinaufreichte, von deren Verfassern keine Kunde bewahrt war, begleiteten den Gott auf seinem Lebenswege, und wurden zur Feier seiner großen Feste vom Volke im Chore gesungen. Und indem das Volk im Frühjahr mit ihm triumphirt über seine winterlichen Feinde, über den Wolkendrachen, der das Licht des Himmels verhüllt und den der Gott erschlägt, um den Schatz des Himmels, den Segen der Wolke ihm zu entreißen, — indem das Volk zur Zeit der ersten Tag- und Nachtgleiche des Gottes Vermählung feiert mit der Jungfrau Sonne, indem es ihm entgegenjubelt da er in sein Land einreitet, — indem es der Wonne sich freut die ihm seine Herrschaft verspricht: nennt es seinen Namen Siegfried d. i. der Friede und Freude bringt durch seinen Sieg.

Wodan-Siegfrieds erste Frau ist die Sonne des Frühlings die mit Tagen von wachsender Dauer die Welt beglückt. Die Strahlengluten die sie umgeben sind eine feurige flackernde Lohe in deren Mitte sie schläft, die der Gott durchreiten muß um sie zu erwecken und sich zu erringen. Und wie Er als ein streitbarer siegreicher Kriegsheld gedacht wird, als das Ideal eines Mannes, so gestaltet die Phantasie des Volkes Sie zum Ideale des Weibes aus.

Die deutschen Frauen der ältesten Zeit waren auch ein kriegsmuthiges Geschlecht. Was sie im Hause und im Frieden leisteten, das fand seine poetische und religiöse Verklärung in jenen blonden Göttinnen von stiller Hoheit die in sanftumfließenden weißen Gewändern an den Ufern der Flüsse ihr goldenes Haar strählen oder in heimlichem nächtlichem Zuge mit einem Heere von Kinderseelen über die Erde schweben. Aber auch lanzentragende Göttinnen gab es, wie manche Weiber ganz gerüstet mit in die Schlacht sich stürzten. Eine solche ist Siegfrieds Weib. Und sie heißt Hilde, die Kämpfende — und Brunhild oder Brünhild als die in der Brünne d. i. im leuchtenden Panzer kämpft.

Das Jahr rückt zur Sommersonnenwende vor, die Tage werten von da ab kürzer, denn Tag und Nacht werden gleich, und damit beginnt das Uebergewicht und die Herrschaft der Nacht. Die Mächte der Nacht, deren Herrschaft sich ausbreitet dem Winter entgegen, nennt die alte heilige Poesie Kinder der Dunkelheit, Söhne des Nebels — Nibelungen. Die dunkeln Nibelungen bestricken mit ihren Listen den lichten Siegfried und die leuchtende Brunhild. Eine Nibelungin, eine andere Hilde, Kriemhild d. i. die vermummte, verhüllte Kämpferin, eine Göttin der Nacht — wie Brunhild eine Göttin des Tages, — lockt Siegfried in ihre Netze. — Ein Zaubertrank wird ihm gereicht, er vergißt seine Brunhild, und wird der Sklave der Nibelungen. Er selbst muß ihnen nun Brunhild überliefern, mit dem Nibelung Günther schließt er Bundesbrüderschaft, wechselt mit ihm die Gestalt, durchreitet so noch einmal die Flammenburg Brunhilds: und sie wird Günthers Weib.

Aber die Nibelungen wollen nicht blos seinen Dienst, sie wollen seinen Tod. Der Nibelung Hagen erschlägt ihn, und mit ihm stirbt freiwillig Brunhild die nicht aufgehört hat allein ihn zu lieben. Die lichten Götter sind todt, das Reich der winterlichen Nacht bricht herein.

Das Volk auf Erden aber errichtet einen Scheiterhaufen, behängt ihn mit Kostbarkeiten und zündet ihn an, als wären aus seiner Mitte die Schutzgötter des Sommers geschieden, und müßte es nun ihnen die letzten Ehren erweisen.

Dies ist in allgemeinen Umrissen der Mythus von Wodan dem Siegfried, wie die religiöse Poesie der Franken ihn besang. Jeder einzelne Zug hat seine Bedeutung, jede Wendung der Erzählung entspricht einer Wendung des Naturlebens. Der ganze Mythus ist symbolisirte Natur.

Es ist Poesie was diese Umwandlung der Naturereignisse in göttliche Geschichte bewirkt hat. Aber die Poesie kann dabei nicht stehen bleiben. Sie muß an ihren Gestalten weiter bilden, und bilden so lange bis sie einheitliche Wesen erhält, in sich geschlossen wie lebendige Menschen mit einer fühlenden Seele der wir nachfühlen können.

Wie vielerlei widerspruchsvolle Züge waren über Wodan zusammengehäuft. Wodan nach ursprünglicher Anschauung ist der Gott der im Sturme wüthet, ein eisgrauer bärtiger Alter, der mit den Seelen der Todten in den Zwölfnächten um Neujahr durch die Lüfte zieht. Und wie vereinigt sich damit das Bild Wodans des Siegfrieds? Eine Phantasiegestalt mit diesen Schicksalen, wie kann sie anders gedacht werden, denn als ein blühender schöner Jüngling mit glänzenden Augen, von hoher Gestalt, mit stolzem elastischem Gang, ein Herzenbezwinger, von leuchtender Schönheit das blonde lockichte Haupt. Und dieser dahingerafft in seinem Jugendglanz, über die weißen kräftigen Glieder ein Blutstrom mit dem das Leben verrinnt.

Je mehr sich die Poesie aller dieser Züge bemächtigte, je mehr sie sie zur Wesenseinheit zu verbinden strebte: desto mehr mußten sich dieselben der Verbindung widersetzen und endlich unwillkürlich zu zwei ganz verschiedenen Bildern sich gruppiren, so daß in der Phantasie des Volkes immer deutlicher und bestimmter zwei Gestalten sich von einander löslösten.

Dazu kam ein Anderes. Die älteste Vorstellung des Göttlichen trägt mannigfache Unreinheit, viele irdische Elemente in sich. Sie befreit sich davon allmählich. Ruhend, fest in sich, ohne Wandel und Wechsel, ein König der nie seinen Thron verläßt, voll Ehrwürdigkeit und leidenschaftslos, vor allem: ewig lebend und dem Tode nicht unterworfen — diesem Bilde strebt die Vorstellung des Göttlichen zu, und was ihr widerspricht, wird mehr und mehr ausgeschieden.

So wurde Wodans Idee geläutert. Er wurde immer vollständiger ein Gott. In gleichem Maße wurde Siegfried immer vollständiger ein Mensch. Nur die göttliche Abkunft blieb ihm: und die göttliche Ewigkeit wurde mit der menschlichen Sterblichkeit durch die Vorstellung der Unverwundbarkeit bis auf Eine Stelle — vereinbart. Seine ganze Geschichte mußte nun möglichst ins Menschliche umgewandelt werden. Das Wunderbare freilich konnte bleiben, Niemand nahm daran Anstoß. Aber die Motive der handelnden Personen mußten menschlich und verständlich werden.

Siegfried galt von nun an für einen fränkischen Königssohn, Brunhild war eine Königstochter. Und aus den Nibelungen wurde ein königliches Geschlecht mit seinem eigenen Reich. Ein Rangstreit der Königinnen Brunhild und Kriemhild schlingt den ersten Schicksalsfaden: Brunhild erfährt von dem unbedachten Zorne der aufgeregten Gegnerin, wie man sie hinterging, wie nicht Günther, sondern Siegfried in Günthers Gestalt ihr Flammengefängniß durchbrach: sie selbst verlangt Siegfrieds Tod, und beredet die Nibelungenfürsten dazu. Die Göttersage wurde zur Heldensage, den alten Himmelsbewohnern entsproßte eine neue Generation fabelhafter Menschen.

Wie Wodan der vornehmste Gott, so war nun Siegfried der vornehmste Held. Die Phantasie der Dichter wie ihres Publicums war mit seinen Schicksalen angefüllt. Der König wie der Bauer begehrte von ihm zu hören. Wenn die Bauern beim Trunk saßen, so mochten sie wohl ein Lied anstimmen vom Drachentödter. Wenn der König zu den Freuden des Mahles die Würze der Poesie herbeiwünschte, so rief er wohl nach dem Sänger, der die nibelungische Hinterlist beklagte, welche den jungen Siegfried bestrickte.

Wir gelangen zu dem zweiten Momente in der Entstehung der Nibelungensage.

Im fünften Jahrhundert unserer Zeitrechnung, als bereits der Gott Siegfried in der Phantasie seines Volkes ein freilich noch außerordentlicher Mensch geworden war, saßen die Franken am linken Rheinufer etwa von Coblenz rheinabwärts bis an die Mündung der Maas. Südlich von ihnen in der Rheinpfalz hatten die Burgunder ein Reich gegründet, dessen Hauptort Worms war. Der burgundische König hieß Gundahar, Gunther. Gleichzeitig mit dem Westgothen Theodorich in Südfrankreich erhob er sich gegen Aetius den eigentlichen Herrscher von Westrom, der, gestützt auf hunische Hilfsvölker, mit kraftvoller Hand das Regiment in Gallien aufrecht hielt. Die Burgunder fielen in Belgien ein, wurden jedoch von Aetius zu einem demüthigen Frieden gezwungen (435). Auch gegen Theodorich waren die Römer siegreich. Die Burgunder aber, welche den ihnen aufgezwungenen Frieden gebrochen hatten, wurden von den Hunen 437 bis zur Vernichtung geschlagen, 20,000 der Ihrigen fielen — eine ungeheure Zahl für damals — Gunther selbst blieb in der Schlacht: das burgundische Königsgeschlecht war ausgetilgt.

Dieses gewaltigen Ereignisses das die umwohnenden Völker erschütterte bemächtigte sich die fränkische Dichtung. Aber die Franken waren noch keine schreibende Nation damals, es gab keine sichere Ueberlieferung geschehener Dinge, keine Anstalten waren getroffen zur genauen Ermittelung ihres inneren Zusammenhanges, das einfache fertige Resultat wurde hingenommen, schwankende Berichte darüber gingen von Mund zu Mund. Niemand unter diesen Germanen schaute der römischen Politik in die Karten. Niemand vielleicht übersah alle Ereignisse des Krieges und den ganzen Verlauf der großen Entscheidungsschlacht. Wie die Nachricht sich verbreitete, mußten zahlreiche unwillkürliche Entstellungen die Einzelheiten betreffen. Und der erste Franke der sie dichterisch bearbeitete, mußte von der historischen Wahrheit vielleicht nichts als die Thatsache des Unterganges Gunthers durch die Hunen, welchen die öffentliche Meinung der Deutschen einem argen Verrathe zuschrieb. Wenn aber ein poetisch wirksamer Stoff daraus werden sollte, ja selbst, wenn ein einfacher Mensch der kein Dichter war, von der Schreckensbotschaft ergriffen, mit der Erzählung davon auf Anderer Gemüther Eindruck hervorbringen wollte: wie viel mußte er hinzuthun! Wie vieles verlangte seine Einbildungskraft zu wissen, wovon ihm die Ueberlieferung nichts gewährte. Er brauchte vor allem einen bestimmten Menschen von dem er ein bestimmtes Bild in der Seele trug, dessen Leidenschaften, Absichten, Machinationen er den Untergang der Burgunder zuschreiben konnte. Er mußte in die Tiefen seines Gemüthes blicken. Er mußte die Einzelheiten seines Verfahrens wissen.

Die Person die sich von selbst gleichsam in des Dichters Phantasie einfand und die vacante Stelle besetzte, war Attila.

Nicht Attila selbst war der Besieger gewesen. Aber als der Schrecken seines Namens sich ausbreitete, da gab es keine furchtbare That der Hunen mehr, die nicht auf seine Rechnung gesetzt wurde. Und weil Macht und Reichthum, die königliche Würde und der königliche Schatz für die germanische Anschauung eng verschwisterte und unzertrennliche Begriffe waren; so mußte Habsucht das Motiv gewesen sein das Attila gegen die Burgunder gereizt hatte. Ihren

Schatz wollte er ihnen abgewinnen, der Verrath den die Römer begangen haben sollten wurde ihm zugeschrieben, und in eigenmächtiger poetischer Gestaltung zu einer Verlockung in sein Land umgewandelt, um die unterliegenden Helden noch verlassener, ihre Situation noch gefährlicher darzustellen, als die wahre Geschichte sie kannte.

Wurden nun diese Zuthaten und Aenderungen alle erfunden? Wir dürfen nicht ohne weiteres antworten: ja.

Unter poetischem Erfinden versteht man eine bewußte Thätigkeit. Der erfindende Poet weiß, daß seinem gegebenen Stoffe dieses und jenes mangelt, er bestrebt sich es ihm zu verleihen und sucht danach eifrig wo er irgend es fände. Von alledem kann bei einem Dichter jener Zeit nicht die Rede sein. Der weiß nicht einmal, daß Er mit seinen Geisteskräften ein Gedicht schafft. Der homerische Sänger der den Zorn des Achilles besingen will, ruft die Muse an, und bittet, sie möge ihn besingen. Das ist keine Redefloskel wie im Munde eines heutigen Dichters. Es ist der Ausdruck wahren Glaubens. Die Muse glaubt der Dichter singend in sich, sie legt ihm die Worte auf die Zunge, er spricht sie nur aus.

In der Phantasie des altgermanischen Dichters sieht' es aus wie in einem Puppenspiele. Nur wenige Figuren mit denen alle Rollen gegeben werden müssen. Die allgemeine Anschauung der alten Zeit bestätigt sich hier. Die einfachen Lebensverhältnisse ließen es zu sehr individuellen Charakteren nicht kommen. Eine geschlossene Reihe von Charaktertypen ist vorhanden die immer wieder auftreten. Und wie die Charaktere, die Gesinnungen, so die Thaten der Menschen. Alle nach Einem, zum voraus feststehenden, wiederkehrenden Styl. Immer dieselben Interessen aus denen gehandelt wird, dieselbe Art und Weise, wie gehandelt wird. Darum kann sich der Ausdruck der Poesie in bestimmten, fast für alle Fälle bereitliegenden Formeln bewegen. Und wenn die Kunde jener Burgunderschlacht zu einem Dichter drang, so mußten die lebhaften glänzenden Bilder von Schlachten die er längst in seinem Geiste fertig herumtrug, sofort sich einstellen. Die Könige die nach fremden Schätzen und Reichen habgierig trachten, tauchten aus einem Winkel seiner Phantasie auf, drangen ans Licht. Und so fort: alle Gegenstände welche die poetische Einbildungskraft in sich aufnahm um sie neu zu schaffen, erhielten Gestalten die von langeher festgestellt waren, wie Gegenstände, die man in die Sprudel gewisser Mineralquellen wirft, alle gleichmäßig versteinert herauskommen.

Eine solche Umwandlung ging in der fränkischen Poesie mit der Geschichte von Gunthers und seiner Burgunder Tod vor. Aber damit nicht genug: die so umgestaltete Geschichte verband sich und verschmolz mit der fränkischen Dichtung von Siegfried dem Drachentödter zu Einer Sage. Auch dies geschah durch einen nothwendigen Proceß welcher in der dichterischen Phantasie sich ohne bewußte Absicht vollzog.

Ich denke mir einen Dichter, dessen Phantasie ganz angefüllt ist mit den Gestalten der Siegfriedsdichtung, für welchen Gunther eine scharf umgrenzte Person ist die er mit seinen inneren Augen vor sich sieht als ob sie lebte. Ich denke mir ferner, daß dieser Dichter zu den Wesen der Sage in einem persönlichen Verhältnisse gleichsam steht, daß er Siegfried liebt und seine nibelungischen Feinde haßt, daß es längst ihn schmerzte den treulosen Gunther ohne Strafe, den schmählich hingemordeten Siegfried ohne Rache zu sehen. Da hört er plötzlich von einem Gunther, der in einer großen blutigen Schlacht erschlagen worden. Wie, wenn dies sein Gunther wäre, der Nibelung Gunther, der Bruder Kriemhilds, der Feind Siegfrieds? Aber nicht einmal diese Frage taucht als Frage in ihm auf. Wie der natürliche Mensch nach der nächsten Frucht langt die ihm in die Augen fällt, um seinen Hunger zu stillen: so greift die hungrige Phantasie ohne lange zu fragen nach dem was sie entbehrt, gleichviel wo es sich zeige. Dem Dichter wird es alsbald zur Gewißheit: die beiden Gunther, der nibelungische und der burgundische, sind Eine Person. Aber der letztere lebte ja noch vor wenigen Jahren, und der erstere vor unvordenklicher Zeit? Den Dichter kümmert das nicht, er weiß nichts mehr davon. Wenn er wieder an des Königs Tafel von Siegfrieds höchst grausamem Morde singt, wie er so oft schon gesungen, indem er ein altüberliefertes Lied wiederholte, so fügt er diesem nun wohl hinzu: „Dem der den Mord mitberathen und dem der den Mord hat gethan, ward später die Unthat blutig vergolten." Und wenn er die neuen Lieder von der Burgunderschlacht und König Attila vorträgt, deren er keines selbst gedichtet zu haben braucht, so wird er Hagen Siegfrieds Mörder mit einschließen und ebenfalls umkommen lassen im Blutbad, und er wird vielleicht Attila den burgundischen Helden ihre letzten Momente durch die höhnende Rede verbittern lassen: so hätten sie an Siegfried gehandelt, verrathen, getödtet: nun komme es ihnen heim.

Will man durchaus von Einem Dichter des Nibelungenliedes reden, ist man entschlossen um des einheitlichen Grundplanes willen mit Gewalt einen einheitlichen Homer unseres Volksepos zu erfinden — denn kein solcher täuschender Name ist uns glücklicherweise überliefert worden und nur die Hirngespinnste unvorsichtiger Philologen haben in dieser Eigenschaft von Zeit zu Zeit ihr Wesen, ob sie nun als Konrad von Würzburg oder Heinrich von Osterdingen oder Rudolf von Ems oder als der Kürnberger auftreten, — will man, sage ich, durchaus den Ruhm des Nibelungenliedes auf Einen Menschen häufen: der Sänger den ich eben geschildert, das ist der einzig würdige. Sein Werk ist der „einheitliche Grundplan". Aber man sieht zugleich, auf welches Minimum von dichterischer Thätigkeit sich dieses Verdienst reducirt.

Ein Glück für ihn und uns, die wir die herrlichen Früchte seiner Thätigkeit genießen, daß das kritische Vermögen in seinen Zuhörern so wenig entwickelt war wie in ihm selbst. Denn Wahrheit verlangte, erwartete man von dem Sänger. Und ihm ist es gewiß nie in den Sinn gekommen, daß er strenggenommen ein Lügner war.

Der natürliche uncultivirte Mensch hat kein Gedächtniß für eine Thatsache als solche, er hat kein Interesse an dem exacten Wissen. Nur was er selber will, das Zukünftige das durch seine That erst werden soll, das weiß er: er hat seine Pläne, sein bewußtes Streben, und die Uebersicht seiner Mittel ans Ziel zu kommen. Aber ist es erreicht, oder scheitert er in seiner Bemühung, so wird auch dies sogleich ein Factum das nur mehr der Phantasie angehört und womit die Phantasie, „die allverwandelnde, die allverschwisternde Himmelsgenossin", wie Novalis sie nennt, nach Willkür ihr Spiel treibt. Die Worte aber die von den Lippen des geweihten Sängers quellen, die hat ein Gott ihm eingegeben, und sie werden wie ein Orakel geglaubt.

Noch war die Nibelungendichtung nicht abgeschlossen. Eine dritte Erweiterung kam hinzu.

Nicht zwei Jahrzehnte waren verflossen seit der großen Burgunterschlacht, als eine neue, aufregende, aber diesmal sehr freudenvolle Nachricht die deutschen Landschaften durchflog. Attila, der gewaltige Hunenkönig, vor dem die Welt zitterte, war todt. Und seine Mörderin, erzählte man, sei Hildiko gewesen, sein eigenes Weib.

Hildiko — was mußte der Name bei einem Franken der die Gesänge von Siegfried, Kriemhild, Gunther und Attila kannte, was mußte er vollends bei einem fränkischen Dichter für Gedanken erwecken und aufregen.

Man war in alter Zeit so wenig wie heute gewohnt längere Namen von Männern oder Frauen ganz auszusprechen; für Kriemhild durfte Hilde gesagt werden, und aus Hilde konnte durch eine beigefügte Verkleinerungssilbe Hildiko werden: Kriemhild und Hildiko mithin ist derselbe Name.

Was schon einmal wenige Jahre vorher durch die Namensgleichheit zweier verschiedener Gunther bewirkt worden war, wiederholte sich jetzt. Die Personen welche denselben Namen trugen, verschmolzen in der dichterischen Phantasie zu einer einzigen. Die Hildiko welche den Attila, ihren Mann, erschlug war dem fränkischen Dichter Kriemhild, die Nibelungin, Siegfrieds Weib, Gunthers Schwester. Und das Motiv ihrer That war leicht gefunden. Indem sie Attila tödtete, rächte sie den Tod ihres Bruders.

Mit dem Zuwachs von Attilas Tod gelangte die Nibelungendichtung zu einer Art von Abschluß. Rein mythisch und heidnischreligiös war ihr Embryo. Dann verwandelten sich erstens die Götter in Menschen; der zur Sage gewordene Mythus verschmolz zweitens mit dem historischen Ereigniß einer großen Schlacht zwischen Hunen und Burgundern, in welcher die Hunen den Sieg erfochten; dieser wurde dem Attila zugeschrieben und drittens dessen Tod mit jenem Ereignisse in inneren Zusammenhang gebracht.

Uebersehen wir nun noch einmal in Kürze die ganze älteste Gestalt der Nibelungensage, welche von unserem Nibelungenliede sich nicht unbeträchtlich unterscheidet.

Siegfried, ein fränkischer Königssohn, tödtet einen Drachen und erbt seinen Schatz. Er reitet durch die Flammen welche die schlafende Brunhild umschließen und gewinnt sich diese zum Weibe. Er verläßt sie und kommt an den burgundischen Hof. Ein Zaubertrank wird ihm kredenzt, der ihm das Gedächtniß benimmt, und vergessen ist Brunhild: die burgundische Königstochter Kriemhild erwirbt seine Liebe. Er schließt mit ihren Brüdern Bundesbrüderschaft, erwirbt dem Gunther die vergessene Brunhild, und erhält Kriemhild zur Ehe. Der Streit der beiden Königinnen wird die Ursache seines Todes. Um Siegfrieds Wittwe aber läßt Attila freien, und sie nimmt ihn zum Mann. Attila strebt nach den Schätzen der burgundischen Brüder, lockt sie an seinen Hof und erschlägt sie. Kriemhild ist nun verpflichtet Blutrache zu üben an ihrem eigenen Mann. Als er einstmals im Trunke sich übernommen und fester Schlaf seine Glieder umschloß, vollführte sie des Nachts die ungeheure That. Wie es im alten Liede heißt:

>Mit dem Dolch gab sie Blut dem Bette zu trinken
>Mit mordlustiger Hand: sie löste die Hunde:
>Vor der Saalthür warf sie, das Gesinde erweckend,
>Die brennende Brandfackel die Brüder zu rächen.

Attilas Burg geht in Feuer auf. Kriemhild aber, nachdem sie die Pflicht gegen ihre Brüder erfüllt, leistet nun auch dem Gatten die Pflicht und folgt ihm im Tode nach, indem sie selbst in die Flammen sich stürzt.

In solcher Gestalt ungefähr wurde die Nibelungendichtung durch zahllose Sänger über ganz Deutschland verbreitet und weit über Deutschland hinaus bis auf die scandinavische Halbinsel, von wo sie später mit den ausziehenden Geschlechtern des Adels nach Island wanderte.

Ich sage: die Nibelungendichtung. Aber ich möchte nicht dahin misverstanden werden, als ob ich ein einziges großes Gedicht meinte. Ein solches gab es auch jetzt nicht. Es gab nur einzelne Lieder welche die einzelnen Theile der ganzen Dichtung oder Sage behandelten. Ja es gab über dieselben Theile der Sage verschiedene Gedichte welche in Einzelheiten, vielleicht sogar in wesentlicheren Puncten von einander abwichen. So sang man besondere Lieder von dem Drachenkampfe Siegfrieds, von Siegfrieds Flammenritt, von seiner Ankunft am burgundischen Hof u. s. w.

Die Verfasser aller dieser Lieder sind unbekannt. Keiner jener alten Dichter hat jemals gesungen um seinen Namen durch ein solches Werk auf die Nachwelt zu bringen. Und keines der Lieder wurde aufgeschrieben: nur durch mündliche Tradition erhielten sie sich. Darum veränderten sie sich mit den Personen, durch deren Mund sie gingen, und mit den Jahren ihrer Lebensdauer. Die Sänger welche an den Höfen der Könige und der Großen die Lieder vortrugen, mochten Lücken ihres Gedächtnisses durch eigene Einfälle verdecken. Oder ihr poetisches Gefühl mochte Aenderungen fordern, die sie unbedenklich, fast ohne es zu wissen, vornahmen. Kurz, von einzelnen bestimmten Verfassern der alten Lieder könnte, wie bei unseren Volksliedern, auch wenn uns Sängernamen überliefert wären, kaum die Rede sein. — so wenig werden ihre Werke im Laufe der Zeiten die ursprüngliche Gestalt bewahrt haben.

Während nun die Nibelungenlieder aus ihrer fränkischen Heimat am Rhein in die Welt hinaus zogen, waren in Deutschland die Metamorphosen der Dichtung noch immer nicht ganz zu Ende. Aber es würde mich zu weit führen, wollte ich das Schauspiel dieser Verwandlungen, welches wir nicht aus directen Nachrichten, sondern nur durch den Scharfsinn gelehrter Combination erst kennen lernten, seinem ganzen Verlaufe nach abschildern. Ich muß den Vorhang hier herabrollen lassen, und es folgt ein Zwischenakt von sieben Jahrhunderten.

In der zweiten Hälfte des zwölften Säculums öffnet sich uns die Bühne von neuem. Die Dynastie der Hohenstaufen regiert über Deutschland. Eben wird eine traurige Botschaft den deutschen Stämmen zugetragen, und von den Burgen des Adels bis hinab zur ärmsten Hütte mit Schrecken vernommen: Kaiser Friedrich den Rothbart hat auf seinem Zuge ins heilige Land ein neidischer Flußgott hinweggerafft. In dieser Zeit (es ist das letzte Jahrzehend des zwölften Jahrhunderts) finden wir unsere Nibelungendichtung wieder.

Die Scene hat sich verändert. Wir sind vom Rhein weg versetzt an die Ufer der Donau, nach Oesterreich. Die Babenbergischen Fürsten halten zu Wien glänzenden Hof. Ein reicher und mächtiger Adel haust auf seinen Burgen zerstreut über das Land. Und in diesen höchsten Ständen herrscht ein bemerkenswerthes Interesse nicht blos für die Pflege der Poesie, sondern der lebhafteste Drang, selbst Poesie zu üben.

Es war eine wichtige Zeit damals angebrochen für die Entwickelung des Gemüthes der deutschen Nation. Die früheren Menschen bewegten sich in grellen Contrasten. Ohne Uebergang wurden sie von Entbehrung in Genuß, von Genuß in Entbehrung geworfen. Was zwischen beiden schwebt, Sehnsucht, Trauer und Wehmuth, der lautlose Schmerz der nur in Thränen redet, das kannten sie nicht. Die Blüte des feinsten Gefühls war noch unaufgeschlossen für sie. Erst damals wurden die zartesten Saiten der menschlichen Natur zum ersten Male gerührt, der höchste Gipfel des menschlichen Empfindungslebens erst damals erklommen.

Die Gemüthsvertiefung hatte mit der Religion begonnen, der reuige Sünder der sich zerknirscht vor Gott hinwarf oder die Gottesmutter Maria unter bitteren Selbstanklagen weinend um ihre Fürsprache anflehte, erfuhr zuerst an sich jene Erschütterungen des inneren Wesens, welche durch keinen äußeren Unfall, durch keinen erlittenen körperlichen Schmerz hervorgebracht waren, welche lediglich aus der Bewegung seiner Gedanken und deren Beziehung auf einen ganz idealen Vorstellungskreis entsprangen.

Das Kind der religiösen Innigkeit ist die Liebesinnigkeit. So übermächtig wurden die neuen ungeahnten Empfindungen, so blendend wirkte der Glanz dieser neuen Welt die sich plötzlich aufschloß — wie die alten Legenden von heiligen Männern erzählen, denen im Traum ein Blick in des Paradieses Seligkeit gegönnt wurde —: daß es die Menschen drängte (wie durch einen Schrei sich körperlicher Schmerz Luft macht) von dem Druck der auf ihre Seele geübt wurde sich zu befreien, indem sie ihr inneres Leben in Worte ausströmten.

Jene Zeit ist die Geburtsstunde der edlen Liebe, die alle irdische Beimischung von sich abgestreift hat. Es erklangen die ersten Laute

der Sehnsucht damals in deutscher Poesie. Zum ersten Male löste
der Mensch sein eigenes Innere, das Reich seiner eigenen Gedanken
und Empfindungen von dem Reiche der Außenwelt, die auch ihre
Strahlen in sein Inneres wirft, vollständig ab, und machte sich
selbst zum Gegenstand und Mittelpuncte der Dichtung. Die Geburtsstunde der reinen Seelenliebe ist auch die Geburtsstunde der
deutschen lyrischen Poesie. Diejenigen aber, deren Brust die ersten
leisen Melodien jener höheren Empfindung entquollen, waren deutsche
Frauen. Und von österreichischen adlichen Damen rühren die einzigen Abdrücke des ältesten lyrischen Geistes her, die auf unsere Zeit
gekommen sind.

Die Fähigkeit, in angemessenen Situationen sich poetischer Formen mit Geläufigkeit zu bedienen, war eine kurze Zeit lang unge-
mein verbreitet in den Kreisen des österreichischen Adels. Die Kunst
zu improvisiren verstanden Viele die nichts weniger als Dichter oder
Sänger von Profession waren. In Augenblicken höchster Erregung
der Empfindung flatterten Liedstrophen von schönen Lippen, welche
vielleicht nicht vorher und nicht nachher mehr einen einzigen selbstge-
dichteten Vers gesungen haben. Sehr schmucklos und sehr ärmlich
erscheinen uns diese kurzen Liederchen vielleicht. Aber unter der bescheidenen Hülle fühlen wir dennoch den warmen Schlag des jungen
Herzens. Es sind nur einzelne Seufzer gleichsam, die aus der ge-
preßten Seele sich losringen.

Hören wir zum Beispiel wie ein Mädchen dem den sie liebt dies
rührend gesteht:

<pre>
Wenn ich in meinem Hemde   nächtlich steh allein
Und ich da gedenke,   edler Ritter, dein:
So glühet meine Wange   wie die Ros' am Dornstrauch blüht,
Und leise senkt sich oftmals   mir die Sehnsucht ins Gemüth.*)
</pre>

---

*) Im Grundtext lautet das Lied:
<pre>
Swenne ich stân aleine   in mînem hemede
und ich gedenke ane dich,   ritter edele,
so erblüejet sich mîn varwe   als der rôse am dorne tuot,
und gwinnet mir daz herze   vil manegen trûrigen muot.
</pre>

Und wie schwermuthsvoll klagt eine Andere um den ungetreuen Liebling, welchen sie einem Falken vergleicht, den sie sich gezähmt, mit dem sie gespielt, der ihr entfloh.

Ich zog mir einen Falken	länger als ein Jahr.
Doch als er wie ich ihn wollte	vertraut und zahm mir war,
Und ich ihm sein Gefieder	mit goldner Zier umwand:
Da hob er sich zur Höhe,	flog von mir in ein ander Land.

Ich sah seitdem den Falken	oft in stolzem Flug.
Doch ach! an seinen Füßen	er seidne Fesseln trug,
Ein fremdes Gold ihm glänzte	roth im Gefieder —
O, sende, Gott, den Liebsten,	sende mir ihn wieder.*)

Der wunderbare poetische Blumenwuchs der in den adelichen Kreisen von Oesterreich emporsproßte, umrankte auch die alten nibelungischen Steinsäulen noch einmal. In derselben aristokratischen Gesellschaft, in welcher jene Liebeslieder entstanden, wurden auch neue Lieder von den Nibelungen gedichtet.

Wie sehr aber hatte sich ihr Inhalt geändert die lange Flucht der Jahre hindurch. Wie waren alte Elemente der Sage verblaßt und verkümmert, andere dagegen breiter ausgeführt, ja selbst neue hinzugekommen, — ganze wichtige Motive fallen gelassen und durch weit verschiedene ersetzt.

Daß Brunhild Siegfrieds erste Frau war, ist bis auf eine letzte Spur vergessen. Das Wunderbarste in Brunhilds Erscheinung, der Flammenkranz der ihre Burg umgibt und den Siegfried durchreiten muß, ist verschwunden. Sie wohnt im fernsten Norden auf Island. Durch drei siegreiche Kampfspiele, Speerwurf, Stein-

---

*) Ich zôch mir einen valken mêre danne ein jâr.
  dô ich in gezamete als ich in wolte hân,
  und ich im sîn gevidere mit golde wol bewant,
  er huop sich ûf vil hôhe und flouc in anderiu lant.

  Sît sach ich den valken schône fliegen:
  er fuorte an sînem fuoze sîdine riemen,
  und was im sîn gevidere alrôtguldîn.
  got sende sị zesamene die gerne geliebe wellen sîn.

wurf, Weitsprung wird sie errungen. Zwischen Siegfried und Gunther findet kein Gestaltenwechsel mehr statt, sondern in einen unsichtbar machenden Mantel gehüllt steht Siegfried dem Gunther in den Kampfspielen bei.

Die größte und einschneidendste Veränderung ist die, daß nicht Attila die Burgunder an seinen Hof lockt und sie aus Habsucht verdirbt, sondern daß Kriemhild es thut als Rächerin ihres böslich ermordeten Siegfried. Und in dem zweiten Theile der Dichtung der von dieser Rache handelt, treten eine Menge Personen auf, welche die älteste Sage nicht kennt: Dietrich von Bern, der alte Hildebrand und ihre Volksgenossen; Rüdiger von Pöchlarn der treueste Vasall; Volker von Alzei der Sänger und Held; Iring und Irnfried und noch Andere.

Fast um eben so Viele ist die Masse der Erschlagenen vermehrt. Nur Attila, der in dem ganzen Drama nun die Rolle eines müßigen Zuschauers spielt, dann Dietrich und Hildebrand ragen wie drei einsame Masten des untergegangenen Heldenschiffes über die Fläche der verschlingenden See empor.

Auch jetzt wieder, wie in jener ersten Zeit nach Attilas Tod, bemächtigte sich nicht ein einzelner bedeutender Geist dieses gewaltigen Stoffes, um Ein einheitliches Gedicht daraus zu machen. Wieder griffen die verschiedenen Dichter — auch ihre Namen unbekannt wie die der alten Nibelungenlieder und die der gleichzeitigen Liebeslieder — nur einzelne Theile dieses Stoffes zu poetischer Behandlung heraus. Wieder fanden einzelne Theile doppelte Bearbeitung, während andere ganz leer ausgingen.

Aber die Lieder wurden jetzt, in der vorgeschritteneren Zeit, durch die schriftliche Aufzeichnung fixirt. Und diesem Umstande verdanken wir es, daß ihrer zwanzig uns erhalten sind. Doch hat man die Lücken zwischen ihnen ausgefüllt, durch mannigfache Einschaltungen sie einander zu nähern gesucht, dem verschiedenen Style verschiedener Dichter ein modisches, gleichmäßig bedeckendes Mäntelchen umgehängt. Und was so zu Stande kam mit dem Schein eines einheitlichen Gedichtes, ist unser Nibelungenlied. Nicht Ein Lied also eigentlich, sondern eine Sammlung von zwanzig Liedern, welche das schärfere Auge philologisch geschulter Kritiker in ihrem verschiedenen

Charakter, in ihrem verschiedenen Styl, in ihren verschiedenen Ansichten über manche Puncte der Sage noch sehr wohl unter dem fremdartigen Schutt und Anwurf zu erkennen vermag.

Der Geist den fast alle diese Lieder athmen ist nicht der Geist der hohenstaufischen Periode. Sondern es ist noch der Geist der Zeit, in welcher man zuerst von den Nibelungen sang.

Es war ein hartes, wildes und kriegerisches Geschlecht, jene Germanen der Völkerwanderung: knorrig und fest wie ihre Eichen, rauh wie die Luft die sie in sich zogen, düster wie der Himmel zu dem sie emporblickten, ahnungsvoll im Gemüthe wie das Rauschen ihrer Wälder, träge im Frieden wie die Moore und Sümpfe die sich noch endlos dehnten durch ihre Länder: im Kriege aber unwiderstehlich wie die Stürme die über ihre Haiden hinbrausten.

Das ungestüme Heldenfeuer dieser Nordlandssöhne lodert noch hell auf in dem Nibelungenliede. Die Muse die es eingegeben hat, ist eine stürmische Walküre die auf dunklem Schlachtroß durch die Wolken jagt, gepanzert von Kopf bis zu Füßen, Kampf und Streit in ihrem Blick, Zorn auf ihrer Braue.

Aber wenigstens nicht alle Dichter der Nibelungenlieder haben aus dem Methhorn dieser Muse sich Begeisterung getrunken. In dem Liede von Siegfrieds und Kriemhildens erster Begegnung lispeln ganz andere Stimmen, Stimmen aus einer neuen erst aufsteigenden Welt.

Ein großes Fest war zu Worms am Rhein. König Gunther wußte schon längst

>   Wie von ganzem Herzen   Siegfried der kühne Held
>   Seine Schwester liebe,   sah er sie gleich noch nie,
>   Der man den Preis der Schönheit vor allen Jungfrauen lieh.*)

Und da besprachen sich die Burgunder unter einander, sie wollten Kriemhild in der Gesellschaft erscheinen lassen, um Siegfried Freude zu machen. Denn

>   Was wäre Manneswonne,   was freut er sich zu schaun,
>   Wenn nicht schöne Mägdelein   und herrliche Fraun?

---

*) Dies wie das Folgende nach Simrocks Uebersetzung.

In gespannter Erwartung standen die Ritter und Festgenossen, Siegfried vor Allen, um das holde Mädchen zu sehen.

>Da kam die Minnigliche   wie das Morgenroth
>Tritt aus trüben Wolken.   Da schied von mancher Noth
>Der sie im Herzen hegte: was lange war geschehn.
>Er sah die Minnigliche   nun gar herrlich vor sich stehn.
>
>Von ihrem Kleide leuchtete   gar mancher Edelstein;
>Ihre rosenrothe Farbe   gab minniglichen Schein.
>Was Jemand wünschen mochte,   er mußte doch gestehn,
>Daß er hier auf Erden   noch nichts so schönes gesehn.
>
>Wie der lichte Vollmond   vor den Sternen schwebt,
>Des Schein so hell und lauter   sich aus den Wolken hebt,
>So glänzte sie in Wahrheit   vor andern Frauen gut:
>Das mochte wohl erhöhen   den schmucken Helden ihren Muth.

Siegfried, indem er sie sah, wurde vor Gedanken oft bleich und wieder roth. Da holte man ihn zu ihr. Hoch erröthete sie indem sie ihn willkommen hieß.

>Er neigte sich ihr minniglich,   als er den Dank ihr bot.
>Da zwang sie zu einander   sehnender Minne Noth.
>Mit liebem Blick der Augen   sahn einander an
>Der Held und auch das Mägdelein: das ward verstohlen gethan.
>
>Ward freundlich da gedrücket   ihre weiße Hand
>In rechter Herzensminne?   das ist mir unbekannt.
>Doch kann ich auch nicht glauben,   es wäre nicht geschehn.
>Sie hatt' ihn holden Willen   ohne Säumen lassen sehn.
>
>Zu des Sommers Zeiten   und in des Maien Tagen
>Sollt' er in seinem Herzen   nimmer wieder tragen
>So viel hoher Wonne   als er da gewann,
>Da ihm die zur Seite ging,   die der Held zu minnen sann.

Die Muse welche einem Dichter Das eingeben konnte, war ein zartes, kleines, blondes Mädchen, das zusammenzuckte, wenn es ein Schwert blitzen sah. Freilich es lallt in gebrochenen kindischen Tönen. Und wenn wir rücksichtslos mit dem ganzen Bewußtsein des modernen Geschmackes ihren Gesang in uns aufnehmen, so mögen sich Rührung und Mitleid bei uns mit Geringschätzung mischen. Aber unterdrücken wir allen Spott. Hören wir vielmehr mit Ehrfurcht zu. Denn dieses Liebesstammeln ist das früheste Morgenroth der neuen Zeit, das die alten starren Bergriesen mit seinem Schimmer umglüht.

Eine und dieselbe Geistesmacht regt zum ersten Male die Flügel in diesen gefühlsinnigen Stellen eines Nibelungenliedes wie in jenen lyrischen Poesien adlicher Damen. Der Mensch der sich selbst werth genug geworden ist, um seine tiefsten und verborgensten Empfindungen poetisch zu verklären, der wird bald auch so kühn sein, seine Gedanken, seine Gesinnungen, seinen Willen zu proclamiren um sie, wenn es sein muß, einer Welt gegenüber zu behaupten.

Zwei Lebensepochen unserer Nation reichen sich im Nibelungenliede die Hand. Zwei Typen der aufsteigenden nationalen Entwickelung begegnen sich darin: der mittelalterliche und der moderne Mensch.

Das geistige Leben Österreichs im Mittelalter.

Vortrag im wissenschaftlichen Verein in der Singakademie zu Berlin
gehalten am 4. Januar 1873.

I.

Meine Damen und Herren! Ich will versuchen, Ihnen das frühere geistige Leben eines deutschen Stammes zu schildern, welcher — dem politischen Begriffe nach — jetzt aufgehört hat ein deutscher zu sein. Die Deutschen, welche dem heutigen Oesterreich angehören, sind der Gegenstand unserer Betrachtung. Und wir werden sie in der Epoche aufsuchen, in der sie die größte Blüte ihrer Cultur erlebten und, ebenbürtig allen übrigen Stämmen des Vaterlandes, zum Theil in der vordersten Reihe derer stehen, auf welche die Nation stolz ist und in welchen die freieste geistige Bildung zu glänzendem Ausdruck gelangt.

Ich kann vieles nur streifen, nichts erschöpfen. Erwarten Sie daher keine ausgeführte Darstellung. Ich will nicht darstellen, ich will beweisen. Ich will nicht erzählen, ich will überzeugen. Ueberzeugen — wovon? das erlauben Sie mir einstweilen zu verschweigen und Sie vorerst über die Dinge und Personen ein wenig zu orientiren.

Die Zeit, die wir vornehmlich betrachten, ist die zweite Hälfte des zwölften und die erste des dreizehnten Jahrhunderts, — die Periode, in welcher die Hohenstaufen in Deutschland, die Babenberger in Oesterreich regieren. Der Schauplatz ist hauptsächlich das Donauthal, Ober- und Niederösterreich, woran sich Steiermark und Kärnten in zweiter Linie anschließen, während Tyrol noch mehr im Hintergrunde steht. Der Segen, den die Natur über jenen blühenden Landstrich ausgegossen hat, führt um 1150 zu einer bedeutenden Ansammlung von Reichthümern und diese zu wachsendem Luxus, der sich allen Ständen gleichmäßig mittheilt, den Bauern, den Bürgern und der Aristokratie. Die Stände treten einander näher, es fehlt nicht an socialen Berührungen, und mancher reichgeschmückte Bauer mochte sich vor einem armen Edelmanne stolz in die Brust werfen. Zwischen dem Fürstenhaus und dem Volke bildete sich ein beispiellos intimes Verhältniß, das auf dem reinsten gegenseitigen Wohlwollen beruhte. Die Babenberger waren eine regsame begabte gebildete Familie. Sie haben dem deutschen Mittelalter seinen größten Historiker geschenkt. Sie versammelten Dichter und Sänger an ihrem Hofe. Herzog Leopold der Glorreiche und sein Sohn Friedrich der Streitbare übten selbst die Kunst. Der erstere gehörte zu den populärsten Fürsten jener Zeit. Er hielt den gefürchteten kleinen Adel nieder, begünstigte Bürger und Landmann, hob Gewerbe und Handel und sorgte für Sicherheit des Verkehrs; mit starkem Arm handhabte er Recht und Gericht, schirmte Wittwen und Waisen, und, selbst fröhlichen Sinnes, beförderte er die Belustigungen des Volkes. Schon damals war die Tanzmusik in Oesterreich eine Macht. Wie sollte ein Fürst nicht populär werden, der wie Leopold sich ein besonderes Vergnügen daraus machte, neue Tanzlieder zu componiren und diese wohl selbst vorzutragen: denn nach gesungenen, von Instrumentalmusik blos begleiteten Liedern wurde damals getanzt. Sie sehen, das berühmte Geschlecht der Lanner und Strauß hat sehr erlauchte Ahnen.

Ich könnte mir denken, daß ein Maler sich angeregt fühlte, diese reiche Epoche in ein Bild zu bringen, mit erlaubter Freiheit die Söhne eines Jahrhunderts als Zeitgenossen darzustellen und um Leopold den Glorreichen zu gruppiren. Er müßte den Pinsel eines Rubens besitzen, um all die Ueppigkeit, Heiterkeit, Lebensfülle, all das genußkräftige Behagen zu vergegenwärtigen. Er würde die Gesellschaft nicht in einer Renaissancehalle versammeln, auch nicht in einer gothischen Kirche. Er würde sie hineinstellen in die freie Natur. Es wäre etwa Herbst und Weinlese. Im Hintergrunde vollzieht sich — vom fernen Kahlenberg und Leopoldsberg überragt — das Geschäft der Jahreszeit. Theils sind noch thätige Winzer über die Hügel vertheilt, theils wandelt bereits die Fülle des süßen Gewinnes den wartenden Kellern zu. In der Mitte des Bildes steht Leopold selbst und singt ein Lied zum Tanz, der Fiedler neben ihm accompagnirt. Um ihn ringsum bewegt sich der Reigen, Bürger und Bauern und Edelleute in bunter Mischung. Fahrendes Volk, Spielleute und Bettler, drängen sich gaffend herzu. Im Vordergrunde rechts stehen die Hofleute, schöne Damen, vornehme Herren; der Dichter Ulrich von Lichtenstein in phantastischem Aufputz spricht mit Walther von der Vogelweide, der, einfach und schlicht, mit den ernsten Zügen eines gereiften Mannes, aber Heiterkeit im Auge, eine drollige Scene beobachtet, die im Vordergrunde links sich entwickelt. Wir sehen da Ritter Neidhart von Reuenthal, den höfischen Dorfpoeten, mitten unter den Bauern, er macht einer ländlichen Schönen etwas auffällig die Cour, und einzelne Bursche in der Nähe werfen ihm grimmige Blicke zu, es ist zu fürchten, daß ihre Wuth handgreiflichen Ausdruck gewinnt. Ganz vorn in der Mitte aber — damit auch Diogenes oder Hans Sachs auf unserem Gemälde nicht fehle — sitzt ein Mönch auf dem Boden, er scheint sich eben abgewendet zu haben von dem tollen Treiben, und sein Gesicht drückt Misbilligung aus, seine finster zusammengezogenen Brauen, sein ärgerlich zuckender Mund deuten eine verhaltene Strafpredigt an.

Das wären die Elemente, die der Künstler zwanglos vereinigen könnte. Und wenn er ein Liebhaber von Contrasten ist, so mag er eine zweite Handlung traumhaft in den Lüften hinzufügen: Gestalten der germanischen Fabelwelt, etwa die Nibelungenrecken an König Attilas Hof, die blutige Arbeit des grimmen Hagen, und wie der gewaltige Volker mit seinem Fiedelbogen den Hunen zu so ganz anderem Tanze aufspielt.

Er könnte diese Gestalten hinzufügen, denn auch sie gehören zu der geistigen Atmosphäre des damaligen Oesterreich. Nicht blos weil im Nibelungenlied ihr Zug durch Oesterreich beschrieben wird, sondern weil das Nibelungenlied selbst in Oesterreich, die Gudrun in Steiermark und mehrere Gedichte der Dietrichsage in Tyrol verfaßt sind: lauter poetische Producte, die in gewissem Sinne enge zusammengehö=

ren und denen das übrige litterarische Deutschland nichts oder nur sehr wenig gleichartiges an die Seite zu stellen hat.

Es ist dies eine höchst charakteristische Thatsache, woran sich die Eigenthümlichkeit der österreichischen Litteratur mit am meisten bewährt. Mit ihr müssen wir uns daher zunächst und in ganz hervorragender Weise beschäftigen. Es hängt daran nichts geringeres als eine für unsere nationale Geschichte äußerst wichtige Frage. Die Frage nämlich: wie alt ist die Scheidung zwischen Oesterreich und dem übrigen Deutschland?

Erlauben Sie mir, vorerst an Bekanntes zu erinnern.

Der große Riß, der im siebenten Jahrhunderte die Deutschen in Niederdeutsche und Hochdeutsche, in Norddeutsche und Süddeutsche trennte, — der Riß, der unsere Sprache in zwei Hauptdialekte schied, die sich noch heute als plattdeutsche und oberdeutsche Volksmundart gegenüberstehen, — schuf zwei gesonderte Gebiete des geistigen Lebens, welche erst die Reformation wieder vereinigte, um freilich ihrerseits neue Gegensätze zu begründen. Dem ersten Gebiete gehören die niederdeutschen Sachsen und Friesen an, dem zweiten die mittel- und oberdeutschen Franken, Hessen, Thüringer, Alemannen, Baiern und Oesterreicher. Auf der letzteren Gruppe, innerhalb des zweiten Gebietes, ruht zunächst die Fortbildung unserer nationalen Litteratur. Die Geschichte der deutschen Dichtung vollzieht sich lange Jahrhunderte hindurch fast nur in Mitteldeutschland und Süddeutschland.

Gerade innerhalb Süddeutschlands nun und zwar innerhalb eines einzelnen Stammes offenbart sich im zwölften Jahrhundert eine neue Theilung.

Die Oesterreicher gehören bekanntlich zum baierischen Stamm. Einen deutsch-österreichischen Stamm gibt es nicht, wenn wir die Bezeichnung scharf nehmen. In dem Sinne, wie wir von den Sachsen oder Alemannen als einem deutschen Stamme sprechen, können wir ihnen nur den ganzen bajuvarischen Stamm entgegenstellen, welcher Baiern, Tyroler, Kärntner, Steierer und Oesterreicher umfaßt. Die Baiern und Oesterreicher sind daher unter einander weit näher verwandt als etwa mit den Schweizern und Schwaben. Diese Verwandtschaft prägt sich in uralter Zeit ebenso wie noch heute, auch in der Dichtung aus. Das österreichische und baierische Gebirge ist das Gebiet der „Schnadahüpfeln", der „Vierzeiligen", jener kurzen Improvisationen, welche — auf Tanzmelodien gesungen — Empfindungen des Augenblickes in gebundene Worte fassen. Aus dem zwölften Jahrhundert ist uns ein solches Lied erhalten, das in verschiedenen Variationen heute noch umläuft und das Ihnen ohne Zweifel bekannt ist:

> Du bist mein, ich bin dein:
> Des sollst du gewiß sein.
> Du bist verschlossen
> In meinem Herzen.
> Verloren ist das Schlüsselein:
> Nun mußt du immer drinne sein.

Der Geist naiver Schalkhaftigkeit, der aus diesen wenigen Zeilen zu uns spricht, dazu eine frische, manchmal unbändige Lebenslust, Frohmuth und Heiterkeit, Freude an Schwank und derbem Spaß, Hang zur Satire verbunden mit einem drastischen Darstellungstalent — das möchten etwa die hervorstechenden Züge sein, in denen sich österreichische und baierische Poeten vereinigen.

Trotz dieser Verwandtschaft, trotz diesem genauen Zusammenhange sehen wir im zwölften Jahrhundert die Oesterreicher ganz andere Wege wandeln als die Baiern.

Es ist die Zeit, in welcher die Romantik ihren Siegeseinzug hält ins deutsche Land. Alexander der Große voran mit aller Pracht des Orients, dann Karl der Große mit seinen Paladinen, byzantinische Kaiser, welsche Könige und Helden, Erek und Iwein, Tristan und Parzival, die Ritter alle aus Artus' Tafelrunde und vom geheimnißvollen Gral — sie kommen über den Rhein und dringen durch das Elsaß und Schwaben auch in Baiern ein, sie ziehen die Donau hinunter, nicht insgesammt, aber einige; jedoch an der österreichischen Grenze machen sie Halt. Hier steht ein anderes gewaltigeres Heldengeschlecht und wehrt den Eingang: Siegfried und Hagen, die Burgunderfürsten und Dietrich von Bern der weitherrschende Gothenkönig; auch edle Frauen unter ihnen, die streitbare Brunhild und ihre Gegnerin Kriemhild, die grausame Gerlind und die sanfte leidende Gudrun.

Unbildlich gesprochen: die epische Poesie der Stauferzeit vom zwölften und Anfang des dreizehnten Jahrhunderts zerfällt in zwei verschiedene Massen: in das ritterliche, romantische oder höfische Epos einerseits, in das Volksepos andererseits. Das romantische Epos ist ein französischer Importartikel. Das Volksepos ist einheimisches Product. Jenes ist die modernste Errungenschaft, worin die neu erreichte Feinheit des höfischen Lebens zur Geltung kommt. Dieses ist ein uraltes Erbtheil der germanischen Völker aus den Zeiten der Wanderung, des riesigen Zerstörungskampfes gegen Rom. Jenes ist das Werk von Uebersetzern, die aus einem geschriebenen Buch in ein anderes übertrugen, französische Bücher in deutsche. Dieses ist fortgepflanzt durch lebendigen Gesang von Mund zu Mund, balladenartig, durch fahrende Sänger und Spielleute, ununterbrochen von Jahrhundert zu Jahrhundert. Jenes nun, das Ritterepos, wird in Mitteldeutschland und dem außerösterreichischen Süddeutschland gepflegt, auch in Baiern mit eigenthümlicher Auswahl. Dieses fast ausschließlich in Oesterreich.

Oesterreich ist der Bewahrer alteinheimischer Poesie. Die alten Stoffe des Volksgesanges werden hier neu bearbeitet und jetzt größtentheils zum ersten Male aufgezeichnet. Sie werden nun erst schwarz auf weiß fixirt und in einen Zustand gebracht, der ihre unvergängliche Dauer gesichert und sie für uns bewahrt hat.

Oesterreich nimmt damit eine geistige Sonderstellung ein, welche mit den Privilegien seiner Herrscher, mit der Begründung einer particularen Staatsexistenz unter den Babenbergern, mit der Zusammenfassung der südöstlichen Länder unter Ottokar von Böhmen, dann unter habsburgischem Scepter verhängnißvoll zusammenfällt und dergestalt späteren neuen und gründlicheren Scheidungsprocessen vorarbeitet. Jene Trennung, welche so oft beklagt ist, welche so lange Deutschland aufgehalten hat auf der Bahn zur Einheit und jetzt einen Theil der Nation unerbittlich verdammt, fern zu bleiben vom neuen Reich: hier finden wir ihr erstes Symptom.

Es war nicht gleichgiltig, ob man sich an Siegfried erbaute oder an Parzival. Das Tiefste, was die Zeit bewegte, die feinsten sittlichen Probleme, der höchste Ernst und heiligste Eifer moralischer Speculation: das Alles konnte nur im Ritterroman seine Kraft erproben. War das Nibelungenlied im höhern Grade allgemein menschlich, so hat jede Zeit doch auch ihren specifischen Inhalt, der über das allgemein menschliche Niveau hinausragt: und diese höchste Spitze damaliger Zeitbildung haben die Oesterreicher nie zu erklimmen gesucht. Sie bleiben bequem bei dem Alten. Sie machen den Fortschritt der übrigen deutschen Litteratur nicht mit. Wenn später, nach der kurz verrauschenden Blütezeit, auch in Oesterreich die unwiderstehliche Mode hereinbricht und die Romantik ihre Verehrer findet, wenn sie auch hier mit den Artus- und Gralrittern durchs Land zieht; so sind das doch sämmtlich Ritter von recht trauriger Gestalt, und die Dichter die ihnen huldigen, sind Poeten britten Ranges, abstrus und langweilig, wüste Abenteuer häufend, planlos, keine Künstler. Die fremden Stoffe dienen zur Unterhaltung, wie andere, sittliche oder ästhetische Erhebung kann von ihnen nicht mehr ausgehen. Das Costüm wird übernommen, die Ideen sind fort.

Wir haben bisher nur die Thatsache eines tiefgreifenden Unterschiedes zwischen Oesterreich und Deutschland betont. Es lohnt wohl, noch einen Augenblick zu verweilen und zu fragen: Woher rührt dieser Unterschied? Was hat Oesterreich und Deutschland zum ersten Male entzweit?

Ich gebe die Antwort mit Reserve, denn ich kann nur eine Vermuthung äußern. Die Erklärung historischer Erscheinungen ist hier, wie so oft, hypothetisch.

Man darf sagen: das frühere Mittelalter hatte zwei poetische Parteien, zwei poetische Zünfte gleichsam, die sich auf Tod und Leben bekriegen und ganz verschiedenen Interessen dienen. Die eine Zunft sind die Geistlichen, Träger des Christenthums und aller eigentlichen litterarisch-schriftmäßigen Bildung. Die andere Zunft sind die Spielleute, die fahrenden Volkssänger, die Erben des Heidenthums und seiner Poesie. Das Publicum, bei dem sie sich Concurrenz machen, um dessen Gunst sie kämpfen, ist der Adel. Die Geistlichen sind die Neuerer, sie sind die Aufftrebenden, die Revolutionäre: die Spielleute befinden sich im Besitz, sie haben das Ohr der vornehmen Gönner. Der Kampf wird im elften und zu Anfang des zwölften Jahrhunderts so geführt, daß jede Partei einfach auf ihrem Schein besteht. Der Clericus nimmt seinen Stoff aus der Bibel, der Spielmann bleibt bei der Heldensage. Mit solcher Kampfesart richten die Geistlichen nichts aus, sie sind zu schwach. Es kam darauf an, daß sie Stoffe zu finden wußten, welche durchschlugen, welche (wie man heute sagen würde) zeitgemäß waren. Diese zeitgemäßen Stoffe boten sich in der französischen Dichtung: orientalische Kriegsfahrten, Saracenenkämpfe, das war die richtige Kost für die Aera der Kreuzzüge. Die Geistlichen waren die litterarisch Geschulten, sie verstanden die fremden Sprachen, sie waren zumeist zur Uebersetzung berufen. Wo sie diesen Beruf erfüllten, wo sie diesen Weg einschlugen, da errangen sie den Sieg über die verhaßten Volkssänger. So ging es im außerösterreichischen Deutschland.

In Oesterreich war es anders. Als mit gesteigertem Wohlstand und Luxus verfeinerte Umgangsformen in den aristokratischen Kreisen allmählich durchdrangen, als der Einfluß und die Verehrung der Frauen wuchs und dadurch die Sitten sich veredelten, als die höfische Conversation und die Vergnügungen der vornehmen Gesellschaft einen neuen, zierlicheren und geistigeren Charakter annahmen, da stellte sich der österreichische Klerus dieser ganzen Bewegung feindlich entgegen. Sie sahen darin nicht die Verfeinerung, sondern die verfeinerte Sinnlichkeit. Jene wundervolle Weltfreude, die Offenbarung der Schönheit in der Natur und im Menschen, war diesen Zeloten nur Fleischeslust und Sünde; das höllische Reich der Venus schien hereinzubrechen und die Kirche im erworbenen Besitz zu stören. Das unschuldigste Dichterlein, das gläubigste Gemüth, das von Frühling und schönen Frauen, von Rose, Lilie und Nachtigall sang, war ein Oppositionsmann vor geistlichen Augen. Ihm wird vorgeworfen, daß er über dem Geschöpfe des Schöpfers vergesse. Der Eine macht den Bauch zu seinem Gott, der Andere hat eine Frau zur Göttin, ein Dritter betet Geld und Gut an. „Ein Vierter ehrt den Vogelsang und die hellen Tage lang, dazu Blumen und das Gras, das stets des Viehes Speise was: die Rinder fressen seinen Gott, er ist der dummen Ochsen Spott."

Das gebildetere, zartere, innigere Verhältniß zwischen den beiden Geschlechtern hatte in der Ehe begonnen. Der Mönch aber, der um jeden Preis die Nichtigkeit alles Irdischen beweisen will, vergreift sich mit rohem Cynismus daran, indem er die Häßlichkeit des Todes bis zum Ekelhaften realistisch beschreibt. Er führt die Frau an das

Sterbebett und an die Bahre des geliebten Mannes. „Nun komm, du schöne Frau, und besieh dir deinen süßen Mann, und betracht ihn recht genau, wie sein Antlitz schön gefärbt ist, wie sein Scheitel aufgerichtet, wie sein Haar geschlichtet. Schau nur aufmerksam hin, ob er noch so glänzend und so fröhlich scheint, wie damals, als er offen und geheim seine Blicke mit dir spielen ließ. Wo sind seine müßigen Worte, mit denen er der Damen Hoffart lobte und mit ihnen von Liebe schwatzte. Und wie matt liegt die Zunge in seinem Munde, womit er schöne Liebeslieder so einschmeichelnd sang. Wie schlaff sind die Arme, mit denen er dich umfing," und so weiter.

In solchen Schilderungen und Predigten ergingen sich österreichische Dichter, die in den geistlichen Stand getreten oder doch der Lebensanschauung des Mönchthums verfallen waren. Auch sonst bemerken wir, wie in diesen Gegenden ein strenger ascetischer Geist immer fester und fester begründet und durch die kirchliche Organisation unerschütterlich gepflanzt werden soll. Der Kleriker schließt sich immer enger ab, er ist zuletzt von einem Dunstkreis exclusiver Ansichten und Meinungen umgeben, in welchem alles natürliche Athmen ein Ende hat.

Weit entfernt daher, mit der Laienwelt Fühlung zu suchen, an die natürlichen Triebe anzuknüpfen und auf die ritterlichen Neigungen einzugehen, um sie zu leiten, arbeiteten die Geistlichen diesen Trieben und Neigungen entgegen. Entweder ergossen sie, wenn sie deutsch dichteten, ihren Zorn in bittere Satire, oder sie blieben ruhig bei ihren altgewohnten Stoffen, bei ihren Legenden und Bibelgeschichten: kein Wunder, daß sie damit nach wie vor wenig Glück machten, und daß der Adel den alten Trägern der poetischen Unterhaltung, den Spielleuten, seine Gunst keineswegs entzog.

Dies also das Resultat des Wettkampfes zwischen Geistlichen und Spielleuten: im außerösterreichischen Deutschland trugen die Geistlichen, in Oesterreich die Spielleute den Sieg davon. Dazu kam gegen Ende des zwölften Jahrhunderts ein dritter Stand der Poeten: die Ritter selbst. Als der Adel die Poesie in die Hand nahm, und aus den ritterlichen Kreisen die größten Dichter hervorgingen, da waren ihre Wege nun verschieden, je nach den Vorgängern, denen sie sich anschlossen. In Deutschland folgten sie den Geistlichen über den Rhein und huldigten der Romantik. In Oesterreich folgten sie den Spielleuten und blieben den altgermanischen Heldenidealen getreu.

Es war mithin, um es kurz zu sagen, die schroffe, jede Concession verweigernde Politik des non possumus, durch welche die Geistlichen sich in Oesterreich um ihren Einfluß brachten, und durch welche in Folge dessen die dortige Litteratur einen mehr volksthümlichen Charakter erhielt.

Sie hat diesen Charakter fort und fort bewahrt. Die Spielleute fanden stets reichen Lohn und machten die besten Geschäfte. Sie wurden in Oesterreich das ganze dreizehnte Jahrhundert hindurch förmlich gezüchtet. Ihre Zudringlichkeit und Unverschämtheit, ihre Unersättlichkeit und Liederlichkeit war schließlich kaum mehr zu ertragen. „Wenn man sich in Wien zum Essen setzt — sagt ein Satiriker jener Zeit — so streichen die Lottersänger umher und wollen Geld. Sie sind niemals nüchtern und doch heulen sie vor dem Tisch der Herren, wie die Kälber nach der Kuh. Mit dickaufgetragenen Schmeicheleien treten sie an die Herren heran, behaupten vor dem Herzog gesungen zu haben und vollführen ein Spectakel, daß man sein eigenes Wort nicht hört. Sind die einen fertig, stehen schon andere bereit. Das hielte selbst ein grauer Mönch nicht aus."

Erst von den bisher geschilderten Zuständen und Verhältnissen aus eröffnet sich uns das volle Verständniß für einen Mann, der es werth ist, daß wir uns um sein Verständniß bemühen, für Walther von der Vogelweide.

II.

Ich rede ungern von Walther von der Vogelweide. Er ist uns längst vertraut und lieb. Ich werde scheinen Bekanntes zu wiederholen, wenn ich versuche ihn zu preisen. Wie oft hat man in den Kämpfen der Gegenwart an ihn erinnert und sich die tapferen Strophen ins Gedächtniß gerufen, mit denen er für das Recht des Kaisers, für das Recht der Nation eintrat, gegenüber dem Papst. Alle Litteraturgeschichten singen sein Lob, alles was man zu seiner Verherrlichung sagen kann, ist schon trivial geworden. Und doch muß ich von ihm sprechen, will ich nicht den größten Dichter mit Stillschweigen übergehen, den Oesterreich je hervorgebracht hat.

Walther von der Vogelweide ist etwa um das Jahr 1160 geboren. Und aus den achtziger Jahren des zwölften Jahrhunderts mögen seine ersten Lieder stammen.

Diese Lieder sind Liebeslieder. Die Liebe war es, welche ihn, wie so viele seiner Zeitgenossen, zum Dichter machte. Und was für eine gesunde, kräftige, frische Liebe ist diese erste Liebe unseres Walther. Es ist keine „höfische" Liebe, keine „hohe Minne", keine vornehme Dame bei Hofe ist ihr Gegenstand, sondern ein einfaches Mädchen bescheidener Herkunft.

Ein äußerst anmuthiges Lied schildert die erste Begegnung. Sie eilt zum Tanz auf die Wiese, er tritt ihr in den Weg und bietet ihr einen Kranz: „Hätte er Edelgestein, so müßte das auf ihr Haupt." Sie nahm, was ich ihr bot — erzählt er weiter — wie ein scheues Kind, ihre Wangen wurden roth, wie Rose neben Lilie erblüht. Da senkten sich verschämt ihre hellen Augen, sie verneigte sich gar schön — und das war mein Lohn: wird mir noch mehr, so nehm' ich's stillverschwiegen.

Und im Traume glaubt er das Ersehnte zu erleben. Es ist ihm, als ob er unter einem Blütenregen auf bunter Wiese das Mädchen umarmte. Und eine solche Begegnung läßt er die Geliebte nachher selber schildern in jenem berühmten Liede mit dem Kehrreim „Tandaradei": eine heimliche Zusammenkunft „unter der Linden an der Haide". „Ich kam gegangen — erzählt sie — ich kam gegangen auf die Aue, da war mein Geliebter schon da und ich wurde empfangen wie eine vornehme Fraue, und ich war selig und bins für und für. Ob er mich küßte? Wohl tausendmal: seht wie roth mir ist der Mund. Hätte mich da wer gesehen (verhüt' es Gott!) so schämt' ich mich. Doch da war Niemand als er und ich und ein kleines Vögelein, das wird wohl verschwiegen sein."

Auf den Liedern, welche diesem ersten Liebesverhältniß gewidmet sind, ruht der ganze Zauber der Jugend. Walther zeigt sich darin, wie kein anderer altdeutscher Lyriker, als ein voller natürlicher Mensch. Er ist naiv wie ein Kind. Aller Zwang, alle Convention und alle

Abschwächung der Leidenschaft ist ihm noch vollkommen fremd. Er ist heftig und ungeberdig. Er flucht, wenn er sich ärgert, und er jubelt hell auf, wenn er sich freut. Es fehlt ganz jene Dämpfung, welche das cultivirte Salonleben von heute, welche das höfische Leben von damals den natürlichen Empfindungen auferlegt. Diese tönen bei ihm voll aus, in ihrer ganzen ursprünglichen Stärke. Kurz, der Charakter von Walthers Lyrik, wo sie uns zuerst entgegen tritt, ist unbefangen und ungeschminkt wie das Volkslied. Jenes gemüthvolle und schalkhafte: „Du bist mein, ich bin dein," scheint hier sich fortzusetzen. Und es fehlt nicht an anderen österreichischen Liebesliedern von Vorgängern oder älteren Zeitgenossen Walthers, welche die Brücke bilden und denselben Charakter bewähren.

In den Jugendliedern sehen wir Walther dem höfischen Treiben fern. Nun erst kam er an den österreichischen Hof, dessen Glanz und Reichthum unter Leopold dem Fünften, dem Tugendhaften, ihn anzog. Dort fand er Reinmar von Hagenau, einen elsässischen Dichter, der sein Talent ausschließlich auf Liebeslieder wandte, Lieder voll Geist und Reflexion, voll Scharfsinn und Subtilität, zierliche Spiele des Witzes, wie er in der feinen höfischen Conversation aufgeboten wurde: aber ohne alle natürliche Empfindung.

Indeß Reinmar war ein berühmter und gefeierter Mann: Walther von der Vogelweide, der nun bei Hofe in ein regelrechtes Liebesverhältniß zu einer Dame höheren Standes trat und sich an conventionelle Formen gewöhnen und seine naive Art ein wenig abschleifen sollte, — nahm ihn zum Vorbild. Sein Dichten kommt in ein anderes Fahrwasser. Das Volksthümliche verschwindet, und auch er zahlt der spitzfindigen, etwas spinnewebigen und disteligen Reflexionspoesie seinen Tribut. Es bleibt aber zwischen ihm und Reinmar immer noch ein gewaltiger Unterschied. Walther hat ein sinnlich-dramatisches Element in seiner Poesie, ein Talent, äußere Vorgänge anschaulich hinzustellen, und dabei manchmal eine Pracht der Schilderung und eine Farbenfülle, wovon Reinmar sich aus Unvermögen oder Absicht gänzlich fern hält. Und während Reinmar in der Liebessehnsucht aufgeht, als ob es nichts Heiligeres auf der Welt gäbe als zu seufzen um ein Weib: so hat man bei Walther öfter das Gefühl, als ob er nicht mit ganzer Seele beim Minnedienst dabei wäre; er ist nicht ausgefüllt davon; er ist eben ein echter Mann mit einem großen Herzen, das mehr umspannt als die schmerzliche Sorge und die kleinliche Klage um persönliches Glück.

Walther von der Vogelweide verlebte an dem Hofe zu Wien mehrere frohe genußreiche Jahre in geschützter Stellung. Aber er war auf die Gunst des Fürsten angewiesen. Leopold der Fünfte starb, sein älterer Sohn Friedrich der Katholische starb, der jüngere — der uns schon bekannte Leopold der Glorreiche — war unserem Dichter damals noch nicht gewogen. Sobald es entschieden ist, daß er zur Regierung kommt, ergreift Walther den Wanderstab. Er befiehlt sich in Gottes Schutz und zieht fort.

So war er nun heimatlos. Er war ein Fahrender. Die Noth war die Begleiterin auf seinen Wegen. Die Noth aber lehrte ihn die Höhe seiner Dichterlaufbahn erklimmen und den Beruf finden, worin er sein Größtes leisten sollte.

Welches war dieser Beruf? Walther von der Vogelweide wurde der erste Publicist, der erste Journalist seiner Zeit. Ich gebrauche den ganz modernen und insoweit unpassenden Ausdruck, um mit aller Schärfe anzuzeigen, daß die bestimmte Aufgabe, welche heute die Tageslitteratur erfüllt, damals von der Poesie mitgeleistet wurde.

Im allgemeinen war auch diese Function den Spielleuten zugefallen. Schon im neunten und zehnten Jahrhundert sehen wir sie unmittelbar nach eingreifenden Ereignissen, nach herrlichen Siegen, nach schrecklichen Niederlagen, ihre Lieder wie Flugblätter und Zeitungsnachrichten hinaustragen und die Kunde solcher aufregenden Begebenheiten in ferne Länder bringen. Wir finden die Spielleute im Dienste großer Herren, deren Ruhm sie preisen, deren Gegner sie verunglimpfen. Sie üben das Amt von Leibjournalisten der maßgebenden Politiker. Sie bedienen sich dabei kurzer Gedichte von je einer Strophe, die wir heute Epigramme nennen würden.

Walther von der Vogelweide tritt nun in ihre Reihe, aber er führt ihrem Gesang einen höheren Inhalt zu. Er ist der größte Epigrammatiker jener Zeit und wohl der größte deutsche Epigrammatiker überhaupt. Auch er freilich tritt in Herrendienst und empfängt Lohn für das, was er leistet. Ja dieser Lohn ist nicht ohne Einfluß auf die Partei, die er ergreift. Walther ist kein treuer Parteimann in allen Gegensätzen, welche die Zeit bewegen. War es Irrthum oder Interesse, er wechselt den Standpunct, er wechselt die Herren. Er hat für Philipp den Staufer gesungen. Er hat für den Welfen Otto IV. gesungen. Er hat für Friedrich II. gesungen.

Aber über allem Wechsel treu steht er zum Vaterlande. Er betritt die politische Bühne nach dem Tode Kaiser Heinrichs VI. Es ist zweifelhaft, wer König werden soll. Walther ahnt die Gefahr des Bürgerkrieges. Schon reißt Unsicherheit ein, „Gewalt fährt auf der Straße, Friede und Recht sind beide wund." Er stellt Betrachtungen an: alle Creatur habe ihre feste Ordnung und ihren Herrn; das deutsche Volk steht führerlos. Er verlangt einen starken, einen reichen König: ein armer würde das Volk bedrängen. Man hört einen Mann sprechen, dem die Noth des Vaterlandes tief zu Herzen geht.

Er preist dieses Vaterland als das Höchste was er kennt. Er ist weit herumgekommen, er hat der Länder viel gesehen: Deutschland geht ihnen allen vor. „Von der Elbe bis zum Rheine und dann wieder bis nach Ungerland, da mögen wohl die Besten sein, die ich in der Welt je fand."

Es kam die Zeit, wo er diese Gesinnung bewähren sollte, wo es nicht einen Kampf galt zwischen Partei und Partei innerhalb der Nation, sondern einen nationalen Kampf gegen Rom.

Die Verwickelungen der italienischen Politik Ottos IV. führten im Jahre 1210 zu einer Entzweiung mit dem Papste Innocenz III. Heftige Depeschen wurden gewechselt. Der Papst drohte mit dem Bann und gebrauchte hohe Worte, als ob seine Sache die Sache Gottes wäre. Otto erwiderte kurz: er habe nichts Strafbares gethan. „Das Geistliche, das Eures Amtes ist, nehmen wir Euch nicht. In weltlichen Dingen aber, wie Ihr wißt, haben wir volle Gewalt, und es kommt Euch darüber keine Entscheidung zu. Mögt Ihr also in geistlichen Dingen Eure Gewalt frei und unbeschränkt ausüben. Seid aber auch versichert, daß der Kaiser im ganzen Umfange seines Reiches das Weltliche nicht aus der Hand geben wird."

Der Papst antwortete mit der Excommunication, die er über Otto und alle seine Anhänger oder Begünstiger aussprach.

Diese päpstliche Excommunication machte Walther zum antipapistischen Sänger. Sie machte ihn zu einem Vorläufer Luthers und

Huttens. Sie hob ihn auf den Gipfel seines Einflusses. Er wurde ein mächtiger Agitator mit seinen Versen, ein Demagog in der Abwehr clericaler Uebergriffe. Die Ultramontanen sagten ihm nach, er habe Tausende und Tausende bethört, daß sie nicht mehr hörten auf „Gottes und des Papstes" Gebot.

„Herr Papst — sagt er mit Bezug auf jene Excommunication, welche alle Anhänger des Kaisers treffen sollte — ich fürchte mich nicht. Denn ich will euch gehorchen. Ihr selbst habt bei der Krönung aller Christenheit geboten, dem Kaiser unterthan zu sein. Ihr habt gesagt: wer dich segnet, sei gesegnet, wer dir flucht, der sei verflucht. Um Gott, bedenkt, ob ihr damit nicht euch selbst das Urtheil spracht."

Wie in der Reformation ein bestimmtes finanzielles Interesse den Ablaßhandel verhängnißvoll machte: so empörte sich auch Walther am heftigsten, als in Deutschland Opferstöcke aufgestellt wurden, um gegen Austheilung des päpstlichen Segens angeblich Kreuzzugsgelder zu sammeln. Er führt in seiner drastischen Weise den Papst selber ein, wie er in Rom mit seinen Italienern frohlockt, nachdem er Friedrich II. zum Gegenkönig gemacht hat. „O wie schön christlich der Papst uns verlachet, wenn er zu seinen Wälschen sagt: Nun hab' ich's gut gemacht! — Was er da sagt, er sollt' es nimmer haben gedacht. — Er spricht: Ich habe zwei Tedeschi unter eine Krone gebracht, damit sie das Reich zerstören und verwüsten: unterdessen füllen wir uns unsere Kassen; ich habe sie an meinen Stock gelockt, ihr Gut ist alles mein, ihr deutsches Silber fährt in meinen wälschen Schrein. Ihr Pfaffen, esset Hühner und trinket Wein, und laßt die dummen deutschen Esel fasten."

Walther redet den Opferstock selbst an: „Sagt an, Herr Stock, hat euch der Papst hierher gesandt, damit ihr ihn bereichert und uns Deutsche ärmer macht und pfändet? Wenn er dann im Lateran sich seine Taschen hat gefüllt, dann braucht er eine neue List und klaget über Noth und Sorgen, bis ihm wieder zinsen alle Pfarren. Wohl wenig von dem Schatz gelangt ins heilige Land. Herr Stock, ihr seid zum Schaden hergesandt, ihr sucht im deutschen Reich nach Thörinnen und Narren."

Eifrig ruft Walther die Geistlichen des Vaterlandes auf, dem Ablaßhandel und der Simonie Einhalt zu thun. Wie Luther im

Papst den Antichrist zu erblicken meinte, so nennt ihn Walther den neuen Judas. Er vergleicht ihn mit jenem Papste Gerbert-Sylvester II., den das Mittelalter allgemein für einen Schwarzkünstler hielt. Aber nach Walther wäre Innocenz weit schlimmer. „Denn jener hat sich selbst doch nur der Höll' ergeben: du gibst dich selbst ihr preis, und alle Christenheit daneben."

Dabei blieb Walther jedoch stets ein gläubiger, frommer Christ. Er besingt das heilige Land, wirkt später für den Kreuzzug, feiert die heilige Jungfrau und die göttliche Trinität. Rührend einfache und kindliche Gebete besitzen wir von ihm. Aber er scheidet Religion und Kirchlichkeit. Er ist ein Protestirender. Seine religiöse Gesinnung hat sich hoch erhoben bis zur Idee der allgemeinen Liebe, der „rechten Minne", wie er es nennt, der Humanität. Wir besitzen ein kostbares Gedicht von ihm, für mich das werthvollste Document seiner inneren Geistesrichtung. „Wer deine zehn Gebote, Gott, will sprechen ohne Furcht, und bricht sie doch, der hat nicht rechte Minne. Dich nennt so Mancher Vater, der mich nicht zum Bruder will, der spricht das inhaltsschwere Wort mit wenigem Verständniß aus. Wir werden alle auf gleiche Art erzeugt, geboren und ernährt. Wer kann den Herrn von dem Knechte scheiden, hätt' er sie auch im Leben wohl gekannt, wenn er ihr nackt Gebein wo findet und Gewürm ihr Fleisch verzehrt? Einem Gotte dienen Christen, Juden, Heiden, ihm dem Schöpfer und Erhalter dieser Welt."

Aus diesem Gedichte wird erst klar, auf welcher Grundlage Walthers Polemik gegen die Uebergriffe des Papstes und der Geistlichkeit ruhte. Christen, Juden, Mohammedaner in Parallele gestellt, wie wenn sie gleichberechtigte Diener Gottes wären! Es ist, als ob uns der Athem von Nathan dem Weisen daraus anwehte. Walther tritt dadurch in eine Reihe mit den aufgeklärtesten seiner Zeitgenossen.

So haben wir denn alle Seiten von Walthers Persönlichkeit nach und nach kennen gelernt. Alle Gebiete, welche die altdeutsche Lyrik darbot, hat er durchmessen: das Liebeslied, das politische Lied, das religiöse Lied. Und überall die größte Mannigfaltigkeit der Stylformen und Stimmungen, von Lust, Scherz, Spott bis zu Ernst, Trauer, Wehmuth, Zorn und Haß: Alles geflossen aus einer Persönlichkeit, die unsere wärmste Sympathie verdient. Er ist ein Edelmann, aber entfernt von borniertem aristokratischem Standesbewußtsein. Er ist ein guter Christ, aber entfernt von bornirter christlicher Ueberhebung.

Blicken wir nun zurück und suchen wir die Erscheinung Walthers zu verstehen.

Wir sahen daß und warum die österreichische Poesie einen volksthümlichen Charakter bewahrte, der dem übrigen Deutschland verloren ging. Walthers Liebespoesie zeichnet sich in ihren Anfängen aus durch naive Volksthümlichkeit.

Wir sahen daß und warum in Oesterreich der Stand der Spielleute wohlgelitten war und sich unausrottbarer Beliebtheit erfreute. Walther von der Vogelweide nimmt aus der Hand der Spielleute das Amt der Journalistik, das er zu höheren Aufgaben erhebt.

Wir sahen daß in Oesterreich das Ritterthum seine Lebensauffassung im Gegensatze zu den Geistlichen ausbildete und daß dieser Gegensatz den Mitlebenden bewußt war. Walther von der Vogelweide hat die politischen Consequenzen einer von allem specifischen Kirchenthum unabhängigen Weltanschauung gezogen, indem er gegen das Haupt der Kirche mit schrankenloser Kühnheit litterarisch zu Felde zieht.

Wir haben uns mithin überzeugt, daß die geistige Eigenart Walthers im wesentlichen von der geistigen Eigenart seiner Heimat bedingt ist. Aber er hat das Erbgut seines Stammes in hohem Maße vermehrt, erweitert, vertieft und erhoben.

Walthers letzte Lebensjahre waren friedlich und ruhig. Sein hoher Gönner, Kaiser Friedrich II. hat ihn mit Haus und Hof belehnt. Der Gegenstand seiner vieljährigen Sehnsucht war erreicht, er konnte an eigenem Feuer warm werden. Seine Spur verlieren wir 1227. In diesem Jahre wird er gestorben sein.

Er liegt zu Würzburg begraben im Lorenzgarten am Neumünster. Die Sage meldet, er habe in seinem Testament verordnet, daß man auf seinem Grabstein den Vögeln Weizenkörner und Trinken gebe. Vier Löcher seien in dem Stein gewesen, zum täglichen Füttern der Vögel.

Die Stelle ist nicht mehr bekannt. Aber an der Außenseite

des Neumünsters hat König Ludwig von Baiern eine Gedenktafel anbringen lassen, mit den Worten: „Teutscher war kein Dichter."

Das Wort in seiner gesuchten Kürze ist doch wahr. Neben Wolfram von Eschenbach, neben Gottfried von Straßburg, neben den größten Dichtern des ausgehenden zwölften und beginnenden dreizehnten Jahrhunderts steht der Oesterreicher Walther als ein ebenbürtiger da: denn er hat das nationale Pathos eingeführt in unsere poetische Litteratur und er hat einen Kampf begonnen, der im sechszehnten Jahrhundert die entscheidende Signatur unseres geistigen Lebens wurde und auf lange hinaus die besten Kräfte absorbirte.

Ein altes Bild aus dem dreizehnten Jahrhundert zeigt Walther, wie er sich selbst einmal geschildert hat: sitzend auf einem Stein, die Beine übereinander geschlagen, das Kinn auf die Hand gestützt, sinnend über die Noth des Vaterlandes. Auch dieses Bildniß will den Patrioten feiern.

Ich habe öfters vor der Erinnerungstafel am Neumünster gestanden. Sie gibt allerlei Gedanken ein.

In das Grab zu Würzburg ist nicht blos Walther von der Vogelweide gesunken. Er hat den edelsten, er hat den deutschesten Theil des Oesterreicherthums mit sich genommen auf lange Zeit. Mit ihm ist das nationale Pathos der Oesterreicher in die Grube gefahren, ja vielleicht ihr Pathos überhaupt, die Fähigkeit sich für eine Idee zu begeistern und ihr zu leben.

Werfen wir, um dies zu verdeutlichen, noch einen kurzen Blick auf die Richtung, welche die österreichische Litteratur zum Theil noch bei Walthers Lebzeiten genommen hat. Wenn ich diese Richtung mit einem Wort bezeichnen soll, so wäre es: Carneval, oder — um gut wienerisch zu reden — Fasching.

Posse, Maskerade, Caricatur und Narrheit ist das Leben Ulrichs von Lichtenstein, das er uns in seinen Memoiren so lehrreich geschildert hat. Dabei stand ihm freilich ein Zauber und eine Melodie der Sprache zu Gebote, die wir noch heute ungeschwächt empfinden, z. B. in dem von Mendelssohn componirten Liede:

> In dem Walde süße Töne
> Singen kleine Vögelein.
> An der Haide blühen schöne

Blumen in des Maien Schein.
Also blüht mein hoher Muth,
Wenn er denkt an ihre Güte,
Die mir reich macht mein Gemüthe, —
Wie der Traum den Armen thut.

Es ist dabei zu beachten, daß die Lyriker des Mittelalters alle selbst auch Componisten waren und daß ihre Lieder stets für den Gesang bestimmt waren, sozusagen mit der Melodie auf die Welt kamen. Unter den Gedichten Walthers von der Vogelweide und Ulrichs von Lichtenstein befinden sich auch Tanzlieder.

Das Tanzlied aber dominirt ausschließlich an dem österreichischen Hofe etwa von 1230 an. Der Fasching erklärt sich in Permanenz. Der gefeiertste Tanzcomponist war der baierische Ritter Neidhart von Reuenthal, auch er wurzelnd in der volksthümlichen Poesie. Er leitet die Aera des Possenhaften und Schlüpfrigen ein, welche nach und nach allen gesunden Geschmack untergraben hat. Er bietet derbe aber anschauliche und drastische Schilderungen aus dem Volksleben. Sein Verkehr mit den Bauern gewährt ihm dazu reichlichen Stoff. Und diese Manier der drastischen Schilderung ist die eigentliche Stärke der altösterreichischen Poesie geblieben. Wir finden sie in Novellen und Schwänken, in Satiren und Reimchroniken wieder. In den schlechtesten Späßen kommt oft noch eine ganz bewunderungswürdige Darstellungskraft zum Vorschein. Wenn daneben hie und da trockener Lehrton erklingt, so begreift man wohl, daß das Publicum sich lieber zu dem Unterhaltenden und Fesselnden wandte. Aber man begreift auch, daß diese Manier immer mehr auf die Erregung der Lachmuskeln ausgehen mußte und daß dafür schließlich kein Mittel zu schlecht war.

Es ist eine neuerdings beliebte Vorstellung, daß man sagt, ein Volk werde gleichsam aufgegraben und die untersten Schichten und Lagerungen kommen wieder zu Tage. Mit der faschingsmäßigen Färbung, die die österreichische Litteratur annimmt, sinkt sie auf den Bodensatz des bajuvarischen Stammescharakters hinab. Die allerelementarsten Functionen eines heitern Gemüthes ohne alle geistige Erhebung werden mechanisch ausgeübt und träge gepflegt.

In diesem Zustande ästhetischer Bildung ging das österreichische

Volk einer neuen Zeit entgegen, einer Zeit mit neuen Ansprüchen, neuen Aufgaben.

Es hat ein paar Astronomen geliefert, ein paar Geschichtschreiber. Der Universität Wien gebürt der Ruhm, daß an ihr die ersten humanistischen Vorlesungen in Deutschland gehalten wurden: schon 1454 erklärte der große Astronom Georg Peuerbach den Virgil. Ja, viele der bedeutendsten Tendenzen der Zeit fassen sich in Kaiser Maximilian I. zusammen, und er ist in seinem ewigen Geldmangel und seinem Dilettantismus, in seiner Vielthuerei, Launenhaftigkeit, Phantasterei, aber auch in seiner hellen Naturfreude und vielseitigen Geschicklichkeit ein rechter Ausdruck des Oesterreicherthums.

Maximilian ist voll von Bildungsinteressen. Er ist in geistiger Hinsicht ein Mittelpunct wie kein Kaiser nach ihm, wie kein Kaiser vor ihm außer Karl der Große. Alle großen Unternehmungen der Epoche werden zu ihm in Beziehung gesetzt, sogar die Welserischen Schiffe, die ersten deutschen die nach Ostindien segeln, rechnet man Ihm zur Ehre an. Richtiger preist ein Zeitgenosse das Dreigestirn Erasmus, Reuchlin, Pirkheimer, das mit hellem Schein den stralenden Mond, den Kaiser Max, umgab.

Er verhilft dem Humanismus in Wien zu entschiedenem Durchbruch, die gelehrte Donaugesellschaft umgibt ihn wie eine Akademie, Conrad Celtis verherrlicht ihn in seinen Dramen, alle Dichter der Zeit sind seines Lobes voll. Den berühmten Humanisten und Pädagogen Rudolf Agricola suchte er schon als Erzherzog 1482 an seinem Hofe festzuhalten. In Geschichte, Genealogie und Landesbeschreibung sind Stabius, Suntheim, Cuspinian, Celtis, Peutinger um ihn und für ihn thätig. Unermüdlich ließ er Urkunden, Chroniken, Bücher sammeln. Wimpfeling und Andere stellten ihm die Beschwerden Deutschlands gegen den Papst zusammen und behandelten systematisch das Verhältniß zwischen Papst und Kaiser. Den Gregor Reisch, der in einer vielgelesenen Encyclopädie das ganze Wissen von damals zusammenfaßte, und den Johann Geiler von Kaisersberg, den berühmtesten Prediger jener Zeit, berief er wiederholt von Freiburg und Straßburg an seinen Hof um in Gewissenssachen und sonst ihren Rath zu hören. Alle Beziehungen zu Gelehrten und Künstlern pflegt er mit Vorliebe. Der gelehrte Konrad Peutinger von Augsburg ist sein Agent in po=

litischen, finanziellen, künstlerischen und litterarischen Angelegenheiten. Als Herzog Bogislav X. von Pommern den Juristen Petrus Ravennas in Padua für seine Universität Greifswald gewonnen hatte und im Jahre 1497 mit ihm gen Norden zog, da kamen sie durch Innsbruck, wo Kaiser Max krank darniederlag. Der Kaiser aber ließ Petrus zur Nachtzeit zu sich kommen und dieser trug in großer Versammlung lateinische Gedichte vor, worin er den Kaiser pries.

Wie einst im Nibelungenliede altgermanisches Reckenthum und neumodisches Ritterthum zusammentrafen, wie in dem Oesterreich des zwölften und dreizehnten Jahrhunderts Heldensang und Minnesang mit einander wetteiferten: so scheint durch Maximilian das Oesterreich des sechszehnten Jahrhunderts den Ruhm zu erlangen, daß Mittelalter und Neuzeit sich dort begegnen und vermählen. Die gleiche Liebe die er den neulateinischen Poeten und Gelehrten entgegentrug, die bewahrte er auch für die Dichtung einer absterbenden Epoche. Die Anschauungen des Ritterthums haben in keinem deutschen Manne eine solche Wiederbelebung erfahren wie in Kaiser Max. Einige der werthvollsten Gedichte unseres Mittelalters kennen wir nur durch die große Sammlung des sogenannten Ambraser Heldenbuches, die er anlegen ließ. Alle ritterlichen Künste übte er und dachte sich am liebsten wie einen frommen Ritter der Vorwelt. Bei seinem Grabmal zu Innsbruck, an dem er so eifrig schon bei Lebzeiten arbeiten ließ, stehen König Artus und Dietrich von Bern.

Dabei beseelte ihn das ganze Selbstgefühl des modernen Menschen und es beseelte ihn das Selbstgefühl eines hochgestellten Mannes der, aus vielen Gefahren glücklich entronnen, sich unter besonderem göttlichem Schutze glaubt. Diesem Selbstgefühl schmeichelt Trithemius, indem er durch allerlei Geschichtsfälschungen die Habsburger von den alten Frankenkönigen ableitet. Der Selbstverherrlichung seiner Person dient Maximilians eigene litterarische Thätigkeit: Freidals Turnierbuch, Weißkunig, Theuerdank. Der Verherrlichung seiner Person dient auch ein großer Theil der künstlerischen Thätigkeit die er anregte; was Dürer, Burkmaier, Schäuffelin und Andere für ihn arbeiteten: der allegorische Triumphzug, die Ehrenpforte, und so weiter.

Aber es ist keine Stetigkeit in ihm. „Seine Seele ist lauter

Bewegung, Freude an den Dingen und Entwurf," sagt Ranke. Alle seine Bestrebungen und Anregungen bleiben die Neigungen eines einzelnen Menschen. Er findet keine Nachfolge, er schafft nichts Dauerndes, und von dem was er schafft kommt den österreichischen Erblanden wenig zu gute. An der originellsten Leistung des deutschen Geistes, an der großen Bewegung der deutschen Theologie und Philosophie bleiben sie nach wie vor ohne Antheil. Oesterreich steht der Reformation des sechszehnten Jahrhunderts fast eben so fremd gegenüber wie dem Mysticismus des vierzehnten. Wien hat für das geistige Leben Deutschlands nie die Bedeutung von Nürnberg, Augsburg, Straßburg erreicht.

Sie wissen, daß die Reformation auch in Oesterreich viele Anhänger hatte, daß sie jedoch gewaltsam unterdrückt wurde. Die Oesterreicher haben sich dabei im allgemeinen nicht schlecht benommen, sie waren tapfer und blieben fest. Aber es kam nicht so sehr darauf an, zu glauben und willig zu leiden für seinen Glauben und sich standhaft vertreiben zu lassen: es kam darauf an, zu kämpfen, zu kämpfen auf dem Boden den Luther betreten hatte, zu kämpfen mit den Waffen des Geistes, seinem Volke und dessen Interessen zu dienen mit ganzer ununterdrückbarer Kraft. Die sonst so fruchtbare Litteratur des sechzehnten Jahrhunderts ist überaus arm an österreichischen Namen. Keine Theologen, wenige und geringe Dichter. Auch die classischen Studien fassen keine rechte Wurzel, wecken keine rechte Begeisterung. „Wien ist ein Paradies!" ruft um diese Zeit der ehrliche Wolfgang Schmeltzl aus. Ja wohl ein Paradies, aber nach mohammedanischem Zuschnitt, ein Ort des Genusses und der Freude.

Ueber dieses Paradies lagert sich die Nacht des Jesuitismus. Wenn alle Cultur in Wellenbewegung geht: für Oesterreich ist das siebzehnte Jahrhundert das tiefste Wellenthal. Dem Volke bleibt zu seinem Trost die gute Küche und als einziges ästhetisches Element der Spaß. Ein geistreicher Mann und bedeutender Redner, übrigens kein geborener Oesterreicher, macht seine Wiener Kanzel zu einer Art Possenbühne. Und bald darauf wird die erste wirkliche ständige Possenbühne errichtet, und dem Hanswurst eine bleibende Stätte seines Lebens und Wirkens eröffnet, deren letzte Ausläufer man noch heute im Wurstelprater beobachten kann.

Aber gerade um jene Zeit fängt eine neue Bewegung an. Die

Welle hob sich und begann zu steigen. Oesterreich hat — wie Jedermann weiß — doch noch einen ästhetischen Schutzgeist gehabt, der es nie verließ. Wenn wir aus der zweiten Blüteepoche deutscher Litteratur ebenbürtige Namen neben Walther von der Vogelweide stellen wollen, so müssen wir Haydn und Mozart nennen. Walthers Lebensfreude, seine naive Schalkhaftigkeit ist ihnen geblieben, und der Ernst, mit welchem er die Technik seiner Kunst betrieb. Aber das ist nur die eine Hälfte seines Wesens. Wo blieb die andere?

Es würde über die Grenzen meiner Aufgabe weit hinausführen, wollte ich zu schildern versuchen, wie nicht blos in der Musik, sondern auch auf anderen Gebieten eine neue Erhebung nach und nach zu Stande kommt; wie einzelne Leistungen und einzelne Persönlichkeiten sich hoch emporarbeiten über das Niveau; wie aber selten ein consequentes Fortarbeiten der Nachfolger ihr Werk krönt und ihr Andenken ehrt; und wie die Slaven in Oesterreich es auf manchen Gebieten den Deutschen zuvorthun. Es wäre leicht zu zeigen, wie der alte Feind, die Weichlichkeit und Genußsucht, wie der Mangel an Hartnäckigkeit und Hingebung Alles was schon aufrecht zu stehen und hoch zu ragen scheint, neidisch wieder untergräbt. Und es wäre leicht zu zeigen, wie alles Große was wirklich zu Stande gekommen, auf deutscher Anregung, auf deutschem Vorgange beruht. Grillparzer wußte wohl, weshalb er Weimar als eine heilige Stätte verehrte. Im großen, im allgemeinen Vaterlande liegen die Wurzeln der Kraft für jeden einzelnen Stamm. Der emporleitende Engel ist derselbe, der einst Walther von der Vogelweide durchs Leben führte: das nationale Pathos.

Pater Abraham a Sancta Clara.

I.

Es ist ein Sonntagmorgen des Frühjahres 1683. Wir befinden uns im Angesicht der grünen freundlichen Hügel, welche der Hauptstadt der Steiermark wie demüthige Clienten ihres Schloßberges die schuldige Ehrfurcht zu bezeigen scheinen. Als gute Katholiken lenken wir unseren Schritt der nächsten Kirche zu.

Eine ungewöhnlich große, eine ungewöhnlich aufmerksame Versammlung scheint dem Worte des Predigers gespannt zu lauschen. Der kleine bescheidene Raum der Augustinerkirche hat lange nicht alle Herzubrängenden aufnehmen können, und viele Zurückgebliebene suchen nun vor den Eingängen abgerissene Sätze wenigstens zu erhaschen oder hoffen sich allmählich durch die Menge zu winden. Auf ihren Mienen pflanzt sich der Eindruck fort, den die Ausführungen des Predigers auf die Näherstehenden hervorbringen.

Zuweilen geht ein leises Murmeln des Beifalls durch die Versammlung, zuweilen hier und dort ein stilles Nicken des Einverständnisses, dann ein fast ängstliches Hinblicken und Hängen an seinen Lippen, als ob man im Voraus ablesen wollte, wo die Mündung des unbegreiflichen Seitenweges liege, den er wider Erwarten durch enge Gassen voll alten Geräths und bunten Gerümpels einschlägt. Jetzt beginnt dieser und jener zu ahnen, auf seinen Zügen erglänzt der Triumph des Eingeweihten. Die Spannung der Anderen steigert sich nur um so mehr. Da erfolgt plötzlich die Auflösung des immer verwickelter geschürzten Knotens — unaufhaltsam bricht schallendes Gelächter los, der Heiligkeit des Ortes ungeachtet. Aber gleich verfinstern sich die Gesichter wie reuevoll und erschrocken über die eigene Lustigkeit. Und schwere Sorge scheint sich auf Allen zu lagern.

Jetzt können wir auf die Kanzel hinsehen und verstehen den Redner.

Es ist ein schöner stattlicher Mann. Die hohe vorgeträngte Stirn, von den kurzen emporstarrenden Mönchshaaren umsäumt, die festgezogenen Linien der buschigen Brauen, die energisch auslabende Nase müssen einem Geiste gehören, in welchem die Kenntnisse, Gedanken und Worte wie eine wohlgeordnete, wohlausgerüstete Armee aufmarschirt stehen, jeder Gedanke ein Soldat, des dirigirenden Winkes gewärtig, in allen Bewegungen sicher wie eine Maschine. Die blitzenden Augen scheinen über die Versammlung hinschweifend zu sagen: „Ich habe meine Truppen in eurem Rücken, auf euren Flanken, jedes Commando setzt sie in Action, ich habe euch in meiner Gewalt, folgen müßt ihr, wohin ich will." Betrachten wir aber den breiten wohlgeformten Mund, über den die Nase sich fast zu tief herabneigt, und Kinn und Wangen, die mit dem Halse viel zu allmählich und weichlich verfließen, so scheinen in dieser Region jene uniformirten Gedanken ein buntes bewegtes Fest voll behaglicher Heiterkeit zu feiern.

Die hohe über die Brüstung gestreckte Gestalt deutet mit der aufgehobenen Rechten nach Südosten. Er spricht von dem, was alle Herzen eben angstvoll bewegt, von unheilverkündenden Zeichen und Wundern, die sich am Himmel begeben; er schildert die drohende Gefahr, und donnert wie empört seinen Hörern zu: „Eure Sünden sind daran Schuld, die Strafe Gottes kommt über euch."

Sahen wir nicht kroatische Miliz auf den Straßen? Ihr ist der Schutz der Steiermark anvertraut, die Söhne, Brüder, Vettern der Andächtigen stehen gegen die Türken im Felde. Unabsehbare Heersäulen haben sich unter Kara Mustapha durch Ungarn gewälzt. Wie lange noch wird es währen, und die entscheidende Schlacht ist geschlagen, die Reichshauptstadt bedroht und an das christliche Europa die Frage gestellt, ob es dem Islam verfallen wolle. Alle Schrecknisse des Krieges rumoren über der Versammlung als unheimliche Geister in den Lüften, und tragen, aus den Erinnerungen der jüngsten westlichen Kämpfe hervortauchend, die Züge der Marschälle Ludwigs XIV.

„Diese Zeit her, spricht der Mann auf der Kanzel, hatte die Welt, absonderlich unser Europa, einen solchen harten Zustand, welchen so bald kein Medicus wenden kann. Allem Ansehen nach ist es die Cholica, insgemein das Grimmen genannt, da es nichts thut als schneiden und stechen in dessen Leib, indem kein Land fast ohne Krieg ist, kein Reich ohne feindliche Waffen. Von vielen Jahren her ist das römisch Reich schier römisch Arm worden durch stäte Krieg. Von etlichen Jahren her ist Niederland noch niederer worden durch lauter Krieg. Elsaß ist ein Elendsaß worden durch lauter Krieg. Der Rheinstrom ist ein Peinstrom worden durch lauter Krieg. Und andere Länder sind in lauter Elender verkehrt worden durch lauter Krieg. Ungarn führt ein doppeltes Kreuz im Wappen, und bisher hat es viel tausend Kreuz ausgestanden durch lauter Krieg."

Doch wie ist uns denn? Sind wir nicht aus der Grazer Kirche am Münzgraben und aus der Zeit der zweiten Türkenbelagerung Wiens plötzlich ins Wiener Burgtheater des neunzehnten Jahrhunderts versetzt? Würfeln hier nicht Graf Isolans Getreue? Scherzt dort nicht der Holk'sche Jäger? Ist es nicht Beckmann, der in der Kutte des Kapuziners jene Rede hält?

> „Und das römische Reich — daß Gott erbarm!
> Sollte jetzt heißen römisch Arm;
> Der Rheinstrom ist worden zu einem Peinstrom."
> „Und alle die gesegneten deutschen Länder
> Sind verkehrt worden in Elender —"

In der That mag uns Schillers poetische Copie helfen und einladen die Bekanntschaft des leibhaftigen Originales zu machen. Den Kapuziner in Wallensteins Lager kennen wir lange, oft haben wir über seine burleske Strafpredigt gelacht und dem großen Komiker, der vor Kurzem die Bretter des Burgtheaters auf Nimmerwiedersehen verlassen, mit dem innigsten Vergnügen stürmischen Beifall zugejauchzt; aber den Prediger und Satiriker Pater Abraham a S. Clara kennen Wenige, und Viele, die ihn nicht kennen, glauben ihn mit Unrecht verachten zu dürfen.

Zwar die ältere Wiener Generation dieses Jahrhunderts stand ihm noch etwas näher: einzelne seiner Werke wurden neu aufgelegt, andere im Auszuge bearbeitet, Anthologien seiner „sinnreichen Gedanken und scherzhaften Einfälle" veranstaltet, allerlei Anekdoten über ihn im Umlauf erhalten, sogar unmittelbar vor dem Jahre 48 (welches alles dies hinweggeschwemmt hat) eine Gesammtausgabe seiner Schriften begonnen. Aber der gerechten Würdigung und Beurtheilung des Paters selbst ist diese ununterbrochene Tradition seines Ruhmes wenig zu gute gekommen. Man behandelte ihn wie die tragische Muse den Clown. Der Clown hat kein Schicksal, keine Freunde, keine Familie, er wird nicht geboren, er stirbt nicht, er hat kein Alter: er existirt einfach zur Belustigung des Publicums und seine Bestimmung ist, diesem Zwecke möglichst vollkommen zu genügen, möglichst häufig herzliches Gelächter zu erregen.

Man lachte über Pater Abrahams Witze und schnurrige Geschichten, man entrichtete ihm den Zoll einer gewissen Bewunderung für die virtuose Handhabung seines Metiers: aber eine theilnahmsvolle Frage nach seinen Lebensschicksalen, nach seinen menschlichen Beziehungen zu Eltern, Verwandten und Heimat, nach seinem Bildungsgange, seiner Stellung zur Welt, seinen Leiden und Freuden glaubte man ihm nicht schuldig zu sein. Schon seine Zeitgenossen fühlten hierin nicht viel anders. Man wußte nicht einmal sein Alter genau als er starb. Die kurzen Biographien, die man ihm widmete, gaben nur das äußerlichste Gerüst. Kein Wunder, daß die Sage oder freie Erfindung mit einigen schönen Lappen wenigstens dies Gerüst behängen wollte. Da sollte er während der großen Pest 1679 mit Gefahr seines eigenen Lebens von Krankenbett zu Krankenbett der Pflicht des Seelsorgers obgelegen, während der Türkenbelagerung 1683 den Verwundeten und Sterbenden auf den Wällen Trost zugesprochen haben — wogegen wir jetzt erfahren, daß er zur Zeit der Pest fünf Monate lang als Capellan des Landmarschalls Grafen Hoyos im Landhaus abgesperrt lebte, zur Zeit der Türkenbelagerung in Graz zu predigen hatte. Eine Charakteristik des Mannes zu versuchen, seiner wahren Bedeutung eine sorgfältigere Würdigung zu widmen, hat man sich für überhoben gehalten. Und gleichwohl, so wenig auch zum Theil seine Predigten dem Ideal der Kanzelberedsamkeit entsprachen, so gerechtfertigt in gewisser Beziehung Lessings Urtheil war, sie seien „allzu elend"; so richtig selbst einige der überaus strengen Sätze von Gervinus seine wirklichen Schwächen trafen — der Pater Abraham, der Schillern als ein prächtiges Original erschien, dessen Witz für Gestalten und Wörter, dessen humoristisches Dramatisiren Jean Paul bewunderte, der Pater Abraham, dessen Büchlein „Auf, auf, ihr Christen!" Goethe an Schiller mit den Worten schicken konnte: „Es ist ein so reicher Schatz, der die höchste Stimmung mit sich führt," — dieser Pater Abraham war es doch wohl werth, daß ihm einige Aufmerksamkeit des Biographen und Litterarhistorikers in unserer überallhin antheilsvollen Zeit geschenkt wurde.

Was keinem anderen Schriftsteller des ausgehenden siebzehnten und beginnenden achtzehnten Jahrhunderts gelungen ist, das hat Abraham a S. Clara vermocht. Was Lohenstein nicht konnte, was Christian Weise nicht konnte, was Gottsched nicht konnte, was Bodmer nicht konnte: das konnte dieser Augustinermönch. Er allein wußte zu jener Zeit einzelnen seiner Schriften einen solchen Zug und Schwung zu verleihen, sie mit einer solchen Kraft der Stimmung zu durchdringen, daß ihnen für uns Heutige noch anziehende und fesselnde Gewalt beiwohnt. Abraham ist interessanter und lesbarer als Sebastian Brant, als Murner, als Fischart, als Moscherosch, obgleich vielleicht alle diese Satiriker ihn an Höhe des Geistes und der Bildung weit überragen. Denn Abraham besitzt das Geheimniß der modernen Sprache. Er beherrscht die rhetorischen Mittel, mit denen auch auf der höchsten Bildungsstufe die großen Wirkungen erzielt werden.

Goethes und Schillers Aussprüche über Abraham enthalten keine Charakteristik und Würdigung. Aber das bezeugen sie, daß der Mann ihnen noch ein anderes Interesse einflößte, als das blos litterarhistorische. Dieses allein würde den Pater bei ihnen niemals in ein bedeutendes Licht gerückt haben. Aber das seltene formelle Talent forderte die Anerkennung, welche dem Schriftsteller Abraham die größten deutschen Schriftsteller gezollt haben.

Trotz solcher Anerkennung konnte Abraham bisher noch nicht erlangen, was doch manchem Unbedeutenderen neben ihm schon zu Theil wurde: eine Monographie. Diese Schuld der deutschen Litteraturwissenschaft hat Herr von Karajan jetzt abgetragen.*)

Herr von Karajan hat sich der mühseligen und schwierigen Aufgabe unterzogen, aus höchst entlegenen, höchst spärlich fließenden Quellen, aus Kirchenbüchern, Amtsacten, Klosterchroniken, aus den Ergebnissen einer langwierigen und ermüdenden genauen Lectüre der sämmtlichen Schriften Abrahams ein Lebens- und Charakterbild des Paters zu entwerfen. Wie im deutschen Märchen Todtengebein zusammengesucht wird zur Wiederbelebung, so hat es sich Herr von Karajan nicht verdrießen lassen, aus den verborgensten Winkeln die unscheinbarsten Knöchelchen Abrahams sorgfältig aufzulesen, zu säubern, zu ordnen und zur dauernden Belehrung aller Nachfolger gleichsam in einem Reliquienschreine auszustellen. Seine Schuld ist es nicht, wenn an der Gestalt nicht blos wie im Märchen das letzte Glied des kleinen Fingers fehlt, sondern auch mancher Hauptknochen vermißt wird, der ihr erst die volle Consistenz und den inneren Zusammenhang aller Theile verleihen könnte. Die lange Vernachlässigung rächt sich eben, kein einziger Brief von Abraham ist aufbehalten, die Archive der Klöster, an denen er wirkte, sind in alle Winde zerstreut. Wenn nicht ganz unerwartete Funde uns noch zu gute kommen, so besitzen wir in Karajans gründlichem und gelehrtem Buche Alles, was wir von biographischen Details über Abraham je erfahren werden.

Gerade über die für uns wichtigsten Puncte ergibt die Ueberlieferung so viel wie nichts, und finden wir uns lediglich auf Vermuthungen angewiesen. Ueber Abrahams Reisen nach Rom, seine Gastpredigten, sein allmähliches Aufsteigen in die Ehrenstellen seines Ordens, über manche innere Erlebnisse seines Klosters, die eigenthümlichen finanziellen Beziehungen zum Hofe, die Eifersüchteleien der Ordensgenossen sind wir leidlich vollständig unterrichtet. Weit mehr als diese Dinge aber, die sich doch nicht zu einer allseitigen An-

---

*) Abraham a Sancta Clara von Th. G. v. Karajan. Wien, Verlag von Carl Gerold's Sohn, 1867.

schauung des Privatlebens damaliger Klostergeistlicher verwerthen lassen, ziehen uns die Fragen an, welche die historische Betrachtung vor allen anderen aufzuwerfen hat: welchen Umständen verdankte Abrahams Begabung ihre eigenthümliche Entfaltung? welche Umstände machten ihn zum Geistlichen und zum Mönch? welche Umstände versetzten ihn auf den Schauplatz seiner Thätigkeit, der nicht seine Heimat ist? wie war eine solche Erscheinung wie Abraham zu Ende des siebzehnten Jahrhunderts in Deutschland möglich?

In der letzten dieser Fragen liegt zugleich angedeutet, was uns von dem vorliegenden Buche scheidet.

Herr von Karajan lehnt eine kritische Würdigung der Werke Abrahams ausdrücklich von sich ab, und läßt sich auf die Erörterung seiner historischen Bedeutung überall nicht ein. Wir haben kein Recht ihm aus dieser Selbstbeschränkung den geringsten Vorwurf zu machen. Aber sein Verhältniß zu dem Helden seines Werkes hat dadurch so sehr den Charakter reiner Pietät erhalten, daß die Stimmung aus welcher es geschrieben scheint, derjenigen nur zum Theil entspricht, mit welcher wir uns gezwungen sehen Abraham zu betrachten.

Wenn die erste Empfindung ihm gegenüber die Freude über seine originelle Beredsamkeit ist, so stellt sich als zweite doch allemal Scham, Zorn und Trauer ein, welche im wesentlichen darauf beruhen, daß Abraham in einem ganzen großen Geistesgebiete der einzige hervorragende Schriftsteller nach allen Richtungen hin, und daß der Ort seiner lebendigsten und eingreifendsten Wirksamkeit die Kanzel, der Beruf, dem er seine beste Thätigkeit zu weihen hatte, die Seelsorge war. Denken wir ihn lediglich als satirischen Schriftsteller und mit seinem besonderen Talente auf seine besondere Art denselben Zwecken dienend, für welche damals die Edelsten Deutschlands lebten: so würde es wenige Männer jener Zeit geben, auf denen unser Blick mit gleichem Wohlgefallen ruhte. So aber — wenn wir fragen: wie war eine solche Erscheinung wie Abraham zu Ende des siebzehnten Jahrhunderts in Deutschland möglich? so heißt dies nichts anderes als: wie war es möglich, daß zu derselben Zeit, wo der Hof von Berlin einen Leibnitz und Pufendorf sah, das deutsche Geistesleben an dem Hofe von Wien durch den einzigen Abraham a

S. Clara repräsentirt war? wie war es möglich, daß zu derselben Zeit, in welcher Spener dem Protestantismus Erneuerung und Läuterung brachte, in der katholischen Welt von Deutschland sich der begabteste Prediger zum Possenreißer erniedrigte, und das heilige Amt der sittlichen Volksbildung am besten zu verwalten meinte, indem er seine Strafreden an die Lachluft einer unterhaltungssüchtigen Hauptstadt adressirte?

Es lag nicht an einer Begrenztheit von Abrahams Talent. Wir werden sehen, daß dieses sich auf dem ernsten Gebiete ebenso reich und kräftig bewährte wie auf dem komischen.

Es lag nicht an einer Speculation Abrahams auf den Beifall der Menge. Wir werden ihn als redlichen und wahrhaften Charakter kennen lernen, dem nichts so verhaßt war wie Schmeichelei und Liebedienerei und der niemals mit Bewußtsein zu verwerflichen Mitteln gegriffen hätte, um sich in die Gunst des Publicums zu setzen.

Es lag an etwas Anderem. Dem Talente Abrahams, sagt Jean Paul, schadete nichts als das Jahrhundert und ein dreifacher Ort: Deutschland, Wien und die Kanzel. „Das Jahrhundert und Deutschland" müssen wir abziehen, aber „Wien und die Kanzel" wird sich uns bestätigen. Darin liegt es, daß Abrahams Bild in unserer Vorstellung schwankt zwischen einem strafenden Propheten und einem Hofnarren oder Hanswurst.

II.

Auf allen Blättern der Abrahamischen Schriften quillt uns die Fülle von Wörtern und Wendungen entgegen, die ausschließlich dem österreichisch-baierischen Dialekt angehören. Wir bewundern seine Vertrautheit mit dieser Mundart, er kennt ihre verborgensten Lieblichkeiten und dankt solcher Kenntnis einige seiner schlagendsten Wirkungen. Wir meinen daß nur ein Einheimischer sich die Volkssprache in so hohem Grade angeeignet haben, so souverän darüber herrschen konnte. Dennoch war Abraham kein Baier oder Oesterreicher. Er gehörte durch seine Geburt Schwaben an, Baiern nur durch die Abstammung des Vaters und seine Erziehung, Oesterreich durch den größten und besten Theil seines Lebens.

Abraham oder, um ihn mit seinem bürgerlichen Namen zu nennen, Hans Ulrich Megerlin kam in Kreenheinstetten, einem kleinen abgelegenen Dorfe des oberen weißen Jura, den 2. Juli 1644 zur Welt. Seine Familie war leibeigen, sein Vater Wirth und ein ziemlich wohlhabender, aber mit Kindern reich gesegneter Mann, der seine Heimat Wasserburg am Inn vermuthlich früh verlassen hatte.

Daß der kleine Uli „gar vielmals barfüßig unter den Schweinen, Gänsen, Enten, Hühnern gestanden und sie gehütet oder ihnen sonst Compagnie geleistet", wie ein Zeitgenosse erzählt, war nur in der Ordnung. Unersättliche Lernbegierde in zartester Jugend, frühes Hervortreten ungewöhnlicher Begabung sagen ihm die alten kurzen Lebensbeschreibungen nach. Und ein rasch und leicht auffassender Kopf von starkem Gedächtniß — das bei Zeiten sich bemerkbar zu machen pflegt — muß er in der That gewesen sein. Daß er kaum auf die lateinische Schule geschickt schon von den Zäunen herab seinen Mitschülern den Katechismus exponirt, brauchen wir darum demselben alten Biographen noch nicht zu glauben.

Gleichwohl müssen wir das Treffende der Anekdote anerkennen. Rasch in sich aufnehmen, rasch von sich wiedergeben ist wirklich Abrahams Weise. Er eignet sich das Verschiedenartigste so unbesehen an. Er ist ein Repositorium für alle möglichen Kenntnisse, wie die Bücher einer Bibliothek langt er sie sich zum Gebrauch herunter und stellt sie wieder an ihren Ort: das Buch aber bleibt das gleiche, kein Buchstab darin verändert sich, kein Gedanke eines Gedankens wächst neu hinein.

Und noch ein anderer Grund läßt uns wünschen, jene wahrscheinliche und mögliche Erzählung möchte auch wirklich wahr sein. Es wäre uns dann eine sehr früh hervorbrechende natürliche Anlage und Lust zur Predigt bezeugt. Seine spätere Standeswahl läge in den Neigungen seiner Kindheit schon vorangedeutet.

Die lateinische Schule, von der die Rede ist, war in Möskirch, zwei Stunden von Kreenheinstetten. Von hier kam er zwölf Jahre alt zu den Jesuiten nach Ingolstadt, dann im Herbst 1659 nach

Salzburg, zu dessen Gymnasium und Universität damals mehrere dreißig Benedictinerklöster des oberen Deutschland ihre besten Kräfte stellten, um ein Gegengewicht gegen den jesuitischen Unterricht zu schaffen.

Wenn wir diese Kräfte nach den Früchten ihrer Wirksamkeit an unserem Abraham beurtheilen wollen, so können sie uns nicht eben sonderlichen Respect einflößen. Ein einziges genügt vollständig, um die Höhe der Bildung zu bemessen, welche dem gläubigen Jünger auf diesen Schulen mitgetheilt wurde: die Art und Weise wie Abraham von der Philosophie spricht.

Er ist kein Feind der Philosophie. Aber er ist ihr nur darum gewogen, weil er keine Ahnung hat von der Gefahr, welche dem Glauben durch sie drohen konnte. Und er hat keine Ahnung von dieser Gefahr, weil er — im Jahrhundert der Baco, Descartes, Spinoza, Locke, Leibnitz! — keine Ahnung hat von dem was Philosophie ist und was Philosophie will.

Er schreibt begeistert den Preis der Wissenschaft und in erster Linie den der Philosophie, weil sie, „wo mancher zuweilen hundert Griff versucht ein verwirrte Frag recht zu entörtern und gleichwol letzlich mit dem Verstand scheitert, alldort ohne Mühe besser als ein macedonischer Alexander solchen Knopf auflöst." Was sind aber das für Knöpfe, die „der Philosophus" so geschickt aufzulösen versteht? Sieben tiefe Probleme werden uns beispielsweise vorgeführt mit dem Refrain: „Die Ursach weiß der Philosophus." Nämlich: warum ein satter Mensch leichter sei als ein nüchterner; warum einem verstorbenen Menschen Haar und Bart wachse; warum ein im Vollmond geschlagenes Holz dem Wurmstich unterworfen, ein im Neumond geschlagenes nicht; warum eine Pfanne mit Wasser über das Feuer gestellt unterwärts am Boden ganz kalt werde; warum ein Brunnen in der größten Sommerhitze kälter sei als mitten im Winter, „da der rauhe December allen Bäumen die Haare einpulvert;" warum derjenige, der sich an Wein berauscht, in der Regel nach vorwärts, derjenige, der von Bier vollgetrunken, aber rücklings zu Boden falle; warum eine Rose an Wohlgeruch zunehme, wenn sie in der Nähe des Knoblauchs wachse. — Das nenn' ich mir doch einmal eine unschuldige Philosophie, der gesammten Orthodoxie zur

Erneuerung hiermit bestens empfohlen. Sie mag demungeachtet mit unserem Abraham den Aristoteles verherrlichen als „ein Licht der Weltweisen, einen Fürst der Weltweisen, eine Zierde der Weltweisen, ein solch ansehnliches Gemüthe".

Zu einer gewissen Niedrigkeit des geistigen Standpuncts war mithin Abraham durch seine Bildung wohl für immer verurtheilt. Doch aber blieb das freigegebene Feld noch immer groß genug, um eine bedeutende Individualität darauf zu entfalten.

Abraham war aus dem Volk hervorgegangen. Die starken, etwas ungeschlachten plebejischen Züge sind seiner ganzen Art stets aufgeprägt geblieben. Er ist durch kein Läuterungsfeuer gegangen, welches ihm die derben Auswüchse versengt hätte. Die heimischen Verhältnisse selbstverständlich, aber auch die Schulverhältnisse scheinen ihn an der freien Entfaltung seines eigensten Naturells nie gehindert zu haben. Dies Naturell muß aber von Anfang an die entscheidenden Züge getragen haben, die wir an dem Manne erkennen. Die Heiterkeit des Gemüthes, das Talent und die Freude zu Scherz und Spott, die Fähigkeit Andere lachen zu machen müssen schon damals in ihm vorhanden gewesen sein. Insofern glich der Knabe, der seines Vaters Schweinen Compagnie leistete, dem Augustinermönch, der Kaisern und Fürsten zu predigen hatte, so genau als nur ein kleiner Ulli einem großen Ulrich-Abraham gleichen kann.

Der fröhliche Sinn und das satirische Vermögen kann nur genährt und gesteigert worden sein, als er aus dem stillen Winkel Schwabens in das zu jener Zeit belebte geräuschvolle Ingolstadt versetzt wurde, wo der Jesuitenzögling angehalten war die Fehler seiner Mitschüler zu erspioniren, wo unter jesuitischer Anleitung die Phantasie keineswegs verkümmerte: wo z. B. in jesuitischen Schauspielen man gewiß seiner bald erkannten Begabung die entsprechenden Rollen anvertraute.

Die äußere Cultivirung der heiteren Lebensrichtung war ihm dagegen vermuthlich sowohl in Ingolstadt wie in Salzburg versagt. Die Ungebundenheit des Studentenlebens begann erst nach dem strengen Zwange des Gymnasiums. Man trat an die Universität wie aus dem Gefängniß an das Licht der Freiheit. Um so sehnsüchtiger mochten die Schüler zu Ingolstadt und Salzburg auf die Herren Studenten blicken und manches lustige Lied heimlich erlauschen, an manchem lustigen Streich aus der Ferne ihr Vergnügen haben. Abrahams Werke sind voll von Beziehungen, die man für Reminiscenzen halten möchte, so lebendig treten sie auf.

>»Qualis est vita auf der Welt,
Quae mihi semper wohlgefällt?
Ist es nicht das Studentenleben?
Ita vere, das ist's eben.
Studenten sind jucundi, bisweilen furibundi.«

Lernte Abraham allmählich um sich schauen und beobachten, was in der Welt vorgeht, so scheint er bereits in Salzburg auch die Direction auf eine andere Art der Beobachtung, auf das gelehrte Sammeln und Aufhäufen von allerlei Wissenskram erhalten zu haben.

Unter seinen dortigen Lehrern war der bedeutendste der Pater Otto Aicher aus St. Veit in Niederbaiern und um so einflußreicher, je näher sein eigenes Alter noch dem der Schüler stand. Dieser Aicher zeigte sich später als fruchtbarer Schriftsteller, unter anderem als Veranstalter von Blumenlesen, von Sammlungen schöner Stellen aus verschiedenen alten Schriftstellern. Er mag seine Zöglinge zu ähnlichen Arbeiten, zu gleicher Verwerthung ihrer Lectüre angehalten haben. Dann aber zweifeln wir nicht, daß Abraham schon damals in erster Linie auf Anekdoten, pointirte Geschichtchen und witzige Dicta aus war. Derselbe Aicher bekundete später Kenntniß vieler neuerer europäischer Litteraturen. Er mag wenigstens außerhalb der Schule auch zur Beschäftigung damit angeregt haben. Und Abraham legte vielleicht den Grund zu seiner Belesenheit in weltlichen Autoren, besonders in Novellendichtern, gleichfalls schon damals.

Im Herbst 1662 verläßt Ulrich Megerlin das Gymnasium und Salzburg, noch in demselben Herbst 1662 setzt der Noviz Abraham a Sancta Clara in dem Kloster Maria Brunn bei Wien Augustiner Barfüßer-Ordens seine Studien fort.

Ist ihm der Entschluß schwer geworden? Hat er ihn freiwillig oder überredet oder gezwungen gefaßt? Kniet er wohl vor dem wunderthätigen goldenen Gnadenbild Mariä und betet um Ausdauer und frommen demüthigen Sinn? Oder sieht er erfreut die Scharen der Wallfahrer heranpilgern und malt sich im Geiste aus, wie er einst so große Versammlungen der Gläubigen und noch größere durch die Gewalt des Wortes hinreißen, ihre Gemüther gleichsam an seine Lippen binden würde? Oder schleicht er in Anwandlungen von Reue oder Zweifel, versenkt in Sehnsucht um das Weltleben, um fröhliche Genossen, durch die düsteren Gänge — da tritt er wohl in die Küche und spricht selbst trostbedürftig dem frommen Thomerl Trost zu, — dem er drei Decennien nachher einige Worte der Erinnerung weihte, dem alten kleinen Laienbruder, der über das Geschirr gebeugt steht und spült und murrt und spült — als er todt war, glaubte man ihn immer noch zu hören, wie er nächtlich wusch und die Schüsseln hinsetzte —? Doch was hilft es, sich dies alles vorzustellen? In das Dunkel einer Menschenseele bringt kein Blick, wenn sie selbst sich nicht eröffnet. Und wie Wenige besitzen den Schlüssel zu ihrer eigenen Brust. Vielleicht waren Abraham und alle seine Zeitgenossen sehr weit entfernt von dem sentimentalen Bedauern, das uns Heutige immer unwillkürlich bei den Begriffen Mönch und Kloster anwandelt. Vielleicht sollten wir unseren Helden im Gegentheil beglückwünschen über die gebotene Gelegenheit so rasch seine Carrière beginnen zu können, so nahe schon der Kanzel, dem künftigen und vermuthlich ersehnten Schauplatz seiner Thaten, gerückt zu sein.

Auffallend bleibt doch immer die Eile, mit welcher der Achtzehnjährige, noch vor Vollendung seiner Studien, in den Orden trat, und gerne möchten wir wissen, ob nicht doch äußere Einflüsse ihn dazu bestimmten. Auffallend sind überdies die immer weiteren Distanzen, in denen er sich von seiner Heimat entfernt, mindestens müssen sie auf besonderen Gründen beruhen, über die uns bestimmte Nachrichten entgehen. Ausdrücklich erfahren wir nur, daß seine Aufnahme ins Kloster auf Recommandation des päpstlichen Nuntius Carlo Caraffa erfolgte. Aber auch das ist nicht wenig auffallend, daß wir den leibeigenen Wirthssohn von Kreenheinstetten so vornehmer Protection genießen sehen. Er kann freilich zu Ingolstadt und Salzburg vielfach in Berührung mit höher gestellten Geistlichen gekommen sein und sich ihnen durch seine glücklichen Fähigkeiten selbst empfohlen haben. Aber der Ordensname Abraham, den er wählte, leitet auf eine andere Vermuthung.

Als unser Abraham schon die Schwelle seines Predigerruhmes

überschritten hatte, im Mai 1680, starb zu Altötting in Baiern ein anderer Abraham, jetzt ein alter blinder verfallener Mann, ehemals ein rüstiger Herr, der in der geistlichen Welt von Tirol, Oesterreich, Baiern, ja bis in die Schweiz hinein als musikalische Autorität eine große Geltung erlangt hatte. Er war ein kunstreicher Orgelspieler und tüchtiger Capellmeister, der in siebzehn Klöstern die Einführung oder Verbesserung der Kirchenmusik leitete und an die 2000 musikalische Compositionen hinterließ. Geadelt und zum Canonicus in dem berühmten Wallfahrtsorte Altötting erhoben, ließ er über 20,000 Gebetbüchlein deutsch und lateinisch drucken, speiste ganze Schaaren von Wallfahrern auf seine eigenen Kosten und erwies sich überhaupt so freigebig, daß er schließlich beinahe selbst in Noth gerieth.

Dieser Abraham war unseres Helden Vaterbruder und scheint die — für uns wenigstens unsichtbare — Hand gewesen zu sein, welche dem schwäbischen Wirthssohne die Schicksalsfäden schlang und seine Jugend, so wie wir sie kennen lernten, gestaltete. Ein alleinstehender Mann in guten Vermögensverhältnissen pflegt ja wohl aus der zahlreichen Familie naher Verwandten sich eines begabten Kindes anzunehmen und es wie sein eigenes in der Welt zu schützen und zu fördern. Hier kam noch ein besonderer Umstand hinzu: das Jahr der Uebersiedelung unseres Abraham von Ingolstadt nach Salzburg, d. h. von den Jesuiten zu den Benedictinern, fällt mit dem Todesjahre seines Vaters zusammen. Dies war also wohl der Augenblick, in welchem der Oheim die Sorge für die Erziehung der Waise übernahm, und vermuthlich war er kein Freund der Gesellschaft Jesu.

Der alte Abraham stand zu dem österreichischen Hause in näherer Beziehung, indem er einer Erzherzogin seine erste Anstellung — in ihrer Capelle — verdankte, nachher der Hofmusik eines Erzherzogs angehörte, und auf diese Beziehungen hin hatte er von Ferdinand III. die Erhebung in den Adelstand erlangt: er suchte vielleicht auch den Neffen in die Nähe des kaiserlichen Hofes zu bringen und benutzte seine Verbindungen in Wien zu diesem Zwecke. Vielleicht drängte er ihn, seine Laufbahn möglichst früh zu beginnen: die strenge Disciplin des Barfüßer-Ordens wird er ihm nicht aufgezwungen haben: dem Neffen dagegen mochten die großen Beispiele alter Pretiger der Bettelorden dabei vorschweben, da nun einmal auf der Seite des Predigtamtes sein offenbarer Beruf lag.

Der Altöttinger Canonicus soll im Jahre 1660 vom Papste zum Protonotarius apostolicus ernannt worden sein. Bei dieser Gelegenheit, wo nicht früher, mag er die Bekanntschaft des Nuntius gemacht und zwei Jahre später dessen Recommandation für seinen Neffen in Anspruch genommen haben. Der Neffe aber, vermuthen wir, gab seinem schuldigen Danke gegen den alten Canonicus dadurch den angemessenen Ausdruck, daß er beim Eintritt in die geistliche Gemeinschaft den Namen Abraham sich beilegte und so gleichsam des Oheims Schatten seinem künftigen Leben als unzertrennlichen Begleiter gesellte.

Nachdem Abraham die theologischen Studien absolvirt und den Doctorgrad erlangt, auch in Wien seine erste Messe gehalten, zeigte er sofort so bedeutende Anlagen zur öffentlichen Rede, daß er alsbald nach dem Augustinerkloster Maria Stern zu Taxa in Baiern als Feiertagsprediger abgeordnet wurde.

Taxa war ein stark besuchter Wallfahrtsort zwischen Augsburg und München, von einem schattenreichen Fichtenwäldchen umkränzt, an dem Flüßchen Glana gelegen. „Die überaus angenehme Gegend und von Natur wohlgeordnete Beschaffenheit des Orts wurde noch mehr geadelt durch die klaren Wasserquellen, welche durch hervorbringende Brunnadern die kleinen Fischteichel daselbst mit unabsetzlichem Einfluß erfülleten." So beschreibt es Abraham selbst, der seinen persönlichen Beziehungen zu dem Orte in dem Wallfahrtsbüchlein „Gack, gack, gack, gack à Ga," worin viele erbauliche und alberne Wundergeschichten mit gläubiger und Glauben verlangender Miene vorgetragen werden, ein Denkmal gesetzt hat.

In diesem Eckchen Deutschlands also entfaltete zuerst jene Beredsamkeit ihre Schwingen, deren Ruhm bald die Donau auf und ab in Baiern und Oesterreich, in Steiermark und Krain, in Böhmen und Mähren sich ausbreiten sollte.

Nur kurze Zeit blieb Abraham in Taxa. Seine hervorragende Begabung wurde auf den größeren Wirkungskreis von Wien zurückberufen, im Jahre 1668 oder 1669 etwa. Und mit einer Unterbrechung von sieben in Graz zugebrachten Jahren (1682—1689) hat er, in seinem Orden allmählich zum Prior, Provinzial und Definitor aufsteigend, hier unermüdlich und unter nie erkaltender Theilnahme des Publicums auf der Kanzel der Augustinerkirche an Sonn- und Feiertagen das Predigtamt bis zu seinem Tode, 1. December 1709, verwaltet.

III.

Er war unbestritten der erste Prediger des katholischen Deutschlands. Von nah und fern suchte man ihn zu Gastpredigten zu gewinnen. Vor Allem in Wien und dessen Umgebung selbst gab es wenig hohe und vornehme Kanzeln, die er nicht gelegentlich betreten hätte. Bei der höchsten und vornehmsten von allen hatte er von Anfang an regelmäßige Verpflichtungen: die Augustinerkirche war Hofkirche. Und in äußerer Anerkennung dieses Verhältnisses wurde Abraham 1677 durch die Ernennung zum Hofprediger geehrt.

Es thut uns wohl zu sehen, welche Freimüthigkeit Abraham in dieser Stellung entwickelte. Und das Lob eines ehrenhaften, furchtlosen und durchaus wahren Charakters darf ihm Niemand vorenthalten. Es geschieht im Bewußtsein der eigenen Integrität, wenn er gegen seine geistlichen Standesgenossen loszieht, welche ihre Zungen in lauter Honig und Oel tauchen, und welche eines geistlichen Interesses halber mit der Wahrheit nicht heraus wollen. Und wenn er uns erzählt, es gebe gar wenig Prediger, welche sich unterstehen, gegen öffentliche ärgerliche Sünden und Laster zu reden, so bezeugt jedes Blatt seiner Werke, daß ihm nichts ferner als solche Scheu lag.

Wie bitter und rücksichtslos, nichts verhüllend, nichts entschuldigend, liest er den Geistlichen den Text, welche oft Noahs Zimmerleuten nicht unähnlich seien, die anderen die Arche bauten, sich selbst aber nicht retten konnten und mit den übrigen Menschen in der Sündflut zu Grunde gingen. Mit den Eulen vergleicht er sie, welche das Oel nächtlicher Weile aus den Lampen schlürfen, und so von der Kirche erhalten werden, sonst aber nichts nützen. Es wäre unerhört und hätte vermuthlich Amtssuspension zur Folge, wenn ein heutiger Prediger sich auf solchem Mangel an Corpsgeist betreten ließe.

Was für Dinge sagt Abraham dem Adel ins Gesicht! Wie wirft er ihm seine Standesvorurtheile, seinen Ahnenstolz, seine Aufgeblasenheit und Zehren von den Verdiensten der Vorfahren, seine rücksichtslose Aussaugung und Bedrückung der Bauern vor, denen vor lauter Fronarbeit kein Tag in der Woche mehr für ihre eigenen Geschäfte bleibe. Ja, er geht so weit, zu einer Zeit, wo das Andenken Stephan Fadingers und des oberösterreichischen Bauernaufstandes noch lebendig war, an das revolutionäre Lied zu erinnern: „Als Adam ackerte und Eva spann, wo war denn damals der Edelmann?"

In welchem Tone redet er vom Hofe! Bei Hofe komme die Redlichkeit wie der Palmesel nur alljährlich einmal ans Licht. Bei Hofe sei so viel Treue zu finden, als Speck in den Judenküchen. Bei Hofe gehe man mit verdienstvollen Leuten um wie mit den Nußbäumen, in die bei der Ernte mit Prügeln hinein geworfen werde, zum Lohne, daß sie Früchte tragen. Bei Hofe behandle man die Bediensteten wie Limonien, die man hinter die Thür werfe, sobald kein Saft mehr in ihnen. Bei Hofe bekleide man die Nackten — aber nur die Wahrheit, welche daselbst niemals bloß erscheinen dürfe. Bei Hofe speise man die Hungernden — aber nur mit Worten. Und so weiter, ein langes Sündenregister. Endlich: „Du wirst bei Hofe sehen, daß allda wenig Metall: aber viel Erz, viel Erzdiebe, Erzschelme, Erzbetrüger 2c."

Es ließen sich noch viele ähnliche, ausgeführte, witzsprühende, zornfunkelnde Stellen mittheilen, worin die Lügenhaftigkeit und Heuchelei des Hofgetriebes, die Unmöglichkeit, daß unabhängige Männlichkeit in dieser Atmosphäre sich halten könne, schonungslos in unerschöpflicher Fülle der Gleichnisse beleuchtet wird. Mit wahrem Entzücken sehen wir ihn über die Mächtigen der Erde unbarmherzig zu Gerichte sitzen, den Sohn des unglücklichsten, verachtetsten, mißhandeltsten, des seit Jahrhunderten zertretenen und geschundenen Standes, den Leibeigenen von Kreenheinstetten.

Abraham ist mit Herz und Kopf, zu seiner Ehre sei es gesagt, in jener Zeit des Buhlens um Hofgunst, obwohl ihm die höchsten Kreise offen standen, stets ein ganzer und echter Plebejer geblieben. In hochadeliger Gesellschaft fühlte er sich nicht wohl und bei Hofe fürchtete er auszugleiten auf dem Eise, das dort mitten im Sommer gefroren sei.

Den Machiavell, der damals in Deutschland sehr in Mode stand, bewundert und zum Lebensführer gewählt wurde, nicht daß man seine Größe erkannt hätte, sondern weil man einen Lehrmeister der Nichtsnutzigkeit an ihm zu haben glaubte, — den „klugen, spitzfindigen" Machiavell verachtet unser Abraham als einen Menschen, von dem man nicht wisse, ob er mit all seinem Anhang mehr belachens- oder bemitleidenswürdig sei.*) Hier steht Abraham ganz auf der Höhe der Zeit, als ein Mitstreiter in den Reihen der Guten und Ehrlichen gegen das System der Politik, welches der dreißigjährige Krieg gezeitigt hatte. Nichts war populärer damals und bei den satirischen Schriftstellern und den Pamphletisten ein beliebteres Thema als der Kampf gegen die „Staatsraison".

Im Drama trat Ratio Status — dieser „Teufels-Katechismus", diese „umgekehrten zehn Gebote" (inversus decalogus) — als ein Quacksalber auf, welcher die von Spaniern und Franzosen ausgeplünderte und an den Bettelstab gebrachte kranke und hinfällige Dame Deutschland erst vollends ruinirt. In der allegorischen Weise der Zeit wurde sie als eine Jungfrau dargestellt, vor welcher alle Großen und Mächtigen, alle Potentaten der Erde auf den Knieen liegen, sie aber hält eine Wage in der Hand, auf deren tiefer stehender Schale die Begierde nach Machterweiterung, auf der anderen hoch empor geschnellten das Recht sich befindet.

Abraham seinerseits äußert Zweifel, ob er im Himmel droben irgendwelche heilige Hof-Ministros und vornehme Hofräthe antreffen werde, — „weil bei dergleichen gar oft Ratio Status — ein Wunderthier ist dies — das Gewissen in die Schanz schlägt." Er führt Kaiphas als Vorgänger dieser Politiker ein, der bei der Verurtheilung Jesu gesagt habe: „Unschuld hin, Unschuld her, es ist besser daß Einer zu Grunde gehe als wir Alle." Ingrimmig fragt Abraham, ob denn Ratio Status von dem Gewissen, von dem Gebote

---

*) Die Stelle, angeführt von Karajan, S. 126, ist übrigens entlehnt aus Balth. Schuppii Schriften (Hanau 1663) S. 421.

Gottes und der Kirche emancipirt sei? Er befürchtet, es werde eine Zeit kommen, wo Ratio Status das eigene Reich zu Grunde richten und nicht, wie jene meinen, ein Grundstein desselben sein werde.

Aus einer gewissen Allgemeinheit der Polemik und Kritik darf, kann oder will indeß Abraham auf dem politischen Gebiete nicht heraustreten. Er sagt wohl den großen Herren im allgemeinen, sie sollten sich doch endlich einmal die Brille auf die Nase setzen, und nicht immer durch die Finger sehen, mit der Justiz nicht so verfahren als mit einem Gewölbe von Spinngewebe, wo die größten Insecten durchbrechen und die Mücken hängen bleiben, sie sollten nicht dem Destillirkolben gleichen, der aus der Blume die letzten Tropfen heraussaugt. Er sagt den Obrigkeiten, daß sie einer Hospitalsuppe gleichen, auf der wenig Augen sind, den Beamten überhaupt, daß sie gar zu barmherzig seien, nicht in der Beherbergung eines Fremdlings, sondern des fremden Gutes; daß sie bei geringer Besoldung sich Accidentien verschaffen, indem sie ihr Amt treu verwalten, wie die Katze die Speisekammer. Er hebt an den zahlreichen Stellen, wo er die Macht des Geldes schildert, immer auch die zerrüttenden Wirkungen auf dem Gebiete der Justiz und Verwaltung hervor.

Aber directer Tadel einer Regierungsmaßregel, Bloßlegung der innersten Schäden des Staatswesens, in dem er lebte und wirkte, ging doch vermuthlich über das Maß dessen hinaus, was er sich erlauben durfte. Er hätte sonst aus unmittelbarster Erfahrung hinweisen können auf die älteste und tiefste, die unaufhörlich eiternde Wunde des Habsburgischen Staates. Der österreichische Seckel war unter Leopold I. manchmal so leer, daß man die Couriere nicht bezahlen konnte, die man zu entsenden hatte. Man schätzte die Staatseinnahmen auf 12 Millionen Gulden: davon kam aber oft nicht die Hälfte in die Kasse. Die Defraudationen waren massenhaft, und die Leiter des Finanzwesens gaben dazu das Beispiel: im Jahre 1680 wurde der Hofkammer-Präsident Graf Sinzendorff wegen schlechter Verwaltung, Amtsvernachlässigung, Diebstahl, Meineid, Betrug seiner Aemter entsetzt und zu einem Schadenersatz von einer Million und 970,000 Gulden verurtheilt.

Auch Abrahams Kloster hatte unter der öffentlichen Finanzcalamität zu leiden. Von 1676—1690 konnte die Hofkammer (Finanzministerium) die den Augustinern schuldigen Beträge für Messen, Musik und andere im Interesse des Hofes geleistete geistliche Verrichtungen niemals vollständig ausbezahlen, so daß schließlich ein Schuldbetrag von 6674 Fl. aufgelaufen war. Und da „bei diesen beschwerlichen Zeiten" die Hofkammer die ganze Summe zu hoch fand, mußte sich das nicht sonderlich wohlhabende Kloster mit 5000 Fl. begnügen. Im Jahre 1704 wurde das Kloster gezwungen, seinen ganzen Kirchenschatz und all sein Silber in das kaiserliche Münzhaus zum Einschmelzen abzuführen. Die jährliche Interessenzahlung dafür versprach man wenigstens.

Abraham wagte nur jene leise Andeutung über das wenige Metall, das bei Hofe zu finden sei.

Gleichzeitige Geschichtschreiber Leopolds sprechen ihre Verwunderung aus über die große Freiheit, welche die Reden des Hofpredigers genossen, und schlagen daraus natürlich Capital für den Ruhm ihres Helden, den sie den Großen nennen. Aber es widerspricht durchaus nicht der Natur dieses Monarchen, soweit wir sie kennen, daß es ihm Freude machte, wenn seine Räthe und Höflinge ein wenig mit der Brühe des Spottes übergossen wurden und seine eigene über die Satire erhabene Person an Superiorität gewann. Das kleine unscheinbare Männchen mit dem matten Blick und dem wankenden Gang, begabt mit einigen Tugenden des Privatmannes und keiner des Regenten, ruheliebend, bigott und vergnügungssüchtig, mistraute Allen, die er zu höheren Aemtern berief, um so mehr, je weniger er Vertrauen zu sich selbst besaß. Nach Lobkowitz', seines ersten Ministers, Sturz (1674) bestand er darauf, wie Ludwig XIV. selbst sein erster Minister zu sein, obgleich seine Fähigkeiten, trotz dem Geschäftsverständniß, das man ihm nachrühmte, dazu lange nicht ausreichten und den eigentlichen Beherrschern von Oesterreich, dem spanischen Gesandten und den Jesuiten, dadurch die Zügel des Regiments erst recht fest in die Hände gedrückt wurden.

Außerdem besaß Abraham alle Eigenschaften, welche ihn dem Kaiser angenehm und sympathisch machen mußten. Leopold war unterhaltungssüchtig: Abraham unterhielt ihn. Leopold liebte die Komödie: Abraham hatte nichts dagegen und dachte günstig vom Beruf des Schauspiels. Leopold war ein Freund weitschichtiger Gelehrsamkeit: Abrahams Predigten und Schriften starrten davon. Leopold ließ sich ganz von den Jesuiten leiten, aus denen er seine Beichtväter wählte: Abraham bezeigt wiederholt seine Verehrung vor diesem Orden und preist dessen Verdienste um Jugenderziehung und Heidenbekehrung. Leopold duldete in der Mehrzahl seiner Erbländer keine Niederlassung eines Protestanten, suchte in Schlesien und Niederösterreich die Ausrottung des Protestantismus mit den gewaltsamsten und verwerflichsten Mitteln durchzusetzen, ja man glaubte, er habe ein Gelübde gethan, falls ihm die ungarische Empörung zu dämpfen gelänge, Alle, die sich dem katholischen Glauben nicht bequemen würden, aus dem Lande zu vertreiben: Abraham, gleichfalls an seinem Theile bekehrungseifrig, vergaß sich bis zu den unwürdigsten Schmähungen gegen den Protestantismus und dem gemeinsten Geschimpfe gegen Luther, das nur er selbst noch überbietet durch die wüthendsten und sinnlosesten Beschuldigungen der Juden.

Abraham war ferner durchdrungen von großer persönlicher Verehrung gegen den Kaiser. Wir wahrhaftig können ihm darin nicht gleich fühlen, höchstens nachfühlen, wenn wir unparteiische Zeitgenossen die Verehrung theilen sehen. Wir wahrhaftig können Leopolds unerschütterlichen Gleichmuth, die imperturbabilità dell' animo nicht mit dem venezianischen Gesandten für eine große Tugend halten, uns graut vor dieser Leidenschaftslosigkeit, dieser Unfähigkeit des Hasses, die mit Grausamkeit, dieser Unfähigkeit der Liebe, die mit Gutmüthigkeit gepaart war. Wir wahrhaftig können eine Freigebigkeit nicht loben, die auf Kosten unbezahlter Gläubiger bewiesen wurde. Wir wahrhaftig können vor der Zartheit eines Gewissens keinen Respect empfinden, welches eben durch seine Zartheit den Jesuiten, den „Directoren der kaiserlichen Conscienz", die Handhabe bot, um die Vertilgung der Ketzerei und die Zurückführung der verirrten Schäflein als eine unverletzliche Pflicht darzustellen.

Wir wahrhaftig können eine Frömmigkeit nicht bewundern, die zum Fanatismus ausartete, eine Rechtschaffenheit nicht, welche die durch den westfälischen Frieden den Schlesiern garantirte theilweise Gewissensfreiheit auf alle mögliche Weise und durch Eingriff in unzweifelhafte Privatrechte illusorisch machte, eine Gerechtigkeitsliebe nicht, welche Verbrechern die Straflosigkeit gewährte, wofern sie zum Katholicismus übertraten. Und das ist leider die wahre Gestalt der sentimenti di religione, di giustizia e di probità, worauf nach dem venezianischen Gesandten alle Regierungsgrundsätze dieses Kaisers, als auf ihren Eckstein, gegründet waren. Leopold selbst ging mit dem Bewußtsein aus der Welt, dem er auf dem Todtenbette Worte lieh, stets für gute Verwaltung und Justiz gesorgt und Niemand Gerechtigkeit verweigert zu haben. Er starb mit einer Illusion. Zwar daß er allgemein zur Gerechtigkeit dringend ermahnte, und soweit er selbst unmittelbar einzugreifen hatte, nach bestem Wissen Gerechtigkeit übte, kann derjenige vielleicht zugeben, der die Hinrichtungen von Eperies als die gerechte Strafe besiegter Rebellen vertheidigen will. Aber konnte eine Rechtspflege die Unparteilichkeit erreichen, deren unterste Instanz in den Händen von schlechtbezahlten und von der adlichen Gutsherrschaft abhängigen Beamten lag? Konnte ein Civilproceß gedeihliche Resultate liefern, der den Advocaten jede Verschleppung und jede Aussaugung der Parteien gestattete, welche dann in der That mit System collegialisch betrieben wurde?

Indeß, ich komme darauf zurück, wer Leopold sah und sprach, wer die edlen Grundsätze hörte, die er äußerte, wer die Andacht beobachtete, mit der er täglich seinen drei Messen beiwohnte, wer die — sehr übertriebene — Gründlichkeit an sich erfuhr, mit der er die Audienzen abhielt: der mochte wohl geneigt werden, Vieles, was geschah und was er nicht billigte, keineswegs dem guten wohlmeinenden Monarchen zur Last zu legen, sondern Einiges beschönigend zu entschuldigen, Anderes auf die Räthe und die Organe des kaiserlichen Willens zu schieben. Unser Abraham befand sich ungefähr in diesem Falle. Denn klar sah er ohne Zweifel manche der Schäden, zu deren Beseitigung bei Hofe kaum der gute Wille vorhanden war.

Ich verweile so lange auf diesem Puncte, weil er in der österreichischen Geschichte von einer verhängnißvollen Wichtigkeit ist und zu der merkwürdigen Beobachtung Anlaß gibt, daß die Beurtheilung der Handlungen des Regenten vom 17. Jahrhundert bis ins 19. bei uns keine wesentliche Aenderung erfahren hat. Von wenigen Erscheinungen unserer Geschichte wendet sich ein gradsinniges deutsches Gewissen mit widerwilligerer Abneigung, als von Kaiser Franz. Gleichwohl leben noch heute zahlreiche Oesterreicher, sonst von tadellosem und feinem sittlichen Empfinden, welche in diesem verschlagenen und hinterhaltigen Manne das Ideal eines gewissenhaften und gütigen Herrschers verehren. In dieser Region unseres moralischen Bewußtseins ist der Umschwung eingetreten, seit die Begriffe von Volksrechten und Verfassungen durch deren wiederholten Bruch geschärft wurden. Nach einer anderen Richtung zeigt sich die Wendung in größerer Allgemeinheit erst seit den Erfahrungen des letzten Sommers. Erst jetzt beginnen einzelne ihre Urtheile über auswärtige, insbesondere deutsche Politik von den traditionellen Maximen der Staatskanzlei mehr und mehr loszulösen: nationale Empfindungen treten endlich hie und da an die Stelle der dynastischen.

Abraham läßt uns erkennen, daß auch in dieser Beziehung der Oesterreicher des siebzehnten Jahrhunderts dem Durchschnittsbürger des neunzehnten glich.

Kühle Beobachter waren überzeugt, daß man auch unter Leopold denselben Absichten von Unterdrückung des deutschen Reichs und seiner Freiheit nachhänge, welche Karl V. und Ferdinand II. auszuführen versucht hatten. Und auf gar verschiedenartige Phasen der österreichischen Politik paßt vortrefflich, was der schwedische Gesandte im März 1675 seinem Hofe über jene Absichten schrieb: „Ob man wohl meinen sollte, daß dieses nichts als Visionen und Chimären wären, womit die philosophischen Politici sich zu ergötzen pflegten, zumalen dem Hause Oesterreich die Flügel dergestalt beschnitten zu sein scheinen, daß es über alle Maßen schwer, ja fast unmöglich sei, den jetzt gemeldeten Zweck zu erhalten: so haben jedoch die Ministri und Schmeichler dieses Hauses starke Opinion und Hoffnung, daß Gott der Herr die große Pietät und den Eifer der österreichischen Prinzen für die römisch-katholische Religion und die Austilgung aller Rotten und Ketzereien endlich krönen und ihnen die Erreichung ihres Zieles gewähren werde."

Halten wir daneben nun Abrahams loyale Anpreisung der kaiserlichen Politik, „welche nicht aus Ehrsucht ihre Macht zu vermehren sucht, sondern blos die Ehre Gottes, den Nutzen der Kirche und des h. Römischen Reiches Wohlstand zu befördern geneigt ist": so sehen wir den Bekämpfer der Staatsraison abermals blind, auch hier geblendet vom geistlichen Interesse und voll unbedingter Gläubigkeit in die edlen Absichten seiner Regierung, gleichwohl ohne jede Servilität, nur wie ergriffen ohne sein Wissen von einer unheilvollen erblichen Krankheit, welche sehr trefflichen Männern auch heute den klaren Blick noch umschleiert.

Sahen wir nach Allem unsern Abraham für Leopold bequem, gesinnungsverwandt, persönlich anhänglich, politisch loyal, so gab es trotz dieser Bequemlichkeit, Gesinnungsverwandtschaft, Anhänglichkeit, Loyalität für seine scharfe Beurtheilung der Verhältnisse des Hofes und der Großen dieser Erde eine schmale und sehr leicht unversehens überschreitbare Grenze, an welche er schon dicht herangestreift sein muß, wenn er z. B., wie sich zeigte, die undankbare Behandlung wahrer Verdienste zu rügen wagte, welche dem Kaiser doch selbst zur Last fiel. Und daß er wirklich einmal die ihm gezogenen Schranken überschritten, also vielleicht dem Kaiser oder Mitgliedern des kaiserlichen Hauses zu nahe getreten, und dafür nicht straflos ausgegangen sei, deutet er selbst an, indem er bemerkt, daß er sich auf dem Hofpflaster einmal eine Blase gegangen habe. Ja vielleicht war sein siebenjähriger Aufenthalt in Graz eine Verbannung und sollte des Hofpredigers Freimuth zur Beschränkung auf unschädlichere Gebiete nachdrücklich anweisen.

Vergegenwärtigen wir uns Abrahams Persönlichkeit, soweit sie uns bisher klar geworden, und nehmen wir dazu noch einige andere deutlich hervortretende Züge, seinen Aberglauben, seinen Wunderglauben, seinen Hexenglauben: so erhalten wir das Bild eines Mannes, der zwar, was seinen Charakter anlangt, ohne erkennbaren Vorwurf dasteht, aber in geistiger Hinsicht, in Bezug auf Bildung und Höhe der sittlichen und religiösen Anschauungen eine Stufe einnimmt, welche sich über die des ganz gewöhnlichen beschränkten Pfaffen nur in sehr wenigen Puncten erhebt. Abraham ist ein unermüdlicher und eifriger Bekämpfer aller menschlichen Schwächen und Laster, unbekümmert in welcher Schichte der Gesellschaft er sie antreffe. Hof und Adel, Geistliche und Beamte schont er so wenig wie Bürger und Bauern, Handwerker und Kaufleute. Den Soldaten hält er vor, sie glaubten ihr Gewissen sei privilegirt; aber er ist doch wieder gerecht genug, in Anerkennung der unleugbaren Besserung dieses Standes seit dem dreißigjährigen Kriege, dem noch herrschenden Vorurtheile entgegenzutreten und zu versichern, auch unter ihnen gebe es wackere Leute, auch die Soldaten hätten einen Platz im Himmel. Wo wir ungerechte Uebertreibung Abrahams vermuthen müssen, dürfen wir seine persönlichen Erfahrungen und seine Lebensstellung als entschuldigende Momente anführen; und meist folgt er darin zugleich den landläufigen Anschauungen der volksthümlichen Satire, welche in der Litteratur und auf der Kanzel gewisse stehende Lieblingsthemata ausgebildet hatte und ohne Rücksicht auf das wirkliche Leben fort und fort in gleicher Weise behandelte. Wir können z. B. unmöglich glauben, daß die Frau zu Abrahams Zeit durchschnittlich blos dieses eitle, putzsüchtige, schwatzhafte, keifende, kokette und treulose Wesen, zu dem er sie macht, gewesen sei. Aber die Verspottung und Herabwürdigung der Frauen ist gerade ein solches Lieblingsthema der Satiriker, und schon die wenigen Notizen, die wir über seine Mutter besitzen, zeigen uns in der That ein unverträgliches und zänkisches Weib, die so häufig bei ihm wiederkehrenden Vorstellungen unglücklicher Ehen stammen schon aus der trüben Erfahrung seiner eigenen Kindheit. Für die wo nicht sittliche, so doch ästhetische Besserung, die um ihn her bereits eintrat, die zunächst in übertriebenen Formen sich äußernde Verehrung und halbe Anbetung der Frauen hatte der Mönch keinen Sinn, er sah darin nur schimpfliche Schwäche und Selbsterniedrigung des Mannes. Sogar daß Frauen fremde Sprachen lernen, will er nicht dulden, während doch in dem Eindringen französischer Bildung damals unleugbar ein cultivirendes Element gelegen hat.

Wenn Abraham so nach besten Kräften warnt und mahnt und straft und tadelt, so stellt er doch nirgends ein positives Lebensideal auf, das unmittelbare Geltung beanspruchte. Die sittlichen Ideale, welche er überhaupt vorführt, sind die katholischen Heiligen, abstracte Tugendmuster ohne Realität, der wahren Natur des Menschen möglichst entschieden entgegenhandelnd. Die idealen Gestalten der Zeit selbst, ein Leibnitz, ein Eugen von Savoyen, finden bei ihm keine Abspiegelung. Trotz allem gelehrten Kram, trotz aller zur Schau getragenen Vielwisserei und dem gelegentlichen Anpreisen der „Wissenschaft" steht er doch, wie wir sahen, viel zu niedrig, um etwa seinen Zuhörern das Bild eines ringenden gewaltigen Gelehrten zu entwerfen. Trotz dem begeisterten Aufruf gegen die Türken, trotz dem patriotischen Eifer gegen fremde Moden und Sitten gelangt er nirgends zur Aufstellung eines Idealbildes vom deutschen Wesen oder auch nur zu einer kräftigen Manifestation nationalen Stolzes und des Gefühls nationaler Ehre und Größe.

Zum Glück tritt in Abrahams moralischen Anschauungen wenigstens die äußere Werkheiligkeit ziemlich in den Hintergrund. „Gott sieht nicht auf das, was der Mensch thut, sondern wie er es thut; er sieht auf den Kern und nicht auf die Schale oder Hülse; der Kern ist die Meinung, die Schale das Werk."

Sein eigentlich religiöses Empfinden dagegen ist ohne alle Verfeinerung, Vereblung und Innigkeit. Der Mysticismus des Mittelalters hatte sich aus der katholischen Welt nahezu vollständig zurückgezogen. Man kann nicht verlangen, daß Abraham wie jener Angelus Silesius hätte empfinden sollen. Aber er ist auch weit entfernt davon, zu empfinden, wie Friedrich Spee oder Jacob Balde.

So mischen sich überall in dem Menschen Abraham, in der geistigen Besonderheit Abraham die anziehenden und die abstoßenden, die ungewöhnlichen und die gewöhnlichen Züge. Er ist ein völliges Kind seiner Zeit, seiner Confession, seines Standes, seines Staates. Mit ihrer ganzen Beschränktheit haben es diese vier ihm angethan. Er unterscheidet sich wenig von der durchschnittlichen geistigen Beschaffenheit eines Katholiken, eines Geistlichen, eines Oesterreichers vom Ende des 17. Jahrhunderts. Aber er ragt über die Meisten hervor durch seine Rechtschaffenheit, seine Wahrhaftigkeit und die unbestochene Redlichkeit seines sittlichen Urtheils. Dabei allerdings kam ihm die Ausnahmestellung zu Statten, welche die Kutte des Bettelmönchs verleiht: denn die Besitzlosigkeit ohne die Sorge für den täglichen Unterhalt muß einer privilegirten Existenz gleichkommen. Gegen die Macht, die „alles schlägt, die allem trotzt, die alles treibt, die alles findet, die alles zermalmt und überwindet," gegen das Geld — war Abraham für seine Person gefeit.

IV.

Vierhundert Jahre vor Abraham, in der zweiten Hälfte des 13ten Jahrhunderts durchzog die Donaugelände predigend, lehrend, begei-

sternd, unabsehbare Schaaren des Volkes mit seinem Worte fort-
reißend ein. anderer Bettelmönch, der weitberühmte Berthold von Re-
gensburg. Bei ihm dasselbe Mischungsverhältniß der geistigen
Kräfte, wie bei Abraham. Auch seine Bildung höchst untergeordnet,
sein theologisches Wissen nur gewöhnlich, die zelotische Beschränktheit,
der Haß gegen die Ketzer in voller Blüte. Aber welche Sprache!
welche Beredsamkeit! welche Anschaulichkeit! welche fest und sicher aus-
geführten Gleichnisse voll Originalität! und welcher Geist des Ernstes
und der Herzlichkeit, der dies alles durchdringt und belebt!

So wird auch in Abraham der Theolog, der Gelehrte, ja der
Mensch überhaupt weit überboten durch den Redner und Schriftsteller.
Nur um dieses willen haben wir uns mit jenem so lange beschäftigt,
ohne das ungemeine formelle Talent des Redners, das ihn zum Schriftsteller machte, kennten wir seinen Namen vielleicht bloß aus beiläufigen
Aeußerungen der Zeitgenossen und hätten von dem eigentlichen Wesen
des Mannes keine Ahnung.

Abraham der Redner und Abraham der Schriftsteller — das
ist ein und dasselbe. Auch wenn er schreibt, steht er auf der Kanzel
und hat sein ganzes Publicum Aug' in Auge vor sich. Und manche
selbst von seinen größeren Werken mögen auf wirklich gehaltenen Predigten zum Theil beruhen. Jedenfalls ist die Predigt die einzige
Kunstform, in die man sie fassen kann. Daher die ungemeine Lebhaftigkeit und Unmittelbarkeit des Tons, die sie alle auszeichnet und
vermöge welcher sie unseren Ansprüchen an den Styl um so viel näher entgegenkommen, als viele andere.

Abraham ist vielleicht unter allen Schriftstellern des ausgehenden 17. Jahrhunderts derjenige, der uns den herrschenden Geschmack
seiner Zeit am genießbarsten überliefert. Die unverständig weit aus-
holende Gelehrsamkeit ist auch bei ihm da. Die endlose Geschichten-
und Curiositätenkrämerei drängt sich sehr bemerkbar in seinen Schriften auf. An dem Schwulst und Bombast eines Lohenstein hat auch
er sein reichlich gemessenes Theil. Wenn in seinen Naturschilderungen
„der Erdboden von dem unbescheidenen Winter seines frostigen Arrests
entlassen wird und hernach als ein reicher Handelsmann seine wunderschönen Waaren den Augen, Händen und Nasen feilbietet" oder
im Winter „die Stauden mit Schneeflocken bedecket, als wollten sie

dem Mai mit ihren Blüten trotzen," „die Bäume wie ein siebzigjähriges altes Mütterchen mit weißen Haaren überwachsen" sind, wenn die Sonne, „dieser Fürst der Gestirne," der Nebel, „dieser tülpische Sohn der morastigen Erden" genannt wird: so zehrt Abraham von dem Capital des Marini und seiner italienischen und deutschen Nachahmer oder bildet neue Gleichnisse in ihrem Sinne aus.

Auf allen diesen Dingen beruht aber nicht der Kern und das Wesen seines Styles.

Abraham hat mehr als irgend-ein anderer deutscher Prosaiker die Fesselung der Aufmerksamkeit des Lesers zum obersten Princip seiner Schreibweise gemacht. Diesem einen Zwecke wird alles Uebrige untergeordnet. Um ihn zu erreichen, setzt Abraham alle nur erdenklichen Mittel in Bewegung. Er sucht Spannung zu erregen, indem er entweder von vornherein ein Programm aufstellt, dessen vollständige Durchführung der Leser oder Hörer dann erwartet, oder indem er umgekehrt an irgend einem entfernten Endpuncte sein Thema anfaßt und das Ganze nach und nach zum Vorschein kommen läßt. Ein einziger wenig complicirter Grundgedanke wird auf die verschiedenste Art gewendet, scheinbar verlassen manchesmal, und immer darauf wieder ausdrücklich zurückgegriffen. Die Rede beginnt in der Regel mit einer Ueberraschung, und so jeder einzelne Abschnitt der Durchführung: der Hörer wird bis zum letzten Moment im Ungewissen darüber gelassen, auf welches Ziel der Redner zusteuere. Die Kunst der Steigerung versteht Abraham wie Wenige. Die Figur der Frage beutet er auf jede nur mögliche Weise aus. Das äußerste und consequenteste Streben nach Abwechselung, die auf die höchste Spitze getriebene Anschaulichkeit der Darstellung charakterisiren seine Schriften in ihren kleinsten Theilen. Die höchst originellen und meist schlagenden Gleichnisse und Beispiele (um so schlagender oft, je mehr sie allzu roh und niedrig scheinen) ergießen sich in Strömen über jeden Punct, welcher der Versinnlichung bedarf. Die deutliche und in die Augen fallende Zeichnung mit starken Strichen erstreckt sich herab bis auf das Speciellste. Der Parallelismus thut häufig seine bindende Wirkung, so daß ganze Reihen von Sätzen in Ein System sich zusammenschließen, und die Aufmerksamkeit unaufhaltsam weiter eilt. Man athmet auf, wo das System zum Abschluß gelangt, und jeder dieser Ruhepuncte vermehrt die Faßlichkeit, indem er ein Mittel übersichtlicher Gliederung abgibt.

Erwägen wir die Methode von Abrahams Redekunst, so meinen wir wie zwei geheim fortwirkende Mächte die zweierlei Bildungseinflüsse seiner Jugend zu unterscheiden. Zwei Orden, sahen wir, theilten sich in seine Erziehung: die Jesuiten zu Ingolstadt und die Benedictiner zu Salzburg. Von den ersteren rühren die Reizmittel der Phantasie, von den letzteren die aus den entlegensten Winkeln zusammengeschleppte und gescharrte Gelehrsamkeit her.

Die Jesuiten befanden sich im Besitze aller der Mittel, welche die damalige ästhetische Bildung an die Hand gab, um die Sinne und Geister gefangen zu nehmen. Bei den Benedictinern fand das ehrenwerthe, aber höchst unfruchtbare Sammelsuriums-Wissen, an welchem die ganze Zeit krankte, bereitwillige und nicht immer prätensionslose Pflege. Hier wie dort fand man sich gedrängt, auch das classische Alterthum in seinen Kreis zu ziehen.

Eine beliebte Versinnlichungsweise Abrahamischer Predigten ist es, die alten Götter den christlichen Heiligen zu vergleichen, Vorgänge der Bibel durch griechische Mythen zu erläutern. Eben diese Zusammenstellung von Geschichten des alten oder neuen Testaments oder sonstigen christlichen Inhalts mit Erzählungen der heidnischen Sage, z. B. die Opferung Isaaks mit Andromedas Befreiung durch Perseus, war die stehende Einrichtung der Komödien, mit denen die Jesuiten überall, wo sie größere Schulen besaßen, das Publicum an sich lockten. Alle Künste der Dekoration, alle Wunderwirkungen der Maschinerie, die Schmeichelei der Musik wurden aufgeboten, um die starker Reize bedürftigen Nerven der Epigonen des dreißigjährigen Krieges in Schwingung zu versetzen. Die geringeren Erregungsmittel der damaligen Schauspielkunst und Theaterdichtung wurden selbstverständlich nicht verschmäht.

In dieser war z. B. sehr gern gebraucht der Effect des Echos, das etwa einen im Walde einsam Klagenden äfft oder tröstet. Abraham geht in der Verwendung des Echos so weit, daß er dessen vorgebliche Antworten sogar als Beweismittel zu seinen geistlichen Zwecken gebraucht. So etwa: „Wollen wir nicht das Echo fragen: was soll einst aus aller des Menschen Herrlichkeit werden? — Erben" gibt das Echo zurück. Oder: „Wie hat Luther ausgelegt die heilige Bibel?" Echo: „übel."

In den Jesuitenschulen wurden öffentliche Redeakte gehalten, wobei ein Gemälde mit allegorischen Figuren vorgewiesen und dessen theils ernste theils komische Deutung zum Gegenstande der Disputation gemacht wurde. Moralische Begriffe zu personificiren und diese Personen in ihrer ganzen äußeren Erscheinung wie ein Gemälde in allen Einzelheiten auszuführen und zu vergegenwärtigen, darin entwickelt Abraham große Virtuosität. Da nimmt z. B. die Sünde die Gestalt einer Megäre an, welche Zeuris gemalt haben soll, der Kopf wie mit Schimmel überzogen, die Stirn wie ein Hackbrett mit Falten durchfurcht, „ein paar Wangen, welche Farb halber einem alten ledernen Feuerkübel glichen, beinebens aber ganz ungeformt und schlampend wie ein ausgepfiffener Dudelsack," „der Mund innen wie ein zerstörtes Troja, worinnen weniger Zähne als in einem Laubfrosch, außer daß vornher ein einziger Milchzahn stehen geblieben, welcher so groß, daß er sich über die Oberlippe erhob und schier mit seiner abgewetzten Spitze die Nase kitzelte" u. s. w.

Wie versteht es Abraham aber auch, Gemüths- und Seelenzustände zu versinnlichen, heftige Leidenschaften, wie sie den Menschen verwüsten und selbst sein Aeußeres umgestalten, zu schildern. Seine Schilderungen des Neidigen, des Schmeichlers, des Zornigen, des keifenden Weibes, der zänkischen Ehe, oftmals wiederkehrende und immer doch mit neuen Variationen versehene Themata, bilden wahre Prachtstücke, die man freilich mit Labruyères Feinheit und scharfsichtiger Beobachtungsgabe zusammenhalten muß, um sie nicht zu überschätzen. Unzählige kleine Genrebildchen, unmittelbar der Wirklichkeit abgelauscht, sprudeln von dramatischem Leben. Und das ganze damalige Wien mit seiner Schaulust, Leichtlebigkeit und Vornehmthuerei stellt er uns lebendig vor die Seele.

Kurz, Abraham bewährt überall den schärfsten Blick für die Dinge der Außenwelt, die geschultesten Beobachtungsgabe des Sinnfälligen, den unerschöpflichsten Reichthum an passenden und verdeutlichenden Vergleichungen, die höchste und ungesuchteste Präcision des Ausdrucks. Ohne die unumschränkte Herrschaft über die Sprache und über den ganzen Umfang ihres Wortschatzes wäre eine Beredsamkeit wie Abrahams gar nicht denkbar.

Goethe vergleicht einmal Lavaters „Pontius Pilatus" mit Abrahams Art: „denn in diese Manier muß jeder Geistreiche verfallen, der auf den Augenblick wirken will, er hat sich nach den gegenwärtigen Neigungen, Leidenschaften, nach Sprache und Terminologie zu erkundigen, um solche alsdann zu seinen Zwecken zu brauchen und sich der Masse anzunähern, die er an sich heranziehen will."

Die Stelle ist mehr auf Lavater gemünzt als auf Abraham. Dennoch paßt sie auch auf diesen beinah völlig. Die souveräne Verfügung über die Gesammtmacht des österreichischen Spracharsenals — denn der Schwabe verräth sich nur in wenigen Wörtern und Wendungen — ist eins von den Geheimnissen seiner Wirkung. Für jeden Begriff stehen ihm im Moment sämmtliche Synonymen zu Gebote. Für Ein Wort schleudert er zehn heraus. In einen wahren Wirbelwind von bezeichnenden Ausdrücken hüllt er uns zuweilen.

Was freilich das Grammatische anlangt, so zeigt sich unglaubliche Rohheit und Unwissenheit. Das grammatische Bewußtsein der Oesterreicher war damals hinter dem schriftdeutschen Sprachgesetz doch noch viel weiter zurück als heutzutage. Und das wollen wir nicht loben. Aber das unbekümmerte Hineingreifen in den ganzen Vorrath mundartlicher Wörter war unter allen Umständen einfach ein Gebot der Nothwendigkeit, weil eine Quelle sonst unerreichbarer Effecte. Oder will sich Jemand anheischig machen, den Abraham, ohne ihn zu verderben, in reines Schriftdeutsch zu übertragen? Alle Sprachgewaltigen zu allen Zeiten gehen von der innigsten Vertrautheit mit ihrem heimatlichen Volksdialekte aus.

Um indeß Abraham auch auf diesem Gebiete, dem Gebiete seiner eigensten Größe, nicht zu sehr zu bestaunen und über seine Zeitgenossen zu erheben, müssen wir uns erinnern, daß gegen Ende der Siebziger Jahre des 17. Jahrhunderts der Magister Velthen nicht blos in die Posse, sondern sogar in die Tragödie die Improvisation einführte, und daß hierin, wie viel auch andere Momente zu diesem Schritte mitwirkten, doch ein Symptom ziemlich verbreiteter Redefähigkeit erkannt werden muß. Die Elite der damaligen Schauspieler traute sich zu, in freier Rede Alles zu übertreffen — an Wirksamkeit wenigstens — was die deutsche dramatische Litteratur bis dahin geliefert hatte. Der Schwülstige par excellence, Lohenstein, übertrifft in den Reden, welche er den Helden seines ungenießbaren Romans Arminius in den Mund legt, stellenweise Alles was er sonst geleistet, indem er sich darin sogar sparsam und maßvoll, menschlich und einfach zeigt. Darf es uns da wundern, wenn die Redekunst mit das Beste geliefert hat, was uns aus jener Zeit verblieben ist?

Man muß freilich beim Lesen zu überschlagen wissen, um dies Beste ohne Beimischung würdigen zu können. Allzu viel Wust schleppt Abraham mit, der ebenso der Belehrung wie der Unterhaltung seines Publicums dienen sollte. Ganze Allongeperrücken von Geschichten und Notizen stülpt er zur Rechtfertigung einzelner Behauptungen und Lehrsätzen über, oft auch nur, um das eine Glied einer Vergleichung recht unaustilgbar dem Gedächtniß der Zuhörer einzuprägen. Um z. B. zänkische Weiber mit Glocken zu vergleichen, welche ohne Ursache zu klingen anfangen, werden eine lange Reihe solcher Glocken vorgeführt. Aber solche Glocken sind ja sicherlich eine große Merkwürdigkeit, und deßhalb war der curiositätensüchtigen Zeit trefflich gedient mit der Mittheilung. Weniger amüsant auch für sie mochte z. B. eine Zusammenstellung sämmtlicher gotteingegebener Träume der Bibel gewesen sein. Aber stark verfehlt dürfte Abraham den Geschmack seines Publicums doch nur selten haben.

Das stärkste ist, wenn Belege zusammengesucht und über einander gethürmt werden für Dinge, die an sich gar kein Interesse bieten. Z. B. Aufzählung aller Heiligen, die an dem Todestage eines Mannes, dessen Leichenrede eben gehalten wird, gestorben sind. Oder geschichtsphilosophische Erläuterung des Pestjahres 1679 durch die Ereignisse der Jahre 79 sämmtlicher Jahrhunderte seit Christus. Dagegen ist, für uns zwar gleich unerträglich, aber doch im Geiste mittelalterlicher Theologie, wenn die Bedeutung der Zahl Drei zur Glorification der h. Dreifaltigkeit erläutert wird.

Die gelehrte Trödelbude, die sich Abraham, wie wir annahmen, in Salzburg unter benedictinischen Einflüssen errichtet hatte, füllte sich nach und nach bis oben voll mit derartigem Kehricht. Aber manches gute Stück von Novellen und Schwänken befand sich doch darunter.

Hiemit die Predigten zu würzen, war verbreitete Sitte, unter Abrahams Vorgängern z. B. von dem Protestanten Balthasar Schupp häufig geübt, den man oft mit Abraham verglichen hat. Doch übertrifft ihn Abraham bei weitem an Witz, Gestaltungskraft und fortreißendem Fluß der Rede.

Abraham trug seine Geschichten sehr kurz und bündig vor, selten ohne originelle Züge, oft mit einer Lebendigkeit, welche auch längst Bekanntes aus der Bibel mit neuem Reiz zu versehen, ja durch spannenden Vortrag zu heben, durch eigene persönliche Theilnahme uns menschlich nahe zu rücken weiß. Z. B. die Erzählung von der Ambassada des göttlichen Couriers Gabriel bei Marien — wie er die Verkündigung nennt — unterbricht er, da Maria zaudernd einen Augenblick schweigt, mit der Anrede: „Warum, o seligste Jungfrau, lassest nicht von deinen corallinen Lippen das Fiat ergehen? Du siehst ja, daß der heilige Engel, ein von Gott gesandter Botschafter, um solches inständig anhalte." In den Bericht über wichtige Entscheidungen versteht er eine ängstliche Spannung wie fast der Mithandelnden und Betheiligten hineinzulegen, so daß wir manchmal bei dem lästigen Geschichtenerzählen uns doch in etwas entschädigt finden.

V.

Dieser Redner, von dessen Kunst die vorstehenden Bemerkungen nur ein höchst unvollkommenes Bild geben, griff nicht auch gleich, als er auf der Kanzel mächtig wurde, nach der Feder, um mit ihr die Einwirkungen des Wortes zu unterstützen. Obwohl er oftmals seine Predigten aufgezeichnet zu haben scheint, so ließ er sie doch selten und nur bei besonders feierlichen Gelegenheiten drucken. Und gehaltene Predigten zur Erinnerung für die Anwesenden, zur Kenntnißnahme für die Abwesenden in Druck zu geben ist doch noch immer etwas anderes als eigens für den Druck zu produciren. Worüber sollte er schreiben? Große geistige Fortschritte, die zur Mittheilung drängen, hat er nie gemacht, eine ungewöhnliche Masse von Kenntnissen die ihn zur Schriftstellerei wahrscheinlich ermuthigt hätten, war bei ihm nicht aufgehäuft, das satirische Talent hatte sich kaum schon kräftiger hervorgethan, das Leben kannte er vielleicht noch wenig: es bedurfte eines äußeren Anlasses, eines seelenbewegenden Erlebnisses, eines überwältigenden Herandrängens furchtbarer Naturmächte, von deren Druck sich der Geist zu lösen begehrte, während es zugleich die Erfüllung einer öffentlichen Pflicht galt und der Prediger in seiner Rolle blieb.

Dieses Ereigniß war die Pest, welche im Jahre 1679 drei lange Monate hindurch Wien verwüstete. Der schreckliche Feind war kaum gewichen, die zahlreichen Flüchtlinge kehrten zurück, befreit athmete Alles auf, aber nur zaghaft genoß man noch des neugeschenkten Lebens, als Abraham es unternahm, — weniger der allgemeinen Stimmung Ausdruck zu verleihen, als auf das Erlebte zurückzublicken und diese schmerzlichen Betrachtungen zur Kräftigung des sittlichen Bewußtseins zu verwerthen. Sein „Merks Wien! Das ist: des wütenden Tods umständige Beschreibung" u. s. w. sollte in erster Linie ein Erbauungsbuch sein.

Als um die Mitte des zwölften Jahrhunderts in Oesterreich mit dem allgemeinen Wohlstand die Freude am Luxus, der übermüthigste Lebensgenuß, in den adelichen Kreisen das zartere Verhältniß zu den Frauen, die feinen gebildeten Formen der ritterlichen Galanterie ihren Einzug feierten, da hielt ein adelicher Mönch, der Bruder Heinrich von Melk, dieser weltfreudigen Gesellschaft, wie das versteinernde Haupt der Medusa, das Bild der Ewigkeit entgegen. Aus dem Contraste der mönchischen Welt- und Lebensanschauung mit dem irdischen Lusttaumel, der ihn selbst einst umwogt, entsprang diesem ersten deutschen Satiriker die negirende Gemüthsstimmung, die streng urtheilende Beobachtung, die ihn nur mit düsteren Farben das Gemälde seiner Zeit entwerfen ließ.

Jenem Heinrich gleich, unterstützt und selbst wie betäubt von der traurigen Vergangenheit, die eben noch schreckliche Gegenwart gewesen, ruft unser Abraham den Tod herbei, um die menschliche Herrlichkeit, um alle irdische Größe vor seinem Publicum in das Licht zu rücken, worin sie der Bettelmönch erblickt. Wie groß und ruhmreich ist geistliche Tugend, geistliche Entsagung! Wie herrlich ist die Wissenschaft, die Gelehrsamkeit! Wie gepriesen ist Schönheit, ist Reichthum, wie beseligend Frieden der Ehe, wie hoch zu achten kriegerischer Muth und Tapferkeit! Vor dem Tode gilt das Alles nichts, der Tod hat vor nichts Respect. „So wahr ich lebe, schwört der Tod, ich verstehe nicht lateinisch und weiß daher nicht, was Respect für ein Thier."

Voll angefüllt mit Erinnerungen an die Pest ist Abrahams Schrift, mit Erzählungen von rührender Pflichttreue, von aufopfernder Liebe, aber auch mit Schilderungen des Sterbens und der Todten, die bis zum Ekel wahr und anschaulich sind. Die Gestalt des Todes bildet er zu einer gleichsam menschlichen Persönlichkeit aus und steigert den Charakter kalt lächelnder und verachtungsvoller Ironie, den er ihm beilegt und bis in die äußersten Spitzen consequent durchführt, zu völlig dramatischer Lebendigkeit. Hierin hatte freilich die bildende Kunst mit ihren Todtentänzen ihm vorgearbeitet.

Durch große Mannigfaltigkeit der Gegenstände und die zahlreichen Abwechslungen der Darstellung bei aller Einfachheit des Grundgedankens gehört dieses erste Werk Abrahams zu seinen besten und anziehendsten. Der Satiriker freilich kommt darin noch nicht zu vollem Athem. Denn wenn auch die eingebildeten Herrlichkeiten der Welt vor dem Tode zu Schanden werden sollen, so liegt es doch zugleich im Plane der Schrift, auch dem wirklich Großen und Schönen gegenüber des Todes unerbittliche Macht zu zeigen und dergestalt die Reflexion der Weltverachtung auf den Gipfel zu führen. So erscheint die spätere Einseitigkeit Abrahams hier bei weitem nicht durchgebrochen und wir finden ihn auch positiv und anerkennend. Die Schilderung der glänzenden Physiognomie Wiens vor dem Ueberfall der Pest ist warm, theilnehmend, fast ohne alle Herbigkeit. Um so ergreifender taucht mitten in der bunten Bewegung das bleiche, gespenstische Gerippe auf.

Abrahams zweite schwächere Schrift „Lösch Wien" (1680) ist auch durch die Pest angeregt und fordert die Wiener auf, für ihre dem Tode zum Opfer gefallenen Freunde und Verwandten die Qualen des Fegfeuers, in denen sie schmachten, durch Andacht und Gebete zu löschen. Es fehlt nicht an Stellen von tiefem Gefühl, wo er z. B. die Kinder an ihre verlornen Eltern erinnert. „Herzallerliebste Kinder! erwägt doch ein wenig, woher ihr nach Gott euer täglich Brot genommen, wer euch von der Wiegen aus gespeist. Wer?

euere liebsten Eltern. Und das hat sie oft gekostet den Schweiß ihres Angesichts, und das haben sie zu wegen gebracht mit steten Sorgen und arbeitsamer Kümmerniß. Wer hat euch mehr Scherzel (Anschnitte des Brotes) geben, als euere allerliebsten Mütter, die mit euch so manchesmal durch viel tausend Buffel (Küsse) in eurer Kindheit gescherzt haben und euch so oft auf ihren Armen als auf lebendigen Wiegen getragen?"

Die dritte kleine Schrift „die große Todtenbruderschaft, das ist: ein kurzer Entwurf des sterblichen Lebens" (ebenfalls 1680) behandelt das Thema vom Allbezwinger Tod, der nichts schont, noch einmal, aber weit roher und derber, pfäffischer, als „Merks Wien". Die eingelegten Poesien sind auf dem ernsten Gebiete ungefähr das, was die wenig jüngeren Wiener Hanswurstiaden auf dem komischen.

Ein neues großes Ereigniß der Zeit, die drohende Türkengefahr vor Wien, eine abermalige Gottesgeißel für die Sünden der Welt, wie schon die Pest es nach Abrahams Auffassung gewesen war, bewog ihn 1683 zur Abfassung des Werkchens „Auf, auf, ihr Christen! Das ist: eine bewegliche Anfrischung der christlichen Waffen wider den türkischen Blutegel," — worin Belehrungen über die türkische Geschichte, türkische Einrichtungen und Sitten mit Ermunterungen zum Kampfe, Aufforderungen zur Einigkeit und Ermahnungen zur Buße abwechseln. Das Geschichtenerzählen ist stärker in Blüte als in den früheren Werkchen, die Absicht der Belehrung über den heranziehenden Feind und über alles Unheil, das er den Christen schon gebracht, wiegt vor. Aber ein großer Zug des Gottvertrauens und der Siegeshoffnung geht durch das Ganze, und wenn man sich des Paters gleichzeitige Predigten von demselben Geiste getragen denkt, so mag er befeuernd und erhebend genug gewirkt haben.

Alle bisher erwähnten Abrahamischen Bücher sind, wie wir sehen, Gelegenheitsschriften, durch das unmittelbare Bedürfniß des Momentes eingegeben. Nachdem Abraham so die schriftstellerische Bahn überhaupt betreten hatte, wagten sich dann auch andere litterarische Projecte hervor. Von seinem Aufenthalte zu Taxa in Baiern her war vielfältiges Material von Legenden und Wundergeschichten, die sich an jenem Orte sollten begeben haben, bei ihm aufgehäuft. Daraus machte er jetzt — 1685 — jenes schon erwähnte Wallfahrtsbüchlein mit dem wunderlichen, dem Gackern einer Henne nachgebildeten Titel: welche Henne als Wunderthier bei der Gründung besagten Klosters eine einflußreiche Rolle gespielt hatte.

Schon aber beschäftigte unseren Helden ein umfangreicherer Plan. Sein satirischer Hang fand bisher nur beiläufige Befriedigung. Noch in dem Türkenbuch hatten nur einige Parallelen, die er zu Ungunsten der Christen mit den Türken ziehen konnte, ihm die erwünschte Gelegenheit geboten. Er wollte jetzt ein Werk schreiben, das in vorwiegend satirischer Absicht angelegt war. Es beschäftigte ihn zehn Jahre mindestens, umfaßt vier Quartbände und führt den Titel „Judas der Erzschelm", erschienen 1686—1695.

Die Lebensgeschichte des Verräthers Judas, als des Ausbunds sämmtlicher Laster, soll Gelegenheit geben, alle Sünden, welche Abraham in seiner Zeit beobachtet, zur Sprache zu bringen. Eine Reihe satirischer Zeitpredigten sind also an jenem Faden, den die alte Apokryphen-Litteratur lieferte, aufgereiht. Das war so weit ganz gut. Aber indem der Autor ein Capitel seines Textes stets als Grundlage eines Abschnittes — der einer Predigt gleichkommt — voranstellte: so bot dieser jedesmalige Text oft nicht blos ein, sondern mehrere Themata, und Themata nicht blos satirischer Art, an deren keinem jedoch Abraham vorübergehen wollte, ohne belehrende und erbauliche Betrachtungen daran zu knüpfen. Hierdurch haben die Abschnitte, was bei Abraham sonst niemals fehlt, die Einheitlichkeit und die Consequenz der Durchführung verloren. Abraham muß diesen Uebelstand selbst gefühlt haben, denn er ist nie wieder zu so großen Compositionen zurückgekehrt. Alle seine späteren Werke, soweit ich sie kenne, sind Sammlungen von Predigten oder predigtartigen Aufsätzen, deren jede für sich abgeschlossen und manchmal durch nichts als den Titel mit den anderen verbunden ist. Die Zahl dieser Werke ist sehr groß und noch aus seinem Nachlasse wurden fünf Quartbände veröffentlicht.

Ich kann mich auf nähere Charakteristiken hier nicht weiter einlassen. Einige der letzten Bücher sind nur erbaulicher Natur: an die Dinge der äußeren Welt, an das Leben und die Beschäftigungen der verschiedenen Stände werden Betrachtungen geknüpft, welche auf das

Ewige und Himmlische hindeuten. Bei weitem die Mehrzahl aber läßt der Satire freien Lauf.

Im „Judas" zuerst zeigt der Abraham sein ganzes Gesicht, an den wir immer zunächst denken, wenn von Abraham a Sancta Clara die Rede ist: Abraham der Humorist. Auch im Judas finden sich ernste Stellen voll Schwung und Feuer, ja man kann sagen: in der Regel ist noch der tiefe Abscheu vor dem Laster der Grundton, der sich bei aller humoristischen Ausführung im Einzelnen dem Leser aus dem Ganzen aufdrängt. Aber wenn z. B. das Thema behandelt wird

> Willst du heirathen, so besinn dich fein:
> Sonst bekommst Essig anstatt des Wein —

und alle die verschiedenen Täuschungen, die Einem begegnen können, geschildert werden mit dem Refrain „O hätte ich das gewußt!" — so verfällt Abraham schon ganz in die humoristische Virtuosenmanier, deren Effect nothwendig mehr die Erheiterung, als die sittliche Besserung des Lesers oder Zuhörers sein muß. Dieselbe Manier, welche wir fast in allen Stücken seines Nachlasses finden. Dieselbe Manier, welche auf die Kanzel übertragen ihm das nicht eben geistreiche Epigramm eintrug:

> Erzvater Abraham! es lachet deine Sara,
> Statt daß sie Gott dem Herrn aus wahrem Herzen dankt.
> So lacht auch Jedermann bei Abraham a Clara,
> Wenn er ein' Predigt macht bei Augustinus Sanct.

Wenigstens beweisen diese Zeilen sowohl, daß im Publicum das Unpassende komisch wirkender Predigten gefühlt wurde, als auch daß man daran keineswegs gewöhnt war. Für uns aber ist die Bemerkung wichtig, daß eben jenes Factum, das uns an Abraham verletzt, jene Entwürdigung der Kanzel, die er sich zu schulden kommen lassen und die ein so trauriges Licht auf den damaligen Bildungszustand Wiens wirft, — daß diese Abrahamische Extravaganz an ihm selbst etwas Neues, allmählich erst Gewordenes, daß sie keineswegs die ursprüngliche Quelle seines Rufes und seiner Beliebtheit, sondern nur ein Auswuchs an seinem Talente war, der seine besonderen Gründe gehabt haben muß, — ein Auswuchs allerdings, wie es scheint, der zuletzt alles Uebrige, die ganze Thätigkeit, die ganze Persönlichkeit des Mannes überwuchert hat.

Es möchten wenige Puncte in der Litteraturgeschichte schwerer zu beurtheilen sein, als der: bei welchen Stellen eines beliebigen Buches oder einer beliebigen Rede die zeitgenössischen Leser oder Zuhörer nothwendig gelacht haben müssen. Schon die Menschen einer und derselben Zeit stimmen hierin nicht überein. Der norddeutsche Witz ist ein anderer als der süddeutsche, der süddeutsche reine Spaß ohne Witz wird in Norddeutschland in der Regel nicht verstanden. Es müßte möglich sein, daß ein Wiener von heute sich geistig in einen Wiener von circa 1700 verwandelte, um zu beurtheilen, bei welchen Wendungen einer damals gehaltenen Predigt er dem Lachreiz nicht hätte widerstehen können. Und auch dies gäbe nur ein unsicheres Resultat. Es kommt bei der komischen Wirkung sehr wesentlich auf die Art des Vortrags an, auf die Geberde, auf die Miene, mit der eine Wendung begleitet wird, auch darauf, ob der Vortragende sie in der Voraussetzung sagt, daß darüber gelacht werden würde. Endlich wird die Sammlung und Erhebung des Gemüthes, welche die Kirche gewähren soll, durch einzelne verstreute Wendungen, die bei diesem ein leises Lächeln erregen mögen, an jenem vielleicht abgleiten, entfernt nicht beeinträchtigt. Wir müßten also wissen, bei welchen Stellen blos gelächelt, bei welchen laut gelacht wurde, und worauf es beruhte, ob der Gesammteindruck einer Predigt komisch war.

Einen sicheren Maßstab gibt es dennoch. Es gibt gewisse Gelegenheiten, bei denen alle Menschen zu allen Zeiten nur ernst sein können, oder sich doch nur ernst geberden dürfen. Und es gibt gewisse Dinge, die bei allen Menschen zu allen Zeit für verkehrt gelten müssen und die daher nur ein Narr oder wer Andere lachen machen will über die Lippen bringen wird.

Bei Trauerreden an der Bahre geliebter Verstorbener werden keine Possen gerissen. Wenn daher Abraham bei solchen Gelegenheiten Wortspiele anbringt, wunderliche Argumentationen aus Rückwärtslesungen der Worte und Buchstabenversetzungen gebraucht, auch auf andere sonderbare Sophismen, die wir nicht für ernsthaft halten könnten, Beweise baut, wenn er durch ganz unerwartete Schwenkungen des Ganges seiner Rede unmittelbar neben offenbar tief gefühlten und ergreifenden Stellen verblüfft — kurz wenn er uns Heutige zwingt, in Trauerreden über ihn zu lachen: so müssen dieselben Dinge zu seiner Zeit auf Niemanden diese Wirkung hervorgebracht haben, und geistreich war manches, was wir komisch oder albern finden dürfen. Wenn er aber eine Auseinandersetzung über die Abscheulichkeit der Sünde und die Wirkung des Bußsacraments beginnt: „Allerlei Nasen! allerlei Nasen! Es gibt große Nasen, kleine Nasen, lange Nasen, kurze Nasen" u. s. w., so konnte eine solche Tollheit nur in komischer Absicht vorgebracht werden.

Lege ich nun diesen Maßstab an Abrahams Schriften, so darf ich in den früheren bis zum Judas fast nur das Geistreiche und Pointirte anerkennen. Im Judas scheinen sich die ersten humoristischen Anwandlungen hervorzuwagen. In den letzten Arbeiten und im Nachlaß (welcher zum Theil Concepte von wirklichen Kanzelreden enthalten dürfte) bewegen sich schrankenlos und ungehemmt alle möglichen Possen auf offener Bühne. Gute Possen, witzige Possen, lächerliche Possen, possenhafte Possen auch für uns — aber doch immer Possen nicht als Gäste, sondern als einheimische berechtigte Bewohner der Kanzel der Hofkirche des heiligen Römischen Reichs!

Wir sehen demnach eine Entwickelung in Abrahams Manier in den Wirkungen, die er bei seinen Zuhörern hervorbringen will: vom Interessiren, Ueberraschen, Blenden zuerst zum Lächeln, dann zum Lachen.

Ein Jahr ehe der ständige Possenreißer der Hofkirche seine Bühne und das Leben verließ, war in Wien die erste ständige Possenbühne von dem Manne eröffnet worden, der seinen Namen in der deutschen Litteraturgeschichte durch die Erneuerung und Reform — des Hanswursts verewigt hat, dem wir es in erster Linie zu danken haben, daß zu einer Zeit, wo Deutschland schon durch Lessings Minna von Barnhelm bewegt wurde, in Wien noch der Kampf um den Hanswurst die Geister in Athem hielt. Der legitime Nachfolger und Erbe Abrahams a Sancta Clara war Joseph Stranitzky. Der Verfasser des „Judas der Erzschelm" wurde abgelöst durch den Verfasser der „Olla potrida des durchtriebenen Fuchsmundi".

VI.

Wie verstehen wir nun Abrahams Entwickelung? Was treibt ihn in die burleske Richtung?

Abraham steht in der Geschichte des Predigtwesens keineswegs allein da. Seine komische Manier ist die höchste Spitze einer wie es scheint im fünfzehnten Jahrhundert aufgekommenen Gattung der Kanzelberedsamkeit, welche in engem Zusammenhange mit der volksthümlichen Satire stand und zuerst an dem Dominicaner Barletta in Italien, an den Franciscanern Olivier Maillard, Hofprediger Ludwigs XI. und Michel Menot in Frankreich, an dem Doctor Geiler von Kaisersberg in Deutschland ausgezeichnete Vertreter fand. Wie weit diese Männer Lachen erregen wollten, wie weit es ihnen blos auf drastische Wirkung ankam, das können wir in der Ferne der Zeiten bei ihnen noch schwerer entscheiden als bei Abraham a Sancta Clara. Die geistreich sein sollende allegorisch-tändelnde Art Kaisersbergs und Anderer starb unter Katholiken und Protestanten nicht aus, und protestantische Bauernprediger wie Spörrer und Sackmann leisten das äußerste an drastisch grober Rede. Der Franciscaner Cornelius Adrianfen, der in Brügge um die Mitte des sechzehnten Jahrhunderts lehrte, kanzelte die verschiedenen Stände und Parteien ab und fesselte die Aufmerksamkeit des Volkes durch oft sehr schmutzige Späße. In Frankreich hatte noch der Ordensbruder Abrahams, der Augustiner André (gestorben 1675) den Muth und das Vorrecht alle Derbheiten ungescheut zu sagen, und der Begriff der capucinades kann nicht älter als 1573 sein, in welchem Jahre sich König Karl IX. die Kapuziner vom Papste verschrieb. Auch den italienischen Volksrednern waren in der Regel alle Mittel recht um sich den Beifall ihres Auditoriums zu sichern.

Die Manier als solche mithin dürfen wir unserem Helden nicht zum Vorwurf machen. Das Charakteristische liegt nur darin, daß er sie auf ihre Höhe bringt und eine ganze weit wirksame Schule begründet die ihm nacheifert, während gleichzeitig in Frankreich schon das Genie Bossuets erschienen war (Hofprediger seit 1661) und alle geistliche Beredsamkeit Europas verdunkelte; während selbst der Jesuit Segneri, der berühmteste italienische Prediger des siebzehnten Jahrhunderts, wenigstens in seinen gedruckten Reden sich aller Possenreißerei enthielt, deren ihn sein Ruf beschuldigt. Das Charakteristische liegt darin, daß Abraham dem kaiserlichen Hof und dem gebildetesten Publicum der katholischen Hauptstadt Deutschlands gegenüber einen Styl niedrigster Wirkungen festhalten und zur Vollendung bringen durfte, welcher sich gleichzeitig im protestantischen Deutschland nur auf den untersten Stufen der Bildung geltend zu machen wagte, während in den Kreisen höherer Cultur die homiletischen Reformen Speners immer größeren Einfluß gewannen.

Also das Verspätete ist das Charakteristische. Abraham ist der Zeitgenosse Bossuets. Der Hof von Wien ist im siebzehnten Jahrhundert nicht weiter als der Hof von Paris im fünfzehnten. Der schmutzige Bach der anderwärts versickert, hier in Abraham wächst er noch einmal zum Strom an.

Aber der Mann ist ein Virtuos. Sein Entwickelungsgang ist der leider sehr regelmäßige des Virtuosenthums überhaupt.

Die Fertigkeit, auf welche der Erfolg sich vorzugsweise gründete, wird gesteigert, ausgebildet, übertrieben, solange Steigerung, Ausbildung, Uebertreibung möglich ist — und zuletzt hat das Teufelshaar den Klee überwuchert und es wächst nicht Ein nahrhaftes Hälmchen mehr auf diesem Boden. Den Gefahren des Virtuosenthums unterliegt aber ein Prediger so gut wie ein Schauspieler, wie ein Concertgeber, wie ein Maler.

Abraham herrscht nicht über seine Zuhörer, sondern er dient ihnen. Nicht das Gute, Große, Edle bildet er in sich aus, nicht darin macht er Fortschritte, sondern im Erfolgreichen. Er erleidet willig den unbewußten Einfluß, welchen Stimmung und Geschmack des Publicums auf jeden ausüben, der in seiner Thätigkeit und Wirkung auf das Publicum angewiesen ist, wenn er nicht zu jenen Einsamen, Stolzen gehört, die über die Welt schreiten wie ein Löwe durch die Wüste. Ein Prediger müßte vielleicht blind und taub sein, um ihnen gleich zu werden. Was kann ihn sonst retten bei langjährigem Verkehr, daß nicht die Wirkung, die er auf das Publicum ausübt, ihm vom Publicum zurückgegeben wird, daß nicht, wie ein geistesmächtiger Mann seine ständigen Hörer sich ähnlich macht, diese

Hörer umgekehrt wieder ihn assimiliren? Was kann ihn retten vor der täuschenden Selbstbeschwichtigung, wenn ja einmal ein Zweifel in ihm auftaucht, was kann unseren Abraham retten, wenn z. B. jenes Epigramm etwa geheime schlummernde Bedenken des eigenen Gewissens wieder wachruft, vor der beruhigenden Erwägung, daß ja nur die edelste Absicht ihn leite, daß die glühendste Liebe zum Guten und Rechten nur dieses Mittel als das sicherste gewählt habe, um sich selber Eingang zu verschaffen? Was kann ihn vor dieser Erwägung retten vollends in einer Zeit, welche „Belehrung durch Unterhaltung" zur allgemeinen Devise ihres litterarischen und künstlerischen Schaffens gemacht hat? Was kann ihn endlich davor retten, schaffend und wirkend in einer Welt von ganz bestimmt ausgeprägtem Charakter, daß nicht die verwandten Seiten seiner eigenen Natur zu unverhältnißmäßig hervorgetrieben werden, um das ursprüngliche Gleichgewicht seiner Seelenkräfte nicht zu stören?

Und es bestand eine unleugbare Verwandtschaft zwischen den humoristischen Anlagen dieses Schwaben und der ganzen durch Jahrhunderte unveränderlichen und immer mehr ausgebildeten Geschmacksrichtung des österreichischen und ganz besonders des Wiener Publicums. Insofern ist es richtig, daß Wien und der unmittelbare Contact mit seiner Bevölkerung, wie er durch die Kanzelthätigkeit gegeben war, für Abraham verhängnißvoll wurde. Und die Antwort auf unsere Frage nach der Möglichkeit einer Erscheinung wie Abraham zu Ende des siebzehnten Jahrhunderts — liegt in dem Hinweis auf die Naturgesetze der geistigen Production und Consumtion, auf die verhältnißmäßige Abhängigkeit der ersteren von der letzteren. Das Gesetz des Angebotes und der Nachfrage gilt nicht blos für das ökonomische Gebiet.

Die Betrachtung des Geschmackes, der Abraham umstrickte und in seine Dienste zwang, ist der letzte Schritt, der uns für die historische Motivirung der Abrahamischen Individualität noch übrig bleibt.

Esaias Pufendorf berichtet, die österreichischen Minister hätten ihren Herren schon von langer Hand weisgemacht, daß sie sich um Finanzsachen nicht bekümmern dürften, „sondern selbige Sorgen als die mit ihrer Dignität und Grandeur nicht convenabel und darzu sehr verdrießlich und schwer wären, denen so darüber bestellet, allerdings und absolute überlassen." Pufendorfs Beobachtungen wurden am Hofe Leopolds I. gemacht. Wie es unter diesem Kaiser mit den österreichischen Finanzen stand, wurde oben schon berührt. Von demselben Leopold ist aber bekannt, daß ihm keine Ausgabe zu groß war, wo es galt seine Person zu verherrlichen und daß unter ihm Opern, Ballete und Hoffeste ungeheure Summen verschlangen.

Ich fühle mich versucht in jenem Berichte Pufendorfs, durch diese Thatsachen illustrirt, das ganze Wesen des deutsch-österreichischen Stammcharakters, wie er im Wienerthum sich condensirt, angedeutet zu finden. Auch in der Wirthschaft zeigt sich der ganze Mensch, und das Verhältniß zu den ökonomischen Interessen ist die elementarste Form des Verhältnisses zu den großen Lebensinteressen überhaupt. Es sind stets dieselben geistigen Mächte, welche sie alle gleichmäßig bestimmen. Der Wohlstand ist nicht blos die unerläßliche Bedingung von Bildung, Freiheit, Sittlichkeit, sondern das Resultat eben der Wirkungen, welche Bildung, Freiheit, Sittlichkeit erzeugen.

Leopold I. ist typisch für das Oesterreicherthum, weil ihm der Sparsinn fehlt. Es scheint ihnen ein zu hartes Sorgen, die Mittel zum Genuß ruhig hinzulegen, wenn die Sinne seufzen nach Genuß. „Ihre Minister haben ihnen weisgemacht, daß selbige Sorgen mit ihrer Dignität und Grandeur nicht convenabel und darzu sehr verdrießlich und schwer." Die Minister sind die Sinne, nur auf ihren eigenen Vortheil bedacht, betrügerische, habsüchtige Diener eines lässigen Herrn, der in aristokratischer Trägheit dem äußeren Schein persönlicher Geltung sein wahres Wohlbefinden aufopfert. Der Geist ist bequem und schlaff, die Sinne sind rührig und kräftig. Das Streben nach Behagen ist stark entwickelt und doch gelangt man nie zum vollen Behagen. Dies Schweben zwischen Genuß und Unbefriedigung, die daraus erfolgende Verquickung von gedankenloser Heiterkeit und kritisch gestimmter Herzenskälte — bei aller Bereitwilligkeit zu plötzlichen Rührungen — macht das eigentliche Lebensgefühl des heutigen Wieners aus. Dieses aber ist nur die jüngste Erscheinungsform uralter Stimmungen und Gemüthsrichtungen, welche mit den ersten Manifestationen eines besonderen geistigen Lebens der südöstlichen Marken Deutschlands schon hervortreten.

Aneignung von Idealen, Leben nach Idealen, bekümmertes Ringen um Lösung sittlicher Probleme — das ist Arbeit des Geistes, die scheuen wir. Im Anfang des dreizehnten Jahrhunderts verherrlicht der Nordbaier Wolfram von Eschenbach die Ideale des Ritterthums, wirft der Elsässer Gottfried von Straßburg die sociale Frage auf, die Frage nach Liebe und Ehe, von welcher im innersten die Zeit bewegt wird. Auch in Oesterreich hat damals die Poesie nicht gefeiert: was uns heute das liebste Besitzthum aus jener Epoche ist, das Nibelungenlied, verdanken wir Oesterreich. Aber das Verdienst jener adelichen Sänger, welche die Nibelungenlieder neu behandelten, war nur ein formelles. Was die Sache anlangt, so hafteten sie treu an den alten Schätzen, welche Jahrhunderte gehütet hatten. Die geistige Fortschrittsbewegung vollzog sich außerhalb Oesterreichs, Oesterreich hatte keinen Theil daran.

Unsere Sinne dagegen rührig und habsüchtig. Die starken sinnlichen Reize verfangen und ihrer kann uns nie genug werden. Die mit stärkeren sinnlichen Reizen verbündete, an Gedanken nicht zu schwer tragende Poesie, die musikalische Poesie, die zugleich den Privat- und öffentlichen Interessen des Tages dient, die Lyrik, die Liebes- und politische Lyrik — gibt es unter allen altdeutschen Lyrikern der ersten Generation einen besseren Namen als Walther von der Vogelweide? unter allen Lyrikern der zweiten Generation einen einflußreicheren und größeren als den humoristischen Neidhart von Reuenthal, der in Baiern zwar geboren, doch schließlich in Oesterreich den Schauplatz seiner Späße und Liebesabenteuer fand? Und hier sind wir auch schon auf dem komischen Gebiete: auf Neidharts Humor folgen die Tollheiten des Ulrich von Lichtenstein. Und nehmen wir dazu den ersten deutschen Novellen- und Schwankdichter Stricker, jenen ersten deutschen Satiriker Heinrich von Melk: so ist unser Mischungsverhältniß der Geschmacksrichtungen vollständig angegeben.

Ich müßte allzu Bekanntes wiederholen, um nachzuweisen, wie uns dies Mischungsverhältniß durch alle Zeiten seither geblieben ist. Freilich die Kraft der Vertretung der einzelnen Richtungen war nicht dieselbe, nur die Richtungen waren gleich. Wir haben in neuerer Zeit unsere Schuld an dem Kunstleben der Nation hauptsächlich mit Musik abbezahlt. In dem Staate der Gesellschaft Jesu war nur frei was keine Gedanken producirt. Auf dem Felde der redenden Künste dominirte der stärkste materielle Reiz: der Spaß.

Wir waren stets und sind mit einer größeren Dosis Lachlust begabt als andere Deutsche. Auch neben Ernst, Tiefe und Leidenschaft wohnt bei uns die heiterste Bereitwilligkeit zu Spott und Ironie, zu unerschöpflichem Erzählen und Anhören lächerlicher Geschichten und Schnurren, zum harmlosesten ungefälschten unerzogenen Spaß an sich. Der Spaß ist unser unzertrennlicher Begleiter im Glück, leider ein unzertrennlicherer Begleiter als unsere etwas zweifelhafte Gutmüthigkeit und die vollends mythische Bescheidenheit. Der Spaß ist unser treuester Freund im Unglück, leider ein treuerer Freund als das Bewußtsein unserer Pflicht, als der Glaube an uns selbst, als die Begeisterung für das Große, als der Trotz auf unser Recht und unsere Kraft.

So ist, so war Pater Abrahams Publicum. Der Punct der entschiedenen Verwandtschaft, Abrahams komisches Talent, wurde der Ausgangspunct der Infection, welche nach und nach sein ganzes Wesen ergriff und aus ihm das machte, als was wir ihn leider betrachten müssen, einen interessanten Fall in dem geschichtsphilosophischen Capitel: das Possenhafte als Krankheitsform des menschlichen Geistes.

Wien, 18. October 1866.

Franz Grillparzer.
Beiträge zu seinem Verständnisse.

Grillparzer hat sich stets mit voller Unbefangenheit über sein Verhältniß zu großen Männern ausgesprochen. Von seinem Besuch in Potsdam und Sanssouci z. B. erzählt er: „Wir verfolgten dort alle Erinnerungen an Friedrich den Großen, der mir immer widerlich war, ohne deshalb weniger groß zu sein." Nach Grillparzers eigenem Beispiel darf ich vielleicht ohne Unbescheidenheit erklären: Grillparzer war mir nie sympathisch. Ja, ich bin vielleicht Grillparzern und meinen Lesern diese Erklärung schuldig als Vorbereitung auf die nachfolgenden Aufsätze. Der kühle objective Ton, der sich ernstlich um Verständniß bemüht, aber nie zum Enthusiasmus erhebt, der über Poesie so prosaisch und sachlich als möglich redet, er entsprang aus dem lebhaften Wunsche, einem bedeutenden Manne, der mir fremdartig und nicht liebeweckend gegenüberstand, Gerechtigkeit widerfahren zu lassen. In früherer Jugend war mir Grillparzer vollständig verschlossen, es war mir unmöglich, in den wenigen Werken, die ich kannte, irgend etwas zu bewundern. Eine Vorstellung des Ottokar, die ich zufällig sah, ließ mich gänzlich kalt. Die Sappho machte mir bei der Lectüre nicht den geringsten Eindruck, obgleich ich sie auf Betrieb und unter warmer Empfehlung einer edlen, herrlichen, verehrungswürdigen Dame, einer Zeitgenossin Grillparzers, gelesen habe.

Die Gemeinde der Grillparzer-Verehrer war lang eine sehr kleine, aber sie umfaßte die besten Elemente des alten Wien. Das Verhältniß hat sich durch zwei Umstände geändert. Ein dramatischer Techniker, ein Kenner der Bühne und des Theatereffectes vom ersten

Range, nährte in sich und anderen die unverhohlene Bewunderung für Grillparzers technische Meisterschaft. Er rief eine sehr berechtigte Agitation ins Leben, er bewirkte neue Aufführungen fast sämmtlicher Grillparzerischen Stücke, welche nicht anders als erfolgreich wirken konnten. An den großen Eigenschaften dieser Dramen besaß er den besten Verbündeten, und es war nicht mehr als billig, daß das Wiener Publicum sich seiner früheren Ungerechtigkeit zu schämen anfing und sie durch gesteigerten Enthusiasmus nach Kräften gut zu machen suchte. Ganz rein sachlich aber war die Begeisterung nicht, ein zweiter Grund hatte wenigstens starken Antheil daran. Das alte Wien hegte den Gegenstand seiner Verehrung und Liebe fast verschämt in der Stille, wie ein weltunbekanntes köstliches Erbstück. Das neue Wien machte das Erbstück zu Geld, trat auf den Markt mit seinem Reichthum, kaufte prächtige Geschmeide und Edelsteine dafür ein und war sichtlich bemüht, seine eigene werthe Erscheinung damit zu schmücken. Es war bedeutende Nachfrage nach großen Männern in Oesterreich, man wollte sich sehen lassen vor dem „Ausland", und die Künste der Reclame wurden in Bewegung gesetzt für edle bescheidene Persönlichkeiten, die aus sich selbst ganz unfähig waren, mehr Geltung in Anspruch zu nehmen als sie verdienten. Viel Uebertreibung mischte sich ein: das Resultat war gleichwohl ein gutes. Das Unrecht der deutschen Kritik und Litteraturgeschichte gegen Grillparzer wurde gesühnt. Das poetische Kapital, von welchem die Deutschen zehren, ist reicher geworden, seit man ihn nicht mehr übersehen zu dürfen glaubt.

Die Wogen der Begeisterung gingen in Wien endlich so hoch, daß ich es für meine Pflicht hielt, mich davon tragen zu lassen. Ich wollte versuchen, ob ich den Enthusiasmus theilen könnte, von dem ich meine ganze Umgebung ergriffen sah. Daß ich Grillparzer noch nicht genug kannte, um meiner Abneigung irgend folgen zu dürfen, das gestand ich mir leicht. Ich las daher Alles von ihm, was ich erreichen konnte. Einen ganz tiefen Eindruck aber habe ich nur von dem „armen Spielmann" erhalten. Dazu gesellte sich später die Aufführung der „Esther" und vor kurzem sein Bericht über den Besuch bei Goethe. Alles übrige hat mir wohl Bewunderung eingeflößt, aber es hat mich niemals im Tiefsten ergriffen.

Ich hatte das Glück, Grillparzer noch persönlich kennen zu lernen.

Aber es blieb mir das Gefühl, einen Einsiedler zu stören, und so kam es nur zu zwei bis drei wirklichen Besuchen. Wir sprachen, soviel ich mich erinnere, von dem Nibelungenliede, dessen Verfasser Grillparzer classische Bildung zutraute, weil er wie Virgil uns mitten in die Begebenheiten hinein führe und das hinter denselben liegende durch Erzählung eines Betheiligten nachhole. Wir sprachen von Politik, worin ich den alten Herrn seltsamerweise sehr gut verstand. Auch von seinem geliebten Lope war die Rede und von dem oberösterreichischen Dramatiker Pater Maurus Lindermayer, den ich erst durch ihn nennen hörte und dann, nicht ohne Vergnügen, las.

Leider habe ich, seit ich Grillparzers Werke genauer kenne und ein hohes Interesse dafür empfinde, wenige derselben auf der Bühne gesehen, nur eben die Esther mit einzelnen Scenen der anderen Stücke bei der Todtenfeier im Burgtheater, und zweimal den Bruderzwist. Es ist dies ein großer Mangel, den ich schmerzlich empfinde und der für eine gerechte Würdigung des Mannes nicht anders als nachtheilig sein kann. —

Wenn man ein persönliches Verhältniß zu den Dingen und Personen hat, von denen man öffentlich sprechen will, so sollte man das, glaube ich, immer offen darlegen oder wenigstens durchfühlen lassen. Der Leser mag dann hinzufügen oder abziehen, je nachdem es ihm scheint, daß aus Antipathie zu wenig, aus Sympathie zu viel gesagt worden sei. Auch ob umgekehrt Jemand im Bewußtsein eigener Antipathie, aus Furcht sich einer Ungerechtigkeit schuldig zu machen, in den entgegengesetzten Fehler der Ueberschätzung fallen könne, mag von strengeren Richtern erwogen werden.

Grillparzer starb am 21. Januar 1872. Die folgenden Bemerkungen wurden zum Theil bald darnach in einem Vortrage zu Wien ausgesprochen, dann mit beträchtlichen Vermehrungen niedergeschrieben und in der Oesterreichischen Wochenschrift veröffentlicht; jetzt, im Mai 1874, habe ich das meiste hinzugefügt, was sich auf den Nachlaß bezieht und aus den Sämmtlichen Werken (zehn Bände, Stuttgart 1872) geschöpft ist. Die würdigste Art, einen Dichter zu feiern, schien mir die eingehende Betrachtung seiner Schöpfungen. Und eine gewisse Genauigkeit philologischer Behandlung, wie sie die Litteraturgeschichte ihren älteren Lieblingen zu gewähren pflegt, glaubte ich als Philolog dem Dichter schuldig zu sein. Daß auch das Gefühl und die Pflicht der Landsmannschaft dabei mitgewirkt hat, will ich nicht leugnen.*)

I.
„Des Lebens Schattenbild."

Die Stoffe, welche Grillparzer dramatisch bearbeitete, zerfallen hauptsächlich in zwei Gruppen: eine antike, welche Sappho, das goldene Vließ, des Meeres und der Liebe Wellen umfaßt; und eine vaterländisch-historische, zu der König Ottokars Glück und Ende, der treue Diener seines Herrn, Libussa und der Bruderzwist im Hause Habsburg gehören.

Wie diese Wahl der Stoffe mit verbreiteten Zeitrichtungen zusammenhängt, liegt vor Augen.

Auch für Grillparzer war, wie für den Grafen Platen, das Alterthum die ideale Welt, in die er sich aus der Wirklichkeit flüchtete. Und Flucht aus der Wirklichkeit bedeutete ihm alle Poesie überhaupt. Auch ihn hat es nach Italien, nach Griechenland gezogen, um in der reicheren Natur, unter schöneren Menschen nach einem Abglanz versunkener Herrlichkeit zu suchen. Es war ein entzückender Moment, als er zum ersten Male aufbrach:

> Gelobt sei Gott! die Stund ist da,
> Der Wanderstab in der Hand!
> Zu Dir hin gehts, Italia,
> Du hochgelobtes Land'

Die südliche Natur schließt alle ihre Zauber vor ihm auf. Mit

---

*) Ich verzeichne einige von mir benutzte Litteratur: Wurzbach Franz Grillparzer. Wien 1871. Goedeke Grundriß 3, 384 ff. H. Hopfen in der National-Zeitung 1871 Nr. 25, 27. 29; 1872 Nr. vom 11. Februar. G. Freytag Im neuen Reich 1872 Nr. 5 S. 198. A. Foglar Grillparzers Ansichten über Litteratur, Bühne und Leben, Wien 1872. E. Kuh Zwei Dichter Oesterreichs, Pest 1872 S. 1—286. K. Tomaschek Friedrich Halm und Franz Grillparzer, Wien 1872. Auguste von Littrow-Bischoff Aus dem persönlichen Verkehre mit Franz Grillparzer, Wien 1873. Außerdem hat Frau Helene Auspitz in Wien die Güte gehabt, mir ihre Aufzeichnungen über Gespräche mit Grillparzer zu leihen, woraus sie in der N. Fr. Pr. Nr. 2673 (2. Februar 1872) Einiges veröffentlichte.

allen Sinnen klammert er sich an ihre Pracht. „Ueberall Schönheit, überall Glanz!" ruft er aus. Er kommt sich wie ein Pilgrim vor, der zum heiligen Grabe zieht, „zu deinem Grab, du heilige, ent=
schlafne Zeit." Die Reliquien, die er suchte, waren die Spuren der Antike. In der Gesellschaft der ewigen Götter meinte er zu wandeln —

> Und von jeder hohen Schwelle
> Sah ein Himmlischer ihn an,
> Rückte sacht auf dem Gestelle,
> Lud zu sich den Wandersmann.

Und in den Ruinen des Colosseums ergreift er leidenschaftlich Partei für die entschwundene Heidenherrlichkeit, für die „riesige Ver=
gangenheit". Das Kreuz ärgert ihn, das dort aufgestellt:

> Thut es weg, das heilge Zeichen!
> Alle Welt gehört ja dir.
> Ueberall — nur bei diesen Leichen
> Ueberall stehe, nur nicht hier.

Es war ein tiefer, unauslöschlicher Eindruck, den er aus der einstigen Hauptstadt der Welt mit fortnahm. Stets blickte er mit gehobener Stimmung darauf zurück:

> Roma! Roma! Goldne Stunden,
> Als ich deine Zauber sah;
> Jahre sind seitdem verschwunden
> Und dein Reiz noch immer nah.

Man sieht die festgewurzelte Verehrung der Antike, welche noth=
wendig in seinen poetischen Producten zum Ausdruck kommen mußte. Auch er ist ein Epigone der Winckelmann, Lessing, Goethe, die das Alterthum unter uns theils forschend, theils schaffend neu belebten. Aber er ist auch zugleich ein Epigone der Corneille und Racine, die nur unter ganz bestimmten Einschränkungen antike Stoffe wählten und bearbeiteten.

Wenn einst die französischen Dichter des zwölften Jahrhunderts in den trojanischen Krieg und in die Aeneide neue, selbsterfundene Liebesepisoden verflochten, um diese Gegenstände ihrem Publicum mundgerechter zu machen, so verfuhr Corneille nicht anders. Und Racine hat die Liebe geradezu zum herrschenden Moment in der dem Alterthum nachgebildeten tragischen Kunstform gemacht.

So sind auch Grillparzers antikisirende Dramen ausschließlich Liebestragödien. Und sie sind nicht der realen geschichtlichen Welt entlehnt, nicht römisch, nicht athenisch, nicht spartanisch, sondern dem Mythus und der Sage angehörig. Diesen Sinn hatte eben für Grillparzer die Wahl so entlegener Stoffe. Sie sollten, den Bedingungen einer bestimmten Zeit entrückt, in idealer Ferne rein menschlichen Gehalt darbieten. Antike Anschauungen, antike Empfindungen, antikes Heldenthum, antike Lebensverhältnisse: darauf war es von ihm nicht abgesehen. Und jeder Vorwurf, den man hieraus ableitet, ist ungerecht.

Das wirkliche historische Leben suchte sich Grillparzer mehr in der Nähe auf. Auch hierin folgte er einem Zuge der Zeit. Den Hohenstaufen-Tragödien der Immermann, Grabbe, Raupach stellte er seine Habsburger-Tragödien entgegen. Und wie jene sich an die neubelebte mittelalterliche Forschung Deutschlands und an das erste künstlerisch abgeschlossene Geschichtswerk dieser Richtung, an Raumers Hohenstaufen anlehnten: so werden Grillparzers historische Dramen zunächst mit den Bestrebungen Hormayrs und seiner Freunde in Zusammenhang gebracht werden müssen. Die Epoche, die er aufsuchte, war nicht die alte Kaiserherrlichkeit des Reiches, sondern ältere österreichische Geschichte, böhmische und ungarische Vergangenheit.

Indessen sind nicht alle historischen Stoffe unter einander gleich. König Ottokar und der Bruderzwist dürften wohl allein eigentlich realgeschichtlichen und politischen Inhalt darbieten. Im treuen Diener und in der Libussa ist dem historischen oder sagenhaften Sujet mehr eine symbolische Seite abgewonnen. Und die Anekdote aus der merovingischen Franken-Zeit, welche der Dichter in „Wehe dem, der lügt" benutzte, oder der spanische Stoff der „Jüdin von Toledo" kann kaum noch hierher gerechnet werden.

Ueberhaupt sind ja mit der antiken und vaterländisch-geschichtlichen Richtung die Gegenstände lange nicht erschöpft, denen sich Grillparzers dramatische Kunst zuwandte. Die mittelalterliche Sage ist durch den Operntext Melusine vertreten, das alte Testament durch

Esther. Die Ahnfrau ist eine dramatisirte Räuber- und Geistergeschichte. „Der Traum ein Leben" oder — wie es ursprünglich heißen sollte — „des Lebens Schattenbild" versetzt uns in den Orient, entlehnt aber von dort nur das Kostüm, innerhalb dessen es gewissen sittlichen Ueberzeugungen Ausdruck gibt.

Halten wir uns an das letztgenannte Stück zunächst, um nach dieser äußeren und allgemeinen Uebersicht von Grillparzers Stoffwelt uns den inneren Motiven, die ihn bei der Wahl derselben leiteten, und damit den entscheidenden Grundzügen seiner Persönlichkeit zu nähern.

Woher hat Grillparzer den Stoff? Wie behandelt er ihn? Was ist daran überliefert und was ist individueller Zusatz?

Der Titel erinnert an Calderons „Leben ein Traum". Aber das Sujet hat damit wenig oder gar nichts zu thun. Calderons Stück enthält das bekannte Motiv, daß ein Mensch schlafend in eine bestimmte Situation gebracht wird, worin er sich über seinen sonstigen Stand oder seine bisherige Lebenslage plötzlich erhöht sieht und daß man ihm hinterher, wenn er — wieder schlafend — in die vorige Lage zurückgebracht ist, einbildet, Alles sei ein Traum gewesen. Ein deutsches Stück von Ludwig Hollonius aus dem Jahre 1605, „Der Traum des menschlichen Lebens" (Somnium vitae humanae), Shakespeare im Vorspiel zu „Der Widerspänstigen Zähmung", Holberg im „Jeppe von Berge" u. A. behandeln dasselbe Thema. Quelle dafür sind die Briefe des Ludovicus Vives, und die Anekdote knüpft sich ursprünglich an Philipp den Guten von Burgund.

Bei Calderon ist das Motiv insofern tiefer als bei Shakespeare und Holberg gefaßt, als es ihm durchaus nicht auf eine komische, sondern auf eine sehr ernste Wirkung ankommt. Die Meinung, jene plötzliche Erhöhung sei ein Traum gewesen, dient zur sittlichen Veredlung des Helden. Er schließt daraus, das ganze Leben sei nichts anderes als ein Traum, in Folge dessen ändert sich seine Stellung zum Leben, er ist des Erwachens eingedenk und überhebt sich nicht. Die irdische Vergänglichkeit, die Nichtigkeit der Welt, dieser Urgedanke des Christenthums, wird so verherrlicht und die Lehre gepredigt,

Daß das Glück des Menschen alles
Wie ein Traum vorüberschwindet.

Daran streift sehr nahe jenes Lied von Grillparzers Derwisch:
„Schatten sind des Lebens Güter, Schatten seiner Freuden Schaar."

Aber Grillparzers Held träumt wirklich. Und nur insoferne dieser Traum auch nach Grillparzers Darstellung ethisch vertiefend wirkt, insofern der Held dadurch von verderblichem Ehrgeiz geheilt wird, besteht eine gewisse Verwandtschaft zwischen Calderons und Grillparzers Drama.

Und keineswegs Calderon, sondern — man möchte sagen: das gerade Gegentheil von Calderon hat in Grillparzers Phantasie die merkwürdige Schöpfung angeregt. Kein gläubiger Katholik hat den Stoff geliefert, sondern ein Freigeist; kein Andächtiger, sondern ein Spötter; kein fanatischer Spanier, sondern ein leichtherziger Franzose; nicht Calderon, sondern Voltaire in seiner Erzählung Le blanc et le noir.

Auch bei Voltaire heißt der Held Rustan, ist aber nicht ein einfacher Jäger in engen Verhältnissen, sondern ein mirza, was nach Voltaires Versicherung im Orient so viel bedeutet als in Frankreich ein Marquis, in Deutschland ein Baron. Den Namen Mirza hat sich Grillparzer für die Braut Rustans zunutze gemacht.

Auch Voltaires Rustan besitzt eine solche Braut aus einer benachbarten Familie, welche ihm seine Eltern bestimmt haben und mit der er sein Haus begründen soll. Aber unglücklicher Weise hat er die Prinzessin von Kaschmir auf dem großen Markte von Kabul gesehen, geliebt und Pfänder der Treue mit ihr ausgetauscht.

Die Ursache, weßhalb sie auf dem Markte von Kabul erschien, war folgende. Ihr Vater besaß einen kostbaren großen Diamant und einen Wurfspieß, der von selbst die Richtung einschlug, welche ihm sein Besitzer wünschte. Beide Kostbarkeiten stahl ein Fakir seiner kaschmirischen Hoheit und übergab sie der Prinzessin, seiner Tochter, mit der Versicherung, daß ihr Schicksal daran hänge. Der Herzog von Kaschmir ist nun außer sich über den Verlust und begibt sich auf den Markt von Kabul, um die Kaufleute, die aus allen vier Weltgegenden dort zusammenströmen, nach seinen Kleinodien zu fragen. Die Prinzessin aber schenkt den Diamant an Rustan, die Lanze bewahrt sie zu Hause in ihrer Truhe.

Rustan hat keinen anderen Gedanken mehr als die schöne Prinzessin.

Er will sie heimlich in Kaschmir aufsuchen, um sie zu erringen. Sein weißer Kammerdiener, Topaze, räth ihm ab, ein schwarzer, Ebène, räth ihm zu. Der schwarze schafft das Geld zur Reise, indem er jenen Diamant täuschend nachahmen läßt und den echten einem Armenier verpfändet.

Rustan begibt sich auf den Weg, die beiden Kammerdiener begleiten ihn. Plötzlich in einem großen Walde sind sie verschwunden. Indem man sie sucht, findet man blos einen Adler, der gegen einen Geier kämpft und ihm die Federn ausrupft. Sobald Rustan dazukommt, ist es ein Rhinoceros, das sich mit dem Elephanten balgt, der Rustans Gepäck trägt. Und als man den Elephanten wieder hat, sind die Pferde fort. Rustan kauft einen Esel, der von einem Bauern geprügelt wird, und setzt sich auf ihn. Der Esel aber schlägt den Weg nach Kabul ein anstatt nach Kaschmir und Rustan kann ihn nicht abwenden. Endlich vertauscht er ihn gegen ein Kamel, das ihm willigere Dienste thut. Da findet er auf seinem Wege plötzlich einen reißenden Strom — er wird nicht hinüber kommen — aber während der Nacht baut sich eine marmorne Brücke, die er bequem passirt. Nicht lange indessen und ein riesiges Gebirge thürmt sich vor ihnen auf — Rustan und seine Begleiter wollen verzweifeln — aber wieder kommt Hülfe, ein langer Bogengang thut sich auf und führt durch das Gebirge hindurch auf eine blühende Wiese. Sie sind in Kaschmir.

Hier empfängt Rustan die erschütternde Nachricht, daß seine Angebetete im Begriff stehe, mit einem Herrn Bababou vermählt zu werden, dem sie ihr Vater versprochen hat. Er fällt in Ohnmacht. Zwei Aerzte behandeln ihn, der eine will ihn nach Kabul zurückschicken, der andere in Kaschmir behalten. Rustan bleibt.

Er erfährt, daß der Fürst demjenigen seine Tochter zugesichert hatte, der ihm den verlorenen Diamant schaffen würde. Herr Bababou ist der glückliche, denn er hat den kostbaren Stein von jenem Armenier gekauft. Rustan aber kommt nun mit dem unechten Diamant, von dessen Fälschung er keine Ahnung hat, und erklärt den Monsieur Bababou für einen Spitzbuben. Ein Zweikampf soll entscheiden, auf dem Wege dahin ruft ihm ein Rabe zu: „Schlage dich!" eine Elster dagegen: „Schlage dich nicht!" Rustan schlägt sich und ist Sieger.

Bababou fällt, der Sieger bekleidet sich mit seiner Rüstung. So wird er als Bräutigam ausgerufen, so bringt ihn das Volk vor die Fenster der Prinzessin. Diese erblickt die verhaßte Rüstung, verzweifelt zieht sie den zauberhaften Wurfspieß aus der Truhe, und sogleich steckt er in Rustans Herzen. An dessen Schrei erkennt sie die geliebte Stimme. Schreckliches Wiederfinden. Mit demselben Wurfspieß gibt auch sie sich nun den Tod.

Rustan, der nicht ganz todt ist, wird zu Bette gebracht. Da stehen zu beiden Seiten seine lang vermißten Kammerdiener Topaze und Ebene. Sie enthüllen sich als sein guter und böser Genius. Jener steht plötzlich mit vier weißen, dieser mit vier schwarzen Flügeln da. Der weiße hat alle Hindernisse in seinen Weg geworfen, er war der Adler, er war der Elephant, der Esel, er hat die Pferde verscheucht, den Strom fließen lassen, das Gebirg aufgethürmt, hat als Arzt und als Elster warnend zu ihm gesprochen. Der schwarze dagegen räumte die Hindernisse weg, er war der Geier, das Rhinoceros, er schlug als Bauer den Esel, er verkaufte Rustan das Kamel, er baute die Brücke, er bahnte den Bogengang durchs Gebirge, er hat als Arzt ihn bleiben heißen, als Rabe zum Kampfe gerathen.

In längeren Erörterungen, welche Rustan mit den beiden Genien pflegt, verwirren sich seine Gedanken. „Da steckt ein Geheimniß dahinter, das ich nicht verstehe", sagt er endlich. — „Ich auch nicht", meint der gute Genius, und verschwindet. — „Ich werde es gleich erfahren", sagt Rustan. — „Das wollen wir sehen", erwidert Topaze.

Da verschwindet Alles. Rustan findet sich in der Wohnung seines Vaters, die er nie verlassen hat, und in seinem Bett, wo er eine Stunde geschlafen hat.

Er springt auf, in Schweiß gebadet, seiner selbst nicht mächtig. Er befühlt sich, ruft, schreit, klingelt. Der Kammerdiener Topaze eilt in der Nachtmütze und gähnend herbei. „Bin ich todt? lebe ich?" ruft Rustan aus. „Wird die schöne Prinzessin von Kaschmir davon kommen?" — „Träumt mein Gebieter?" entgegnet Topaze trocken.

„Ah" — ruft Rustan — „was ist aus diesem barbarischen Ebene geworden mit seinen vier schwarzen Flügeln? Er ist schuld an meinem grausamen Tode." — „Herr, ich habe ihn oben schnarchend verlassen, soll ich ihn holen?" — „Der Schändliche! Seit sechs Monaten ver=

folgt er mich; er hat mich auf den Markt von Kabul geführt, er hat mir meinen Diamant entwendet, er allein ist schuld an meiner Reise, an dem Tode meiner Prinzessin und an dem verhängnißvollen Lanzenstiche, an dem ich sterbe in der Blüte meiner Jugend."

Der treue Topaze sucht den noch immer hocherregten Rustan nach und nach zu sich selbst zu bringen und ihn aufzuklären, daß Alles nur ein Traum sei.

Die weder sehr tiefsinnige noch besonders witzige Geschichte schließt mit Reflexionen und Späßen, welche unsere conventionellen engen Begriffe von Zeitdauer verspotten sollen. Alle Ereignisse vom Anfange der Welt bis an deren Ende — meint Topaze — können sich hintereinander vollziehen in weit weniger als dem hunderttausendsten Theil einer Secunde, und vielleicht verhalte sich die Sache in Wirklichkeit nicht anders.

Erinnert man sich nun des Grillparzerischen Stückes, so wird Aehnlichkeit und Verschiedenheit sofort einleuchten. Der technische Kunstgriff, den Leser oder Zuschauer selbst bis zuletzt im Dunkel zu lassen, ob es sich um Traum oder Wirklichkeit handle, ist hier wie dort derselbe. Die Scene von Rustans Aufwachen zeigt frappante Aehnlichkeit. Auch ist das Ziel von Rustans ehrgeizigem Streben im Traum beide Mal eine schöne Prinzessin, hier von Samarkand, dort von Kaschmir. Auch bei Voltaire ist ihr Besitz an einen dem Vater geleisteten Dienst geknüpft. Aber im Drama dreht sich Alles um ganz andere höhere Interessen, die Kindereien von Diamant und Wurfspieß konnte Grillparzer nicht brauchen. Doch hat in beiden Fassungen Rustan einen bestimmten Gegner und Nebenbuhler vor sich, den er besiegt, dem gegenüber er sich jedoch im Unrecht befindet, bei Voltaire mit dem falschen Diamant, bei Grillparzer mit dem falschen Anspruch, der Lebensretter des Königs zu sein. Damit fängt im Drama die Sache gleich an und diese erste Unthat, diese Falschheit ist es, die fortzeugend Böses muß gebären, bis Rustan nach mancherlei Betrug und Mord und Gewaltthat ringsum von Feinden umgeben auf der schicksalsvollen Brücke steht, von der er sich in den Strom stürzt.

Den ganzen Kampf der Genien mußte Grillparzer hinauswerfen als ein rein episches Element. Aber den schwarzen Genius finden wir hier als den Sclaven Zanga wieder, eine Art Mephisto, das personificirte böse Gelüste, der Rustan auf die Bahn des Unrechts lockt und dem am Schluß des Traumes auch die schwarzen Flügel wachsen. Der gute Genius bleibt hinter der Scene und läßt sich nur als frommer Derwisch mit jenem sinnvollen Lied vernehmen, welches nur unsere Gedanken, die Liebe und das Gute für wahr, alles andere für Schatten erklärt.

Grillparzer hat dem Voltaireschen Stoff einen ganz anderen Grundgedanken untergeschoben, der freilich nahe genug lag. Der Titel scheint zu Voltaires Meinung zu passen: „Der Traum ein Leben" — das kann nur sagen wollen, daß ein Traum von wenig Stunden im Stande sei, ein ganzes Leben einzuschließen. Und andererseits klingt in dem Liede des Derwisch der Calderonische Satz an, daß das Leben nur ein Traum sei. In Wahrheit aber will Grillparzer weder auf das eine noch auf das andere hinaus. Die Spitze seines Gedichtes ist gegen den Ehrgeiz gerichtet.

Deutlicher kann man sich darüber nicht aussprechen als es Rustan selber thut, wenn er die Sonne begrüßt:

> Breit es aus mit deinen Strahlen,
> Senk es tief in jede Brust:
> Eines nur ist Glück hienieden,
> Eins: des Innern stiller Frieden
> Und die schuldbefreite Brust!
> Und die Größe ist gefährlich,
> Und der Ruhm ein leeres Spiel;
> Was er gibt, sind nichtge Schatten.
> Was er nimmt, es ist so viel!

Preisen wir uns glücklich, daß Grillparzer selbst die Moral seines Stückes nicht befolgt hat, daß Er wenigstens mit dem stillen Genuß des inneren Friedens sich nicht begnügte, daß er den Ehrgeiz hatte, sich über die öde Fläche der Gewöhnlichkeit zu heben, daß Ruhmesglanz ihn zauberisch lockte und der Wunsch nach dichterischer Größe seine Phantasie beflügelte!

Wie, oder sollen wir vielmehr in seines Herzens tiefsten Falten spähen, ob auch an ihm der Satz zur Wahrheit geworden, ob auch ihm der Ruhm verhängnißvoll gewesen? „Was er nimmt, es ist so viel!" War das aus eigener Empfindung gesagt?

II.
„Des Innern stiller Friede."

Die Gesinnung, welche Rustan als das Resultat seiner Traumerfahrungen kundgibt, schlingt sich fast durch alle Dramen Grillparzers hindurch. Des Innern stiller Friede scheint das höchste Gut des Menschen. Eine bescheidene und stille Existenz, ein beschränktes, einfaches Glück bildet den Hintergrund, von dem sich das Toben der Leidenschaft abhebt. Einfache, schlichte, zufriedene, nicht hochstrebende Naturen sind die Idealgestalten, die er nicht blos dichterisch anschaut und in seiner Phantasie verklärt, sondern denen er eine ganz persönliche Liebe und Verehrung entgegenbringt.

In der Ahnfrau schwebt der häusliche stille Genuß eines bescheidenen Liebesglückes, dem die Wünsche und Träume des unglücklichen Paares zufliegen, nur wie ein ferner schöner Stern über dem Drang und Grauen einer Gegenwart, die sie wie schwerer Nebel umfängt. In diesem ersten Stück ist der Dichter am entschlossensten, seine Grundstimmung zu verläugnen und darzustellen, was ihm weh thun muß. Kein Drama Grillparzers ist aus einer so starken Entzündung der Phantasie entsprungen. Keines offenbart eine so entschlossene Tragik. Nirgends ist das Furchtbare so ohne Milderung hingestellt. Nirgends vielleicht sind die poetischen Gestalten so rein abgelöst von des Dichters Innerem, nirgends so ohne allen subjectiven Zusatz aus dem schaffenden Geist — man möchte sagen: herausgeschleudert.

Ueberall sonst gewinnt das Ideal, die dem Dichter selbst sympathische Gemüthsart, lebendigere Verkörperung.

In „des Meeres und der Liebe Wellen" sucht die Mutter Heros ihre stolze Tochter von dem Tempel wegzuführen, indem sie ein stillglückliches Familienleben als schönstes Ziel ausmalt. Es ist das Verhängniß Heros, daß sie darauf nicht hören will. Bald soll ihr eine einfache Hütte mit dem Geliebten an der Seite als der Wunsch aller Wünsche erscheinen — aber die Pforte zum Glück ist dann verschlossen.

Im ersten Act der „Libussa" weisen Krokus' älteste Töchter, Kascha und Tetka, die böhmische Krone zurück. Aus einer Welt geheimnißvollen Sinnens und Forschens, aus dem nachdenklichen Verkehr mit der leblosen Natur, aus dem sonnigen Reiche der Einsamkeit wollen sie nicht hinaus in die Welt des Wirkens und Handelns. Wer darin lebt, scheint ihnen ein Sinnenknecht, vom Irdischen umnachtet, und „wer handelt, geht oft fehl." Libussa, die jüngste Schwester, wagt diesen Schritt. Doch es kommt die Zeit, wo sie, von der Welt gekränkt, sich zurücksehnt zu den Schwestern. Sie leidet unter dem Königthum, wie Hero unter dem Priesterthum.

Wenn ihr die Ehe den inneren Frieden wiedergibt, so wird der Gegensatz zwischen der Gesinnung des Privatmannes und den Pflichten des Regenten für Rudolf den Zweiten im „Bruderzwist" zum tragischen Verhängniß. Die „Jüdin von Toledo" behandelt die Verirrung und Rückkehr eines Königs, der seine häusliche Pflicht verletzt. Dagegen erscheint Rudolf von Habsburg im „Ottokar" gleich vollkommen als Herrscher wie als Mensch: er ist schlicht, unscheinbar, prunklos; im einfachen grauen Rock tritt er auf; sein ist der maßvolle gerechte Sinn, die stille Sicherheit und Festigkeit. An ihn reihen sich verwandter Art Königin Margarethe und der alte Merenberg, und seine spätere verklärte Wiederholung ist Primislaus in der „Libussa".

Wie im „Ottokar" der Sieg auf Rudolfs Seite steht, so hat der Dichter in der „Esther" die Naivetät eines reinen Herzens, eines selbstlosen Gemüthes geradezu triumphirend dargestellt. Wäre die Fortsetzung nicht unterblieben, so würden wir ohne Zweifel sehen, wie eben diese Eigenschaften sie zur Retterin ihres Volkes machen, wie alle Intrigen und Nachstellungen an der Hoheit ihres schlichten Empfindens scheitern.

Dieses Ideal der Einfachheit und Reinheit, der Selbstlosigkeit und Güte erscheint in dem Bischof Gregor des Lustspiels „Wehe dem, der lügt" mehr nach der Seite der Wahrhaftigkeit und Ehrlichkeit gewendet; in dem „treuen Diener" Bancban als pünktlichste Pflichttreue und Ergebenheit in das aufgetragene Amt: nur dieses hat der alte Magnat im Auge, er sieht nicht rechts, nicht links. Und es ist eine echt Grillparzerische Wendung, wenn Bancbanus am Schluß allen Lohn von Seite des Königs ablehnt mit den Worten:

> Der Glanz, womit du deinen Diener schmücktest,
> Er hat als unheilvoll sich mir bewährt.
> Gebeut nicht, daß aufs neu' ich Gott versuche!

Aber gerade in den beiden letztgenannten Stücken ist Grillparzers Moralprincip, wenn ich so sagen darf, ad absurdum geführt. Denn in „Weh dem, der lügt" zeigt sich, daß man mit der strengen Wahrheitsliebe in der Welt nicht auskommt. Und im „treuen Diener" offenbart sich, daß Pflichttreue gegenüber dem Herrn zur Pflichtversäumniß an dem eigenen Hause, an der eigenen Frau werden kann.

Um so consequenter hat Grillparzer seine Lieblingsanschauung in der „Sappho" geltend gemacht.

Hier war Melitta durch keine leiseste Andeutung der griechischen Sage gegeben, sie ist die eigenste Erfindung des Dichters und vielleicht unter allen seinen Gestalten mit der größten Liebe gezeichnet. In ihr hat er sein Ideal von Weiblichkeit dargelegt. Er ist gleichsam selbst Phaon, indem er ihr jene bedeutungsvolle Rose überreicht

> Als Bürgen seiner innern Ueberzeugung,
> Daß stiller Sinn des Weibes schönster Schmuck,
> Und daß der Unschuld heitrer Blumenkranz
> Mehr werth ist, als des Ruhmes Lorberkronen.

Melitta ist — wie Sappho sagt — „das liebe Mädchen mit dem stillen Sinn."

> Obschön nicht hohen Geists, von mäßgen Gaben,
> Und unbehülflich für der Künste Uebung,
> War sie mir doch vor andern lieb und werth
> Durch anspruchsloses fromm bescheidnes Wesen,
> Durch jene liebevolle Innigkeit,
> Die, langsam gleich dem stillen Gartenwürmchen
> Das Haus ist und Bewohnerin zugleich,
> Stets fertig bei dem leisesten Geräusche
> Erschreckt sich in sich selbst zurückzuziehen,
> Und um sich fühlend mit den weichen Fäden,
> Nur zaudernd waget Fremdes zu berühren,
> Doch fest sich saugt, wenn es einmal ergriffen,
> Und sterbend das Ergriffne nur verläßt.

Es ist nicht nöthig auszuführen, wie Grillparzer dies Bild im Einzelnen bereichert und jeden Zug in Action gesetzt hat. Aber niemals wieder war es ihm so angelegen, auch die äußere Erscheinung ins Licht zu stellen und die Grazie in der Bewegung anschaulich zu machen: Melitta schwebt ihm vor, von allem Reiz umflossen. Wie Eucharis sie findet im stillen Myrthenwäldchen am klaren, kühlen Bache, die Kleider ringsumher, das zierliche Mädchen mit den kleinen Händen Wasser schöpfend und Arme und Gesicht eifrig reibend, während die Sonne durch die Blätter schleicht und sie mit Purpur übergießt, wie sie dann fröhlich ins Haus zurückgeht, ganz in sich verloren und versunken, ein heiteres Lied auf den Lippen, — das ist so zart und süß und keusch geschildert, wie eine reine Jünglingsphantasie sich schüchtern die Geliebte denken mag.

Es fehlt nicht an dem Gegensatze, der Melitten zur Folie dient. Melitta ist, was sich Sappho sehnt zu sein. Ihr Wesen ist das Zauberland, nach welchem Sappho umsonst verlangende Arme ausstreckt. Der Grundton Melittas ist Idylle, der Grundton Sapphos ist Elegie. Und womit hat Sappho die Seligkeit verscherzt? Sie ist zu hoch gestiegen, sie kann das irdische Glück nicht mehr erfassen. Ihr ganzes Schicksal liegt in den Worten beschlossen:

> Weh dem, den aus der Seinen stillem Kreise
> Des Ruhms, der Ehrsucht eitler Schatten lockt!
> Ein wildbewegtes Meer durchschiffet er
> Auf leichtgefügtem Kahn. Da grünt kein Baum,
> Da sprosset keine Saat und keine Blume,
> Ringsum die graue Unermeßlichkeit.
> Von ferne nur sieht er die heitre Küste,
> Und mit der Wogen Brandung dumpf vermengt
> Tönt ihm die Stimme seiner Lieben zu.
> Besinnt er endlich sich und kehrt zurück
> Und sucht der Heimat leichtverlassne Fluren,
> Da ist kein Lenz mehr, ach! und keine Blume,
> Nur dürre Blätter rauschen um ihn her.

Mit der größten Bestimmtheit finden wir hier den Grundgedanken von „Traum ein Leben" wieder und Melitta und Sappho stehen sich gegenüber, wie das Naive und Sentimentale nach Schillers Anschauung. Melitta ist Natur, Sapphos Verhängniß ist die Kunst.

Aber unwillkürlich fühlen wir uns aufgefordert, hier noch tiefer einzudringen und bei der Betrachtung der von Grillparzer geschaffenen Gestalten nicht stehen zu bleiben. Es läßt sich fast mit Sicherheit nachweisen, daß unser Dichter höchst individuelle Empfindungen und Erfahrungen in der Sappho niedergelegt und aus seinem Innersten dabei geschöpft hat.

Es gibt ein merkwürdiges Gedicht von ihm, „Jugenderinnerungen im Grünen" überschrieben und 1835 zuerst erschienen, voll von Aufschlüssen über sein Leben und seine Entwicklung.

Er erwähnt eine Enttäuschung der Freundschaft, die er erfahren, eine andere der Liebe. Er drückt sich auf das härteste über die letztere aus: „Der Schleier war zerrissen, Gemeinheit stand, wo erst ein Engel flog." Weiter will er den Vorhang nicht lüften. Aber er fährt fort:

> Da fand ich sie, die nimmer mir entschwinden,
> Sich mir ersetzen wird im Leben nie,
> Ich glaubte meine Seligkeit zu finden
> Und mein geheimstes Wesen rief: nur die!
>
> Gefühl, das sich in Herzenswärme sonnte,
> Verstand, wenngleich von Güte überragt,
> Aus Märchen grenzt was sie für andre konnte..
> An Heilgenschein, was sie sich selbst versagt.
>
> Der Zweifel der mir schwarz oft nachgestrebet:
> Ob Güte sei? durch sie ward er erhellt;
> Der Mensch ist gut, ich weiß es, denn sie lebet,
> Ihr Herz ist Bürge mir für eine Welt.

Wer weiß es, ob jene erste nicht näher geschilderte Züge zur Sappho hergegeben hat? Gewiß ist, daß diese zweite eine Familienverwandtschaft mit Melitta aufweist, die kein Zufall sein kann: sei es nun, daß der Dichter sein bestimmt angeschautes Ideal nachher im Leben wiedergefunden, oder daß er sein Ideal nach dem Leben gebildet habe. Fast wörtlich gleich schildert Primislaus in der Libussa den ersten und entscheidenden Eindruck der Geliebten. Ihre Erscheinung ruft ihm ein Bild in die Seele, das ihn umschwebt seit seinen frühesten Tagen: „Und all mein Wesen, es rief aus: sie ist's!"

Aber wir construiren unsere Ideale nicht, ohne daß unser eigenes Selbst den Stoff dazu böte. Was wir außer uns bewundern, das muß in uns widerklingen. Wenn Grillparzer seinen liebsten Gestalten den Grundton des Einfachen und Schlichten leiht, so meint er sein eigenes innerstes Wesen und zugleich das Wesen des Oesterreichers darin aufzufassen. In einem Epilog zum zweiten Theile des goldenen Vließes sagte er dem Wiener Publicum von dem Stücke:

> Verfaßt hats einer, der sich euer nennt,
> Als unter euch geboren euch verwandt
> Durch das, was dieses Landes Beste bindet,
> Ein offnes Herz und einen schlichten Sinn.

Und in einem anderen Gedichte preist er gesund-natürlichen Verstand und richtiges Empfinden als das glückliche Erbtheil des Oesterreichers und zugleich als das Höchste, was der Mensch überhaupt erreichen könne. Dabei sucht er das Heimatsland, das er anredet, durch die Bezeichnung zu charakterisiren: „Die Unschuld, die du dir bewahrst, an heiterm Sinn erlabend." —

Wenn also der **Mensch** Grillparzer sich in der Melitta spiegelt, so hat der **Dichter** seine persönlichen Stimmungen in das Seelenleben der Sappho hineingetragen. Jenes sehnsüchtige Hinüberblicken aus der Welt der Kunst und des Ruhmes in die Welt des einfachen Herzens und des stillen Glückes ist sein eigenes.

Grillparzer war nicht glücklich. In den „Jugenderinnerungen" findet er sich unter denselben Bäumen, die erst seine Kindheit gesehen, unter ihnen hat er geträumt von künftigen Schöpfungen: was er kaum zu hoffen gewagt, hat sich erfüllt. Und doch! Wenn er sein ganzes Leben überschlägt und zurückblickt auf die Knabenzeit, so bricht er in die schmerzlichen Worte aus:

> Wenn erst ich das Verlorne wieder hätte,
> Wie gäb ich gern, was ich seitdem gewann.

Ein Schauder vor der Welt erfaßt ihn. Er kommt sich wie ein Ausgestoßener vor. Er schildert sich einmal als einen Verbannten. Das Leben hat ihn in den Bann gethan, weil er mit des Lebens

Schwester, mit der Kunst, hinausgezogen in wilder Jagd: „Alles Wirklichen Genusse entsag ich um den holden Schein." Dafür spricht das Leben den Fluch über ihn aus:

> Von Wunsch zu Wunsch in ewger Kette
> Und rastlos, wie du bist, so bleib!
> Dir sei kein Haus und keine Stätte,
> Kein Freund, kein Bruder und kein Weib —
>
> Ein Büttel aber beigegeben:
> Um dich, in dir laß er dich nie,
> Er peitsche rastlos dich durchs Leben,
> Der wilde Dämon Phantasie! . . . .
>
> Zieh hin, um all dein Glück betrogen,
> Und buhl um meiner Schwester Gunst;
> Sieh, was das Leben dir entzogen,
> Ob dirs ersetzen kann die Kunst.

So war es denn kein Wunder, daß Grillparzer den Dichterberuf nicht als ein freudiges Schaffen, sondern als ein schmerzliches Leiden auffaßte. Er vergleicht den Dichter mit einem Baume, der, vom Blitz geschlagen, strahlend sich verklärt. Die Poesie ist ihm eine Perle, erzeugt in Todesnoth und Qualen von dem freudenlosen stillen Muschelthier. Und wie der Wasserfall im Sonnenglanze Diamanten um sich her zu sprühen scheint —

> Er wäre gern ins stille Thal gezogen
> Gleich seinen Brüdern in der Wiesen Schooß,
> Die Klippen die sich ihm entgegensetzen
> Verschönern ihn, indem sie ihn verletzen —

so bezahlt der Dichter den Beifall, der ihn umjubelt, die Bewunderung, die ihm gezollt wird, mit dem Besten seines Lebens: „Was ihr für Lieder haltet, es sind Klagen, gesprochen in ein freudenleeres All". . . . .

Wir kennen die dunkle Gestalt mit dem düsteren Blick und dem geheimen tiefen Leiden in der Brust. Sie ist der stille Hausgeist, der die europäische Poesie der Zwanziger Jahre durchwandelt. Auch

Grillparzer kann sich den Stimmungen des Weltschmerzes nicht entziehen. Die Figur der Sappho ist daraus empfangen.

Aber kehren wir zu unserem Ausgangspunct zurück, zu Grillparzers Ideal der Sittlichkeit und Menschlichkeit, „des Inneren stiller Friede und die schuldbefreite Brust".

Ein verwandtes Thema, wie in der „Sappho", wird im „goldenen Bließe" abgespielt. Wie Phaon steht Jason zwischen zweien Frauen, wovon die eine über die Schranken der Gewöhnlichkeit sich hinausgehoben hat: sein Herz neigt sich der anderen zu, welche ihm das einfache Glück alltäglicher Menschen verspricht. Wie Sappho und Melitta, so stehen sich Medea und Kreusa gegenüber, auch die Letztere im wesentlichen des Dichters Schöpfung. Aber die Gegensätze sind erweitert und vertieft: wie denn das goldene Vließ überhaupt wohl die geistig tiefste von allen Grillparzerischen Tragödien genannt zu werden verdient. Der Contrast zwischen Hellenenthum und Barbarenthum zieht sich durch das Ganze hindurch. Kreusas einfach mildes, freundliches Wesen, voll Güte, Sanftmuth und einschmeichelnder Lieblichkeit ist durch griechische freie, schöne Bildung verklärt. Um Medeas harte, leidenschaftliche Natur ist die Wolke des düsteren Grauens gelagert, Zauber, Verbrechen, böse Künste. Wie sie heraus will aus der Barbarei, wie sie dem Verhängniß zu entfliehen sucht, wie sie das Ideal des Lebens vor sich sieht, wie sie in die griechische Welt hinein sich sehnt und angstvoll strebt — und wie dies Alles in der Scene sich concentrirt, in der sie den vergeblichen Versuch macht, Jason ein Lied zu singen —: das ist ganz außerordentlich, und diese Scene gehört zu dem Rührendsten im edlen und großen Sinne, was die Poesie aller Zeiten hervorgebracht.

Was Medea will, das faßt sie in den Satz zusammen: „Laß uns die Götter bitten um ein einfach Herz!" Und dasselbe Wort ertönt in einer anderen Scene aus Kreusas Mund dem schwächlichen Jason gegenüber, der, anstatt mit fester Hand gegen die Welt zu kämpfen und sich sein Haus zu gründen, in thörichte Klagen ausbricht und Unmögliches verlangt und unerfüllbare Wünsche äußert: hätte ich nie die Heimat verlassen, wäre ich nie nach Kolchis gegangen, hätte ich nie das Vließ gesehen, hätte ich mein Weib nie gekannt —

Mach, daß sie heimkehrt in ihr fluchbeladnes Land
Und die Erinnrung mitnimmt, daß sie dagewesen,
Dann will ich wieder Mensch mit Menschen sein.

Da hält ihm Kreusa entgegen:

Das wäre allein? Ich weiß ein andres Mittel:
Ein einfach Herz und einen stillen Sinn.

Jason ist der Rustan des Traumes, der aus Ehrgeiz und Ruhm=
sucht sein Lebensglück in die Schanze geschlagen und sich auf die Bahn
des Unrechts begeben hat. Ueber ihm und Medea schwebt, wie ein
Rettungsengel, der Geist des einfachen Herzens, zu ihm langen sie
verzweiflungsvoll empor, aber er vermag sie dem Verhängniß nicht
zu entziehen. Dieses Verhängniß aber hat gleichsam sinnliche Gestalt
gewonnen in dem goldenen Vließ. Und am letzten Ende erscheint
Medea damit angethan und sagt dem niedergeschmetterten Jason, was
Rustans Derwisch singt:

Erkennst das Zeichen du, um das du rangst?
Das dir ein Ruhm war und ein Glück dir schien?
Was ist der Erde Glück? — Ein Schatten!
Was ist der Erde Ruhm? — Ein Traum!
Du Armer! der von Schatten du geträumt!
Der Traum ist aus, allein die Nacht noch nicht. —

So läßt sich denn in vielen Umwandlungen, bald bestimmter,
bald unbestimmter angeschlagen, durch alle Dramen derselbe Grund=
ton verfolgen.

Aber die höchste Steigerung, deren das Lebensideal eines reinen
Herzens und der stillen Güte fähig war, ist nicht in einer Tragödie,
sondern in der Erzählung vom armen Spielmann gegeben.

Der Held ist nicht blos ein stilles Gemüth, er ist nach gewöhn=
lichem Maßstab so unglücklich als man nur sein kann; aus einer
glänzenden Lebenslage herausgeworfen, ganz plötzlich um all sein
Vermögen betrogen, arm wie eine Kirchenmaus, und unfähig etwas
zu erwerben — denn er ist wirklich ganz unbegabt — das Liebes=
glück, das sich ihm bietet, verscherzt er, es bleibt ihm nichts als eine

Violine, die er nicht zu spielen versteht, und ein Zimmer, das er nur zur Hälfte bewohnen darf: — und der Mann ist glücklich und zufrieden, ja es gibt für ihn Augenblicke der Seligkeit. Es ruht über der Geschichte ein melancholischer Hauch. Aber die Grundstimmung ist sanft und versöhnt, etwa wie in dem Gedicht „Bescheidenes Loos":

> Bei dem Klang des Saitenspieles
> Geh ich einsam und allein:
> Habe wenig, brauche Vieles,
> Doch das Wenige ist mein —

oder in dem Gedicht „Ruhe":

> Befriedigung, die ich nach außen träumte,
> Kommt nun von innen selber in mein Dach;
> Das Leben rächt ja stets, was es versäumte,
> Ich hole meine Jugendjahre nach. —

Die vorstehenden Betrachtungen werden einige Materialien gewähren, aus denen sich die Seelenverfassung Grillparzers in den Hauptzügen erkennen läßt. Seine ethische Anlage, seine moralische Weltanschauung hat sich uns damit enthüllt. Wir fanden eine eigenthümliche Begrenzung des Gesichtskreises, welche nicht ohne Einfluß bleiben konnte auf den Gehalt seiner Schöpfungen. Einen Helden des mächtigen Willens, der sich aufreibt in schmerzlichem Ringen mit der widerstrebenden Welt, — ja selbst eine aufflammende, verheerende Leidenschaft, die zu furchtbaren Thaten spornt, hat Grillparzer nie dargestellt. Und wo ein Stoff, den er bearbeitete, dazu Anlaß bot, hat er den Anlaß nie benutzt. Sein Ottokar ist kein Emporkömmling durch eigene Kraft, sondern ein übermüthiger Glückspilz, dem Fortuna ihre Gaben in den Schooß wirft ohne sein Verdienst. Sein Bancban ist kein Rebell, sondern ein „treuer Diener seines Herrn".

Es ist als ob unseren Dichter eine ähnliche Anschauung geleitet hätte, wie sie ein anderer österreichischer Dichter, Adalbert Stifter, kundgibt und seinerseits auch stets befolgte: „Ein ganzes Leben voll Gerechtigkeit, Einfachheit, Bezwingung seiner selbst, Verstandesgemäß=

heit, Wirksamkeit in seinem Kreise, Bewunderung des Schönen, verbunden mit einem heiteren, gelassenen Sterben halte ich für groß: mächtige Bewegungen des Gemüthes, furchtbar einherrollenden Zorn, die Begier nach Rache, den entzündeten Geist, der nach Thätigkeit strebt, umreißt, ändert, zerstört und in der Erregung oft das eigene Leben hinwirft, halte ich nicht für größer, sondern für kleiner, da diese Dinge so gut nur Hervorbringungen einzelner und einseitiger Kräfte sind, wie Stürme, feuerspeiende Berge, Erdbeben."

Diese Worte enthalten ein Programm, das eben so gut für Grillparzer gilt, wie für Stifter.

III.
Technische Meisterschaft.

Unter Grillparzers Zeitgenossen mögen ihn Manche übertroffen haben an weitem Blick, an umfassender Bildung, an geistiger Kraft, an Ideenreichthum und männlicher Energie des Charakters. Man kann nicht sagen, daß in ihm wie in unseren Classikern die höchsten Tendenzen der Epoche sich durchdrangen und zu künstlerischer Gestaltung gelangten. Mancher mindere Künstler mag in dieser Hinsicht ein besserer Repräsentant seiner Zeit sein.

Wie kommt es, daß trotzdem Grillparzers Name sich leuchtend heraushebt unter allen seinen Altersgenossen? Wie kommt es, daß sein Stern immer heller und heller strahlt, während mancher andere vielgefeierte neben und nach ihm verbleicht und erlischt?

Grillparzers Geheimniß ist die dramatische Technik.

Er ist mit Einseitigkeit auf die dramatische Kunstform gerichtet. Diese aber beherrscht er. Er hat sich in mühevoller ernstlicher Arbeit das Handwerkszeug angeeignet. Und er hat es in edler Weise gebraucht, nicht zu wohlfeilen Effecten, sondern zu bedeutenden Offenbarungen einer reinen idealen Natur. Es verband sich in seinen Schöpfungen die sichere Fertigkeit des wohlgeschulten Handwerkers mit der priesterlichen Weihe des Künstlers.

Will man sich recht handgreiflich von der ausgezeichneten Mache Grillparzerischer Stücke überzeugen und dieselbe gleichsam durch Experiment feststellen, so muß man ein Drama, das man genau kennt, aber bisher nur gelesen hatte, aufführen sehen. Man wird beobachten, daß der Eindruck überall gesteigert ist.

Ich habe das erst kürzlich an der Esther erprobt. Ich kannte das Stück noch gar nicht und las es zur Vorbereitung auf die Grillparzer-Feier des Burgtheaters. Von dem ersten Acte empfing ich gar keinen oder nur geringen Eindruck. Der zweite gefiel mir allerdings recht gut. Aber ich begriff doch nicht, wie man daraus so etwas Besonderes machen könne. Gleich darauf sah ich das herrliche Fragment — der erste Act hob sich bedeutend, von dem zweiten war ich überwältigt.

Auf der Bühne herrscht eben nicht das bloße Wort. Action, Scene, Geberdenspiel sind Factoren, die der Dichter mit in Rechnung zieht, und das um so mehr, je mehr er sich heimisch fühlt in der dramatischen Technik, je mehr er auf die specifischen Wirkungen des Schauspiels ausgeht, die durch das bloße Wort nie erzielt werden können, in denen das Wort vielleicht stört und abschwächt.

„Der dramatische Dichter" — sagte Grillparzer zu einem Anfänger in der Kunst — „soll sich in das Parterre versetzen und zuschauen im Geiste, ob eine Person rechts oder links zu stehen kommt, ob sie die oder die Hand hebt oder senkt, ob sie sitzt oder steht: ja sozusagen jeden Knopf am Kleide derselben soll er sehen."

Ich enthalte mich nicht, eine Parallelstelle aus Otto Ludwig anzuführen, der hervorhebt, wie viel Shakespeare bei der dramatischen Charakteristik seinem schauspielerischen Handwerk zu verdanken gehabt habe: „Er ging im Geiste den Schritt, den er für die Figur gewählt, er fühlte die ganze Schauspielermaske im Gesichte und Leibe, die Haltung der Gesichtszüge, der Gestalt, wie eine von allen Seiten auf sein Selbst motificirend eindrängende Form, — wie ein Schauspieler, der gewohnt ist, ganze Abende hindurch genau in derselben Form zu stecken, ein und dasselbe Charaktergesicht, dieselbe Art zu gehen, sich zu wenden, bis in die kleinsten Züge hinein streng festzuhalten."

Aehnlich hat auch Grillparzer geschaffen, so bis ins Einzelste Alles vor sich gesehen und berechnet. Das Wort ist nur ein Theil dessen, was er richterisch schafft. Darum zeigt sich der Erfolg Grillparzerischer Stücke so sehr von der Qualität der Aufführung abhängig. Der Schauspieler muß aus Wort und Situation ahnen, wie Grillparzer das Ganze in seiner Phantasie geschaut. Er muß das innere Bild des Dichters wiederherstellen, indem er das Verschwiegene ergänzt. Und er hat mehr zu ergänzen als bei einem declamationssüchtigen, redseligen Dramatiker. Ich citire noch einmal Otto Ludwig: „Wer beurtheilte wohl ein Gemälde nach der bloßen Untermalung? Was von einem echten Drama aufgeschrieben ist, ist nichts als Untermalung des Gemäldes. Shakespeare und nach ihm Lessing waren so bescheiden, dem Schauspieler seinen Theil an dem Werke zu gönnen," was die späteren allzu oft unterließen. Und an einer anderen Stelle bemerkt er, Vieles von Goethe wirke auf der Bühne nicht, weil es zu schön, weil zu viel Musik in der Rede: „Die seelenvollen Goethe'schen Verse haben schon die Melodie, die sie haben können; was der Schauspieler hinzuthun kann, ist dasselbe, was der Dichter schon hinzuthat; er ist überflüssig, er kann die ätherische Musik nur vergröbern."

Man muß andererseits freilich gestehen, daß die Poesie des Wortes, die durch und durch und in allen Theilen poetische Rede Grillparzer nicht in sehr hohem Maße zu Gebote stand. Nicht daß ihm nicht auch hier Wunderbares gelänge, aber seine Sprache ist nicht gleichmäßig durchgebildet, prosaische Wendungen begegnen hie und da und öfter als einem aufmerksamen Beobachter lieb ist. Alle lyrischen Gedichte Grillparzers leiden an diesem Formgebrechen. Nie ist ihm ein eigentliches Lied gelungen. Es rächte sich, daß er das Volkslied, diesen großen, unerschöpflichen, immer noch fließenden Quickborn der deutschen Lyrik seit Goethe und Bürger, gründlich verachtete. Mit der musikalischen Poesie überhaupt hatte er kein Glück. Der Operntext „Melusina" ist ziemlich unbedeutend, und Mirjams Siegesgesang, den Schubert componirte, oder die Cantaten, die man von ihm hat, geben der Tonkunst wenig Gelegenheit, sich in ihrer eigenthümlichen Herrlichkeit zu entfalten. Es ist keine rechte Stimmung darin, kein träumerisches, ahnungsvolles Gefühlsleben. Grillparzers dichterisches Schaffen ist Gestalt und Handlung.

Die Forderungen des Dramas sind von denen der Poesie als solcher, der Poesie in abstracto — wenn ich so sagen darf — oft weit verschieden. Jene prosaischen Wendungen, welche im Lesen so sehr verletzen, werden von der Bühne kaum gemerkt. Und in der specifisch dramatischen Sprache ist Grillparzer so reich und mächtig und aller Mittel so sicher, wie irgendeiner.

Leere Rhetorik, welche aus dem Rahmen der Situation heraustritt, um einem lyrischen Gelüste des Dichters zu fröhnen, überhaupt jene beliebten Kraftstellen, in denen ein Poet seine Figuren als Sprachrohr für seine eigenen Angelegenheiten misbraucht, werden sich bei Grillparzer kaum finden.

Er unterscheidet einen mittleren und einen höchsten Grad des Affectes. Jener strömt in Reden aus, eine große innere Erregung macht sich Luft, die Leidenschaft ist noch mäßig genug, um nach Gestalt zu ringen, Wille und Besonnenheit noch stark genug, um gewählte Worte auf ein bestimmtes Ziel zu richten. Dieser aber versinkt in Schweigen oder findet einen einzelnen Ausruf, der entweder heftiges Thun begleitet oder worin sich sonst ganze Gefühls- und Gedankenwelten zusammenpressen.

Seelenzustände, in denen das Wesen eines Menschen wie erdrückt ist unter einer colossalen Last der Leidenschaft, worin er willenlos traumhaft thut, was er nicht weiß, oder ganz in sich versinkt, als dürfte das Blut nicht weiter rollen in seinen Adern, hat Grillparzer wiederholt geschildert. Uebermacht des Begehrens und Uebermacht des Leidens stellt sich bei ihm so dar.

Aber auch an jenen charakteristischen Einzelworten ist bei ihm kein Mangel.

Ich meine nicht den rhetorischen Laconismus, den die moderne Bühne von dem Römer Seneca geerbt und worin die Franzosen so Großes geleistet. Wendungen, wie das berühmte Moi! der Corneille'schen Medea oder das eben so berühmte Soyons amis Cinna! wird man aus Grillparzers Werken wohl nicht ausheben können. Aber welche Wirkung ganz auf das Spiel berechnet und ohne dieses matt, am Schluß der Scene zwischen Medea, Kreusa und Jason, wie der letztere Medeen die Leier wegnehmen will und sie sie zerbricht und vor Kreusa hinwirft!

       Medea.

Hier!

Entzwei! Entzwei die schöne Leier!

      Kreusa.

          Todt!

Medea.
Wer? — Ich lebe! — lebe!

Es gehört dazu, daß Kreusa entsetzt zurückfährt, daß dann Medea ihr Wer? „rasch umblickend" spreche und ihr lebe! stolz und drohend, und daß sie nachher „hoch emporgehoben vor sich hinstarrend dasteht", wie der Dichter vorschreibt.

Darf ich neben so viel Licht auch eine Schattenseite hervorheben, so möchte ich sagen, daß mir der Dialog manchmal etwas zu geradlinig, zu katechismusartig scheint, selten dies so stark wie im Anfang des vierten Actes der „Sappho" in der Scene zwischen Sappho und ihrem Diener Rhamnes.

Sappho.
Kenust du ein schwärzres Laster, als den Undank?

Rhamnes.
Ich nicht.

Sappho.
Ein giftigeres?

Rhamnes.
Nein, wahrlich nicht.

Sappho.
Ein fluchenswürdigeres, ein strafenswertheres?

Rhamnes.
Fürwahr, mit Recht belastets jeder Fluch!

Sappho.
Nicht wahr? Nicht wahr? die andern Laster alle,
Hyänen, Löwen, Tiger, Wölfe sinds,
Der Undank ist die Schlange. Nicht? die Schlange!
So schön, so glatt, so bunt, so giftig! — Oh! —

Man sieht, es ist einem Declamationseffecte die dramatische Wahrheit, die Grillparzer sonst so hoch hielt, geopfert. Rhamnes dient nur dazu, um eine bekannte rhetorische Figur in Scene zu setzen.

Ich kann auch nicht läugnen, daß mir im Uebrigen Grillparzers Erfindungskraft seiner Ausführungskraft nicht gleich zu kommen scheint.

Es begegnet wohl, daß er zum Behufe der Charakteristik oder Motivirung eine Situation erfindet oder Vorgänge eintreten läßt, die in sich allzu wenig Interesse darbieten, um den Zuschauer zu fesseln und seine Phantasie anzuregen.

Wie die Wahl und Ausbildung seiner Stoffe in gewisse Grenzen gebannt ist, haben wir schon erwogen. Der Mann, der zwischen zwei Frauen steht, wovon die eine meistens das überschritten hat, was Philister die Schranken der Weiblichkeit nennen, wovon die andere sich innerhalb dieser Schranken hält, kehrt fast schematisch wieder. Phaon zwischen Sappho und Melitta, Jason zwischen Medea und Kreusa, Rustan zwischen Gülnare und Mirza, Ottokar zwischen Kunigunde und Margaretha, Raimund zwischen Melusina und Bertha (diese letztere nebenbei bemerkt ganz freie Erfindung des Dichters, das Volksbuch weiß nichts von ihr), König Ahasverus zwischen Basthi und Esther, König Alfons zwischen der schönen Jüdin von Toledo und seiner Gattin Leonore. Immer hat die erstgenannte das brillante Aeußere voraus, die zweite meist das gute Herz und stets den einfachen Sinn.

Das mehrfach wiederholte Ausschelten der männlichen Hauptperson, Phaons durch Rhamnes, Jasons durch Medea, Ottokars durch Kunigunde und Zawisch hat schon die wohlwollende Caroline Pichler misfällig hervorgehoben. Es hängt dies mit dem Grundgebrechen der Grillparzerischen Helden zusammen, welche, wie die Euripideischen, meist nichts weniger als Ideale von männlicher Kraft und Würde sind.

Auch in Grillparzers Schilderung des Verlaufes von Liebesverhältnissen kehren verwandte Motive gerne wieder. Das Verhältniß Medeas zu Peritta vergleicht sich dem der Hero zu Janthe: die schuldige Dienerin wird Freundin und mild behandelt, sobald die Liebe bei der Herrin eingezogen. Die etwas brutale Methode des Liebhabers, gleich mit dem Kusse anzufangen, ist in der „Sappho" wie im „goldenen Vließ" dieselbe, und beide Mal die gleiche fast elektrische Wirkung dieses Kusses. Auch Leon in „Weh dem, der lügt" erlaubt sich sofort handgreifliche Zärtlichkeiten gegen Edrita.

Das Durchbrechen der Liebe hat Grillparzer wiederholt geschildert. Dabei ist es vorzugsweise das Abwehrenwollen und doch Unterliegen, der Kampf des Weibes gegen seine eigene Schwäche, was er hervorhebt und im Einzelnen mit charakteristischer Verschiedenheit vor Augen stellt. In Melitta, traumhaft befangen, wie sie ist, zeigt sich kaum ein Kampf, fast willenlos folgt sie Phaon. Für Medea ist der entscheidende Moment, wie sie (im dritten Acte der „Argonauten") lange in Schweigen und Weinen versunken den enteilenden Jason zurückruft und damit ihre Liebe bekennt. Der Grieche zwingt sie förmlich zu dem Geständniß und ihr „Jason!" bricht vulcanisch aus ihr heraus. Sanfter, allmälicher, wie in Wellenbewegung, vollzieht sich Heros Zurückweichen und Ergeben in der Thurmscene. In der „Libussa" fürchtet man, die Liebenden könnten auseinander gehen ohne die innere Vereinigung, die man doch für nothwendig hält und erwartet und die durch Libussas directes „Bleib hier!" endlich zu Stande kommt. Wieder anders, unter scheinbarem Trotz verhüllt, läßt Kunigunde merken, daß es ihr Zawisch angethan. Lakonisch und trocken bringt Ecrita ihre Erklärung vor. Und in der „Jüdin" vollzieht sich Alles ohne Erklärung, kaum mit Bewußtsein, wie ein Naturproceß. Ganz an Jason und Medea aber, wenn auch in sehr verschiedener Form, erinnert Esther. Wie sie lange schweigt, dann als der König alle Hoffnung aufzugeben scheint, — „ich wußt es ja; mir ist kein Glück beschert" — schnell den Kranz ergreift und doch ihn wieder abthun will und der König um Aufschub der Entscheidung fleht und sich zum Gehen wendet: da wirkt ihr einfaches „Herr!" gleich jenem Rufe Medeens, das Wort umfaßt Alles, was hier zu sagen war. „Es ist! der Ton entschied — sagt der König — nun fort von ihr! Ich selber will sie führen." Das erinnert auch im Ausdruck an Jasons kurze Rede in der gleichen Lage: „Das wars! Medea! Komm zu mir! Zu mir!"

Merkwürdiger Weise aber findet sich das Zurückrufen des Geliebten auch schon in der „Ahnfrau", wo Jaromir sich als Räuber enthüllt und Bertha sich zuerst entsetzt von ihm abwendet, um nachher doch — ihre Seele liegt in Banden — den Verstoßenen wieder an sich zu ziehen.

Wie wir hier bei aller inneren Verwandtschaft doch charakteristische Verschiedenheit fanden, so stellt sich die äußere Physiognomie von Grillparzers Dramen nach der technischen Seite hin als eine höchst mannigfaltige dar.

Gleich im Beginn seiner Laufbahn die Ahnfrau und Sappho. Glaubt man nicht in eine andere Welt zu treten, wenn man sich von jener zu dieser wendet? Daß ein junger Dichter, ein Anfänger, mit zwei solchen Stücken debutirt, daß er sie innerhalb Jahresfrist, und jedes in wenigen Wochen, fertig bringt, das dürfte wohl ohne Beispiel in der Geschichte der dramatischen Litteratur dastehen. Grillparzer war ein dramatisches Genie. Er tritt als ein fertiger Mensch vor das Publicum und zeigt sich von vornherein auf der Höhe der technischen Meisterschaft, — auf einer Höhe, die er später nicht immer zu behaupten wußte.

Man kann die Mannigfaltigkeit der Formen in Grillparzers Dramen auf drei Typen zurückführen, repräsentirt etwa durch die Ahnfrau, Sappho und Ottokar. Dieselben grenzen sich freilich nicht streng gegen einander ab, denn die Compositionsform erwächst bei Grillparzer mit Nothwendigkeit aus der Natur des Stoffes.

Die Ahnfrau zeigt wenig Charakteristik, athemlos fortstürmende Handlung, eine wahre Siedhitze der dramatischen Temperatur in den rhetorischen Formen der spanischen Bühne. Dieselben Eigenschaften finden wir in „Traum ein Leben" wieder.

Dem Typus der Sappho können wir das goldene Vließ, des Meeres und der Liebe Wellen, die Esther und die Libussa zuweisen. Dem des Ottokar den treuen Diener seines Herrn; Weh dem, der lügt; den Bruderzwist und die Jüdin von Toledo. Dort herrscht idealistische Charakteristik etwa nach Goethescher Methode, wie im Tasso oder in der Iphigenie: der Dichter schöpft aus der Innenwelt. Hier herrscht realistische Charakteristik etwa nach Shakespearescher Methode: der Dichter ist in die Anschauung der Außenwelt vertieft. Dort waltet ein subjectiver Zug, hier die objective Beobachtung. Dort Seelenmalerei, hier die Fülle der sinnlichen Erscheinung. Dort wenige Typen, hier die Vielgestaltigkeit des wirklichen Lebens.

Man sieht, die traditionellen Stoffe der classischen Bühne, Antike und altes Testament, dazu halb mythische Sage, schließen sich auch an die classische Formentradition. Mittelalter und Historie können sich dem Einflusse der specifisch germanischen Bühnenform nicht entziehen.

Mit den drei Typen ist es nun freilich nicht gethan. In Sappho und Medea fällt alles Gewicht auf die je drei Hauptcharaktere, neben denen die anderen Figuren nur die zum Fortgang der Handlung nöthigen ihnen zugewiesenen Functionen erfüllen. Ein selbständiges Interesse fällt nicht für sie ab. Im Gastfreund und den Argonauten, den beiden ersten Theilen des goldenen Vließes, treten neben

Medea auch ihre Angehörigen hervor, weniger der sanfte Bruder Absyrtus, als der begehrliche Vater Aietes, dessen Gestalt in ihrer stürmischen Sinnlichkeit an die Figuren der Ahnfrau erinnert. In des Meeres und der Liebe Wellen steht nur Hero im Vordergrund, alle anderen, auch Leander, sind dramatische Maschinerie, obgleich bis auf den Thurmwächter herunter mit bewunderungswürdiger Kunst so weit ausgestattet und motivirt, als man es braucht, um sie zu verstehen. Dagegen ist Esther auf allseitige Charakteristik fast sämmtlicher Mithandelnden angelegt: Esther, der König, Mardochai, Haman, Zares, ja noch weiter die einzelnen Hofleute bekommen ihr Theil bezeichnender Züge ab: wobei Haman aus der Reihe der übrigen mehr heraustritt und am nächsten dem Bancbanus an die Seite zu stellen wäre.

Dieselbe Allseitigkeit und reiche Vertheilung der Charakteristik im „Ottokar", im „Bruderzwist" und in „Weh dem, der lügt", während im „treuen Diener" wieder nur die Hauptperson mit Liebe ausgeführt erscheint.

Grillparzer hat sich für seine Dramen grundsätzlich nie der Prosa bedient, sondern in der Regel des fünffüßigen Jambus: die Stücke des ersten Typus verwenden den viertactigen Trochäus, der auch in der ersten drastischen Scene der Jüdin von Toledo wiederkehrt. In der Libussa tauchen unter den fünffüßigen Jamben gelegentlich gereimte Alexandriner, ja selbst Knittelverse auf. In der Trilogie des goldenen Vließes wird der fünffüßige Jambus anfangs nur den Griechen zugetheilt, während die leidenschaftlichen Reden der Barbaren sich in freien Rhythmen von wechselnder Zeilenlänge mit unruhigen Daktylen und Anapästen durchsetzt bewegen. In den späteren Partien treten diese Barbarenrhythmen nur in einzelnen besonders erregten Momenten auf. Auch hat Grillparzer nur in der Trilogie die kurze Wechselrede Vers um Vers, die sog. Stichomythie der griechischen Bühne, verwendet. Sie widersprach für sein Gefühl wohl der Forderung der Natürlichkeit, die er an den Dialog vor Allem stellte.

Die innere Entwicklung in Grillparzers dramatischer Kunst läßt sich kurz bezeichnen als: Fortschritt in der Charakteristik, Rückschritt im festen Aufbau, in der folgerichtigen Gliederung, im dramatischen Zug, der athemlosen Steigerung der Handlung.

In letzterer Hinsicht stehen Ahnfrau, Sappho und Traum ein Leben oben an. Gerade die drei Stücke, welche nach dem Zeugniß von Caroline Pichler bei der ersten Aufführung den größten Beifall ernteten, und gerade die drei ersten Stücke des Autors. Denn wenn Caroline Pichler die Vermuthung äußert, das dritte der genannten Dramen, das erst 1834 aufgeführt wurde, möchte noch ein Product aus der frischen, von kräftigem Selbstgefühl geschwellten Jugendperiode des Dichters sein, so war diese Vermuthung ganz richtig. Schon 1821 erschienen die Expositionsscenen von „Traum ein Leben" gedruckt.

Alle drei Jugenddramen zeigen streng geschlossene Composition. Sie haben die Einheit der Zeit mit einander gemein und die Bedingungen, welche sich sonst daraus ergeben.

Schon in der Trilogie ist die Handlung nicht mehr so sicher geführt, namentlich im dritten Theil. Die Motive wiederholen sich,*) es ist als ob sich die Personen immer einunddasselbe zu sagen hätten. Die Rückblicke auf die ideale Jugendzeit nehmen kein Ende. Grillparzer selbst warf der „Medea" Mangel an Einheit vor. Der erste Act war fertig, als seine Mutter starb und er, um seines Schmerzes Herr zu werden, nach Italien ging. Mit Mühe, ja nur durch einen Zufall konnte er sich nach seiner Rückkehr auf den zweiten und dritten Act wieder besinnen, die er im Geiste schon ganz ausgearbeitet hatte. Diese Unterbrechung erklärt Einiges, aber nicht Alles.

„Des Meeres und der Liebe Wellen" kommt anfangs vor lauter Charakteristik nicht recht in Gang. Im „Ottokar" und im „treuen Diener" wird, wie ich glaube und unten näher ausführen will, das tragische Interesse nicht vollständig genug angeregt. Das Lustspiel „Weh dem, der lügt", womit Grillparzer nach längerer Unterbrechung seiner Thätigkeit vor das Publicum trat, konnte keinen Bühnenerfolg

---

*) Medea zu Jason: „Die ganze Welt verwünsche mich, nur du nicht!" in der Scene nach dem Bannspruch, und ganz ähnlich im dritten Act kurz vor Medeas Kniefall. — Kreusa zu Jason: „Du wirst dich wieder heben, wenn du willst" (Act 2), desgleichen der König zu Jason: „Du wirst dich neu erheben, glaube mir's" (Act 3). — Peritta zu Medea (Werke III. S. 73): „Was ist das?... Feucht fühl' ich dein Antlitz auf meiner Schulter!" Aietes zu Medea (S. 121): „Was ist? Feucht liegt dein Gesicht auf meiner Schulter."

erringen, und das lag gewiß nicht an äußern Zufälligkeiten allein. In der Esther ist das Hauptinteresse eigentlich in der Heldin erschöpft, auf die Intrigen, welche die Partei der Vasthi gegen sie spinnen wird, ist man gar nicht gespannt. Der „Bruderzwist in Habsburg" hält auch gegen das Ende hin sich nicht auf der Höhe der in reicher Charakteristik glänzenden ersten Acte. Den fünften Act der „Jüdin von Toledo" wollte der Autor selbst noch umarbeiten. Und die „Libussa" ist in einzelnen Partien kaum bühnengerecht; sie fällt zuweilen ganz in die undramatische Weise des Lesedramas.

Dagegen die Charaktere. Welcher Fortschritt von Sappho zur Medea und von da zur Hero. Letztere ist die mit dem mannigfaltigsten Detail, mit der liebevollsten Einzelbetrachtung, der sorgfältigsten Motivirung ausgestattete Frauengestalt des Dichters. Mit welcher Sicherheit ist Kunigunde im „Ottokar" gezeichnet, oder Rachel, die Jüdin von Toledo, oder Edrita in „Weh dem, der lügt", obgleich zum Theil nur skizzirt, aber mit ein paar Strichen die ganze Figur lebendig hingestellt. Und Esther vollends scheint den Keim zu einer Iphigenie zu enthalten.

Nicht minder wachsen die männlichen Charaktere an Tiefe und Bedeutung. Der Grillparzerische Liebhaber macht einen stetigen Vervollkommnungsprozeß durch. Von Jaromir und Rustan, von Phaon und Jason — welchen Fortschritt bildet Zawisch im „Ottokar". Trotz seiner abscheulichen Hinterhältigkeit und Kriecherei — Grillparzer suchte darin nationale Charakterzüge aufzufassen — hat dieser Rosenberg in seiner Keckheit was Bezauberndes. Ganz ausgezeichnet ist der frische Leon im Lustspiel, und König Ahasverus in seiner Hoheit und Milde scheint den menschlich klaren und reifen Geist König Saladins im „Nathan" mit dem lebhafteren Gefühle der Jugend zu vereinigen. Noch Größeres ist im Primislaus der „Libussa" gewollt, aber kaum erreicht, weil das packende dramatische Leben fehlt.

Aus den etwas schematischen Problemen und Empfindungsrichtungen seiner ersten Zeit strebt Grillparzer sichtlich heraus. Vom „Ottokar" an gelangt er immer weiter in Kenntniß der Welt und der Menschen. Sein Blick schärft sich. Seine Interessen werden vielseitiger.

Gegen König Ottokar selbst habe ich Bedenken, auch gegen den

Habsburger, aber die Nebenfiguren, die verschiedenen Rosenberge, die Merenberg, sind vorzüglich gelungen. Ebenso in „Weh dem, der lügt", außer Leon und Edrita der schwerfällige, egoistische, junkerhaft dünkelvolle Attalus, der ungeschlachte Katwald und der im Style eines Shakespeareschen Rüpels gehaltene „dumme" Galomir. Im „treuen Diener" heben sich die Königin, der Prinz und Erny vortrefflich von der Hauptperson ab. Und beachtenswerth, daß Grillparzer im Bancban wie im Leon und später im Haman der „Esther", im Isaak der „Jüdin" sich ein neues Gebiet, das des Humors, zu erschließen sucht. Die reichste Gestalt aber, die er geschaffen, ein unübertreffliches Meisterwerk an tiefer Menschenauffassung ist Rudolf der Zweite.

Denselben Unterschied wie Grillparzers Dramen älteren und neueren Datums geben auch seine beiden novellistischen Arbeiten kund: „das Kloster von Sendomir" (in der „Aglaja" für 1828) und „der arme Spielmann" (in der „Iris" für 1848).

Beiden ist eigenthümlich, daß der Autor innerhalb der epischen Dichtungsgattung sich eine dramatische Form schafft. Beide sind der Hauptsache nach große Erzählungsscenen. Die Helden selbst theilen in bestimmter Situation ihre Schicksale mit. Und im „Kloster von Sendomir" beruht ein besonderes Moment der Spannung darauf, daß dem Leser erst allmälich klar wird, wie die Person des erzählenden Mönches und des Helden seiner Geschichte zusammenfallen.

Aber während der „arme Spielmann" recht eigentlich eine Charakterstudie ist und zwar eine der ausgeführtesten des Dichters, läßt sich das „Kloster" zunächst mit der Ahnfrau vergleichen. Die Begebenheit ist die Hauptsache, die Charaktere nehmen kein Interesse für sich in Anspruch. Auch darin zeigt sich Aehnlichkeit, daß die dunkle, tragische Verwicklung erst allmälich aus dem Hintergrunde hervortritt, daß die Erzählung sozusagen analytisch geführt wird.

Der ganze Gang von Grillparzers Entwicklung, der Rückschritt in Bezug auf die Handlung, der Fortschritt in Bezug auf die Charaktere, hat etwas sehr Natürliches. Es ist ein Gang der Vertiefung. Mancher andere Dramatiker kann ihn ebenso an sich beobachten. Die Jugend gehört dem Märchen, der wundersamen, aufregenden Begebenheit. Das Alter wird philosophischer. Nicht mehr die Dinge interessiren, sondern ihre Ursachen. Die große Entfaltung unserer Geschichtswissenschaft legt denselben Weg zurück. Auf die merkwürdigen Thatsachen, die die Phantasie entzünden, achtet man weniger, als auf den stillen Grund der Ereignisse, auf die wirkenden Mächte, die handelnden Charaktere und ihren Bildungsgang, die bestimmenden Zustände, die den Einzelnen fesseln.

IV.
Wirkung im Leben.

Eine vollständige Geschichte der Grillparzerischen Dichtung müßte von den ungedruckten Jugenddramen ausgehen, die mir nicht bekannt sind.

Schon im Vaterhause spielte Franz Grillparzer mit seinen Brüdern oft Komödie. Es wurden Ritterstücke aufgeführt, in denen einer der Knaben, als Mädchen verkleidet, jedesmal entführt werden mußte und ein anderer nur unter der Bedingung mitspielte, daß eine Rauferei vorkam.

Grillparzers litterarische Neigungen, welche früh hervortraten, fanden zunächst keine Unterstützung. Sein Vater hatte dieselbe Abneigung gegen mittelmäßige Dichterlinge wie später der Sohn. Doch schrieb Franz bereits mit fünfzehn Jahren, angeregt besonders durch Schillers Don Carlos, sein erstes Stück: „Blanka von Kastilien". Die Arbeit bekundet — wie Laube berichtet — in den ersten Acten ein ungemeines Compositionstalent. Gleich in den Eingangsscenen ist eine Spannung errichtet und ist eine so mannigfache Verzweigung angelegt, wie sie wohl selten bei einem fünfzehnjährigen Dramatiker vorkommen mag. Die zweite Hälfte des Stückes geht unverhältnißmäßig ins Breite.

Grillparzer zeigte das Stück seinem Onkel, dem Theatersecretär Sonnleithner, der es ihm als zu lang und unbrauchbar wieder zurück gab.

In das sechzehnte und siebzehnte Jahr fallen kleinere Arbeiten, kurze Schauspiele bürgerlichen Themas, und sie bekunden nach Laube ebenfalls ein positives dramatisches Talent in Führung der Handlung und der Charakteristik. „Mancherlei Anfänge von Stücken, darunter ein heiter angelegter französischer Heinrich IV., reichen nicht über einzelne Scenen hinaus."

Eine eigenhändige Notiz aus dem Jahre 1818 besagt: „Mit einer eigenen, unendlich traurigen Empfindung denke ich der Plane, die ich einst in bessern Tagen machte. Wenn ich mir jetzt die Idee, die mich bei der Ausarbeitung des Spartacus begeisterte, bedenke, so schaudre ich, und es ist mir kaum begreiflich, sie je gehabt zu haben."

Inzwischen war schon die Ahnfrau erschienen, die am 31. Januar 1817 zuerst aufgeführt wurde. Sappho folgte am 21. April 1818. Von „Traum ein Leben" erschien der erste Aufzug im Jahr 1821, das Ganze wurde zuerst aufgeführt 4. October 1834. Das goldene Vließ ist 26. und 27. März 1821; König Ottokars Glück und Ende 19. Februar 1825; ein treuer Diener seines Herrn 28. Februar 1828; des Meeres und der Liebe Wellen 3. April 1831; Weh dem, der lügt! 6. März 1838 zuerst aufgeführt. Es folgte bei Grillparzers Lebzeiten noch der erste Act der Libussa 29. November 1840 und die beiden ersten Acte der Esther am 29. März 1868.

Der Operntext „Melusina", ursprünglich für Beethoven bestimmt, dann von Conradin Kreutzer componirt, sei hier nur beiläufig erwähnt. Wenn Grillparzer nach dem Volksbuch oder dessen Tieckscher Erneuerung arbeitete, so ist er ziemlich frei verfahren. Vielleicht liegt aber irgend eine andere moderne Nacherzählung zu Grunde.

Grillparzer sagt einmal: „Die Jugendeindrücke wird man nicht los. Meinen Arbeiten merkt man an, daß ich in der Kindheit mich an den Geister- und Feen-Märchen des Leopoldstädter Theaters ergötzt habe." Man wird bei diesen Worten am ehesten an die Ahnfrau und Traum ein Leben denken dürfen. Aber auch das Schauerliche der finsteren Wohnung, worin er seine Kindheit verbrachte, die weiten Räume, welche seine Phantasie mit Räubern, Zigeunern und Geistern bevölkerte; dazu das Textbuch der Zauberflöte und die Ritterromane von Spieß und Cramer als ein wesentlicher Theil der frühesten Lectüre; dann in späterer Zeit die eingehende Beschäftigung mit den spanischen Dramatikern, an den Tag gelegt unter andern durch eine theilweise Uebersetzung von Calderons Leben ein Traum: dies alles muß man im Auge haben, um die Ahnfrau richtig zu würdigen.

Die Ahnfrau.

Der Stoff erwuchs dem Autor, wie er selbst berichtet, aus zwei Erzählungen, einer Räubergeschichte und einer Geistergeschichte. In jener flüchtet ein junger Räuber in ein Schloß, worin seine Geliebte als Magd wohnt, die keine Ahnung von seinem Handwerk hat. In der zweiten führt die frappante Aehnlichkeit zwischen der Enkelin und ihrer Ahnfrau zu allerlei Verwicklungen und Verwechslungen. Jene Geliebte und diese Enkelin verflossen zu einer Figur. Der Räuber und Liebhaber ist ihr Bruder: Motiv aus der Braut von Messina. Er mordet den Vater: Motiv aus König Oedipus. Die That geschieht mit einem Dolche, an welchem das Verbrechen einer früheren Generation derselben Familie haftet und den man vom Beginn des Stückes an bedeutungsvoller Stelle gewahrt: Motiv aus Werners 24. Februar.

Dies ungefähr die Elemente des Stoffes, welche sich in der Phantasie des Dichters gegenseitig befruchteten.

Ob das Stück eine eigentliche Schicksaltragödie zu nennen sei oder nicht, auf diese Streitfrage lasse ich mich nicht ein. Grillparzer selbst war geneigt, den um das Burgtheater so hochverdienten Schreyvogel (West) für die Schicksalsidee, soweit sie darin hervortrete, verantwortlich zu machen. Aber die Aenderungen, welche ihm Schreyvogel vorschlug, waren ganz richtig. Wenn die Ahnfrau einmal da war, so mußte sie irgendwie mit dem Schicksal der Hauptpersonen zusammenhängen: sonst war sie nur Gespenst. Schreyvogel gab dem Schauereffect wenigstens tiefere Bedeutung.

Das eben ist nun einmal nicht wegzuläugnen, daß die Ahnfrau in eine Reihe tritt mit der um etwa 1815 bis 1825 beliebten Gattung von Schauerdramen: gehäufte Gräuel, Verwandtenmord und Blutschande, in Bewegung gesetzt durch Misverständniß und Zufall. Die Schicksaltragödie mit ihrer ganzen Genealogie von Lillos Fatal curiosity durch Werners vierundzwanzigsten Februar zu Müllners neunundzwanzigstem und zur „Schuld" ist nur ein einzelnes Glied dieser Reihe.

Auch Müllners Schuld aber hat auf die Ahnfrau unzweifelhaft eingewirkt. Das düstere Colorit gleich von Anfang an, manche

Aehnlichkeit der Situation, der analytische Gang der Handlung ergibt sich aus dem Wesen des Gegenstandes. Auch die starksinnliche, heftig begehrende und zur Gewaltthat geneigte Natur dessen, der Schuld auf sich lädt, ist in der Sache begründet. Aber dieser Geist der Sinnlichkeit über das Ganze gebreitet, auch über die Geliebte, darf schon als Verwandtschaft gelten. Und die gleiche Versart mit speciellen Aehnlichkeiten der Behandlung tritt wohl entscheidend hinzu.*)

Den meisten Stücken jener Gattung ist das Peinliche der Spannung gemeinsam, welches dadurch erzeugt wird, daß Zufälle, Misverständnisse und bestimmte Zeitverhältnisse, ein Zufrüh oder Zuspät — kurz daß keine innere Nothwendigkeit die Verwickelung zu einer tragischen macht. Dieser Vorwurf trifft die Ahnfrau in vollem Maße. Die verhängnißvolle Enthüllung über Jaromirs Herkunft konnte leicht rechtzeitig geschehen; der Vatermord ist reiner Zufall; Jaromir ist Räuber ohne seine Schuld u. s. w.

Alle derartigen Gebrechen wollen wir aber eben so wenig hoch anschlagen, wie die Reminiscenzen, die uns auffallen: die Nacht, welche Jaromir mit tausend Flammenaugen anstarrt, wie bei Goethe die Finsterniß aus dem Gesträuche mit hundert schwarzen Augen sieht; die Beschreibung des Brandes durch den Hauptmann, welche an die Schillersche in der „Glocke" mahnt. Auch über die mehr als kühne Construction: „Theils getödtet, theils gefangen, retteten sich wenge nur" wollen wir uns hinaussetzen und es mit dem sonderbaren Benehmen des Gespenstes, so wie mit der Unwahrscheinlichkeit der nächtlich improvisirten Verlobung nicht allzu streng nehmen. Vergessen wir nicht, daß wir es mit einem Jugendwerke zu thun haben, daß dieses Jugendwerk eine technische Vollendung zeigt, wie sie der aufgeblasene Müllner und seinesgleichen entfernt auch nie erreichten, daß es alle Dramen ähnlichen Zuschnitts sofort in tiefen Schatten stellte, und als das einzige der ganzen Gattung auf die Späterlebenden gekommen ist, daß es endlich in unglaublich kurzer Zeit entstanden war.

---

*) Ich meine nicht blos die vierfüßigen Trochäen, welche Grillparzer den Spaniern unmittelbar entlehnen konnte. Aber Halbverse, wie S. 10 (6. Auflage):
In das ungeheure Grab
Schwarz herab

Als sich Grillparzer mit dem Stoff der Ahnfrau trug, lernte er Schreyvogel kennen. Ihm erzählte er den Stoff, und Schreyvogel rief entzückt: „Das Stück ist fertig, Sie brauchen es nur niederzuschreiben!" Dennoch trat über anderen Begebenheiten und Interessen der Tragödienstoff in den Hintergrund und war fast vergessen, als eine neue Mahnung Schreyvogels ihn wieder belebte. Desselben Abends vor dem Schlafengehen schrieb der Dichter die ersten acht bis zehn Verse nieder, welche der Graf im Anfang spricht. Als er nach sehr verworrenen Träumen Morgens erwachte, wußte er nicht, wie ihm geschah. Er hatte das Gefühl einer herannahenden Krankheit. Doch stand er auf, wusch sich und frühstückte. Als er sich sodann auf seinen Sessel setzte, fiel ihm das Papier in die Augen — er hatte ganz vergessen, daß er gestern diese Verse geschrieben. In der größten Agitation schrieb er fort: seine Mutter rief ihn zum Essen, doch er hatte sich eingeschlossen und schrieb weiter bis fünf Uhr Nachmittags; dann rannte er um die Basteien und konnte erst spät etwas zu sich nehmen. Des anderen Tages dieselbe Erscheinung, in drei oder vier Tagen war der erste Act, binnen sechzehn Tagen etwa das Ganze fertig. Dabei befiel ihn in der That Gespensterfurcht. „Ich kann sagen — bemerkte Grillparzer — daß ich das ganze Stück wie im Fieber dichtete: es ist rein physisch entstanden, alles schwebte mir so

---

S. 44: Engel sah ich an der Schwelle
Und die Hölle
Hauset drin!

S. 68: Greise zagend,
Weiber klagend,
Kinder weinend

erinnern doch gar zu bestimmt an Aehnliches in der Schuld, z. B. gleich in Elvirens Monolog (1. Act. 1. Scene):

Bis es fern am Blumenstrand
Still verschwand.

oder: Und der Riß gespaltner Saiten
Ist ein Schall
Der den Fall
Eines Menschen kann bedeuten.

Ebenso in Hugos Erzählung II. 1. Vergl. auch Ottos Erzählung III. 1; ferner Hugos Rede III. 2; seinen Monolog IV. 5.

lebhaft vor, daß ich eigentlich nur niederzuschreiben brauchte, was ich hörte."

Es ist etwas übergegangen von diesem Fieber auf das Stück. Welches athemlose Forteilen, welche colossale Steigerung bis zum Schluß! Der Gipfelpunct wohl jene furchtbare Scene, wie Jaromir sich gegen die entsetzliche Erkenntniß, daß er seinen Vater ermordet, sträubt, indem er die Liebe zur Schwester in sich aufstachelt und gegen die Thatsachen halb wahnsinnig ankämpft. Grillparzer hat nichts mehr geschrieben von dieser großartigen Gewalt der Leidenschaft, von so titanischem Trotz und Auflehnung gegen das Schicksal.

Die vierfüßigen Trochäen und der spanische Ton passen dazu ausgezeichnet. Die dadurch gegebene feste Form der Sprache und des Styls, die glühende declamirende Rhetorik mit ihren langathmigen Ausbrüchen und endlosen Anaphern machen die Tragödie zu einem ganz einheitlichen Product voll südlichen Feuers. Siedend heißes Blut scheint in den Adern der Hauptpersonen zu rollen.

Eigentliche Charakteristik findet sich, wie öfter hervorgehoben, nicht. Die Charaktere sind nur Hebel der Handlung ohne selbständige Bedeutung. Jede Figur ist auf Eine Stimmung gebaut. Düster, schwermüthig, lebenssatt, voll banger Ahnung Borotin. Jaromir und Bertha aber zwei Naturen von übermächtiger Leidenschaft und Sinnlichkeit. "Wie sie glüht, wie es sie hinüberzieht — sagt der Graf von seiner Tochter — Aller Widerstand genommen und im Strudel fortgeschwommen." Und Jaromir ist wie gefoltert von Liebesqualen: "Gefühle die noch schliefen, schütteln sich und werden wach." — "Woher diese heiße Gier, die mich flammend treibt zu ihr?"

Außer dieser Leidenschaftlichkeit und dem daraus entspringenden rasenden Glücksverlangen eines dem Geschick Verfallenen kommt nichts zum Vorschein. Nur bei Jaromir liegt ein psychologisches Problem vor: die ursprünglich gute und edle Natur soll in dem Räuber durchbrechen. Man soll die Ueberzeugung haben, daß er jetzt ein besserer Mensch sein würde. Aber auch dies wird nur in rhetorischen Versicherungen abgemacht, und es könnte gar nicht anders sein: jedes ausführlichere Psychologisiren würde den raschen Gang des Stückes unterbrechen, der den Zuschauer kaum einmal zur Besinnung kommen läßt.

Sappho.

Als die Ahnfrau durchschlagenden Erfolg erzielte, mußte Grillparzer wohl die Bemerkung hören: ja, mit Gespenstern und Vatermördern könne man leicht Wirkung machen. Er wollte zeigen, daß er solcher Mittel nicht bedürfe, und daher kam es, daß die Sappho so einfach wurde.

Die nähere Veranlassung dazu aber war folgende. Auf dem Wege nach dem Prater wurde ihm von einem Bekannten der Vorschlag gemacht, einen Operntext „Sappho" für den Componisten Weigl zu schreiben. Grillparzer sagte Nein; aber der Name Sappho fiel befruchtend in seine Seele, und wie er einsam in den Prater tief hinein wandelte, hat sich ihm der Stoff entwickelt und gegliedert, dergestalt leicht, natürlich und vollständig, daß er bei der Rückkehr in die Stadt die ganze Tragödie vor sich gesehen. Sogleich machte er sich ans Schreiben und in drei Wochen war das Stück fertig.

Welche inneren Gründe zu der Auffassung und Ausgestaltung des Stoffes mitwirkten, haben wir bereits oben gesehen. Auch die Corinne der Frau von Stael dürfte darauf von Einfluß gewesen sein.

Soweit das Sujet im Alterthum dramatisch bearbeitet wurde, war es ein Komödienstoff, der mit den Lebensumständen der historischen Sappho sehr wenig zu thun hatte. Phaon ist ein alter Fährmann, der durch eine Schönheitssalbe Aphroditens sich verjüngt und von Liebesanfechtungen der Weiber nun sehr zu leiden hat. Sappho ihrerseits ist über die Jahre des Reizes stark hinaus und da ihre Liebe keine Erwiderung findet, so stürzt sie sich vom leukadischen Felsen, dem die Sage Heilkraft gegen Liebesschmerzen zuschrieb. Der Sprung wirkte wie ein abkühlendes Bad und konnte mit bestem Erfolg auch mehrmals gebraucht werden.

Wie nun aber schon das spätere Alterthum die Sache tragisch nahm, so hielt es auch die neuere Zeit damit. In unserem Jahrhundert haben, scheints, besonders die italienischen Dramatiker den Stoff mit Vorliebe behandelt, so Stanisl. Marchisio 1808, Tommaso Arabia 1856. Pacini hat ein Libretto von Salvat. Cammarano componirt, und nur dieses ist mir bekannt: es scheint unter Einwirkung des Grillparzerischen Stückes zu stehen. Ganz frei benutzte im sechzehnten Jahrhundert der Engländer John Lilly den Stoff, indem er die Königin Elisabeth als Sappho feierte und sie aus dem Kampf mit Venus, die ihr Phaons Herz entreißen möchte, siegreich hervorgehen läßt.

Es will mir nun scheinen, daß Grillparzer, so streng er auch den tragischen Conflict aus dem Wesen der betheiligten Charaktere entwickelt hat, doch des Stoffes nicht vollkommen Herr geworden ist. Der Sprung vom Felsen behält immer etwas im schlimmen Sinne Theatralisches. Grillparzer hat viel gethan, um ihn zu motiviren. Aber wir empfinden keine solche Gewalt der Leidenschaft, daß wir überzeugt wären, Sappho könne nicht weiter leben. Ja die Gestalt der Sappho im Ganzen hat etwas unwillkürlich zur Parodie Herausforderndes: das alte Lustspielmotiv schlägt noch ein wenig durch.

Der Engländer Robinson nannte Grillparzers Sappho eine widerwärtige Tragödie (Ein Engländer über deutsches Geistesleben, Weimar 1871, S. 313). Ich weiß nicht, was ihn zu diesem harten Urtheil bewog. Aber ich gestehe, daß auch mir etwas an dem Stücke widerstrebt. Man ist überrascht zu entdecken, daß ein Künstler, wie Grillparzer, nicht höher von der Kunst denkt. Man könnte glauben, Phaons Vater habe die Tragödie geschrieben, der nach der Versicherung seines Sohnes (II. 1) das moderne Vorurtheil gegen Schauspielerinnen und Sängerinnen theilt. Es ist, als ob von vornherein bei Allem, was Sappho thut, eine kritische Stimme im Hintergrund das Wort „unweiblich" misbilligend aussprräche. Und dies „Unweibliche" ist ihre Schuld.

Ueber den Charakter Phaons und über Sapphos unbegreifliche Verblendung, an diesem ästhetisch begeisterten Philister und moralisch angehauchten Courmacher so leidenschaftlich zu hängen, ist von Anderen genug geredet worden. Trotz alledem ist es ein ausgezeichnetes Stück, das Werk eines überlegenen dramatischen Genius, eine Tragödie von sicherer Bühnenwirkung, in dem Ebenmaß feinster Charakteristik und unaufhaltsam fortschreitender Handlung vielleicht das Beste, was dem Dichter gelungen.

Der Traum ein Leben.

Ueber dieses „dramatisirte Märchen" ist hier nur Weniges nachzutragen. Es hat, schon durch die Natur des Stoffes, den Zuschnitt eines Intrigenstückes gewonnen. Zanga, der Intrigant, ist der ganz gewöhnliche Verführer und Bösewicht, der vor keiner Unthat zurückschreckt und vorwärts, vorwärts drängt. Dem entsprechend stellt sich Rustan als ein schwacher leidenschaftlicher Mensch dar, dessen Phantasie, durch Zanga aufgeregt, ihn fortreißt, dessen gutes Herz übrigens unter seinem eigenen Thatendurste leidet. Das entscheidende psychologische Moment, wie das Böse in ihm Macht erhält, ist sehr kurz abgemacht. Es ist nur die zwingende Situation geschaffen, in der er wählen muß und sich auf die Seite des schrankenlosen Ehrgeizes schlägt. Die daran geknüpften Erfahrungen des Traumes stimmen ihn dann entgegengesetzt. Wir erkennen dies überall als Grillparzers Methode, die sich für den dramatischen Zug der Handlung sehr vortheilhaft erweist und mit der Natur übereinstimmt. Wir bekommen nicht lange Monologe zu hören mit „soll ich — oder soll ich nicht." Wir sehen, wie die Entscheidung fällt, und es ist uns genug Material an die Hand gegeben, um zu beurtheilen, warum sie so und nicht anders erfolgen mußte.

Technisch zeichnet sich das „Märchen" durch die Sorgfalt aus, mit welcher Grillparzer das Wesen des Traumes studirt und wiedergegeben hat. Er liefert uns in den Expositionsscenen alle Elemente, mit denen die Phantasie im Schlafe arbeitet. Und das Schwankende der Traumgestalten, wie sie an die Wirklichkeit erinnern, mit ihr verfließen und doch wieder sich loslösen, und der Zweifel des Träumenden, der Abbild und Vorbild vergleicht und es über vage Erinnerung doch nie hinausbringt — das Alles ist vortrefflich.

Das goldene Vließ.

Die Gewalt dieses alten Mythus ist dem Dichter aus Hederichs mythologischem Lexikon nahegetreten, das er einst an einem trüben regnerischen Sommernachmittage zu Baden in die Hand bekam. In der concentrirtesten, auf die wesentlichsten Grundzüge gebrachten Gestalt hat ihn der Stoff gepackt.

Er hat damit unbewußt eine Idee Schillers ausgeführt, der am 28sten August 1798 über die antike Fabelsammlung des Hygin, welche er eben durchliest, an Goethe die Bemerkung schreibt: „Für den tragischen Dichter stecken noch die herrlichsten Stoffe darin, doch ragt besonders die Medea vor, aber in ihrer ganzen Geschichte und als Cyklus müßte man sie brauchen."

Das hat meines Wissens außer Grillparzer Niemand gethan. Insofern sind der erste und zweite Theil das Eigenthümlichste: dieser beherrscht durch Jasons jugendlich glänzende Erscheinung und übersprudelnde Thatkraft; jener in großen Zügen Barbarenthum und Griechenthum einander gegenüberstellend. Die Art, wie wir in Kolchis eingeführt werden, die religiöse Ceremonie, mit der das Stück sich eröffnet, erinnert an Lopes El nuevo mundo und die Schilderung der Indianer, zu denen Columbus kommt.

Der dritte Theil „Medea" dagegen ist ein vielbehandelter Stoff. Alle Bearbeitungen gehen mehr oder weniger auf Euripides zurück. Wie sich zu diesem Seneca verhält und wie Corneille zu beiden, das haben wir hier nicht zu untersuchen. Corneille führte zuerst die Kreusa als mithandelnde Person ein und der Italiener Gasparo Gozzi im vorigen Jahrhundert folgte ihm darin nach. Auch Grillparzer konnte sie natürlich nicht entbehren und wie er aus ihr ein Gegenbild der Medea machte, haben wir bereits erwogen. Sonst ist er im wesentlichen mit dem euripideischen Personal ausgekommen und hat es nur durch Nebenfiguren, wie den Herold der Amphiktyonen und den Landmann des ersten und fünften Actes, vermehrt. Dafür hat er andere Nebenpersonen weggeschafft und auch den Aegeus, den schon Seneca beseitigte, aber Corneille wieder aufnahm, fallen gelassen.

Dem Geiste des modernen Dramas gemäß gibt Grillparzer nicht, wie Euripides, blos die Katastrophe, sondern auch was zunächst vorangeht. Er beginnt nicht mit der Thatsache, daß Jason die Kreusa heirathen will und — was sich gleich dazugesellt — daß ein Machtspruch des Königs Medea und ihre Kinder verbannt. Medea ist auch nicht von vornherein die wüthige, schreckliche. Sondern es wird gezeigt, wie es zu dem allen kam. Die Charaktere wirken nicht in fertiger Ausprägung starr gegen einander, sondern sie enthüllen sich nach und nach mit der wechselnden, gesteigerten, gespannteren Situation. Diese ist nicht blos ihr eigenes Werk, sondern vielfach auch das Werk der Umstände. Die sorgfältige Motivirung ist auf Milderung der Schuld gerichtet, nicht blos bei Medea, auch bei Jason, ja bei Kreon.

Euripides' Jason ist ein prosaischer Mensch, ein klug verständig sorgender, dem ideale Motive fremd, und der mit Härte das Zweckmäßige durchführt. Er hat um die korinthische Königstochter geworben:

> Auf daß wir ehrsam leben, was das Wichtigste,
> Und keinen Mangel dulden (leider seh ich ja:
> Dem armen Mann geht jeder Freund gern aus dem Weg!)
> Und unsre Söhne würdig unsres Stamms erziehn.

Grillparzers Jason theilt diese Eigenschaft, stellt sich aber als eine ausgeführte um Vieles bereicherte Charakterstudie des männlichen Egoisten dar.

> Nur Er ist da, Er in der weiten Welt,
> Und alles andre nichts, als Stoff zu Thaten.
> Voll Selbstheit, nicht des Nutzens, doch des Sinns,
> Spielt er mit seinem und der andern Glück:
> Lockts ihn nach Ruhm, so schlägt er einen todt,
> Will er ein Weib, so holt er eine sich,
> Was auch darüber bricht, was kümmerts ihn!
> Er thut nur recht, doch recht ist, was er will.

Er ist, wie gesagt, ein Egoist. Rasch begehrend, kühn erobernd, sanft einschmeichelnd, solange das Weib zum Zwecke dient. Dann ist sie ihm nur Hinderniß. Er hat herausgestrebt aus der Gewöhnlichkeit, von Heldensinn, von Ehrgeiz getrieben. Er wollte Großes, er sah sich von ganz Griechenland umjubelt bei dem kühnen Unternehmen. Jetzt kehrt er zurück und wird gemieden oder nicht gekannt. Er erträgt es nicht. Medea ist ihm zur Last, aber er hat zuerst noch ein gewisses Pflichtgefühl, noch Anfälle von Männlichkeit, er will sich nicht von ihr trennen. Immer lockender aber steigt die glückliche Jugend vor ihm auf, Kreusas Bild zaubert sie ihm empor; immer verhaßter wird ihm Medea. Der Welt und ihrem Urtheil zu trotzen vermag er nicht. Sein Pflichtgefühl hält nicht weiter vor. Er will sie ganz einfach los sein. Er sehnt sich nach einem stillen, schuldlosen, häuslichen Glück. Er verläugnet seine früheren Ideale. Der Knabe ist ein Mann geworden

> Und nicht mehr kindisch mit den Blüten spielend
> Greift er nach Frucht, nach Wirklichkeit, Bestand.

> Die Kinder sind mir, und kein Ort für sie,
> Besitzthum muß ich meinen Enkeln werben.
> Soll Jasons Stamm, ein trocknes Heidekraut,
> Am Wege stehn, vom Wanderer getreten?

Da haben wir den Euripideischen Philister. Aber dieser hier begehrt nicht einmal die geliebte Kreusa in stolzem, rücksichtslosem Entschlusse. Sondern der König will es, er verkündets, Jason fügt sich schweigend und wagt vor Medea nicht einmal seine Liebe zu gestehen.

Bei Euripides ist Medea nicht von vornherein gemieden, sondern im Gegentheil geachtet in Korinth. Hiedurch wird Jasons Frevel größer. Es sind eben durchweg entschiedenere, stärkere, willenskräftigere Menschen bei Euripides. Hier ist ihnen Allen ein Element von Schwäche beigesellt. Auch Medea hat Gefühlsmomente, in denen sie zerschmilzt. Und nicht blos den Kindern gegenüber, bei deren Anblick sie eingedenk der geplanten Rache auch bei Euripides in Thränen ausbricht.

Grillparzer wagt es eben nicht, Medeen als das antike Grauenbild hinzustellen. Sie hat nicht ihren Bruder Absyrtus wirklich zerstückelt, sie ist nur indirect Ursache seines Todes. Sie hat auch den Pelias nicht wirklich ermordet, sondern nur die verhängnißvolle Situation, das unglückselige Vließ, das sie dämonisch anzieht, ist daran schuld.

Der Gegensatz von Barbarenthum und Griechenthum, der die ganze Trilogie durchzieht, bekämpft sich echt tragisch in Medeens Brust. Die unheilvolle kolchische Zauberwelt, durch das Vließ, durch alles magische Geräth, durch Gora hereinragend in die Gegenwart — das ist die dunkle Region, aus der sie herausstrebt und in die sie durch die Gewalt der Umstände nur um so viel tiefer noch zurückgestoßen wird. Ihr redliches Wollen wird zu schanden. Der Umschwung kommt von außen: der durch die Amphiktyonen verhängte Bann. Dieser aber beruht auf einer falschen Ansicht von dem Sachverhalt bei Pelias' Tod. So greift denn wieder hier das Misverständniß ein. Und dessen Aufklärung durch Medea hilft ihr nichts mehr.

Bei Euripides sollen die Kinder mit verbannt werden, Medea selbst bittet, daß man sie in Korinth lasse. Bei Grillparzer ist gerade dies ein weiteres entscheidendes Moment, daß man ihr die Kinder nicht lassen will. Sie erbittet bei dem auch hier schwachen Jason, daß ihr eines übergeben werde, das ihr freiwillig folgt. Da zeigt sich, daß sie das Herz ihrer Kinder verloren. Sie wenden sich beide von ihr ab.

Dies erst zeitigt den furchtbaren Mordgedanken. Sie haßt die Kinder jetzt. In einer früheren Unterredung mit der unheimlichen Gora war die Vorstellung der Rache aufgetaucht, sie hat sie schaudernd von sich gewiesen. Jetzt kehrt sie selbst dazu zurück und läßt sie in sich groß werden. Während Gora früher schürte, steht sie jetzt scheu neben der Herrin.

Aber die Ausführung selbst wird doch erst wieder von außen — durch die zufällige Auffindung der Kiste — entschieden. Und Kreons Verlangen nach dem goldenen Vließ wirkt dabei mit.

Kreon ist unschuldig. Er hat nur Jasons Bestes gewollt. Deßhalb sucht er ihn von Medea zu trennen und neu an sich zu fesseln. Deßhalb, als Unterpfand künftiger neuer Größe, nicht etwa aus Habsucht, verlangt er für ihn das goldene Vließ — und befördert gerade dadurch die Rache.

Daß Medea, nachdem sie an Kreusa die unheilvolle Gabe geschickt hat, sich in Träumereien verliert, scheint mir nicht recht natürlich. Sollten sich nicht ihre Gedanken mit angstvoller Spannung an Goras Schritte heften? Grillparzer hat dadurch wieder für den Mord der Kinder die zwingende Situation geschaffen, die wenigstens Medea so empfindet. Sie täuscht sich und den Zuschauer mit den Betrachtungen über das Märchen ihres Lebens. Sie thut, als ob sie noch die Wahl hätte. Erst mit Goras Entsetzensrufen fühlt sie sich den Rückweg abgeschnitten.

Das Ganze ist nun freilich weniger furchtbar, als wenn bei Euripides Medea den Kindern mit dem fertigen Entschluß des Mordes entgegentritt und dann, sowie sie sie vor sich sieht, den Muth nicht findet und sich doch wieder aufrafft und wieder schwankt, und abermals beschließt und sie mit Zärtlichkeiten überhäuft und selbst von Schmerz überwältigt wird, und hierauf mit Wolluft den Bericht von dem grausen Ende der Nebenbuhlerin entgegennimmt und sodann mit Ruhe und klarem Wollen, alle mütterliche Empfindung zurückdrängend, ihrer gräßlichen That sich zuwendet. Bald hört man die Angstrufe, bald das Todesgeschrei hinter der Scene.

Das Stück schließt bei Grillparzer wie bei Euripides mit einer letzten Unterredung zwischen Jason und Medea. Verwandte Gedanken klingen an. So wenn Euripides' Jason ausruft „O theuerste Söhne!" und Medea darauf: „Der Mutter sind sie es, nicht dir." Bei Grillparzer:

>   Jason.
>   Wo hast du meine Kinder?
>   Medea.
>   Meine sinds!

Aber während die Beiden beim Euripides sich nichts zu sagen haben als die alten Schmähungen und bitteren Vorwürfe — und dann Medea ruhig auf ihrem Drachenwagen zu Aegeus abfährt, indem sie Jason ein übles Ende prophezeit: so hat Grillparzer nach einem edleren Abschluß gesucht, der einer Sühne gleichkommt. Sie sind beide vernichtet. Tragen, dulden, büßen ist ihr Loos. Tragen, dulden, büßen: darin klingt das Stück aus. Und daß Medea auch hier noch die Größere ist, das versöhnt uns einigermaßen mit ihr.

So endet die Trilogie, welcher Grillparzer mit Recht den Namen des goldenen Bließes gegeben hat. Das Bließ ist ein zauberhaftes Symbol, wie ein Unterpfand des Glückes wird es heftig erstrebt und dem, der es gewinnt, bringt es Unheil. An allem Schrecklichen, das geschieht, hat es heimlich Antheil. Es scheint persönlich mit zu brauen an dem entsetzlichen Geschick. Dem Dichter könnte dabei der Nibelungenhort vorgeschwebt haben, der sich ähnlich unheilbringend vom Anfang bis zu Ende durch die deutsche Sage zieht.

König Ottokars Glück und Ende.

Auch diesen Stoff hat Grillparzer nicht als der Erste behandelt. Unter andern ist ihm 1594 Georg Calaminus, Gymnasiallehrer zu Linz, mit einem lateinischen Drama: Rudolphottocarus, austriaca tragoedia vorangegangen. Es war dem Kaiser Rudolf II. gewidmet und ist eine gelehrte Geschichtsstudie in dramatischer Fassung. Jeder Scene folgen Anmerkungen mit den Quellennachweisen. Uebrigens ist die damals gebräuchliche dramatische Form festgehalten, jeder Act schließt mit einem Chorgesang. Die Handlung beginnt mit den Thatſachen, welche Grillparzer im vierten Aufzuge behandelt. Was vorausging, wird erzählt.

Man könnte hie und da glauben, Grillparzer habe dieſe alte „öſterreichiſche Tragödie" gekannt und benutzt, wenn ſich nicht bald zeigte, daß die Uebereinſtimmung auf den Beiden gleich zugänglichen Nachrichten der Geſchichte beruht.

Grillparzers Ottokar iſt in allen weſentlichen Thatſachen hiſtoriſch, d. h. auf alte Ueberlieferungen gegründet, welche darum noch nicht wahr zu ſein brauchen. Der ganze Verlauf von Ottokars Schickſal war gegeben, ebenſo das Liebesverhältniß zwiſchen Kunigunde und Zawiſch und die Epiſode vom alten Merenberg.*) Der junge Merenberg und Bertha von Roſenberg ſind Erfindungen des Dichters. Sehr glückliche Erfindungen, denn mit einem Schlage war ſo die Feindſchaft der Roſenberge motivirt und es war dem König ein perſönlicher Feind gegeben, der ihn in der Schlacht erſchlägt und dabei

---

*) Die Gefangennahme zu Anfang des dritten Actes ganz nach der Reimchronik Cap. 99, nur daß Herbott von Füllenſtein ſtatt des Dürnholzers geſetzt iſt: Von dem Durnholz der Wolf mit herren Ortolf von Windischgrez daz an truog daz er der Treu ab sluog hals unde hende. owê der missewende daz er sich ie số vergaz! wan dỗ der Merenberger az nâch seiner pet sein brôt, do brâcht er in in nôt, wan er in ob dem tische vieng.

Wenn Ottokar dann im vierten Act bei Grillparzer befiehlt: „Werft ihn in tiefſten Thurm, und wer mir meldet: der Merenberg iſt todt, der ſei willkommen!" ſo iſt das wieder der Reimchronik nachgebildet, wo — nur vor der Gefangennahme — Ottokar Jedem, der den Merenberger finge, Alles verſpricht, was er irgend verlange. Wenn aber die Quelle nachher berichtet, der König habe den alten Mann von einem Pferde ſchleifen und an den Galgen ſchmieden laſſen, wo ihn in der zweiten Nacht ein Suppan mit dem Kolben todt ſchlug: ſo hat Grillparzer dieſe Grauſamkeit nicht mit aufgenommen. Ottokar ſcheint jenes harte Wort, das zur Tödtung auffordert, nicht mit Ueberlegung geſprochen zu haben. „Der alte Mann mag hart im Kerker ruhn!" Und er befiehlt ihm ritterliche Haft zu geben. Gleich aber kommt die Meldung über Merenberg:

> Als er nicht ſchwieg und alle Welt verklagte,
> Stieß ihn ein Scupan hart den Thurm hinab;
> Er wirds nicht überleben, glaubt man faſt!

Und ſo iſt es. — Grillparzers charakteriſtiſche Tendenz zur Milderung verläugnet ſich auch hier nicht.

ein Rächeramt erfüllt. Zugleich stimmt die Sache zu einem überlieferten Charakterzuge Ottokars, zu seinen vielfältigen Liebeshändeln. Und es ist die Auffassung der alten Hauptquelle Grillparzers, daß der König hierfür durch die Untreue seines Weibes gestraft wurde. Ebendort findet sich die Andeutung, daß ein Verwandter des Merenbergers dem gefangenen Ottokar einen Messerstich versetzt habe.

Diese Hauptquelle Grillparzers war die steirische Reimchronik des sog. Ottokar von Horneck.

Hierauf hat bereits Lorenz (Deutsche Geschichte I. 226. 227) hingewiesen und insbesondere darauf aufmerksam gemacht, daß schon die alte Reimchronik eine Verurtheilung der Ehescheidung des Königs liefert, daß auch dort alles spätere Unglück wie eine Folge jenes Schrittes hingestellt wird. Dadurch war Grillparzer der Ausgangspunct gegeben. Mit der Verstoßung Margarethens, an deren Charakter und Schicksal die Ideen des Rechts und der Treue unwandelbar geknüpft scheinen, beginnt Ottokars Schuld. Diese ließ sich dergestalt greifbar an einer bestimmten Person anschaulich machen.

Der Dichter hat nun aber die Reimchronik auch sehr im Einzelnen benutzt. Das Gespräch im Lager zwischen Ottokar und seinem Kanzler z. B. lag ihm darin fast als fertige Scene vor. Nachdem die Vorstellungen Bischof Brauns von Olmütz zu einer kräftigen Steigerung gebracht sind, heißt es: „Nun erst erschrak der König, das Haupt sank ihm nieder, lang saß er und schwieg, und als er wieder aufblickte, sprach er zu dem Bischof: Herr, ich will euch folgen; wie sehr ich auch erzürnt bin, das will ich fahren lassen, wofern ihr mich darin schützt

> Daß die Sühn' also geschehe
> Daß man mir Ehre daran jehe (zugestehe)."

Man sieht, die Worte der Quelle, welche der neuere Dichter vielleicht schärfer auffaßte, als sie zu nehmen sind, enthielten den Anlaß zu dem abenteuerlichen und kindischen Vorsatz des Grillparzerischen Ottokar, dem Habsburger durch den Glanz seiner äußeren Erscheinung imponiren zu wollen.

Das Motiv zur folgenden Scene gewährten abermals die Worte des Chronisten:

> Da wurde das Gedränge groß,
> Da man den Fürsten Zagheit bloß
> Sah über den Söller gehn
> Und vor dem König Rudolf stehn.
> Der saß still an seiner Statt.

Da bittet ihn Ottokar um die Lehen und knieend empfängt er sie mit dem Scepter. Der Contrast zwischen den beiden Fürsten wird im Sinne Grillparzers näher ausgeführt durch die Chronik von Kolmar: Ottokar kommt mit vielen Rittern und Rossen, mit vergoldeten Gewändern und edlen Steinen geziert. Rudolf erschien in seinem grauen Wams niedrig und gewöhnlich und saß auf einem Schemel. Das Eingreifen Zawisch', des Intriganten in Grillparzers Stück, der den Vorhang des Zeltes aufreißt, ist Erfindung des modernen Dichters.

Die steirische Reimchronik erzählt ferner, daß König Ottokar von Böhmen „der ellenhaft" (d. h. der mannhafte; — verstand Grillparzer: der elende, unglückliche?) ein ganzes Jahr lang sich in Mähren aufhielt und nicht nach Prag zurückkehrte. Als er aber endlich in seiner Hauptstadt sich einfand und sein friedliches Abkommen mit Rudolf der Königin bekannt wurde, da fuhr sie ihn übel an.

Es folgt nun eine Rede, welche Grillparzer zum Theil wörtlich benutzt hat.

> Auf unsern Steppen ist ein Thier, heißt Maulthier,
> Wenn das den Wolf von weitem kommen sieht,
> So rert es laut, schlägt aus nach allen Seiten,
> Die Erde wirfts in weiten Wirbeln auf;
> Doch naht der Wolf, da bleibt es zitternd stehn,
> Und läßt sich ohne Widerstand erwürgen:
> So fast hat dieser König auch gethan!

Ganz nach der Chronik, wo die Königin zu Ottokar sagt: Ihr habt euch grade benommen wie ich höre, daß das Maulrössel thut:

> Das ist der Art und hat den Muth,
> Wenn es den Wolf von weitem schmeckt,
> Es bäumt sich auf und reckt,
> Und schlägt aus hinten und vorn,
> Hauend mit gespitzten Ohrn
> Mit lauter Stimm' es rert,

> Bis ihm der Wolf so nahe kehrt,
> Daß er ihm thut gebon (ihm hart zusetzt),
> So läßt es ab davon
> Und gibt das Wehren auf.

Sie wirft ihm denn nun auch vor, daß er gekniet habe, verhöhnt ihn und stachelt ihn auf. „Da wurde dem König so Zorn — heißt es weiter — daß von ihm ging ein Dunst wie aus einer Kohlenbrunst, wie ein Drache blickte er auf und sagte: Fürwahr, ihr Teufelin, was ich nach eurem Sinn thun oder nicht thun soll, das geräth mir nimmer wohl. Da ihr aber so sehr ringt darnach, daß ihr mich bringt in Müh und Noth, so werde dem König der Friede aufgesagt." Und er schickt gleich nach einem Schreiber, der den Absagebrief an Rudolf aufsetzen muß.

Ebenso ist bei Grillparzer Kunigunde der böse Dämon Ottokars, der ihn neuerdings in den Kampf treibt. Im fünften Acte verläuft dann die Schlacht und Ottokars Ende wesentlich nach der Chronik. Das Zusammentreffen mit Margarethens Leiche ist natürlich Erfindung Grillparzers, der mit Recht alle poetischen Motive, welche ihm das Werk des alten Epikers darbot, benutzte.*)

Er hat, gleichsam dankend, diesem „Ottokar von Horneck" ein Denkmal gesetzt in der bekannten eingelegten Arie zum Preise Oesterreichs, welche er ihn im dritten Acte sprechen läßt und wofür ihm der Kaiser eine goldene Kette umhängt. Ich gestehe, daß ich diese Rede weder der Form nach sehr schön, noch dem Inhalte nach sehr richtig finden kann. Daß sie den raschen Verlauf der Handlung unnütz störe, wird man ohnedies nicht bestreiten. Dem alten Calaminus, der merkwürdiger Weise sich ebenfalls gedrungen fühlt, einen Preis Oesterreichs einzuflechten, steht dafür die passendere Form des Chorgesanges zu Gebote.

Ueber eine andere hübsche kleine Episode derselben Scene lasse

---

*) Die Vergleichung Grillparzers mit den historischen Quellen, die hier nur angedeutet werden konnte, ist höchst lehrreich, nicht blos zur Charakteristik des Dichters, sondern auch im praktischen Sinne. Sein Verfahren kann als Muster und Vorbild für ähnliche Arbeiten dienen. Will man daneben zeigen, wie der Dramatiker die historischen Quellen nicht benutzen dürfe, so leistet der „Rudolf von Habsburg, dramatisches Gedicht in zwei Abtheilungen, von J. E. Kopp" (Luzern 1856), die besten Dienste.

ich Laube sprechen: Die bekannte Stelle: „Katharina Fröhlich, Bürgers=
kind aus Wien" ist vom Dichter nicht erfunden worden, sondern be=
ruht auf historischem Grunde, freilich auf modern historischem.
Katharina Fröhlich war die Tochter eines hochgeachteten Wiener
Bürgers, welcher um seiner hingebenden Thätigkeit für das Gemeinde=
wohl Bürgervater genannt wurde. Grillparzer war in diesem
Bürgerhause ein gern gesehener Freund, und er sah Katharina auf=
wachsen. Als sie sechzehn Jahre alt war und ihr eine reiche Partie
angetragen wurde, hörte sie von Grillparzer, daß er ihr nicht ab=
rathen zu dürfen meinte, daß er aber der unglücklichste Mensch auf
Erden sein würde, wenn sie die Partie annähme. Dies scheint seine
Liebeserklärung gewesen zu sein. Katharina lehnte die Partie ab.
Solchergestalt im Fröhlichschen Hause daheim, hatte er oft erzählen
hören, was der neunjährigen Kathi einmal in der Burg begegnet
war. Sie war mit einer Begleiterin durch den Augustinergang ge=
wandelt und war dort dem Kaiser Franz begegnet. Ihre Reverenz
machend bleibt sie stehen, und der Kaiser, das bildhübsche Kind be=
trachtend, bleibt ebenfalls stehen, legt die Hand auf ihr Köpfchen
und fragt sie, ihre „Bildsauberkeit" rühmend, wie sie heiße. —
„Katharina, Katharina Fröhlich!" — „So?" — Und eilig setzt sie
hinzu: „Bürgerskind aus Wien!" — „Saperlot!" ruft der Kaiser.

„Daß der sonst in bürgerlichen Dingen vor der Oeffentlichkeit
schüchterne Grillparzer dies aufs Theater gebracht — fährt Laube
fort — verwundert einen beinahe. Aber ein frischer Schalk sprang
zuweilen bei ihm hervor, und er hat wahrscheinlich seine geliebte Kathi
überraschen und heiter erschrecken wollen."

Es zeigt sich, daß wir beim „Ottokar" sehr weit vordringen
können in der Analyse der Elemente, aus denen er dem Dichter er=
wachsen ist. Eins aber kommt noch hinzu. Es ist sicher, daß ihm
bei der Gestalt Ottokars kein Geringerer als Napoleon vorschwebte,
wie denn auch die beiden Frauen an Josephine und Marie Louise
erinnern konnten.

Wüßten wir das nicht, hätte ers nicht selbst gesagt, so ließe sich
darüber streiten. Ein Gedicht „Napoleon", 1821 nach des Kaisers
Tod entstanden, zeigt eine ganz andere Auffassung. Napoleon steht
dort viel größer da. Grillparzer meint, er sei das Fieber gewesen

einer kranken Zeit, er habe eine Schuld getragen, die früher war als er, lang aufgehäufte Frevel hätten sich in ihm zusammengefaßt. Der Dichter liebt ihn nicht. Aber er ist ihm Bürge, daß noch Ganzheit, Hoheit, Größe gedenkbar sei in unserer Stückelwelt. Er weiß ihn nur mit Alexander und mit Cäsar zu vergleichen. Er war zu groß, weil seine Zeit zu klein, der Löwe mußte zum Tiger werden unter so viel Affen.

„Sehr übertrieben!" sagen wir heute, so ausschweifenden Loberhebungen gegenüber. „Sehr übertrieben!" müssen wir aber andererseits auch zum „Ottokar" sagen, der wieder nach der entgegengesetzten Seite hin zu weit geht und damit auch ästhetisch gegen die Forderungen der Tragödie verstößt.

Der Held ist mit einer gewissen Antipathie gezeichnet und erweckt sie daher auch beim Zuschauer. Ottokar ist ein übermüthiger Prahlhans, kindisch in seinem Hochmuth, thöricht in seiner eitlen Verblendung, ein Despot von rohen Formen ohne alle Größe, verletzend die er an sich ketten sollte, vertrauend denen, die ihm schmeicheln, beherrscht durch die, die ihn beschämen, vermessen — man sieht nicht weßhalb, trotzend — man weiß nicht auf was: nicht einmal ein Glaube an seinen Stern der ihm zur Seite stände. Warum ihm alle diese Kronen zufallen, begreift man nicht. Daß es sein Verdienst sei, kann man sich nicht denken. Er will bewundert werden um jeden Preis: das ist die stärkste Triebfeder seines Handelns.

An Richard III., einem moralischen Ungeheuer, nimmt man Theil, an Ottokar nicht. Wenn Richard dahin sinkt, so fühlen wir uns erschüttert, daß ein solcher Mensch von so dämonischer Gewalt zerschellen muß. Ottokar erwirbt sich durch nichts Anrecht auf unser Mitgefühl: das bißchen Gewissensbisse im fünften Act zählt kaum. Dort redet übrigens allerdings Napoleon und nicht Ottokar. Wenn man letzteren so kennen gelernt hätte, wie er sich hier schildert, — ein Mann, der wie Sturm und Ungewitter auf der Erde gehaust, der es gewagt, dem Herrn der Welten frevelnd nachzuspielen, der den Menschen, das Wunderwerk der Schöpfung, für nichts geachtet und sie schockweis dem Tode in die Arme geschleudert hat — wenn Ottokar sich so gewaltig, so colossal gezeigt hätte, so würde uns sein Fall weit mehr ergreifen. Alles darf ein tragischer Held sein, nur nicht klein.

Ist Ottokar zu sehr mit Schatten, so ist andererseits sein Gegner mit zu viel Licht gemalt. Rudolf von Habsburg ist zu sehr ein providentieller Held. Der Heiligenschein, von dem er umgeben, trägt nicht bei, seine Physiognomie zu verschärfen, sondern zu verblassen.

Der Dichter ist parteiisch, parteiisch gegen seinen Helden und für dessen Widersacher. Ja, es konnte mit Recht gesagt werden: das Stück hat zwei Helden. Hieran, glaube ich, krankt die Tragödie, die im übrigen ein Meisterwerk ist.

Ein treuer Diener seines Herrn.

Das Stück verdankt einer äußeren Veranlassung seine Entstehung. Die Kaiserin verlangte zu ihrer Krönung in Preßburg ein neues Drama aus der ungarischen Geschichte. Grillparzer durchlas die ungarischen Chroniken, fand nichts für die Gelegenheit passendes, gerieth aber auf den Bancban, einen Stoff, der weniger durch das, was darin lag, als durch das, was sich hinein legen ließ, seine Phantasie aufregte. Er hat nicht länger als zwei Monate daran gearbeitet.

Der Held befindet sich in ähnlicher Lage, wie Don Gutierre in Calderons „Arzt seiner Ehre" und benimmt sich auch nicht besser. Don Gutierre ermordet nicht den Prinzen, sondern seine Frau, wie der alte Galotti seine Tochter. Bancbanus verschont den Prinzen gleichfalls, das Uebrige besorgt die Frau selbst. Die ganze charakteristische und eigenartige Wendung, welche jetzt an dem Stücke auffällt, hat aber erst der Dichter hineingebracht. Sie lag, wie gesagt, von vornherein nicht in dem Stoffe.

Es war im Jahre 1213. Das Volk von Galizien, in Abhängigkeit von dem König der Ungarn, hatte dessen zweiten, jetzt fünfjährigen Sohn Coloman zum Fürsten verlangt. Und König Andreas beschloß selbst dahin zu ziehen, nachdem er die Reichsverwaltung mit unbedingter Vollmacht an die Königin Gertrud und ihren Bruder, den Erzbischof von Kalocsa übertragen und den Grafen Bank aus dem Geschlechte Bor zum Palatinus ernannt hatte. Allein sowohl dieser als noch andere Magnaten blieben ohne Einfluß und Alles wurde unter den vertrauten Räthen der Königin abgemacht.

Längst schon hatten der Einfluß der Königin, einer gebornen Herzogin von Meran, die Schwäche des Königs, die Begünstigung der Ausländer und Zurücksetzung der Magyaren die Unzufriedenheit des Adels erregt und eine Verschwörung zur Folge gehabt, welche nun während der Abwesenheit des Königs zum Ausbruch kam.

Es hielten sich aber um diese Zeit die jüngeren Brüder der Königin, Otto von Meran und Heinrich von Istrien, am ungarischen Hoflager auf. Einer derselben verliebte sich in des Palatins Bank Gemahlin, Ungarns reizendste Frau, Gertruds beständige Gefährtin, vielleicht auch ihre Beschützerin durch ihre Macht über Banks Gemüth. Der Prinz begehrte durch mancherlei Künste die herrliche Frau zur Lust; und als er mit Verachtung zurückgewiesen wurde, sann er auf Ueberraschung und Genuß durch Gewalt. Die schändliche That wurde in dem Zimmer der Königin vollbracht. Da dort der Verfolgten alle Hülfe und Rettung abgeschnitten war, fiel der Verdacht einer Begünstigung des Verbrechens auf die Königin, und nun trat auch der längst schon unzufriedene Palatin zur Partei der Verschwornen.

In ihrem Rath wurde Gertruds Ermordung beschlossen; der Verbrecher hatte durch die Flucht der Rache sich entzogen.

Wahrscheinlich war es der Palatin, der den Verschworenen den Weg zu dem Gemache der Königin und sichere Frist zur That bereitete. Der Mord an ihr ward von dem Biharer Grafen Peter und dem Ban Simon begangen. Die königlichen Kinder, den erstgebornen, achtjährigen, bereits gekrönten Bela, den jüngsten, Andreas, und die Tochter Maria, welche übrigens von Niemand verfolgt wurden, brachte ihr Erzieher, Meister Salomon, Sohn des Grafen Miska, in Sicherheit. Die Burg wurde ausgeplündert und dabei auch das große königliche Gnadensiegel entwendet.

In der darauf folgenden Nacht rächten die Anhänger der Königin ihren Tod durch Ermordung des Grafen Peter und mehrerer Verbündeten. Der schwer beleidigte Bank wurde von ihnen und hernach auch von dem Könige verschont. —

Ich habe die Geschichte großentheils wörtlich nach Feßlers Geschichte der Ungarn (Bd. 2 S. 415 ff.) erzählt, der noch bemerkt, daß nach einigen alten Nachrichten der Banus Bank selbst die Mordthat vollzogen habe.

An diese letztere Version hielt sich ein ungarischer Dramatiker, Joseph Katona, der im Jahre 1816 den Stoff bearbeitete.

Das Stück ist merkwürdig. Es wird für das beste nationale Drama der Magyaren angesehen und hat in der That einzelne hohe Schönheiten, die uns das Gefühl geben, daß wir einer großen unverbrauchten Kraft gegenüberstehen. Dabei ist es aber mit dem seltsamsten technischen Ungeschick gemacht, fast ohne alle Ahnung von Charakteristik, Scenenbau und folgerichtig geführter Handlung. Es ist ein ewiges Kommen und Gehen der Personen, wie es dem Dichter gerade paßt, von strenger Motivirung keine Spur. Der Compositionsform nach ist es ein ziemlich verwickeltes Intrigenstück und als Intrigant, der Otto erst verführt, dann verräth, figurirt — sehr bezeichnend — ein deutscher Ritter, Namens Biberach. Mit Ausnahme dieses Biberach, den Otto ersticht, scheint es Regel, daß die Unschuldigen zu Grunde gehen und die Schuldigen entkommen.

Otto hat der Königin einen Schlaftrunk gegeben und unterdessen Melinden, der Gattin Banks, Gewalt angethan. Melinda und Bank halten die Königin für mitschuldig. Melinda überhäuft sie mit den bittersten Vorwürfen. Der Palatinus Bank tritt ernst als Rächer vor sie hin, alle ihre Sünden gegen das Land hält er ihr vor und dann den jüngsten Frevel gegen sein eigenes Haus. Sie erklärt ihn für einen Lügner und verflucht ihn mitsammt Melinden und dem Buben, den — wie sie sagt — zu ihrer Schmach sie Bruder nennen muß. Bank aber nimmt darauf keine Rücksicht und da er sich von ihr noch verhöhnt glaubt, so droht er: sie ruft nach Hülfe, Otto erscheint, eilt aber sofort feige davon, Bank will ihm nach, kann die Thür nicht öffnen, flucht ihm und dem Land, wo er geboren — da wird Gertrud wüthend, stürzt sich auf Bank und zückt ihren Dolch: „Elender, schmähe meine Heimat nicht!" Bancban entwindet ihr den Dolch und ersticht sie: „Nun freue dich, meine Ehre, rein gewaschen hat dies Blut dich." — Otto wird von den Verschwornen gefangen, entkommt aber und ermordet auf der Flucht Melinda, um seine Schwester zu rächen. Der Aufstand wird unterdrückt, der König kehrt zurück, die Unschuld der Königin kommt an den Tag. Der König aber begnadigt ihren Mörder, der genug gestraft sei. Er wendet sich an seine Großen mit den Worten: „Magyaren! Besser daß die Königin fiel als unser Vaterland."

Das Stück ist von einem echt ungarischen Haß gegen die Fremden durchzogen. Und daneben die eigenthümlichste Sorte von Loyalität, mitten im Aufruhr königstreue Gesinnung: jener Michael, Melindens Bruder, der den Ausbruch der Verschwörung zu verhüten sucht, indem er die Königin warnt; jener Peter, der von Pferden hingeschleift noch sterbend ruft: es lebe unser König!

Grillparzer hat, wohl ganz zufällig, einige Züge mit Joseph Katona gemein, z. B. daß er Bancbans Gattin umkommen läßt und daß er die Häupter der Aufständischen zu Brüdern des Bancban und seiner Frau macht, wie sie bei dem Ungarn Melindens Brüder sind. Aber im Uebrigen, wie himmelweit verschieden ist die Auffassung des Stoffes bei dem Cisleithanier und bei dem Transleithanier! Und wie sehr wünschte ich, für die des Landsmannes, des Deutschen und des größeren Dichters Partei ergreifen zu können!

Wenn in den alten Jesuiten-Schauspielen Legenden in Scene gesetzt werden, Märtyrergeschichten, und sich der Held damit beschäftigt, das ganze Stück hindurch gegenüber den verschiedensten Martern und Versuchungen immer nur seinen Glauben an Gott zu betheuern und seine unbedingte Treue für das göttliche Gesetz zu bekunden, so wenden wir uns ab und sagen: undramatisch.

Ganz so ist es nun im „treuen Diener seines Herrn" wohl nicht, denn Bancban ist nicht der alleinige Träger des Interesses. Wir sehen einen Frevel sich vollziehen und wir sind gespannt, ob die Schuldigen das rächende Schicksal ereilt oder nicht.

Aber Bancban steht doch wieder zu sehr im Mittelpunct, als daß wir nicht auf Schritt und Tritt ihm begegnen müßten und daß wir uns nicht an ihm ärgerten. Er ist ganz ein solcher alter Märtyrer, ein Held der leidenden Treue. Er ist gleichsam nur auf einen Ton gestimmt, und der heißt Herrentreue. Die altdeutsche Poesie hat dieses Pathos der Treue in wunderbarer Weise darzustellen gewußt im Rüdiger des Nibelungenliedes. Da ist aber ein Conflict und innerer Kampf, der Held steht vor der Wahl und sie wird ihm schwer. In Bancban merken wir keinen Conflict. Und, recht betrachtet ist auch keiner vorhanden.

War es denn ein unverzeihliches Verbrechen, sich der Person Ottos zu bemächtigen, wie die „Aufrührer" wollen, damit er bei der Rückkehr des Königs der verdienten Strafe nicht entgehe? Der Standpunct der Aufrührer scheint uns ganz correct. Bancban aber greift hier erst handelnd ein, wo es gilt, im Dienste seines Herrn — den Mörder seines Weibes und den Erben der Krone zu retten. Warum hat er nicht früher, warum nicht für seine Frau gehandelt? Bei wem soll sie Schutz suchen, wenn nicht bei ihm?

Bancban will es nicht wissen, wer auf der Straße Spottlieder singt gegen ihn. Hätte er den Herzog gesehen mit seinen eigenen Augen, er würde eher glauben, daß er wachend träumte, als Uebles von dem Schwager seines Herrn. „Ha, Scham und Schmach!" ruft Erny, da das Lied ertönt. Bancban kennt — wie er sagt — keine Schmach als Unrecht thun.

Wenn ein Bauer Entschädigung verlangt, weil ihm der Prinz auf letzter Jagd die Saat verwüstet, so fährt er ihn an:

Er? — Der Prinz allein?
Die ganze Saat? Wohl nur des Prinzen Jäger?
Weßhalb denn schreist du: „Er"? Wo bleibt die Achtung,
Verwünschtes Volk! für Eurer Fürstin Bruder?

Und wenn man ihm erzählt, der Prinz umschwärme sein Weib: „Ich kanns nicht ändern," sagt er gleichmüthig und schickt seine Erny zum Tanz zurück, dem sie angstvoll entfloh.

Bancbanus hat von seinem Herrn das Amt übernommen, Ruhe zu erhalten im Land. Würde er dieser Pflicht nicht besser nachgekommen sein, wenn er dem kecken Otto von vornherein fest entgegentrat und nachher dafür sorgte, ihn einer sicheren Strafe aufzusparen? Und wäre er darum minder der treue Diener seines Herrn gewesen? Bancbanus versäumt die höchste Pflicht, die ihm sein Amt auferlegt — aus allerunterthänigstem Respect vor dem Mitglied des erlauchten Königshauses. Ist das wahre Treue? Er konnte eine Revolution verhindern, und er hat es nicht gethan, um gegen einen Prinzen nicht die „schuldige Ehrfurcht" zu verletzen. Nein, wir sind ganz der Meinung der Aufrührer: Bancban ist alt und schwachsinnig und kindisch. Nicht einmal die Unschuld seiner Frau constatirt er selbst am Schlusse.

Der humoristische Zug, der ihm anfangs geliehen, ist nicht sehr gelungen. Er klingt ein wenig an den Ton des gutmüthigen Polterers an und ist noch sehr weit entfernt von dem freispielenden Humor einer frischen, thatkräftigen Natur, wie Leon in „Weh dem, der lügt".

Desto mehr gelungen, aber nur um so mehr zum Nachtheile des Helden, ist der pedantische Zug. Bancban ist ein österreichischer Bureaukrat der alten Schule voll kleinlicher Bedenklichkeit. Muß er doch selbst einen Zweifel unterdrücken, ob es die Königin verzeihen werde, wenn er die Bittschriften in einem anderen Saale entgegennähme, wo es ruhiger wäre als in dem eigentlich dazu bestimmten.

Ich will Grillparzer diesen Charakter nicht zum Vorwurf machen, als ob er ihn in seinem ganzen Verfahren gebilligt hätte. Das braucht auch nicht die Wirkung des Stückes zu sein. Kaiser Franz hielt es vielleicht mit demselben Rechte für ein aufreizendes, wie die gesammte Kritik für ein serviles. Ich behaupte weder das eine noch das andere: nur, daß es einen ästhetisch verwerflichen Helden habe.

Der innere Trieb aber, der Grillparzer zur Wahl — oder vielmehr zur Umgestaltung des historischen Stoffes führte, war doch kein anderer als Verherrlichung der Unterthanentreue. Der Höhepunct ist wie Bancban die Misvergnügten auf das Erscheinen des Königs vertröstet: „Bis dahin haltet euch als ruhige Bürger" (Ruhe ist die erste Bürgerpflicht!) — und wie er die Aufforderung seines Bruders: „Bist du ein Mann, so nimm dein Schwert und geh an unsrer Spitze" mit den Worten erwidert:

>Aufrührer, ich mit Euch? Ich bin der Mann des Friedens,
>Der Hüter ich der Ruh. Mich hat mein König
>Geordnet, seinen Frieden hier zu wahren.
>Ich in den Bürgerkrieg mit Euch?
>Fluch Bürgerkrieg! Fluch dir vor allen Flüchen!

Diese Gesinnung des Bancbanus ist gewiß sehr brav und ehrenwerth. Aber — man mag sagen, was man will — seine Handlungsweise entspringt aus dem treuen, redlichen Wollen einer engen, beschränkten, kleinlichen, nur das Nächste ins Auge fassenden Natur. Es ist — wir müssen an eine ähnliche Bemerkung beim Ottokar erinnern — es ist leider eine Treue ohne Größe.

Grillparzers König Andreas nennt seine Ungarn ein einfach stilles Volk von maßvoller Sitte und zu allem Guten tüchtig. So weit dieses Urtheil von der Wahrheit abweicht, so weit der Geist des „treuen Dieners" von dem des ungarischen Bancbanus, dem wirklichen der Geschichte und dem poetischen des Joseph Katona.

Man fühlt sich versucht, die beiden Dramen, das deutsch-österreichische und das magyarische, symbolisch zu nehmen. Sie erzählen uns, dünkt mich, ein sehr wichtiges Capitel aus der inneren Geschichte des Staates, in dem wir leben. Sie geben uns Aufschluß über die politische Anlage, Gesinnung, Handlungsweise und deren verschiedene Erfolge diesseits wie jenseits der Leitha.

Sehr bezeichnend in anderer Hinsicht ist nun auch die innere Verkettung der Handlung bei Grillparzer.

Die Königin liebt ihren Bruder abgöttisch, sie theilt sein heißes Blut, seine Heftigkeit, seine Abneigung gegen Bancban und gegen die Ungarn — „einfältig Volk, nur stumpf, nicht tugendhaft" — und sie nimmt es der Gräfin Erny fast ein wenig übel, daß sie so gleichgiltig gegen ihren glänzenden jugendfrischen Bruder bleiben kann.

Sie ist schwach gegen Otto und kann ihm nichts versagen, auch nicht die Unterredung mit Erny die er wünscht. Uebrigens meint sie sich vorzusehen, indem sie in der Nähe bleibt, um nöthigenfalls einzugreifen.

Otto liebt Erny nicht, er liebt nur die Eroberung, den Triumph — und diesen nur aus Starrsinn, aus Eigensinn, der will, weil er gewollt. Ja er will schließlich nichts als daß sie ihm das Wort abbitte, das ihr gegen ihn im Zorn entfahren: „Geht, ich veracht Euch!" Thut sie das nicht, so soll sie verschwinden vom Gesicht der Erde, in einem Schlosse heimlich eingesperrt.

Erny ist rasch, wie ihr Gatte sagt. Sie übereilt sich leicht. Eine Uebereilung war jenes Wort der Verachtung, das sie jetzt so unbedacht wiederholt. Sie sieht die Drohung Ottos wahr werden — kein Entrinnen für den Augenblick — sie übereilt sich abermals und stößt sich den Dolch in die Brust.

Otto sühnt sein Vergehen, soweit dies möglich, durch den Zustand halben Stumpfsinns, in den ihn Schrecken und Reue versetzen, und durch die Aufopferung, mit der er dem Kronprinzen das Leben rettet. Der rückkehrende König seinerseits aber macht sich mit Recht am Schlusse Vorwürfe: „Unsittlichkeit! Warum ließ ich beim Scheiden dich zurück? Warum zertrat ich nicht, verwies dich?"

Man sieht, die Schuld an Ernys Tode vertheilt sich: ein Theil fällt auf den König, ein Theil auf die Königin, ein Theil auf Bancban, ein Theil auf Erny selbst, ein Theil — freilich der größte, aber doch nur ein Theil — auf Otto von Meran, der doch schwer beleidigt war und als verwöhnter Prinz doppelt aufgebracht sein mußte und es nicht so sehr böse gemeint hat und ja nun auch büßt.

Und wenn die lauschende Königin an der Tapetenthüre früher gemerkt hätte, was vorgeht und rechtzeitig eingetreten wäre, so war das Unglück überhaupt abgewendet.

Aehnlich steht es mit dem Tode der Königin selbst.

Sie ergreift ihres Bruders Schwert und Mantel um sich gegen die Verschwornen zu vertheidigen. Sie fühlt sich zu schwach, wirft beides hin und eilt fliehend in den dunklen Gang. In demselben Augenblick treten die Häupter der Empörung auf, erst später hinter ihnen Gewaffnete mit Fackeln.

Simon.
Der Herzog wars. Dort liegt sein Schwert und Mantel.
Wirf deinen Dolch!

Peter wirft und trifft die Königin. Also ein Misverständniß, eine Verwechslung, der die Königin zum Opfer fällt etwa wie die Gräfin von Lavagna im „Fiesco" oder Erbförsters Marie oder Ottokar und Agnes von Schroffenstein. Wäre früher Licht zur Hand gewesen, so war der Irrthum nicht möglich.

Und daß gerade Peter diesen unglücklichen Wurf thun muß, der halb gezwungen sich dem Aufstand anschloß! Simon hat ganz recht, der Teufel hat sie gaukelnd hier genarrt. An dem Tode der Königin ist Niemand schuldig als der Teufel Zufall.

Des Meeres und der Liebe Wellen.

Der „Jon" des Euripides beginnt mit einem Monolog des Titelhelden. Er ist im Tempel des Apollo zu Delphi aufgewachsen, wie Hero in dem ihrigen. Er tritt am Morgen heraus, um sein von

Kindheit an gewohntes Tagwerk zu verrichten. Er schmückt mit Lorberzweigen und heiligen Kränzen den Vorhof des Tempels, er fegt mit dem Lorberbesen und besprengt mit frischem Wasser den Boden und treibt die Vögel mit seinen Pfeilen zur Flucht. Er preist sich glücklich, ein Knecht der Götter zu sein, den Ewiglebenden zu dienen, nicht den Sterblichen. Er bedroht die Vögel des Parnassus, die aus ihrem nächtlichen Lager herübergeflogen kommen, von denen einer Halme zum Nest für seine Kinder unter des Tempels Gebälke tragen will. Er verjagt ihn, denn ihn zu tödten scheut er sich. Da erscheint der Chor, den Jon abhält, ins Innere des Tempels einzudringen. Und nachher kommen seine Eltern, die er freilich noch nicht kennt.

Wem Grillparzers „des Meeres und der Liebe Wellen" gegenwärtig ist, der wird sich sofort der ähnlichen Situation des Eingangs erinnern und wie die hier gegebenen Motive sonst noch im ersten Acte benutzt sind. Zu welcher wundervollen Symbolik hat ihm nicht das Motiv der nistenden Vögel gedient!

Ob außerdem irgend ein Dramatiker Grillparzern vorgearbeitet hat, weiß ich nicht. Denn die früheren Behandlungen des Gegenstandes, z. B. die Amours infortunés de Léandre et de Héro von La Selve, einem Vorgänger des Corneille, kenne ich nicht näher.

In Schillers Ballade sind Hero und Leander durch „der Väter feindlich Zürnen" getrennt. Im deutschen Volkslied von den zwei Königskindern heißt es blos:

> Sie konnten zu einander nicht kommen,
> Das Wasser war viel zu breit.

Grillparzer folgte hierin, wie in den meisten übrigen Umständen, dem altgriechischen Gedichte von Musäus.

Auch dort ist Hero eine Priesterin der Venus, welche einen Thurm zu Sestos in der Nähe des Meeres bewohnt. Durch häufige Opfer ehrt sie scheu die Göttin und ihren Sohn, mit anderen Frauen geht sie nicht um, den Tänzen der Mädchen hält sie sich fern. An dem jährlichen großen Tempelfeste sieht sie Leander. Wie der alte Dichter ihre Schönheit zu schildern sucht und den Eindruck, den sie auf Leander macht, wie er dessen Liebeswerben und ihre Nachgibigkeit beschreibt, das lasse ich bei Seite. Denn hier mußte sich Grillparzer Alles selbstäntig gestalten.

Es wird verabredet, daß sie durch eine ausgesteckte Fackel ihm den Weg übers Meer zeigen soll. Ihre Zusammenkünfte werden beschrieben, ebenso die stürmische Winternacht, in der der Wind die Fackel löscht und Leander in den Fluten versinkt. Es kommt der Morgen, Hero blickt vergeblich nach dem Geliebten aus. Da sieht sie ihn am Fuße des Thurmes liegen, an Klippen zerschellt. Sie zerreißt ihr Gewand und stürzt sich herab und stirbt über dem todten Liebling.

Grillparzer hat die ganze Handlung auf drei Tage eingeschränkt. Jenes Fest ist bei ihm zugleich Heros Weihe als Priesterin und in den Formen ausgeführt — Abschied vom Leben, Trennung von den Eltern — wie man sich etwa die Einkleidung einer Nonne denkt. Dem Leander hat er einen älteren Freund Naukleros beigesellt, der ihn abzuhalten sucht von seinem tollkühnen Beginnen. Der Hero steht die leichtsinnige, muthwillige, märchenkundige Janthe zur Seite. und ihr Oheim, der strenge Priester, als Hüter des Rechtes und der heiligen Gesetze. Er ist es, der die Fackel löscht, wie im deutschen Volkslied eine falsche Nonne die zwei Kerzen ausbläst, die dem Königssohne leuchten.

Grillparzer nannte das Stück: „Des Meeres und der Liebe Wellen". Er wollte dadurch von vornherein andeuten, daß die Behandlung, obgleich sie einen antiken Stoff betraf, romantisch oder vielmehr allgemein menschlich gemeint sei.*)

Die Tragödie zeichnet sich durch die Strenge aus, mit welcher das einfache feste Wollen der Hauptpersonen entschieden durchgeführt ist.

---

*) Grillparzer setzt in seiner Selbstbiographie (Werke 10, 212) die Entstehung des Stückes nach der französischen und englischen Reise, welche 1836 stattfand. Aber es wurde schon am 3. April 1831 aufgeführt, obgleich es erst 1840 im Buchhandel erschien. „Ich habe schon gesagt — bemerkt Grillparzer S. 193 — daß ich über die Zeitfolge der Ereignisse in großer Verwirrung bin." Er nennt den Stoff einen neuen „oder einen alten, den ich wieder aufnahm." Die erste Beschäftigung damit möchte in die Zeit nach der Sappho und vor dem Ottokar zu setzen sein. Die nähere Beziehung Grillparzers zu Fräulein Fröhlich fällt spätestens vor 1821 wie sich aus Werke 8, 103 ergibt. Vergl. E. Kuh S. 55.

Hier wird nichts den Umständen, nichts dem Zufall zugewälzt. Die Gewalt der Leidenschaft allein führt ins Verderben. Hero und Leander sind beide genügend gewarnt; die Hindernisse, die sich ihnen entgegenthürmen, die Abmahnungen, die ihnen zu Theil werden, sie verachten Alles, sie stürzen sich mit sehenden Augen in die Gefahr. Keine Abschwächung, keine Milderung. Auch der Priester thut unerbittlich, erst sanft, dann hart, was er für seine Pflicht hält. Und die Bemerkung des Naukleros gegen ihn: „Ihr habt den schnöden Dienst misgünstiger Indusknechte vom Orient ererbt und hüllet Euch in Gräuel und in Nacht" zeigt, daß sein Verfahren in dem Geiste des Cultus begründet ist, dem er vorsteht.

Jeder folgt mit einer gewissen Verblendung der einseitigen Richtung, in welche sein Charakter ihn der gegebenen Situation gegenüber drängt und treibt. Das ist die echte tragische Verwicklung. Grillparzer ist nirgends anderswo so streng und herb gewesen. Keine Phrase, keine Sentimentalität, keine Weichlichkeit, nichts kleinlich Rührendes. Er schildert verzehrende Gluth der Leidenschaft, aber nirgends auch nur ein Anklang an die Rhetorik der Ahnfrau. Jede Gelegenheit zu Gefühlsausbrüchen ist geflissentlich abgeschnitten. Kein directes Kundgeben innerer Seelenvorgänge. Vornehm begibt sich der Dichter jedes Mittels, um den Zuschauer künstlich zu hetzen. Und doch — welche Angst, welche Erregung, welche Besorgniß für das Schicksal der Beiden ergreift uns in der Thurmscene! Wäre es nur gelungen, die Handlung etwas reicher zu gestalten, die sich oft um gar zu unbedeutende Dinge dreht!

Der Charakter Heros liegt weit ab von den alten Lieblingsneigungen des Dichters, er ist weder naiv noch sentimental, aber in jedem Zuge motivirt und durchaus eigenartig. Der Einblick, den wir in die Häuslichkeit ihrer Eltern erhalten, macht uns klar, weßhalb sie weder die Heimat lockt noch die Ehe. Das Familiengefühl ist in ihr nicht stark entwickelt, den Eltern gegenüber bleibt sie kühl, einem Bruder ist sie geradezu abgeneigt, sie grollt ihm still und tief. Sie ist gern frei und will mit Niemand ihre Seele tauschen, vor Amor hat sie keine Angst. Sie ist stolz auf ihre Abkunft aus dem Priestergeschlecht. Sie nimmt es streng mit ihrer Pflicht und tadelt herbe die Versäumniß der Uebrigen, von denen sie sich spröde absondert.

Zu keiner ihresgleichen führt sie des Herzens Zug, ein still Bedürfniß hin. Sie kann nicht finden, daß Gesellschaft fördert: „Was einem obliegt, muß man selber thun."

Dabei ein merkwürdig maßvoller Sinn und sicheres Wissen um das, was ihr frommt. Sie ist früh abgelöst von den Ihrigen, im Heiligthum aufgewachsen wie Ion, sie kennt nichts anderes als den Tempel. Ihre Vorstellung von der Welt hat sie sich nach dem Bilde ihres harten Vaters und rohen Bruders geformt, störrisch wildes Wesen, wenig denkend, heftig wollend, mit ungeschlachter Hand eingreifend in das stille Reich geordneter Gedanken, „wo die Entschlüsse keimen, wachsen, reifen am milden Strahl des gottentsprungnen Lichts" — so denkt sie sich die Männer. Ihr Freiheitssinn sträubt sich gegen die Abhängigkeit von einem Manne, dem sie sich unterordnen muß, obgleich die Weisere und Bessere. Sie will das Rechte thun, nicht weil man ihrs befahl, nein, weil es recht, weil sie es so erkannt. So fesselt sie Alles an den Altar der Göttin. Und doch läßt sie sich vom Oheim nicht zu dem Versuche bewegen, ob ihr Orakel zu Theil würden und die Gabe der Weissagung verliehen sei. Sie weist diese Zumuthung ruhig aber ohne Schwanken von sich:

> Verschiednes geben Götter an Verschiedne;
> Mich haben sie zur Seherin nicht bestimmt.

Sie hält von ihrem Wesen jegliche Störung fern. Sie will den eigenen Sinn bewahren, ablehnend alles Uebrige.

Das ist der Kern ihrer Persönlichkeit, das aber auch die Ueberhebung, die sich rächen muß. So beschränktes Streben — sagt der Priester — sei selbstisch, es sei widrig, unerlaubt, ja ungeheuer. Und wenn er ihr seine Bewunderung nicht versagen kann — „so schön, so still, so Ebenmaß in jedem" — so muß er doch hinzusetzen: „zu sicher und zu fest".

Ihre Sinnlichkeit ist unaufgeschlossen, sie wird es an dem Tage, an dem sie sich für ewig bindet, sie wird es durch die Schönheit eines Mannes. Wir erfahren nicht viel Anderes von diesem Leander, als daß er schön und friedfertig und ein guter Sohn. Als „dumpfer Träumer, blöder Schlucker" tritt er auf, wie der Freund ihn nennt. Aber wir fühlen doch, er ist das gerade Gegentheil dessen, was Hero bis dahin unter einem Manne sich gedacht. Und so wirkt denn gleich sein Anblick zauberisch auf sie ein. Ein Lied von Leda und dem Schwan verfolgt sie, das sie in ihrer Unschuld kaum versteht und das doch ihre Phantasie schon längst seltsam gereizt haben muß. Ihr festes, klares Wesen erhält einen Zusatz von Zerstreutheit und Träumerei, der sich steigert, steigert, steigert, um sie zuletzt dem Geliebten als ein Opfer nachzurassen. Ein Druck lastet auf ihr, der dumpfer und dumpfer wird, und sie zuletzt erdrückt. Und immer der Zug von Sicherheit und Selbständigkeit. Sie zögert wohl am Morgen nach Leanders Besuch, indem sie sagen will, sie kenne ihr Recht und ihre — Pflichten. Aber schnell faßt sie sich:

> auch meine Pflichten kenn ich;
> Wenn Pflicht das alles, was ein ruhig Herz,
> Im Einklang mit sich selbst und mit der Welt,
> Dem Recht genüber stellt der andern Menschen.

Solche Unabhängigkeit kann sich nicht leidend fügen und nach thränenreichen Klagen ins Unvermeidliche schicken. Wenn sie das Unglück trifft, zerbricht sie.

Nein, in dieser Hero ist keine Spur von Schablone. Keine märchenhafte Ziererei gegenüber Leander, kein Monolog mit Gewissensbissen oder Sophisterei der Leidenschaft, ja fast keine Klagrede um den Verlorenen oder doch, was dem gleichkommt, in ganz eigenartigen Formen. Wie die griechischen Maler den Anblick des höchsten Schmerzes verhüllten, weil er nicht auszudrücken sei, so schafft Grillparzer hier etwas Aehnliches. Im Augenblicke der Entdeckung des Leichnams muß Hero dem Oheim unbefangen entgegentreten — sie stürzt freilich bei dem Versuch zusammen.

Grillparzer hat diesen Charakter mit Selbstverläugnung und mit ganz fester Hand entworfen, man möchte glauben: ohne persönliches Gemüthsinteresse, nur mit einem sachlichen Beobachtungsinteresse. Er selbst berichtet: „Eine wunderschöne Frau reizte mich, ihre Gestalt, wenn auch nicht ihr Wesen, durch alle diese Wechselfälle durchzuführen." Wie weit doch auch das Wesen vielleicht Porträt ist, mögen Eingeweihtere untersuchen. Jedenfalls hatte diese Hero ein ganz selbständiges Leben gewonnen. Grillparzer hat sich die Frage vorgelegt:

wie muß ein Mädchen beschaffen sein, damit es Priesterin wird? und wie muß die Priesterin beschaffen sein, damit sie in Liebesgram vergehe? Und er hat das Problem consequent zu lösen gesucht, gleichsam zuschauend und forschend und abbildend, wie die Natur selbst ein solches Wesen schafft und entwickelt, bildet und zerstört. Wir möchten dem Dichter zurufen, was der Priester zu Hero sagt: Du bist gereift. —

Weh dem, der lügt!

Grillparzer war sehr witzig, alle, die ihn kannten, wissen das. Er hatte eine epigrammatische Ader, und die gedruckten oder geschriebenen Epigramme sind nicht einmal die besten. Ein ganz eigener Humor und gutmüthige Ironie, gegen sich selbst und gegen andere, belebte oft seine Rede. Cette dame est plus heureuse que les autres — sagte er einmal von einer Französin, welche ihn in der Gesellschaft von Wiener Damen huldigend besucht hatte — elle ne comprend pas bien l'allemand, et croit que je suis poète de premier ordre. Das Hübscheste, was mir in der Art von ihm erzählt ist und worin ein fast altdeutsch unbefangener Scherz mit dem Heiligen anklingt, ist Folgendes:

Es war die Rede vom Kirchenbesuch. „Ich sollte freilich auch öfter in die Kirche gehen. Aber ich denk mir halt, da Gott der Allweise, Allgütige und Allergerechteste ist, so wird er doch auch der Allerartigste sein, und da wird er mich doch auch wieder besuchen wollen. Weil er einen aber immer nur mit Krieg und Pest und Noth heimsucht, so verlang ich mir den Besuch gar nicht." — Er hoffe trotzdem in den Himmel zu kommen. „Denn wenn ich auch nicht viel Gutes gethan hab, Böses auch nichts, und wenn der liebe Gott gar so difficil sein wollt, blieb er am End ganz allein mit den zwölf Aposteln, und das wär doch gar zu langweilig für ihn."

Dies nur als Pröbchen. Wenn also von Grillparzer ein Lustspiel angekündigt wurde, so durfte man keineswegs von vornherein zweifelhaft sein, weil er bisher nur in der Tragödie Erfahrungen gesammelt. Und doch war der Mißerfolg ein ganz entschiedener. Er wäre vielleicht nicht so arg gewesen, hätte nicht die wenig glückliche Aufführung mitgewirkt und hätte Grillparzer das Stück nicht ein Lustspiel genannt, anstatt vielleicht eine dramatisirte Anekdote aus der

Merowinger-Zeit. Was würde sich freilich das große Publicum Wiens im Jahre 1838 unter der Merowinger-Zeit gedacht haben? Damit berühren wir gleich einen wunden Fleck, und wir wollen darauf zurückkommen.

Grillparzer entnahm den Stoff aus der fränkischen Geschichte des Gregorius von Tours (III. 15), man kann die Erzählung in den deutschen Sagen der Brüder Grimm oder in Gustav Freytags Bildern aus der deutschen Vergangenheit bequem nachlesen.

Bischof Gregorius von Langres will seinen Neffen Attalus befreien lassen, der, als Geisel fortgenommen, in Knechtschaft verfallen, als Roßhirt bei einem Deutschen im Dienst steht. Er schickt Diener aus und bietet Geschenke, der Deutsche fordert zehn Pfund Goldes, welche der Bischof — wie es scheint — nicht aufbringen kann. Da bietet sich ihm sein Koch Leo an, um die Befreiung durch List zu versuchen. Ein erster Versuch schlägt fehl. Er läßt sich daher von einem beliebigen Menschen in dem Hause als Sclave verkaufen und befragt, was er verstünde, antwortet er: „Ich weiß Alles sehr gut zu bereiten, was man an den Tafeln der Herren ißt und gewiß wird meinesgleichen in dieser Kunst nirgends gefunden. Denn fürwahr, ich sage dir, auch wenn du dem König ein Mahl zurichten wolltest, ich kann dir königliche Gerichte machen, und keiner besser, als ich." Da sagte der Herr: „Sonntag ist vor der Thür, ich werde meine Nachbarn und Verwandten einladen; mache mir also ein Mahl, daß sie sich wundern und sprechen: In des Königs Hause haben wir es nicht besser gesehen." Und jener sprach: „Mein Herr lasse mir nur eine Menge von jungen Hühnern herbeischaffen, und ich werde thun, wie er befiehlt."

In der That fällt das Diner zur vollen Zufriedenheit aller Betheiligten aus. Und Leo ist nun der erklärte Günstling des Herrn, der ihm die größte Macht in seinem Hause einräumt.

Nach Verlauf eines Jahres, der Herr ist vollkommen sicher gemacht, geht der Koch mit dem Pferdeknecht Attalus auf eine Wiese, und, abseits von den Uebrigen liegend, verabreden sie die Flucht für die nächste Nacht.

Es hatte aber jener Deutsche gerade wieder viele seiner Verwandten zum Mahle geladen, unter diesen auch seinen Eidam. Als sie nun um Mitternacht vom Mahl sich erhoben, da folgte Leo dem Eidam seines Herrn in sein Gemach und reichte ihm den Schlaftrunk. Da sprach dieser zu ihm: „Mein Schwäher überläßt dir Alles, so sag mir doch, wenn du es kannst: wann willst du ihm seine Pferde nehmen und dich auf den Weg in die Heimat machen?" So sprach er in guter Laune zum Scherze. Jener aber sagte auch im scherzenden Tone ihm die Wahrheit und sprach: „Ich denke noch in dieser Nacht, wenn es Gott gefällt." Da sagte jener: „Dann mögen meine Diener nur auf der Hut sein, daß du mir nichts von meinen Sachen mitnimmst." So gingen sie lachend auseinander.

Als aber alle schliefen, rief Leo den Attalus, und als sie die Pferde gesattelt, fragte er ihn, ob er auch ein Schwert habe. Er antwortete: „Ich habe nur einen kleinen Speer." Da ging jener wieder in das Gemach seines Herrn und nahm dessen Schild und Schwert. Als der Herr fragte, wer es wäre und was er wolle, antwortete er: „Ich bin Leo dein Knecht und wecke den Attalus, daß er schnell aufstehe und die Pferde auf die Weide treibe. Denn er schläft so fest, als sei er betrunken." „Gut" sagte jener und schlief ein.

Leo aber ging hinaus, waffnete den Jüngling und fand die Hofthüre durch göttlichen Beistand geöffnet. Sie machen sich nun auf den Weg, schwimmen auf ihren Schilden über die Mosel, verbergen sich im Walde, stärken sich, nachdem sie zwei Tage gehungert, an einem Pflaumenbaum, verstecken sich bei herannahendem Pferdegetrappel hinter einem großen Brombeerbusch und entgehen so der Verfolgung ihres Herrn, der gerade bei ihrem Versteck Halt macht und Drohungen gegen sie ausstößt. In Reims nimmt sie ein Priester auf und entzieht sie den Nachstellungen des Deutschen. Und von hier gelangen sie endlich nach Hause. Da freute sich der Bischof, als er sie sah, und weinte am Halse seines Neffen Attalus, dem Leo aber gab er mit seiner ganzen Nachkommenschaft die Freiheit und ein Eigengut. Auf dem lebte er mit seinem Weibe und seinen Kindern als ein freier Mann bis an sein Ende.

Das ist der rohe Stoff, den Grillparzer bearbeitete. War die Wahl und war die Behandlung glücklich?

Das Stück ist recht interessant zu lesen, wenn man die Quelle kennt und vergleicht, oder auch wenn man sie nicht kennt und einen gebildeten Sinn für alle Feinheiten in der Behandlung eines ziemlich fern liegenden Stoffes mitbringt. Das sind aber freilich Voraussetzungen, die man im Allgemeinen für ein Theaterpublicum nicht machen darf.

Wenn in dem Stoff der Gegensatz zwischen fränkischer und barbarischer Cultur hereinspielt, so hat Grillparzer sehr geschickt den Kunstgriff gebraucht, dabei an Französisch und Deutsch zu erinnern und dadurch die einschlägigen Verhältnisse uns mundgerechter zu machen. Denn ein französischer Koch ist uns ein sehr geläufiger Begriff und auch daß französische Köche ihre Herrschaften tyrannisiren, kommt zuweilen vor. Aber daß Leon, der Held, um den sich das Interesse concentrirt, ein Koch von Handwerk ist, berührt doch seltsam und stimmt nicht zu unseren Begriffen, da wir uns nicht gegenwärtig halten, daß der Koch oder Küchenmeister in alter Zeit eine höhere sociale Stellung einnahm. Daß Leon dabei höhere Motive hat und dem Bischof nur aus innerem Drange dient, während sein Sinn eigentlich auf Kriegshandwerk steht, hilft wenig. Warum dient er ihm just als Koch?

Das Charakterbild Leons war durch die Stelle der alten Erzählung gegeben, an der er scherzend die Wahrheit sagt und eben dadurch verhüllt. Ohne Zweifel war es dieses Motiv, was den Dichter reizte. Und indem er die Frage aufwirft: warum spielt Leon so mit der Wahrheit? gibt er die Antwort: es war die Bedingung, unter der allein er den Jüngling befreien darf, und Gewissensbedenken des Bischofs stecken dahinter. So war der Grundriß des „Lustspiels" gewonnen, das im Uebrigen sich ziemlich genau an die Quelle hält und nur die Person der Edrita mit den daran hängenden Motiven hinzufügt. Es wird durch den moralischen Hintergrund nicht interessanter, und als eine Verherrlichung der Wahrhaftigkeit wäre ich nicht im Stande dasselbe anzusehen.

Das Stück hat seinen Werth hauptsächlich als eine Reihe von merkwürdigen Charakterstudien, wie ich schon hervorhob. Alle Figuren sind trefflich gezeichnet mit der im „Ottokar" zuerst gewonnenen Sicherheit, Objectivität und Schärfe und mit derselben wirksamen Methode, daß in Gesinnung, Rede, Handlungsweise sich der Mensch ausprägt und daß jedes Wort aus dem Charakter heraus entspringt und eben so sachlich angemessen wie für die Individualität bezeichnend erscheint. Nur der Bischof ist eine etwas blasse theoretische Gestalt und sein Predigen verträgt man nicht.

Aus bloßen Charakterstudien entsteht denn freilich kein wirksames Lustspiel, und die Handlung ist hier gewiß nicht spannend genug.

In jedem Drama muß eine Frage aufgeworfen sein, deren Lösung zweifelhaft ist und für deren Lösung der Zuschauer ausnehmend interessirt wird.

Hier dreht sich Alles um die Frage: ob die Flucht gelingt. War aber wohl eine bloße Flucht genügend, um die dramatische Spannung zu erwecken? In der Erzählung ist das ein sehr fruchtbares Motiv, da gibt es furchtbare Gefahren und wunderbare Rettungen, tausendfältigen Anlaß zu athemlos mitfühlender Angst. Aber es dürfte Schwierigkeiten haben, dieselben Wirkungen mit dramatischen Mitteln zu erzielen, schon weil man die Größe der herannahenden Gefahr, den Eifer und die Eile der Verfolger nicht zugleich mit den Bewegungen der Flüchtenden veranschaulichen kann. Leicht macht die lebhafte Erzählung eines Verfolgten von seiner ausgestandenen Gefahr größeren Effect auf der Bühne, als der Versuch, diese Gefahr selbst darzustellen.

Auch im Drama ist eine Flucht nichts Seltenes, aber meist nur der Augenblick des Aufbruchs und meist so, daß noch ein anderes Interesse daran hängt, zwei Liebende, die sich dadurch erringen und angehören, deren Lebensglück daran geknüpft ist.

Nun freilich liebt Edrita den Leon und Leon liebt sie auch und Attalus nicht minder. Aber letzterer begibt sich doch gleichmüthig auf die Flucht, und daß Leon nicht unempfindlich ist, kommt nur so beiläufig heraus, und Edrita thut wenigstens, als ob sie ihn entbehren könnte. So hat man das Gefühl, als ob Liebe hier keine besondere Rolle spiele. Das Interesse aber an der gelingenden Flucht ist auch nicht sehr lebhaft. Man denkt, wenn sie erwischt würden, Leon wäre dreist genug und klug genug, um alle Schwierigkeit zu überwinden. Jedenfalls würde es ihm nicht ans Leben gehen, da er Edrita und seine Kochkunst zu Verbündeten hat. Und ob Attalus Kattwalds Pferde hütet oder bei seinem bischöflichen Oheim ist, das bleibt uns sehr gleichgiltig.

Zum Ueberfluß merkt man am Schluß, daß es mit dem Motto: „Weh dem, der lügt" nicht gar so ernst gemeint war. Gregorius würde sich freuen, den Neffen wieder zu haben, auch wenn es mit der Heilighaltung der Wahrheit noch viel weniger glatt abgegangen wäre.

Esther.

Als Racine seine „Esther" für die jungen Damen von Saint-Cyr verfaßte, da machte er es sich zum Grundsatz, die Erzählung der heiligen Schrift so wenig als möglich zu verändern. Er glaubte, wie er sich in der Vorrede ausdrückt, seine ganze Handlung mit den Scenen füllen zu können, welche sozusagen Gott selbst entworfen habe.

Wie weit Grillparzer sich an den Bericht der Bibel gehalten haben würde, können wir aus den beiden erhaltenen Acten nicht beurtheilen. Nur so viel scheint klar: Grillparzer bereitet das Complott, das in der alttestamentlichen Novelle Mardochai entdeckt, durch die Andeutungen von einer Partei der Vasthi vor, welche etwas für die entthronte Königin unternehmen will. Er nimmt also an, daß die Verschwörung zu Gunsten der Vasthi stattgefunden hat.

Es verschweigt ferner Esther auch im Drama ihre Abkunft und, wie in der Bibel, ist Mardochai daran schuld: was aber Grillparzer sehr fein motivirt. Esther wünscht die ihr zugedachte Ehre abzulehnen durch das Bekenntniß, daß sie Jüdin sei. „Schweig, schmähst du die Deinen?" ruft ihr Mardochai zu.

Wahrscheinlich schloß sich daher Grillparzers Plan auch im Uebrigen ziemlich nahe an die biblische Erzählung an, nur daß er wohl zwischen der Verschwörung und dem Gesetze gegen die Juden nicht eine längere Zeit verstreichen ließ und beides in engere Verbindung brachte. Etwa so.

Die Intrigen der für Vasthi gewonnenen Höflinge richten sich naturgemäß gegen die neu erwählte Königin. Sie erfahren, daß sie Jüdin ist und gründen darauf ihren Plan. Es kommt ihnen zu Hilfe, daß der kleinliche Haman über Mardochai erbost ist, weil dieser sich nicht vor ihm niederwirft. Sie wissen ihn daher zu jenem Gesetz gegen die Juden zu vermögen, das er beim König auswirken und das indirect die neue Königin treffen soll. Mardochai erfährt das, wendet sich an Esther, und die Rettung der Juden vollzieht sich dann wie in der Schrift.

Der Charakter der Esther ergab sich für Grillparzer wohl aus der Scene, wie sie zum König geht, eine Art Opferlamm, pflichttreu und selbstlos. Daß er Mardochai und Esther auf dem Lande wohnen läßt, dadurch gewinnt er einen schönen Hintergrund für die Einfachheit der künftigen Königin. Sie ist etwas schwach und abhängig von dem Oheim. Er muß sie leiten. Sie hat keinen Sinn für die großen Schicksale ihres Volkes. Gerade wie in der Bibel Mardochai es ist, der sie antreiben muß, dem Könige zu nahen.

Bei Grillparzer ist Haman die Veranlassung, daß in so gewaltsamer Weise ein Ersatz für Vasthi gesucht wird. Haman hat das ohne vorherige Zustimmung des Königs ins Werk gesetzt. Solche Eigenmächtigkeit des Ministers deutet die Bibel in einem anderen Zusammenhange dadurch an, daß er zum voraus den Galgen für Mardochai errichten läßt.

Grillparzer erreicht durch diese Einmischung des Haman, daß er ihn von vornherein in die Handlung verwickelt (was in der Bibel mangelt) und den Charakter des Königs hebt. Zugleich ist das Motiv für das Verhältniß des Letzteren zu seinen Höflingen damit gegeben.

Für das Charakterbild Hamans lagen einige wesentliche Züge schon im alten Testament bereit: so die Kleinlichkeit, mit der er sich rühmt, wie gnädig der König gegen ihn sei und daß er bei Esther allein mit dem Könige essen dürfe; ferner daß er auf die Ehrenbezeigung so viel hält. So stellt ihn auch Grillparzer dar. Er beobachtet eifersüchtig, ob die Höflinge ihm freundlich sind oder nicht. Er fühlt sich ganz abhängig von der königlichen Gnade und Gunst. Diese ist sein Lebenslicht. Der Dichter brauchte ihn so, um seine spätere Feindschaft gegen Mardochai zu begründen. —

So viel glaubte ich über Grillparzers „Esther" nach den beiden vorhandenen Acten vermuthen und bemerken zu dürfen. Nähere Untersuchung würde vielleicht ergeben, daß die Esther des Lope de Vega ihm in einzelnen Zügen zum Vorbilde diente. Der Dichter selbst hat sich über die beabsichtigte Fortsetzung nur einmal ausgesprochen, und Frau von Littrow danken wir die Mittheilung seiner Aeußerungen, welche zum Theil so seltsam klingen, daß man die oft beklagte Schwäche seines Gedächtnisses dafür verantwortlich machen möchte.

Die Verschwörung der Partei der Vasthi ist ein Mordanschlag gegen Esther. Hamans Haß gegen die Juden sollte blos durch seinen Haß gegen Mardochai motivirt werden, der ihm die Ehrerbietung vorenthält, welche er verlangt, und den er „für einen Feueranbeter oder Juden" hält.

„Haman stellt nun dem Könige vor, wie die Verschiedenheiten der Religionen im Staate nicht zu dulden seien und welche Gefahren daraus entspringen können. Hier wäre eine große Scene über das Recht des Staates der Religion gegenüber, über die Stellung der Religion im Staate, über Glaubensfreiheit, politische Rechte und kirchliche Satzungen gekommen."

Grillparzer bemerkte bei dieser Gelegenheit, daß erst die Heirat des Erzherzogs Karl mit der Prinzessin Henriette von Nassau-Weilburg, einer Protestantin, in der Wiener Bevölkerung auf die Ideen der religiösen Duldung geführt hätte, welche früher in Oesterreich noch ganz fern lagen, jetzt aber in der Gesellschaft und in den Familien vielfach besprochen wurden. Eben diese Ideen hatten Grillparzer bei der Wahl des Stoffes geleitet: die Religion und nicht die Liebe sollte den Inhalt des Dramas bilden.

Die Heirat des Erzherzogs Karl fand bereits im Jahre 1815 statt. Man darf daher Grillparzer nicht so misverstehen, als ob ein unmittelbarer Zusammenhang zwischen dieser Heirat und seiner Esther obwalte, welche jedenfalls nicht zu seinen frühesten Arbeiten gehört. Doch kann man freilich nicht wissen, wie lange der Stoff ihn schon beschäftigte.

Von der Heldin des herrlichen Fragmentes und nicht minder von dem König Ahasverus haben wir uns, wenn wir dem Dichter Glauben schenken wollen, wie wir schließlich müssen, eine ganz falsche Vorstellung gebildet (oben S. 225).

Das Gesetz gegen die Juden sollte bei Grillparzer nicht Tod und Galgen, sondern nur die Auslieferung der heiligen Bücher und die Unterdrückung ihres Cultus verhängen. Da befiehlt Mardochai der Esther, für ihr Volk einzutreten und zu erklären daß sie den Verfolgten angehöre. „Diese aber ist durch Schweigen über ihre Religion eine Königin geworden, durch Verheimlichen ist sie es geblieben; sie mag auch den König lieben, umsoweniger aber fühlt sie Neigung das Schicksal der Vasthi zu erfahren. Sie ist auch nicht so rein geblieben, als sie war, und schon durch den Zwiespalt ihrer Stellung wird sie demoralisirt." Esther war zur Liebes- nicht zur Tugendheldin bestimmt, und so weigert sie sich dem Gebote des Alten Gehorsam zu leisten. „Sie kann den König für die Juden gewinnen dadurch, daß sie, die Geliebte, dem verhaßten Volke angehört, sie kann ihn aber auch dadurch für sich verlieren. Das sollte wieder eine wichtige Scene werden, in welcher die ganze Gewalt und Autorität talmudistischen Priester- und Rabbinerthums sich geltend machen konnte, durch welche die rebellische und gottesläugnerische (gottverläugnende?) Tochter von der Hoffahrt der Welt zur Unterwerfung und zum Gehorsam unter die Herrschaft des Glaubens gebracht wurde."

Hierauf sollte die biblische Entwickelung folgen bis zur Erhöhung Mardochais und dem Sturze Hamans. Haman erkennt in Esther, die nun offen als Jüdin auftritt, eine Feindin, mit welcher zu ringen nicht mehr in seiner Gewalt steht. „Im nächsten Act liegt er vernichtet, Gnade flehend, zu der Königin Füßen, welche er zu umfassen sucht; sie weist ihn kalt ab, indem sie dieselben gleichgiltig auf die Bank oder auf das Ruhebett, auf welchem sie sitzt, herauf zieht, und läßt Haman sterben."

Esther ist „durch Intrigen hart geworden". Die Entstellung der Wahrheit, die Verläugnung ihres Glaubens, darin liegt der Kern des Verderbens von Anfang an. Und wenn sie darin nur dem Wunsche des Oheims sich fügte, so erkennen wir wieder das Grillparzerische Princip der Vertheilung und Abschwächung der Schuld. Wir erkennen zugleich, daß auch in diesem Stücke Privattugend und öffentliche oder nationale Tugend mit einander im Streit lagen.

Und das Ende? „Esther stirbt oder führt ein qualvolles Leben neben dem krankhaft erregten König, nachdem ihr selbst die Rolle Hamans zugefallen ist, den Launen des Gebieters zu fröhnen und sie Mardochai, entweder weil er zu alt oder weil er auch schon gestorben, nicht mehr zur Seite hat, um sich gegen die nun sie allein bedrohenden Stimmungen des unstäten Despoten aufrecht zu erhalten."

Man möchte Grillparzer fast zürnen, wenn er im Stande gewesen wäre, seine eigenen, von ihm selbst geschaffenen idealen Gestalten so — ich weiß kein anderes Wort — so herunterkommen zu lassen. Vielleicht ist es gut, daß wir nur das Fragment besitzen.

V.
Reliquien.

Ich habe nicht die Absicht, Grillparzers ganzen Nachlaß ausführlich zu besprechen. Ich suche in ihm überall den Dramatiker, und seine Werke sind mir wichtiger als seine Persönlichkeit. Zur persönlichen Charakteristik aber dienen die meisten prosaischen Aufsätze und Notizen, die nach seinem Tode ans Licht traten und die drei letzten Bände der Sämmtlichen Werke füllen. Der Eindruck ist nicht überall erfreulich.

Die österreichische Mundart hat ein prächtiges Wort für andauernde Unzufriedenheit und Verdrießlichkeit die sich in klagenden und anklagenden Worten ergießt ohne sich je zum Zorn zu steigern. Man nennt das: Raunzen. Die Altösterreicher, die wenig Ursache hatten, die Zustände in denen sie lebten als gut zu acceptiren oder in fortschreitender Besserung zu erblicken, und die in ihrem eigenen Wohl und Wehe vielfach durch solche Zustände bestimmt wurden, — die Altösterreicher können nach dem Unterschied der Charaktere in Schimpfer und Raunzer eingetheilt werden. Die ersteren machen sich in einzelnen bösen Ausbrüchen Luft und nehmen im Uebrigen das Leben heiter und leicht. Die Raunzer aber kommen nie recht zum Behagen und sind in einen unerquicklichen Gemüthszustand wie in einen Käfig eingeschlossen. Grillparzer gehörte zu den Raunzern, und das ist es was die Selbstbiographie partienweise zu einer wenig angenehmen Lectüre macht.

In den Reflexionen und Notizen finde ich manche Aussprüche von wunderbarer Tiefe und Weisheit, andere von überraschender Schärfe und schlagender Wahrheit, viele aber auch von einer so seltsamen Schiefheit und Beschränkung, daß ich mich sehr künstlich nur zu einer Art von Verständniß hindurcharbeiten kann. Eigenthümlich ist Grillparzer überall, aber auch der Grillenhafte ist eigenthümlich. Indessen bin ich wohl kaum in der Lage, hier gerecht zu urtheilen.

Grillparzer schlägt sich fortwährend mit den „deutschen Pedanten" herum, zu denen ich unzweifelhaft gehöre. Die deutsche Alterthumswissenschaft ist ihm ein Greuel, Gervinus beehrt er mit seinem speciellen Hasse: Geistesrichtungen und Personen, in deren Verehrung ich aufgewachsen bin, werden von ihm auf das feindseligste zurückgewiesen. Mögen andere untersuchen, wie auch das mit seiner Art und Bedeutung eng und nothwendig zusammenhängt: ich begnüge mich die Thatsache zu erwähnen.

Höchst werthvoll war mir jedes Wort, worin er sich über Fragen der dramatischen Technik ausspricht, und es gereichte mir zur besonderen Freude, manchen Gesichtspunct ausdrücklich bestätigt zu finden, unter dem ich seine Production betrachtet hatte. Die Studien über das spanische Theater, besonders über Lope de Vega, vermag ich nur unvollkommen zu würdigen.

Zur Schilderung seiner eigenen Persönlichkeit liefert Grillparzer die wichtigsten, zum Theil tiefeindringende Bemerkungen. Aber, wie er oft hervorhebt: er ist ein Sclave der Inspiration. Er ist es in seiner dichterischen Thätigkeit, er ist es auch in der Selbsterkenntniß. Auf irgend eine Region seines Inneren fällt ihm plötzlich ein grelles Licht. Aber in gleichmäßiger Tageshelle und allseitiger Beleuchtung hat er sein Inneres kaum je überschaut. Und am besten kennt ihn doch, wer sich die Grundzüge seines Wesens aus seinen Werken zusammenzusetzen sucht.

Libussa.

König Krokus von Böhmen liegt im Sterben. Seine jüngste Tochter Libussa will eine heilende Pflanze holen. In einem waldigen Thal ergreift sie der Gießbach. Ihr Schrei tönt durch die Nacht. Ein Landmann, Primislaus, errettet sie. Im Anfang des Stückes kleidet sie sich in seiner Hütte um und er wartet auf sie. In den Kleidern seiner Schwester tritt sie auf und wird von ihm geleitet, auf seinem Rosse kehrt sie nach Hause zurück.

Unterdessen ist der Vater gestorben. Ihre älteren Schwestern verschmähen den Thron, Libussa aber fühlt sich dem Volke näher, die Begegnung mit Primislaus hat sie verwandelt, das Kleid der Bäurin scheint ihr neue Empfindungen zu geben, sie trennt sich von den Schwestern:

> Denk ich von heut
> Mich wieder hier in eurer stillen Wohnung
> Beschäftigt mit — weiß ich doch kaum womit —
> Mit Mitteln zu den Mitteln eines Zwecks:
> Mit Mond und Sternen, Kräutern, Lettern, Zahlen,
> Dünkts allermeist einförmig mir und kahl.
> Dieß Kleid, es reibt die Haut mit dichtern Fäden
> Und weckt die Wärme bis zur tiefsten Brust;
> Mit Menschen Mensch sein, dünkt von heut mir Lust.
> Des Mitgefühles Pulse fühl ich schlagen,
> Drum will ich dieser Menschen Krone tragen.

Sie erwartet kindliches Vertrauen von dem Volke und in diesem Sinn erfaßt sie ihre Aufgabe. Aber das patriarchalische Frauenregiment erweist sich auf die Dauer unzulänglich. Reelle Kämpfe um Mein und Dein erfordern einen starken Richter. Der Adel, die Wladiken drängen in sie, einen Mann zu wählen. Sie denken an sich dabei: Libussa gedenkt der Begegnung im Walde. Sie hält sie mit einem Räthsel hin, das auf Primislaus berechnet ist, das nur Er lösen kann und wirklich löst: aber er bleibt in der Einsamkeit und naht sich nicht dem Hofe. Libussa bezeichnet den Mann und läßt ihn holen, sein Roß geleitet die Boten. Aber Primislaus kommt als einfacher Landmann und bringt seine Gaben dar, er neckt die Fürstin seinerseits mit dunklem Räthselworte und die Krone scheint er absichtlich zu verscherzen. Er kritisirt das Thun der Weiber, jedes Wort zeigt den gebornen Herrscher voll Sicherheit und Selbstgefühl. Vor dem Ohre der verhüllten Libussa schildert er seine Leidenschaft zu ihr, macht ihre Eifersucht rege und läßt schon jetzt seine Macht sie fühlen. In aufwallendem Zorne bedroht sie scheinbar sein Leben, ein Volksaufstand will ihn befreien, aber sie ist jetzt entschlossen: sie macht ihn zu ihrem Gemal, zu ihrem und des Volkes Herrn.

Libussa ist glücklich durch die Ergebung in den Willen ihres Mannes, der seinerseits äußerlich doch stets ihr Unterthan zu bleiben scheint. Das Volk wird regiert und gefördert. Eine Stadt soll gegründet werden, Prag, und Primislaus wünscht das Werk als Götterwille angesehen, Libussa soll als Priesterin es weihen und die

Zukunft künden. Sie sträubt sich, fühlt sich schwach und fürchtet zu erliegen, wagt es dennoch, von prophetischem Geist übermannt. Allein es ist ihr Tod. Nach langen weisheitsvollen Reden, worin Grillparzer sich, wie in seinem „Bruderzwist", nicht enthalten kann, die Revolution vorauszusagen, wo „Freiheit sich wird nennen die Gemeinheit und als Gleichheit brüsten sich der dunkle Neid"; worin auch nach einer jetzt verschollenen aber früherhin eine Zeit lang sehr beliebten Theorie den Slaven die Weltherrschaft verheißen wird — ihre Größe bricht nach dem Zeitalter der Germanen an, „der letzte Aufschwung ist's der matten Welt" — nach diesen und anderen tiefen Reden bricht Libussa am Altare nieder und stirbt.

Dies ist der Verlauf des Stückes. So oft ich es lese, kommt es wie Traum und Nebel über mich. Alles schwebt in einem ungewissen Licht. Aus der Sprache ist das dramatische Leben beinah völlig geschwunden, weises Räthselwort verstrickt uns, wir erwägen mehr als wir empfinden, wir betrachten mehr als wir bewegt sind.

Ich glaube, Grillparzer hat diese Stimmung hervorbringen wollen. Er hat absichtlich Märchendämmerung um uns ausgegossen. Wir befinden uns ja nicht in der wirklichen Welt, obgleich es der Dichter sorgfältig vermeidet, das Wunderbare allzu ausdrücklich herbeizuziehen. Nur wie aus der Ferne erfahren wir von Krokus und seiner göttergleichen Frau; die überirdische Abkunft der Schwestern wird mehrfach betont, aber sie dringt sich nicht mit thatsächlichem Berichte auf. Die Methode der Charakteristik scheint eigens für den bestimmten Eindruck berechnet. Es fehlen hier ganz die zufälligen charakterisirenden Züge, die Grillparzer so reich zu Gebote stehen, wo er sie will. Das kleine thatsächliche Detail, das eine gewisse Porträtähnlichkeit hervorbringt und den Schein des wirklichen Lebens erweckt, ist hier weggelassen; und wo solche Züge vorkommen wie daß Primislaus nicht lesen kann und nicht die ritterlichen Waffen führt, da haben sie eine andere höhere Bedeutung. Wie uns die drei Wlatiken als der weise Lapak, der reiche Domaslav und der starke Biwoy vorgestellt werden und dann nur in jeder bestimmten Situation diese Eigenschaften jeder in seiner Weise bewähren: so sind auch die andern Figuren auf ganz allgemeine Qualitäten und Contraste angelegt. Wenn man den Begriff der Regententugend in seine Merkmale auflöst, edel, klug, tapfer, stark, gerecht, vorsichtig, vor allem stolz, und diese nach der Reihe in Scene setzt an dem Verhalten eines einzelnen Menschen, so hat man Primislaus.

Dagegen ist in Libussa ein Element der Sprödigkeit wie in Hero. In den „Jugenderinnerungen" auf die ich mich schon oben bei der Sappho berief (S. 209) schildert Grillparzer eigene Liebeserfahrung wie folgt:

> In Glutumfassen stürzten wir zusammen,
> Ein jeder Schlag gab Funken und gab Licht;
> Doch unzerstörbar fanden uns die Flammen,
> Wir glühten, aber ach, wir schmolzen nicht.
> Denn Hälften kann man aneinander passen,
> Ich war ein Ganzes und auch sie war ganz;
> Sie wollte gern ihr tiefstes Wesen lassen,
> Doch allzufest geschlungen war der Kranz.
> So standen beide, suchten sich zu einen,
> Das Andre aufzunehmen ganz in sich,
> Doch all umsonst, trotz Ringen, Stürmen, Weinen,
> Sie blieb ein Weib, und ich — war immer: ich!

In der „Libussa" beobachten wir auch zwei Ganze, die sich zu Hälften zu machen streben, und dies unter besonders erschwerenden Umständen. Primislaus muß sich hüten, nicht der Mann seiner Frau zu werden. Sicherer Instinct leitet ihn, daß er stets die Linie einhält die gerades Wegs zur Herrschaft führt. Man könnte sich denken daß Grillparzer zu der Bearbeitung des Stoffes durch die Vermälung der Königin Victoria angeregt worden wäre. Für solche fürstliche Familienangelegenheiten war sehr viel Sinn im alten Wien vorhanden. Die zum Theil höchst verletzenden Parlamentsverhandlungen über die Apanage und die Naturalisation des Prinzen Albert fanden im Januar 1840 statt und müssen in dem damals so patriarchalischen Oesterreich doppelt aufregend gewirkt haben. Im November desselben Jahres wurde der erste Act der „Libussa" aufgeführt.

Grillparzer suchte darin das Problem in seiner Weise zu lösen und eigene Herzenswirrnisse klangen das Verständniß fördernd an. Ihn beschäftigte die Frage, wie wol ein Mann beschaffen sein müsse, um die Stellung eines Prinz Gemal auf sich zu nehmen, und welchen Schwierigkeiten das innere Verhältniß eines solchen Paares

zu begegnen habe. Auch Primislaus und Libussa sehen wir lange
ringen: doch zuletzt gelingt das Schönste. Libussa lernt die Seligkeit
der Unterordnung unter einen geliebten Mann. Und es liegt Grill=
parzers eigene Theorie der Weiblichkeit zu Grunde, wenn er Pri=
mislaus bemerken läßt:

> Es ist die Herrschaft ein gewaltig Ding,
> Der Mann geht auf in ihr mit seinem Wesen,
> Allein das Weib, es ist so hold gefügt,
> Daß jede Zuthat mindert ihren Werth.
> Und wie die Schönheit, noch so reich geschmückt,
> Mit Purpur angethan und fremder Seide,
> Durch jede Hülle, die du ihr entziehst,
> Nur schöner wird und wirklicher sie selbst,
> Bis in dem letzten Weiß der Traulichkeit,
> Erbebend im Bewußtsein eigner Schätze,
> Sie feiert ihren siegendsten Triumph —
> So ist das Weib, der Schönheit holde Tochter,
> Das Mittelding von Macht und Schutzbedürfniß,
> Das Höchste, was sie sein kann, nur als Weib,
> In ihrer Schwäche siegender Gewalt.
> Was sie nicht fordert, das wird ihr gegeben,
> Und was sie gibt, ist himmlisches Geschenk;
> Denn auch der Himmel fordert nur durch Geben.

Jener Stolz, der als ein fremder Tropfen dazu kommt, wovon
Primislaus im Verfolg redet, ist in Libussa zuletzt ganz geschwunden.
Von der Macht der weiblichen Schwäche aber hat Grillparzer in der
„Jüdin von Toledo" noch ein mehreres gekündet.

Er bekämpft also in der „Libussa" wieder das Unweibliche und
Ueberweibliche, wie wir ihn sonst gefunden haben. Aber dies ist nur
Ein Moment in der hohen Symbolik des Ganzen.

Wie Libussa sich von ihren Schwestern wendet, so scheiden sich
die mittelalterlichen Gegensätze des handelnden und beschaulichen
Lebens. Libussa verläßt die unfruchtbare Beschaulichkeit, die egoistische
Abschließung im geistigen Genusse; sie tritt ins handelnde Leben.
Aber sie stammt von übermenschlichem Geschlecht, sie ist zu hoch, zu
rein für die Erde, sie kann nicht festen Boden fassen; erst als sie
einfach nur Weib und Gattin sein will, da gewinnt sie das Glück
und da fühlt sie sich wohl — es ist eine Menschwerdung und doch

eine Verklärung. Daß sie noch einmal sich zurück wagt in jene verlassenen übermenschlichen Regionen, das bringt ihr den Tod.

Wir vernehmen abermals die trostlose Weisheit, daß das Edle und Hohe zu Grunde gehen müsse, daß zum Beispiel der Dichter mit seinem Herzblut bezahle (vergl. oben S. 211).

In Aegypten regierten nach der Sage zuerst Jahrtausende die Götter, dann Jahrtausende die Heroen, nach ihnen erst kamen die Menschen. Hier stehen wir auf der Scheide der heroischen und menschlichen Periode. Libussas Schwestern ziehen von ihrem Stammsitz weg, wie in deutschen Sagen die Zwerge auswandern, wenn ihnen das Menschenvolk zu laut wird. An der Stelle wo sie in geheimnißvoller Weisheit schwelgten, wird das laute Geräusch einer fleißigen, arbeitsamen, vielthätigen Stadt sich breit machen. Libussa aber gehört ihrem Ursprung nach zu ihnen: auch sie wird aufgezehrt von den Anforderungen einer neuen Zeit. Primislaus ist die Prosa, Libussa ist die Poesie.

Der Dichter ergreift nicht Partei. Er scheint neutral wie das Schicksal selber. Und so stimmt er auch uns zu ernster Betrachtung.

Die Jüdin von Toledo.

Der Stoff dieser Tragödie, spanische Begebenheiten des zwölften Jahrhunderts, wurde Grillparzer durch ein Stück des Lope de Vega nahe gebracht, dessen Inhalt ungefähr folgender ist.*)

Der erste Act behandelt ziemlich ungehörig die Jugendgeschichte des Königs Alfonso des Achten, die Parteikämpfe, welche damals Spanien zerrissen und die Gewinnung von Toledo für den König, der noch Knabe ist.

Im zweiten Act finden wir den Knaben als Mann, er hat sich mit der englischen Prinzessin Leonore vermählt. Er spricht große Zärtlichkeit gegen sie aus, sie erwibert höflich und kühl. Er verabredet mit ihr einen Besuch der berühmten Gärten Galianas.

---

*) Eine sorgfältige Untersuchung über die Geschichte des Stoffes gibt E. Chmelarz in der Oesterreichischen Wochenschrift (1872) Bd. 2 S. 481 ff. 551 ff. Vgl. Grillparzer Werke 8, 267.

Dort tritt Rahel die schöne Jüdin von Toledo mit ihrer Schwester Sibylla auf. Sie hat den Einzug des Königs gesehen, spricht aber gleich von der Kälte des englischen Blutes der Königin, und mochte damit — wie Grillparzer bemerkt — auch die Meinung von Lopes Zeitgenossen treffen, denen eine spanische Jüdin jedenfalls anziehender vorkam als eine Königin aus dem Stamme der verhaßten englischen Elisabeth.

Durch einen Zufall belauscht der König die Jüdin im Bade und wird von ihren Reizen zur höchsten Leidenschaft entflammt. Er schickt seinen Günstling Garceran zu ihr. Vergebens stellt dieser dem Könige das Unziemliche einer solchen Liebschaft vor, er muß gehorchen und führt Rahel in das Gemach des Königs.

Alfonso sucht die um seine Abwesenheit besorgte Königin zu beruhigen, aber seine Pflicht im Kampfe gegen die Mauren will er nicht mehr thun, die Regierungsgeschäfte sind ihm gleichgiltig, er eilt von neuem zu Rahel, für die er einen Gartenpalast auf das prächtigste hat einrichten lassen. Eine schwarze Geistererscheinung vertritt ihm mit warnender Stimme die Pforte, aber die Hand am Schwerte dringt Garceran zuerst ein.

Inzwischen hat die Königin die angesehensten Großen des Reiches auf ihr Schloß beschieden. Sie erscheint in Trauerkleidern, den Infanten Enrique auf dem Arm, vor der Versammlung und hält den Granden ihre eigene Schmach so wie die Gefahr für das Reich und den Glauben vor, indem sie am Schlusse von ihnen die Ermordung der Rahel fordert. Die Großen gerathen in gewaltige Aufregung und schwören, das Verlangen der Königin zu erfüllen.

In der nächsten Scene unterhalten sich Alfonso und Rahel am Tajo durch Fischfang. Sie ziehen üble Vorzeichen aus dem Wasser. Rahel ist kaum in ihre Wohnung eingetreten, als sich die Erfüllung naht. Sie erhält Kunde von dem Anschlag auf ihr Leben; aber die Warnung kommt zu spät, die Verschwornen dringen ein und stoßen sie nebst ihrer Schwester nieder.

Alfonso erfährt den Mord und ist wüthend; die Königin die zu ihm kommt fährt er rauh an und eilt unversöhnt davon. In einem leidenschaftlichen Monolog spricht er seinen Schmerz, seine schwärmerische Liebe und seinen Durst nach Rache aus. Da erklingt himmlische

Musik, ein Engel erscheint, wirft dem König seine Rachsucht vor und droht ihm mit dem Zorn des Himmels, wenn er in dieser Gesinnung verharre. Reuig und zerknirscht bricht Alfonso auf.

„Nun kommt der übervortreffliche Schluß des Ganzen — sagt Grillparzer — so vortrefflich, daß ich ihm an Innigkeit beinahe nichts im ganzen Bereiche der Poesie an die Seite zu setzen wüßte. Der König, der an den Hof zurück will, und die Königin, die ihrem Gatten entgegenreist, treffen, ohne von einander zu wissen, in einer Kapelle zusammen, in der ein wunderthätiges Bild der Muttergottes zur Verehrung aufgestellt ist. Sie knien, von einander entfernt, nieder und fangen an, in lauten, sich durchkreuzenden Worten ihr Herz vor der Gnadenmutter auszuschütten. Der König, der sich dadurch in seiner Andacht gestört findet, schickt seinen Kämmerling (Garceran), die fremde Dame um Mäßigung ihres lauten Gebetes zu ersuchen. Die Königin lehnt die Botschaft ab. Sie habe ihren Gatten verloren und sei in ihrem Rechte, zu klagen. Indessen ist ihr Kammerfräulein (Clara) zu dem Kammerherrn des Königs (ihrem geliebten Garceran) hingekniet, die Erkennungen tauschen sich aus, und das fürstliche Ehepaar feiert seine Versöhnung vor dem Altar der Gebenedeiten."

Die Königin hat sich in dieser Scene sehr erniedrigt, sie bittet um Verzeihung, sie sei der Umarmung des Königs nicht werth. —

Der Stoff ist noch mehrfach behandelt, in Spanien und außerhalb Spaniens, in Romanen, Novellen, Dramen. Der Franzose Cazotte leitet Alfonsos wunderbare Leidenschaft von einem Zauber ab, von einem Bilde des Königs das die Jüdin, von einem Bilde der Jüdin, welches der König auf der Brust trägt: correspondirende fremdartige Schriftzüge sind auf beiden verzeichnet. Sowie dem Könige das Bild genommen ist, weicht der Bann von ihm, und er ist geheilt.

Grillparzer hat diesen Zug benutzt, aber in der feinsten Weise. Der Zauber erscheint bei ihm nur als ein Aberglaube der Betheiligten, etwa wie wenn Gretchen das Blumenorakel fragt, ob Faust sie liebe. Rahel glaubt daran und die Königin glaubt daran, Alfonso selbst ist nicht immer ganz unberührt. Dem Zuschauer aber sucht der Dichter den reinmenschlichen Vorgang aus reinmenschlichen Gründen klar zu machen.

Im Uebrigen kann man Grillparzers Stück nur mit dem des Lope vergleichen. Lopes erster Act fällt natürlich weg, diese Begebenheiten liegen vor dem Beginn des Dramas, der König erzählt sie seiner Gemalin. Die große Scene, worin Leonore die Granden zur Rache aufruft, ist beibehalten. Auch das Liebesverhältniß zwischen Garceran und dem Hoffräulein findet sich wieder. Der Verlauf im Ganzen ist derselbe, aber die Führung der Handlung im Einzelnen mußte fast durchweg anders werden, schon nach den Anforderungen des heutigen Publicums, nach den Bedingungen der heutigen Bühne. Weder konnte das allzu vulgäre Motiv des Belauschens im Bade Anwendung finden noch die Engelerscheinungen, die Vorbedeutungen und anderes Eingreifen überirdischer Mächte. Selbst die letzte von Grillparzer hochbewunderte Scene hat für uns etwas — ich weiß nicht ob ich das rechte Wort gebrauche: etwas zu Opernhaftes, als daß eine Nachbildung gewagt werden durfte.

Erklärt mußte werden, wie die Leidenschaft den König plötzlich anfliegen und wie sie ihn wieder verlassen konnte. Um diesen Punct dreht sich die Bemühung des Dichters. Die Erklärung mußte gesucht werden in den Charakteren der betheiligten Menschen.

Rahel, die schöne Jüdin, ist wieder eine dramatische Schöpfung vom ersten Rang.

Der Jude Isaak hat eine Tochter aus erster Ehe, ein braves einfaches Mädchen, besonnen und klug, tapfer wo es gilt, Namens Esther (Lopes Sibylla); ihre Mutter war arm und brav wie sie.

Isaaks zweite Frau war reich, verschwenderisch, genuß- und putzsüchtig. Sie lebte in Saus und Braus, kaufte Schmuck und Edelstein und sah nach hübschen Christen aus: ihr Mann mußte sie strenge bewachen. Ihre Tochter ist Rahel, auch sie Ebenbild ihrer Mutter. Sie tritt uns entgegen schmuckbehangen und in stolzen Kleidern prangend, maßlos eitel, verwöhnt, verwildert, heftig, ein verzogenes Kind, das seine Umgebung beherrscht und Alles thut was ihr durch den Sinn fährt. Wie die Kinder nach den Sternen, so greift sie nach dem König: er ist für sie ein Schmuckstück, ein Glanzring, womit sie sich behängen möchte. Sie will ihn erst nur sehen, dann malt ihre eitle Phantasie sich aus, er auch werde sie bemerken, ihre Schönheit loben, sie in die Backe kneipen — und Andere werden sie darum beneiden: elementarste Eitelkeit, die sich freut den Aerger und den Neid zu wecken! Die glanzlüsterne Phantasie führt sie weiter, mit allen Mitteln der Koketterie, mit kindischem Zauber, wovon sie nur dunkel gehört, sucht sie den König zu erringen und festzuhalten.

Und doch kann man kaum sagen: sie sucht, sie will. Alles scheint mehr Laune und Eingebung als fester Entschluß. Bewußt und Unbewußt ist nirgends zu scheiden, Koketterie und Naivetät fließen zusammen. Und wenn sie eine Absicht leitet, so ist doch ihr eigenstes Sein ihr bester Bundesgenosse dabei. Sie ist keine durchtriebene, gleichsam geschulte Kokette, aber eine kokette Natur, ein Weib, worin alle Instincte des Gefallens auf das höchste ausgebildet sind.

Der starke Reiz, der in ihr wohnt, ist der unerklärliche Zauber des Unlogischen und des Launischen in den Frauen. Vielleicht besteht der Zauber eben in der Unerklärlichkeit. Der rasche Wechsel, das Bunte, immer Neue, jetzt Thränen der Verzweifelung, in der nächsten Minute ein seliges Lächeln wie von heimlichem Glück; heute stürmisch und brausend, morgen kalt und vornehm; jetzt schwer und düster in ernsten Gedanken, dann lustig und leicht wie ein jubilirendes Vöglein — so erscheint uns die ewige Natur selbst in ihrem unerschöpflichen Reichthum.

Rahel ist „eine Thörin, die sich zehnmal in jedem Athemzuge widerspricht." Sie zeigt uns auch in ihren Empfindungen den jähesten Wechsel von Furcht und Verwegenheit, von Schreckhaftigkeit und Uebermuth. Zu Hause treibt sie nur Possen — erzählt die Schwester — spielt mit Mensch und Hund und macht uns lachen, wenn wir noch so ernst. Maskerade, Parodie, ein wenig Schauspielerei, das scheinen ihre besonderen Talente. Alleingelassen in den königlichen Gärten, worin sie verwegen eingedrungen, verfolgt von der Menge, bricht sie in Angstrufe aus, und die Angst ist gleich Todesfurcht. Aber wenn sie des Königs Fuß umklammert, wenn sie sich auch jetzt noch bedroht glaubt und ihren Schmuck und ihr Tuch als Lösegeld hingibt und sich zu schwach erklärt um zu gehen und ihre Wange an des Königs Knie legt und sich nur dort in Sicherheit fühlt und da ein wenig schlafen möchte: so wissen wir schon nicht mehr genau, wie weit echte Empfindung aus ihr redet, wie weit sie durch das abgelegte Tuch ihre Schönheit entblößen, wie weit durch die körperliche

Berührung den König entflammen will. Echt und künstlich scheint hier Eins: ihr Wesen ist im Augenblicke wirklich „ein Meer von Angst in stets erneuten Wellen". Aber der König sagt mit Recht: „Dies Geschlecht ist stark erst, wenn es schwach." Und diese Stärke wird so leicht halbbewußt. Wie die Kinder einen echten Schmerz verlängern und mit Willen steigern, um ihre Wünsche durchzusetzen.

Und dabei ist Rahel ausgestattet mit allem körperlichen sinnverwirrendem Reiz und immer in Bewegung, immer lebendig. „Wie das wogt und wallt und glüht und prangt," ruft Alfonso bewundernd aus.

Wie sie als des Königs erklärte Geliebte vorgeführt wird und sich mit ihm unzufrieden zeigt und durch Koketterie mit Garceran ihn eifersüchtig zu machen sucht und seine Waffen in Spielzeug wandelt und ihn nicht fortläßt und gleich darauf behauptet, sie habe ihn längst gebeten an den Hof zurückzugehen, wie sie dann die Furcht vor dem herannahenden Verderben ergreift und dazwischen wieder neuer Schmuck interessirt und wie sie endlich in Esthers Armen dem abgehenden König nachruft: „Und hab ihn, Schwester, wahrhaft doch geliebt:" — ich kann nicht die ganze Scene abschreiben, man muß das bei Grillparzer selbst nachlesen. Und dazu die zusammenfassende Schilderung:

> Nimm alle Fehler dieser weiten Erde,
> Die Thorheit und die Eitelkeit, die Schwäche,
> Die List, den Trotz, Gefallsucht, ja die Habsucht,
> Vereine sie, so hast du dieses Weib.

Aber auch das andere Wort des Königs, womit er die Verlorene beklagt:

> Sie aber war die Wahrheit, ob verzerrt,
> All was sie that, ging aus aus ihrem Selbst,
> Urplötzlich, unverhofft und ohne Beispiel.
> Seit ich sie sah, empfand ich daß ich lebte,
> Und in der Tage trübem Einerlei
> War sie allein mir Wesen und Gestalt.

Alfonso ist eine edle Natur. Er strebt aufrichtig nach Recht und Gerechtigkeit, nach Erfüllung seiner Pflicht als Herrscher und als Mensch, als König und als Gatte. Allein seine Jugend war rauh und ernst, ein Leben der Tugend und Entsagung, man ließ ihm nicht zu fehlen Zeit:

> Als Knabe schon den Helm auf schwachem Haupt,
> Als Jüngling mit der Lanze hoch zu Roß,
> Das Aug gekehrt auf meines Gegners Dräun,
> Blieb mir kein Blick für dieses Lebens Güter,
> Und was den reizt und lockt, lag fern und fremd.
> Daß Weiber es auch gibt, erfuhr ich erst,
> Als man mein Weib mir in der Kirche traute,
> Die wirklich ohne Fehl, wenn irgend Jemand,
> Und die ich, grad heraus, noch wärmer liebte,
> Wär manchmal, statt des Lobs, auch etwas zu verzeihn.

Leonore ist eine kalte correcte tugendhafte Engländerin. Sie ist langweilig, prüde und prätentiös, kaum der einfachsten schicklichen Liebenswürdigkeit fähig. Und sie soll den König ausfüllen? Daß er nach Weibern nie viel gefragt habe, wird uns wiederholt versichert. Er erbittet sich förmlich Unterricht von Garceran, wie man sich mit einer Geliebten zu benehmen habe. Und Garceran sagt uns im dritten Act noch einmal ausdrücklich, was wir ungefähr schon wissen. Der König ist von Männern großgezogen und gepflegt, vorzeitig genährt mit den Früchten der Weisheit. Selbst seine Ehe treibt er als Geschäft. In Rahel tritt ihm zum ersten Mal das Weib entgegen,

> Das Weib als solches, nichts als ihr Geschlecht,
> Und rächt die Thorheit an der Weisheit Zögling.
> Das edle Weib ist halb ein Mann, ja ganz;
> Erst ihre Fehler machen sie zu Weibern.

Aber Alfonso ist immer nur mit halbem Herzen bei der Jüdin. Er bleibt der Pflichtversäumniß sich bewußt. Er hält sich immer gegenwärtig, daß Alles vorübergehen soll, daß es nur eines Worts bedarf, „um dieses Trauerspiel zu lösen in sein eigentliches Nichts." Wenn Garceran sich wundert, wie Liebe mit Verachtung sich vertrage, so meint Alfonso: Verachtung sei ein viel zu hartes Wort, aber Nichtachtung etwa sei wohl richtig. Schon daß ein so abscheulicher egoistischer Jude ihr Vater ist, setzt ihr Bild herab in seiner Seele. Rahel selber fühlt, daß sich seiner Liebe Widerstreben beimischt: seine Neigung sei verstecktes Hassen. Der König sagt später von ihr, sie sei ohne Schuld, wie es die Gemeinheit ist, die eitle Schwäche, die nur nicht widersteht und sich ergibt. Und Garceran faßt sein Urtheil dahin zusammen: sie war schön, doch auch verbuhlt, und leicht, voll arger Tücken.

Der König ist innerlich von ihr losgelöst, sowie er sie am Ende des dritten Actes verläßt. Mit ernsten guten Vorsätzen kehrt er zur Königin zurück. Gerade das Zusammensein mit ihr aber weckt wieder das Bild der Verlassenen, der Contrast hebt sie noch einmal, von neuem durchleben wir die Abwendung von der rechtmäßigen Gattin in den Worten

> Dort jenes Mädchen —
> War thöricht sie, so gab sie sich als solche,
> Und wollte klug nicht sein, noch fromm und sittig.
> Das ist die Art der tugendhaften Weiber,
> Daß ewig sie mit ihrer Tugend zahlen.
> Bist du betrübt, so trösten sie mit Tugend,
> Und bist du froh gestimmt, ist's wieder Tugend,
> Die dir zuletzt die Heiterkeit benimmt,
> Wohl gar die Sünde zeigt als einzge Rettung.

Daß die Königin in ihrem übertriebenen Aberglauben ihn noch immer behext glaubt, das gibt den Ausschlag für die Ermordung der Jüdin.

Zu Anfang des fünften Actes ist die That geschehen. Der König kam zu spät um sie zu hindern. Wie bei Lope spricht er den Entschluß der Rache aus, er klagt so heftig und stellt die Verlorne jetzt so hoch, daß Esther, ihre eigene Schwester, ihn zu mäßigen sucht. Er will sie sehen, zerstört, versehrt, mishandelt; er will sich an dem Greuel ihres Anblickes zur Rache stärken.

Aber es kommt anders als er denkt. Die bezaubernde Kraft war das Leben, das ungestüm pulsirende Blut, das leuchtende Auge, der bestrickende Reiz des Blickes und der Bewegung. Der König tritt an den Leichnam der Ermordeten — und vorbei, mit einem Schlage vorbei alle Bezauberung; er ist befreit von der geheimnißvollen Macht die ihn umgarnte; es scheint ihm, daß ein böser Zug um Wange, Kinn und Mund, etwas Lauerndes im Blick ihre Schönheit entstellte. Wie früher im Wiedersehen seines Weibes ihm das Bild der Geliebten aufging: so kehrt ihm jetzt vor dem verzerrten Gesichte der Geliebten die Erinnerung an sein Weib zurück, an seine Pflicht und an sein Volk.

Gedankenvoll wendet er sich ab und bleibt mit untergeschlagenen Armen vor Isaak stehen, der wie schlummernd im Sessel liegt. Ob er in den gemeinen Zügen des Vaters nach den Aehnlichkeiten mit der Tochter sucht?

In dieser Stimmung erfolgt die Versöhnung.

Grillparzer hat den Moment der Ernüchterung auf das sorgfältigste vorbereitet. Die Mahnung Esthers, der König möge sich nicht trennen von seinem Volke, obgleich er sie bekämpft, scheint ihm doch Eindruck zu machen. Er fühlt zum voraus, was sich ihm entgegenthürmen wird, wenn er an das Werk der Rache schreitet. Er stachelt sich mit Gewalt dazu, begeistert von der Erinnerung des Lebens. So wie diese ausgelöscht wird durch die Entstellung des Todes: so steht er ihr gegenüber wie damals, als er sie verließ. Er hat sie ja nicht einmal geachtet. Soll er um ihretwillen neue Greuel häufen und dem Landesfeind ein willkommenes Schauspiel geben?

Und dennoch bleibt eine Härte zurück. Das Publicum müßte vielleicht aus tugendstolzen Leonoren bestehen, um sich von der plötzlichen Umwandlung des Königs nicht verletzt zu fühlen. Wir empfinden ganz wie Esther: die Großen haben sich ein Opfer geschlachtet aus den Kleinen und reichen sich die annoch blutige Hand. Es liegt etwas Empörendes darin, wogegen die genaueste und eingehendste Motivirung nicht aufkommt.

Ein Bruderzwist in Habsburg.

Der Held des „Bruderzwistes" ist Kaiser Rudolf der Zweite. An der Entfaltung seiner Persönlichkeit haftet das Interesse des Stückes, und es gewährt ein besonderes Vergnügen, damit die Charakteristik zu vergleichen, welche der Meister deutscher Geschichtschreibung von demselben Kaiser entworfen.

Ranke geleitet uns auf die Hofburg zu Prag, er zeigt uns, wie Rudolf daraus ein Museum und ein Laboratorium gemacht. Er führt uns den Beschützer Tychos und Keplers vor, den Astrologen,

Alchymisten und Kunstliebhaber — und aus der Befangenheit in wissenschaftlichen und künstlerischen Interessen begreifen wir die Entfremdung von den Geschäften der Welt. Rudolf ist erfüllt von der idealen Bedeutung des Kaiserthums, von dem Ehrgeiz an der Spitze der abendländischen Christenheit zu stehen, von dem Bewußtsein persönlicher Würde und von der Eifersucht auf seine Allgewalt, die er mit Niemand theilen will. Aengstlich wahrt er seine Autorität. Aber er ist kein eingreifender Mensch. Die Geschicke der Welt liest er in den Gestirnen, sie selbst zu gestalten fühlt er sich lahm. Vergeblich die Mahnungen, womit seine Mutter das Mistrauen des Sohnes in die eigene Kraft bekämpft. Er scheut die Menschen, fürchtet Attentate, macht sich für jedermann so viel als möglich unsichtbar. Man erfährt kaum, zu welcher Religion er sich bekenne. Der alte Junggesell, der auf späte Hochzeit denkt, wünscht eine deutsche Frau, gleichviel ob protestantisch oder katholisch. Die protestantischen Fürsten waren in gutem Credit bei ihm: am Ende seines Lebens will er sich ihnen in die Arme werfen.

„Es ist das seltsamste Hagestolzenleben — sagt Ranke — in welchem das Kaiserthum gleichsam sich selber abhanden kam. Rudolf war mürrisch, eigensinnig, argwöhnisch, empfindlich, man möchte sagen, für jede Zugluft der Welt; bittere Enttäuschungen, dunkle Einwirkungen religiösen Aberglaubens konnten denn doch nicht vermieden werden; zuweilen hatte er Momente einer mit Jähzorn gemischten Melancholie, in denen man an seinem gesunden Verstand zweifelte."

Grillparzers Rudolf unterscheidet sich nur wenig von dem Bilde des Historikers. Grillparzer hat im Sinne der modernen Auffassung gleichsam das erklärende Wort gesprochen, das alle jene einzelnen Züge zusammenfaßt und uns den Kern des Mannes nahe bringt.

Sein Held ist ein guter gläubiger Katholik, nicht aus Furcht, wie er sagt, sondern aus Ehrfurcht vor dem Bestehenden — aber er ist ein noch viel besserer Mensch. Seine edle schöne Menschlichkeit gewinnt ihm unsere Herzen. Er haßt den Krieg als der Menschheit Brandmal und stiftet einen heimlichen Orden der Friedensritter. Wundervoll wie ihm der Fanatiker Ferdinand gegenüber steht, der in seinen Ländern die Ketzerei austilgt, der die hartnäckigen Protestanten bei einbrechendem Winter zu vielen Tausenden vertreibt, der seine

schöne protestantische Braut mit einer schiefgewachsenen häßlichen
Katholikin vertauscht und dies alles im Stolz und Selbstgefühl der
Gottseligkeit selbst erzählt und sich dessen rühmt. „Nun, ich be-
wundre Euch," sagt Rudolf. Aber im nächsten Augenblick erscheint
ihm, wie ein plötzliches Gespenst, die Furchtbarkeit des Mannes —
die Vorstellung des Unmenschlichen ergreift ihn sinnverwirrend, das
Mitleid um die Vertriebenen bedrängt seine weiche Seele —

> Weis' deine Hände!
> Ist das hier Fleisch? lebendig, wahres Fleisch?
> Und fließt hier Blut in diesen bleichen Adern?
> Freit eine Andre, als er meint und liebt —
> Mit Weib und Kind, bei zwanzigtausend Mann,
> In kalten Herbstesnächten, frierend, darbend!
> Mir kommt ein Grauen an.

Wie in ausbrechender Angst vor einem Mörder stampft er mit
dem Stock auf den Boden und ruft heftig nach Menschen. Sowie
die Hofleute erscheinen, zwingt er sich wieder zur Ruhe und zu einer
etikettemäßigen Frage an Ferdinand, seinen Gast, läßt aber wie
unwillkürlich durchblicken, daß ihm dessen baldige Abreise erwünscht
wäre. Ferdinand will ihm erst noch seinen Bruder Leopold vorstellen, den er mitgebracht. „So ist der Leupold da? Wo ist, wo
weilt er?" ruft der Kaiser und verlangt ungestüm nach dem jungen
lebenslustigen Herrn:

> Ein verzogner Fant,
> Hübsch wild und rasch, bei Wein und Spiel und Schmaus.
> Wohl selbst bei Weibern auch, man spricht davon.
> Allein er ist ein Mensch.

Er ist ein Mensch der jubeln und sich freuen kann. Im Schloßhof
tummelt er ein Roß: so meldet man. Der Kaiser wendet sich noch
einmal höflich an Ferdinand. Dann wieder: „Wo bleibt der Range?
Warum kommt er nicht?" Man hört Leopold von außen. Da wird
der Beginn des Gottesdienstes gemeldet. „Des Herrn Dienst vor
allem," sagt Rudolf ernst und bereitet sich zum Kirchgang, die andern
ordnen sich im Zuge, den eintretenden Leopold weist der Kaiser an
seine Stelle. Der Zug setzt sich in Bewegung, Ferdinand und
Leopold unmittelbar vor dem Kaiser. Nach einigen Schritten tippt

letzterer Erzherzog Leopold auf die Schulter. Dieser wendet sich um und küßt ihm lebhaft die Hand. Der Kaiser winkt ihm, liebreich drohend, Stillschweigen zu, und sie gehen weiter.

Wie reizend diese Begrüßung, das herzliche warme Gefühl, das durch die offizielle Frömmigkeit hindurchbricht! Diese Scene ist von hinreißender Wirkung: ein prachtvoller Schluß des ersten Actes.

Aber Grillparzer ist noch weiter gegangen. Um alle Seiten der Menschlichkeit an dem Kaiser zu entwickeln, hat er ihn uns auch als Vater gezeigt. Er hat ihm einen Sohn gegeben, — er verleiht ihm dazu die Regententugend der Gerechtigkeit und läßt sie an dem eigenen Sohne üben.

Don Cäsar ist ein wilder wüster junger Mensch. Er pocht auf sein Verhältniß zum Kaiser, das er kennt. Vor keiner Gewaltthätigkeit scheut er zurück. Er achtet keine Schranken der Sitte und des Rechtes. Er ist heftig, jähzornig, leidenschaftlich, sinnlich, ungezähmt, begehrlich. Und doch nicht ohne edlere Züge. Er ist ein treuer Freund, er will des Freundes Schuld auf sich nehmen, er setzt sich des Kaisers Zorn aus, um ihn zu retten. Er haßt die Weiber- und die Pfaffendiener, die Heuchler und die Schurken, die weichlichen und die verzärtelten Menschen. Er verkehrt mit Lutheranern, und da es ihm der Kaiser vorwirft, erwidert er: „Was den Glauben, Herr, betrifft, da richtet nur Gott." Er ist stolz, Verachtung liegt ihm näher als der Haß. Er kennt eine Tugend nur: die Wahrheit, und ein Laster: die Heuchelei.

Dieser Mensch ermordet ein Prager Bürgermädchen, die er einst geliebt, die ihm einen Nebenbuhler vorzieht, den er für einen Heuchler und ungetreuen Freund hält — der Mann ist todt und noch leugnet sie hartnäckig, daß sie ihn geliebt, Cäsar aber glaubt dafür Beweise zu haben: das Bild des Gehaßten hängt in ihrem Zimmer, sie rückt ihren Schemel zum Gebet hart an das Bild — jetzt entflieht sie vor den schrecklichen Vorwürfen des aufgeregten Cäsar zu eben jenem Bild, dort ringt sie die Hände wie zu einem Heiligen — da zieht der Wüthende eine Pistole heraus und erschießt sie.

Cäsar ist ein Entarteter und gänzlich Verlorener in Rudolfs Augen. Und doch muß in seinem Herzen etwas für ihn sprechen, wie in dem unsrigen. Cäsar verfällt zum Theile dem Fluch der unehelichen Geburt, er ist „ein Zerrbild zwischen Niedrigkeit und Größe." Und er wird zum Mörder aus Haß gegen die Heuchelei.

Man hat diese Episode getadelt, und Tadel verdient sie wohl darum, weil dem großen Theaterpublicum etwas zu viel darin zugemuthet wird. Lucretia, jenes Mädchen, erregt nicht das geringste Interesse, und kaum weiß man, ob sie schuldig oder unschuldig stirbt. Aber die Scene, worin der Kaiser sein Richteramt übt an dem entarteten Sohne, den er gleichwohl geliebt, ist tief ergreifend und großartig gedacht.

Grillparzer benutzt die historische Launenhaftigkeit Rudolfs des Zweiten, um ihm eine große Mannigfaltigkeit des äußern Auftretens zu verleihen. Manchmal ergeht er sich gedankenreich in langen Reden. Worte der Weisheit fallen von seinen Lippen, sein Geist schwingt sich hoch auf, Stimmen einer höheren Welt scheinen sich kund zu thun. Aber wenn er übellaunig, verbittert ist, spricht er kein Wort, er deutet nur, will, daß man in seinen Mienen lese und seine Gebärden verstehe. So tritt er auf zu Anfang, dieses stumme heftige Wesen scheint die Unnahbarkeit der Majestät auszudrücken. Und so finden wir ihn wieder im vierten Act in seinen Gärten am Hradschin. Der Kaiser innerlich bewegt, aber schweigend, seine Begleiter die Gefühle gleichsam interpretirend und beschwichtigend, die ihn durchwühlen. Es ist die Nacht nach Cäsars grausiger That, der Sturm hat gewüthet und die Blumen geknickt, und Kampf hat getobt in der Stadt. Cäsar ist ins Gefängniß gebracht, man hat ihm zur Ader gelassen, um ihn zu beschwichtigen; den Schlüssel bewahrt Herzog Julius von Braunschweig, Rudolfs Freund. Angstvoll kommt ein Diener und bittet um diesen Schlüssel. Cäsar hat sich den Verband aufgerissen, die Aerzte können nicht zu ihm, es strömt sein Blut, wenn nicht rasch Hilfe kommt, ist er verloren.

Herzog Julius will den Schlüssel geben, der Kaiser winkt, nimmt ihm denselben ab und geht zur Seite, vergeblich alle Vorstellungen des Herzogs, daß Cäsars Leben und Ehre daran hänge, daß ihm Spruch und Recht werden müsse — der Kaiser wirft den Schlüssel in den Brunnen und sagt mit starker Stimme: „Er ist gerichtet, von mir, von seinem Kaiser, seinem" — er will sagen: „Vater", faßt sich aber und mit zitternder von Weinen erstickter Stimme sagt er: „Herrn", und wankend geht er ab.

Herzog Julius bricht in die Worte aus, welche in aller Schärfe die staatsmännische Unfähigkeit des tugendhaften Privatmannes bezeichnen:

> O daß er doch mit gleicher Festigkeit
> Das Unrecht austilgt in seinem Staat,
> Als er es austilgt nun in seinem Hause.

Und ebenso hat schon im ersten Acte Erzherzog Ferdinand dem Kaiser, der die Zeit zu bändigen verzweifelt und nur den entarteten Sohn der Zeit, wie er Cäsar nennt, zu bändigen versucht, Ferdinand hat ihm ins Gesicht gesagt:

> Ihr würdets, Herr, und bändigtet die Zeit,
> Wär Euch der Wille dort so fest als hier.

Rudolf also hat das Bewußtsein, in Don Cäsar nicht blos vereinzeltes Unrecht, sondern das Unrecht einer neuen bösen wildverworrnen Zeit zu bekämpfen, die ihn zu schauen zwingt ihr greulich Antlitz. Eigendünkel ist ihr Wesen, Eigensucht, die nichts erkennt, was nicht ihr eignes Werk. Die Reinigung des Glaubens scheint ihm nur ein einzelner Zug der Unbotmäßigkeit des Subjects, dem die Ehrfurcht vor der Väter Sitte schwindet. Ja er prophezeit das Heraufkommen des vierten Standes, der im Namen der allgemeinen Menschenrechte alles Bestehende bedroht und die Herrschaft für sich begehrt, — die Barbarei, die sich losringt aus dem eigenen Schoße des hochcultivirten Volkes, die alles Große befehdet, die Kunst, die Wissenschaft, den Staat, die Kirche herabstürzt von der Höhe zur Oberfläche eigener Gemeinheit, bis Alles gleich, ei ja, weil Alles niedrig.

Hier redet nicht mehr Rudolf der Zweite, sondern ein Mann, der mit tausend andern Wiener Bürgern im October 1848 vor wüthenden Proletarierhaufen gezittert, die unter dem Banner „Freiheit und Gleichheit" einherzogen. Dieser Rudolf ist Grillparzers eigener conservativer Protest gegen die Revolution.

Aber mit Recht bemerkt ein ausgezeichneter Wiener Kritiker: „Nie hat Grillparzer einen Charakter geschaffen, der an unmittelbar einleuchtender Wahrheit und lebensvoller Consequenz dem Kaiser Rudolf dem Zweiten gliche. Der Dichter selbst spricht aus dem Kaiser, und doch ist dieser eine vom Dichter unabhängige, völlig objective Existenz. Der Kaiser ist unverkennbar ein Habsburger; kaum ein Zug in ihm, der aus dem Geschlechte schlüge. Grillparzer kennt dieses Geschlecht bis in die letzten Herzensfalten so genau, als habe er jahrhundertelang in der Hofburg zu Wien gewohnt. Wie lebendig hat er aus dieser intimen Kenntniß heraus seinen Rudolf den Ersten hingestellt, und wie erst seinen Rudolf den Zweiten! Oft wenn ich vom Kaiser Franz las und von seinem Nachfolger Ferdinand, und dann übersprang auf sinnreiche Aussprüche und Selbstbekenntnisse Grillparzers, kam mir der Dichter so märchenhaft vor wie ein verwunschener habsburgischer Prinz, der bei Tage zum Archivdirector verdammt sei und Nachts Erinnerungen an seine glänzende Vergangenheit niederschreibe. Am stärksten tritt dieser verwandtschaftliche Zug im „Bruderzwist" hervor, wo Grillparzer uns das ganze Erzhaus von damals wie ein Kartenspiel aufschlägt. Wir befinden uns, wie geladene Gäste in der Familie."

Von den Erzherzögen kennen wir bereits die steierischen Brüder, die unter sich so sehr verschiedenen Ferdinand und Leopold. Niemals verläugnet jener den treuen Sohn der Kirche, den Zögling der spanischen und jesuitischen Politik. Niemals dieser die warme, ehrliche, aufrichtige, fast kindliche Liebe zum Kaiser.

Eine prächtige Figur ist der behäbige Maximilian, der deutsche Ordensmeister, der den Krieg so wenig liebt und seine eigene Reiseküche mit sich führt und den lebenslustigen Neffen Leopold mit seinen Liebesabenteuern neckt. Kein Freund von Geschäften, ein Ehrenmann, der die Schlauheit nicht liebt, aber zu wenig Logik und Geistesstärke besitzt, um sich vor der Umgarnung zu hüten. Gutherzig und treu dem Kaiser, dessen Rechtlichkeit er achtet, läßt er sich doch gegen ihn gewinnen. Später kniet er reuig vor ihm und bringt kein Wort hervor. „Und du, mein guter Bruder — sagt der Kaiser — sprichst nicht?" Maximilian: „Mir ist das Weinen näher. Auch kniet sichs schwer mit meines Körpers Last."

Die wichtigste Person nach Rudolf selbst aber ist Erzherzog Mathias, der eigentliche Gegner des Kaisers. Der Zwist, die Ab=

neigung der Brüder tritt uns gleich in der zweiten Scene entgegen. Mathias wartet im Vorzimmer des erzürnten Kaisers. Wir erfahren, daß Er, Mathias, der Liebling des Vaters war und dieser Vorzug erscheint als der Anfang des Streites. „Hätt' Euer Vater minder Euch geliebt: was gilt es, Euer Bruder liebt' Euch wärmer?" so sagt ihm Melchior Klesel, sein Sporn und sein Stachel, der ihn zu Thaten treibt.

Mathias erscheint gleich hier phantastisch, aufgeregt, wankelmüthig, sanguinisch. Mit den größten Hoffnungen hat er sich in ein gewagtes Unternehmen eingelassen, in den Niederlanden einen Thron gründen wollen. Gänzlich niedergeschlagen kehrt er zurück: „Mit mir ists aus." Er hat den Glauben an sich selbst gänzlich eingebüßt. Nur Klesel hält ihn aufrecht und bringt ihn zu Allem.

So sehen wir den Herrn und den Diener hier, so bleiben sie in dem ganzen Stücke. „Wir beide — sagt Rudolf mit Bezug auf seinen Bruder — wir beide haben von unsrem Vater Thatkraft nicht geerbt. Allein ich weiß es und er weiß es nicht." Rudolf ist voll von übermäßigem Mistrauen, Mathias voll von übermäßigem Vertrauen in die eigene Kraft. Jetzt wünscht er ein Commando in Ungarn, obgleich er nirgends noch gesiegt. Rudolf gewährt es, weil er ihn dort für unschädlich hält. Im zweiten Acte finden wir ihn bei der Armee. Er ist in der That wieder besiegt, hat sich mit persönlicher Tapferkeit herausgehauen als ein kunstgeübter Fechter, und er freut sich dieser Kunst, mitten in der Niederlage denkt er an den künftigen Sieg, der ihm nicht fehlen könne, ihm schwebt ein Plan vor aus Vegetius, von Frieden will er nichts wissen. Geschlagen mit dem ganzen Heer, hofft er nun mit dem halben zuversichtlich auf Erfolg. Aber der überlegene Klesel lenkt ihn zu dem Gegentheil dessen was er eigentlich will. Die köstliche Berathung der Erzherzoge führt zu dem Frieden mit den Türken und zu einem Bündniß wider den Kaiser. Mathias' flackernde Energie, die zu großen Entschlüssen drängt, bricht in die schon berühmten Worte aus:

> Das ist der Fluch von unsrem edlen Haus:
> Auf halben Wegen und zu halber That,
> Mit halben Mitteln zauberhaft zu streben.

Man hat diese Worte seltsamer Weise wie ein abgewogenes Gesammturtheil Grillparzers über die Habsburger angesehen und ihnen großen Beifall gespendet. Weder sollen sie ein Gesammturtheil sein noch wären sie als solches richtig. Sie sind vielmehr charakteristisch gerade demjenigen in den Mund gelegt, der mit unzulänglichen Mitteln immer das Allergrößte will und aus einem Extrem ins andere fällt, aus Uebermuth in Verzweiflung. Wenn man Anspielungen sucht auf die Gegenwart, sie stecken nicht in dem, was Mathias über Andere sagt, sondern in dem, was er selbst ist und thut. Um Grillparzers wahre und ganze Meinung über die Habsburger zu bekommen, muß man vielmehr hinzunehmen, was er den Kaiser selber sagen läßt:

> Mein Haus wird bleiben, immerdar, ich weiß,
> Weil es mit eitler Menschenklugheit nicht
> Dem Neuen vorgeht oder es hervorruft,
> Nein, weil es einig mit dem Geist des All,
> Durch klug und scheinbar unklug, rasch und zögernd,
> Den Gang nachahmt der ewigen Natur,
> Und in dem Mittelpunct der eignen Schwerkraft
> Der Rückkehr harrt der Geister, welche schweifen.

Ueber Mathias wird mit aller wünschenswerthen Deutlichkeit gesprochen. Ihm fehlt der Muth; im Anfang rasch, doch zögernd, kommts zur That: so schildert ihn Kaiser Rudolf. Ihm fehlt die Festigkeit, das Beharren im Entschluß: so schildert ihn Klesel in seiner eigenen Gegenwart. Dieser aus der Niedrigkeit rasch emporgestiegene Priester ist es, der ihm den Muth und die Thatkraft gießt in die unentschiedene Seele. Mathias ist ein gefügiges Werkzeug in des Schlauen Hand. Bei der Berathung der Erzherzöge arbeitet Klesel für ihn, indem er gegen ihn scheint, ja ihn erzürnt, und da Mathias seine Treue endlich erkennt, gleich wieder Aufregung, Enthusiasmus: „Ein Meer von Bildern schwimmt vor meiner Seele."

Im dritten Act erfährt vor unsern Augen Rudolf die Entwickelung der Empörung, in seiner unmittelbaren Nähe gleichfalls erheben sich die böhmischen Stände, der Act schließt mit dem Einzuge des siegreichen Mathias in Prag, während der dem Kaiser einzig treu gesinnte Erzherzog Leopold ihm den verhängnißvollen Befehl entreißt, der das Passauer Kriegsvolk und neuen Bürgerkrieg herberuft.

Dieser Kampf eröffnet den vierten Aufzug. Cäsars wilde That und das Gericht des Kaisers, dann lange Monologe Rudolfs, der historische Fluch, den er über Prag ausspricht und dann in der Weichheit seines Herzens wieder zurück nimmt. Er sinkt zusammen — wir wissen nicht: ist es der Tod oder eine Ohnmacht.

Im fünften Act, der zu Wien spielt, übernimmt zuerst Klesel die Führung des Interesses, er wird durch Erzherzog Ferdinands Gewaltthat nach Kufstein entfernt. Dem Abgehenden begegnet Wallenstein und bringt die Nachricht von dem Aufruhr in Prag. Ferdinand kommt dabei nicht von der Scene, wir sehen, wie er über Mathias hinauswächst und diesen in ähnlicher Weise bei Seite schiebt, wie Mathias früher mit Kaiser Rudolf gethan. Jetzt erst trifft die Nachricht von des Letzteren Tode in Wien ein. Der Anfang des dreißigjährigen Krieges und dieser Todesfall sind hier zusammengerückt. Ueber Mathias aber kommt das Gefühl seiner Schuld gegen den Bruder. Dessen Geist scheint ihn zu umschweben mit zürnender Gebärde. Reuig kniet er nieder, und schlägt wie ein Büßender an seine Brust.

Dieser letzte Act ist fast nur dramatisirte Historie, aber ich bewundere doch, was der Dichter aus dem spröden Stoffe gemacht, wie klug er Alles benutzt hat, was die Theilnahme des Publicums erwecken und erhalten kann. Und wenn nur Klesel, Ferdinand, Mathias, vor allem aber Wallenstein gute Schauspieler sind, so wird die Absicht, soweit es der Natur der Sache nach möglich ist, wohl erreicht werden.

VI.

Schicksal und Vaterland.

Das, was wir Schicksal nennen, ist theils unser eigenes Werk, theils das der Umstände, unter denen wir leben und aufwachsen. Insoferne unser Wollen aber der Ausfluß des Charakters und der Charakter seinerseits ein Gebilde der Umstände, der Familie, des Staates, des Stammes, des Volksgeistes ist, dem wir angehören, der Zeit, in der wir emporkommen, der nationalen, socialen, staatlichen, localen Situation, in der wir unsere Stellung suchen müssen:

— insoferne können wir unsere persönliche Arbeit an dem Schicksale, das wir erfahren, doch auch nur auf die allgemeinen Lebensmächte zurückführen.

Dennoch werden in dem Lebensverlaufe jedes Einzelnen immer zwei entscheidende Strömungen sich deutlich von einander abheben: eine, die von innen kommt, eine andere von außen; eine, die aus der Tiefe der Individualität entspringt, die andere, die an ihn herantritt und ihn umspielt, bedrängt oder fördert; eine des persönlichen eigenen, eine andere des fremden Willens. Diese Elemente wirken in Verschiedenen verschieden. Bald hat dieses, bald hat jenes den größern Antheil. Dem Einen scheint das Leben wie ein fertiges Kunstwerk aus seiner Hand hervorzugehen, dem Andern wie ein reines Geschenk der Götter in den Schooß zu fallen; dem Einen wie ein träger Klumpen unter ungeschickten Fingern aller Form zu spotten, dem Andern wie ein reines Werk des Teufels zu zerbröckeln.

Es ist kein Wunder, wenn solche Mannigfaltigkeit der wirklichen Welt sich spiegelt in der Kunst. In heftigen begehrenden Zeiten, die große Kraft und große Verbrechen ans Licht fördern, stellt sich dem Dichter das Schicksal seines Helden als dessen eigenes Werk dar. In stilleren friedlicheren Tagen, in denen das Allgemeine mächtig geworden ist und das Wollen des Einzelnen sich in sittsamen bescheidenen Grenzen hält, da werden andere Anschauungen wach, den Umständen, den Zufällen, unglücklichen Verwickelungen wird aufgebürdet was den Menschen trifft.

Auch Grillparzer erwuchs in einer solchen Zeit. Sie malt sich in seinem Leben wie in seinen Werken.

Geboren 1791, war er 1811 zwanzig Jahre alt und erlebte den österreichischen Krieg von 1809 und die Erhebung Europas gegen Napoleon als ein Jüngling in der Blüte seiner Jahre. Aber die „Freiheitskriege" und was ihnen vorausging trug in Oesterreich einen wesentlich anderen Charakter als in Deutschland. Niemals war der Kampf für den Donaustaat ein Existenzkampf und nie wurden die Kräfte dazu aus der Tiefe des nationalen Bewußtseins geholt. Und die große schöpferische Periode Grillparzers von der Ahnfrau bis zur Hero fällt in die Jahre 1817 bis 1831, in eine Epoche der Ermattung und Weichlichkeit, worin auch das Denken und Fühlen des

Einzelnen sich dem Machtkreise der heiligen Allianz nicht entziehen konnte.

Grillparzer war kein starker Mensch, er erscheint geschoben und gedrängt, in seinem Schicksal sind die äußeren Anstöße überwiegend, seine Initiative war gering. Auch starke und tiefe Empfindung trieb ihn nicht zu entschlossenem Handeln. Das ernstliche sich selbst bezwingende Genügen an dem Möglichen und Erreichbaren, wie es energischen Naturen eigen, war ihm fremd.

Sein Leben verlief einfach und dürftig. Eine ganz gewöhnliche Beamtencarrière, die ihn nicht höher als zur Würde eines Archivdirectors der Hofkammer führte. Dazwischen einige Reisen, nach Italien, Deutschland, Frankreich und England, auch nach Griechenland, von denen er in der Regel Erfrischung und Anregung zu neuen Arbeiten mitbrachte. Innerlich und äußerlich in seiner Entwicklung keine Stürme und Wetter, kein mühevolles Ringen, keine großen Wandlungen, keine gewaltigen Katastrophen. Ein stilles Gemüthsleben, das nur von Einer tiefen langdauernden Neigung zu erzählen weiß. Warum er die Geliebte nicht geheiratet? „Wissen S', i hab mi net traut" sagte er einem Bekannten in seiner schlichten Weise. Es fehlte seinem gleichsam jungfräulichen Wesen der wagende Muth und das unerschütterliche Selbstvertrauen. Angst vor den Enttäuschungen, die ihm bevorstehen konnten, Angst vor der Prosa der Ehe nach der Poesie der Brautschaft, Angst auch vor den materiellen Sorgen (denn er war nie reich), Angst endlich davor, daß die beiden Ganzen sich nicht als Hälften zusammenfügen würden (S. 273), das Alles mochte er mit jenem Worte meinen. Eine souveraine Natur mit mächtigem Willen war er nicht. Handfestes Bewältigen, robustes Zwingen der widerstrebenden Wirklichkeit lag nicht in ihm.

Seine von Hause aus weiche Natur war durch die harte Zucht eines strengen Vaters verschüchtert worden. Er schloß sich mehr an die Mutter an und hing an ihr mit schwärmerischer Zärtlichkeit. Wenn sie sterben sollte — äußerte er einmal, lange nach dem Tode des Vaters — so möge man ihn nur gleich mit begraben, denn er habe sonst Niemand auf der Welt. So wurden die weichen und weiblichen Seiten seines Wesens immer noch mehr entwickelt.

Eine reiche Innerlichkeit bei unscheinbarem Auftreten, wie ein anspruchsloses bescheidenes Mädchen sich darstellt, prägte sich auch in seiner äußeren Erscheinung aus.

„Ein sechsundzwanzigjähriger, wohlgewachsener, stiller aber kränklicher Mensch, der den besten Eindruck macht": so charakterisirt ihn Zelter an Goethe 1819. „Grillparzer war nicht hübsch zu nennen — bemerkt Caroline Pichler ungefähr aus derselben Zeit — aber eine schlanke Gestalt von mehr als Mittelgröße, schöne blaue Augen, die über die blassen Züge den Ausdruck von Geistestiefe und Güte verbreiteten, und eine Fülle von dunkelblonden Locken machten ihn zu einer Erscheinung, die man gewiß nicht so leicht vergaß, wenn man auch ihren Namen nicht kannte, wenn auch der Reichthum eines höchst gebildeten Geistes und eines edlen Gemüths sich nicht so deutlich in Allem, was er that und sprach, gezeigt hätte." Den Greis aber, den „Dichter mit seinen anmuthigen weiblichen Eigenschaften" hat am besten Laube geschildert: „Er versteht so leicht und fein wie ein geschmeidiger Frauenverstand, er antwortet so plötzlich und schalkhaft wie ein Mädchen, er drückt so unwillkürlich seine Besorgniß aus wie ein weiblicher Mund."

So sind es denn auch hohe Frauenbilder, welche seine Phantasie am mächtigsten erregten, und wenn er auch in der Erkenntniß und Darstellung männlicher Charaktere sich wesentlich vervollkommnete: die männlichsten Seiten der männlichen Natur, die edelsten und höchsten Formen der Männlichkeit blieben ihm unzugänglich.

Es ist ganz weiblich, wenn er das Furchtbare zu mildern, Gräuel abzuschwächen sucht und dort, wo sich Schreckliches ereignet, Zufälle und unglückliche Fügungen herbeizieht, wie in der Ahnfrau, der Medea, dem Bancban. Ehrgeizigen Helden stellt er verführende Intriganten an die Seite, dem Rustan den schwarzen Sclaven, dem Ottokar sein Weib und Zawisch. Und nur die Liebe bedarf keines Zufalls, keiner Verführung, keiner äußeren Verwicklung. Nur das tragische Geschick, das aus der Liebe folgt, entspringt ihm rein aus den Charakteren: so in der Sappho, so in des Meeres und der Liebe Wellen.

Es ist ganz weiblich ferner, wenn unser Dichter diejenigen, welche er leben läßt, entschuldigt, die aber, welche untergehen sollen, von vornherein in schlimmes Licht rückt, wie die Sappho und den Ottokar. Die allzu große Erschütterung will er dem Zuschauer sparen.

Und es ist wieder weiblich, wenn der Kreis, auf welchen die Frauen in der Regel eingeschränkt sind, wenn Haus und Familie, wenn Eltern-, Gatten- und Geschwisterliebe ganz vorzugsweise verherrlicht und gepriesen werden.

Darin sehen wir die Ausführung des Programms, das wir am Ende des zweiten Capitels kennen lernten.

In der Ahnfrau ist das Band der Familie zerrissen, mit den furchtbarsten Gräueln werden jene Urgefühle verletzt: da müssen wohl die Schuldigen vom Erdboden verschwinden, damit die Sonne sich nicht verhülle vor ihrem Anblick. In der Sappho sehnt sich Phaon wie Melitta nach der Heimat, nach den Ihrigen, mit denen sie innerlich eins sind: Sappho trauert, daß sie durch die Kunst abgelöst von ihren Lieben. In der Trilogie hat sich Jason losgerissen von dem Hause Kreons, das ihn wie ein Vaterhaus beschützte, das ihn zu friedlichem Lebensgenuß umfing: die Rache ist, daß er vergeblich später jene unwiederbringliche Jugendzeit zurückwünscht. Und Medea: ihre Schuld ist so sehr gemildert, aber bestehen bleibt als ihr ärgstes Vergehen, daß sie den Vater verlassen konnte, um dem Fremdling zu folgen. Und wie schlägt es dem Rustan des Traumes zum Unheil aus, daß er aus dem Schooße der Familie forteilt, die sich ihm zur Heimat zubereitet! Ottokars Schuld beginnt, wie wir sahen, mit der Scheidung von Margarethe, Heros mit der Entfremdung von den Eltern und vom Bruder.

Wir sehen eine besondere Entfaltung jenes Lebensideals des reinen Herzens vor uns, das wir früher betrachteten. Indem wir aber jenen schlichten Familiengefühlen das einfache Loyalitätsgefühl des Bancbanus gesellt finden, und indem wir gewahren, daß der Dichter scheitert, wo er aus diesem Kreise heraustritt, wie in seinem Lustspiel: da erkennen wir den inneren Zusammenhang, die schicksalsvolle Verkettung, welche einen begabten Poeten auf das enge Gebiet der Tugenden und Ideale einschränkt, die der Absolutismus begünstigt; und wir müssen uns die Frage vorlegen: wie verhält sich Grillparzer zum Staat?

Es gibt ein zweifaches Verhältniß zum Staate, ein bewußtes und ein unbewußtes.

Was das erstere anlangt, so waren die frühesten poetischen Zeilen deren sich Grillparzer erinnerte und die wahrscheinlich aus dem Jahre 1805 stammten, ein politisches und zwar ein oppositionelles Gedicht. „Wenn man uns reformirte" — schloß es —

„Wenn man uns reformirte
Und alles anders führte,
Das wär schon recht.
Jedoch es bleibt beim Alten,
Die Schurken läßt man walten;
Ei wahrlich! Das ist schlecht."

Auch für die folgende Zeit muß man den Dichter als einen Liberalen bezeichnen. Und den März 1848 begrüßte er mit Freude:

Sei mir gegrüßt, mein Oesterreich,
Auf Deinen neuen Wegen!
Es schlägt mein Herz, wie immer gleich,
Auch heute Dir entgegen.
Was Dir gefehlt zu Deiner Zier,
Du hast es Dir errungen,
Halb kindlich fromm erbeten Dir
Und halb durch Muth erzwungen.
Die Freiheit strahlt ob Deinem Haupt
Wie längst in Deinem Herzen,
Denn freier warst Du als man glaubt:
Es zeigtens Deine Schmerzen.

Noch in den letzten Jahren war ich erstaunt, mit welcher Unbefangenheit, mit welchem klaren unverschleierten Blick er die politischen Dinge beurtheilte, wie fern von allen Selbsttäuschungen, in denen man sich bei uns so gerne wiegt, er alle Schäden und Uebelstände offen bezeichnete, wie schonungslos er über Verhältnisse und Personen urtheilte. „Oesterreich ist halt die christliche Türkei," pflegte er zu sagen.

Wenn er aber in jenem Bancbanus die Loyalität und Unterthanentreue verherrlichte; wenn er Rudolf von Habsburg als ein Idealbild der Dynastie im „Ottokar" feierte; wenn er Radetzky jenes vielcitirte: „In Deinem Lager ist Oesterreich!" zurief; wenn er dadurch sich in den Augen der Menge zu einem Schleppträger der Reaction machte und auch sonst gegen Manches sich ablehnend verhielt, was die politische Tagesmeinung zeitweilig als Evangelium hinstellte: so läßt sich das aus der Individualität eines Mannes wie Grillparzer sehr wohl erklären.

Es war nicht blos weil die politische Entwicklung sich überstürzte, weil die Warnungen, die er von allem Anfang aussprach, ungehört verhallten, weil er die Phrase herrschen und den Pöbel entfesselt sah. Nein! Jene Mischung von Kritik und Unterwerfung, von Opposition und Loyalität läßt sich nicht aus einzelnen Thatsachen, Ereignissen, Stimmungen erklären. Sie ist das politische Grundgefühl des vormärzlichen, despotisch wohlerzogenen Oesterreichers überhaupt, des bequemen Objects der Polizeiwillkür und Beamtenallmacht. Und es gibt keinen stärkeren Beweis für die strenge Alles durchsetzende Disciplin der „guten alten Zeit", als daß ein Mann, der sonst so hoch über allen anderen stand, politisch sich so wenig von dem Durchschnitt seiner Altersgenossen unterschied. Grillparzer hat im „treuen Diener seines Herrn" Anschauungen niedergelegt, welche damals Millionen von Oesterreichern mit ihm theilten.

Uebrigens hatte es auch, objectiv genommen, einen guten Sinn, den Begriff Oesterreich, woran seine Seele hing, zunächst ausgeprägt zu finden in der Dynastie und in der Armee. Und wenn er aus dem letzten Decennium zurückblickte in die zwanziger Jahre, welche ihn in der Vollkraft des Schaffens sahen, und wenn er dann zweifeln mochte, ob nicht der früheren Zeit der Preis gebühre: so kann ich das von seinem Standpunct aus nicht schelten.

Die ganz revolutionären Zustände, welche seit dem Scheitern der Reaction in Oesterreich eingerissen sind, das ewige Schwanken von System zu System, die wechselvolle Unsicherheit aller öffentlichen Dinge ist dem Gedeihen einer auf das Höchste gerichteten geistigen Thätigkeit nicht günstig. Dem Gemüth wie dem Gedanken fehlt der wünschenswerthe Halt, es fehlen die festen geistigen Verbände, aus denen allein eine ideale Erhebung der Seele entspringt. Der schlechteste Zustand, wenn er dauert und in sich eine gewisse Kraft bewährt, sammelt in allen Edlen wenigstens die idealistischen Regungen der Opposition zu einem großen, breiten, das Herz erweiternden, den Muth schwellenden Strom. Sollte Grillparzer den völligen Bankerott des Idealismus, der im März 1848 so vielverheißend die Schwingen regte und dann so elend zur Erde stürzte, nicht mit Trauer empfinden?

Und ferner: sollte er nach Jahren fortgesetzter äußerer Einbußen und innerer Auflösung nicht mit Schmerz und Sehnsucht einer Zeit gedenken, in welcher der erste Minister seines Vaterlandes an der Spitze der continentalen Politik zu stehen und die Geschicke Europas zu lenken schien? Grillparzer war zunächst österreichischer Staatsbürger, dann erst Niederösterreicher und Wiener, dann erst ein religiös Freisinniger, dann erst ein politisch Freisinniger und dann erst ein Deutscher. Das Wiener Kind mußte sich mit Stolz als ein Angehöriger der alten Kaiserstadt fühlen und konnte glauben, im Mittelpunct einer Machtsphäre zu stehen, welche sich vom Rhein bis über die Karpathen erstreckte. Und wenn es stets einigen Selbstgefühles bedarf, um das Eigenste, Geheimste, Innerste und Heiligste, was man in der Brust trägt, kühn vor das Antlitz der Welt zu stellen; wenn ein besonderer Muth und wagender Antrieb dazu gehört, um aus dem poetischen Menschen einen Poeten zu machen; und wenn man mit Recht bemerkt hat, daß ein großes, glänzendes Vaterland das Meiste beiträgt, um uns dieses Selbstvertrauen zu verleihen; wenn daher litterarische Blüteepochen auch in der Regel mit Zeiten des politischen Aufschwunges und staatlicher Machtentfaltung zusammenfallen: so dürfen wir wohl der Metternich'schen Periode einiges Verdienst um Grillparzer zuschreiben, und wir dürfen behaupten, daß zwischen Grillparzer und dem Metternich'schen Regime ebenso ein innerer und nothwendiger Zusammenhang obwaltet wie zwischen Shakespeare und Elisabeth, wie zwischen Calderon und den spanischen Habsburgern.

Aber freilich, das österreichische Ancien Régime hatte auch seine andere Seite, und Grillparzer war der Letzte, sie nicht zu fühlen.

> Die Knechtschaft hat meine Jugend zerstört,
> Des Geistesdruckes Erhalter;
> Nun kommt die Freiheit sinnbethört
> Und lähmt mir auch mein Alter.

So heißt es in dem Gedichte „Barricaden-Trümmer".

Ich will hier nicht Allbekanntes und hundert mal Gesagtes wiederholen. Es muß natürlich auf die Thätigkeit jedes Einzelnen lähmend einwirken, wenn in einem absolut regierten Staate, in welchem Alles von oben herab erwartet wird, die Machthaber einer regeren Entfaltung des geistigen Lebens grundsätzlich abgeneigt sind. Grillparzer selbst klagt, daß die Beschränkungen der Censur ihn in seiner Productivität gehemmt hätten. Aber das Entscheidende liegt nicht so sehr in der Regierungsform und in den Regierungsmaximen, als in den Einrichtungen der Verwaltung.

Die Zustände, welche die Stein-Hardenberg'sche Gesetzgebung für Preußen beseitigt hatte, waren in Oesterreich unangetastet geblieben. Aber die Ausschließung des Bürgers von der Administration der Communalangelegenheiten isolirt ihn und stellt ihn und sein Haus dem Staate als ein Einzelnes gegenüber. Er selbst kann nur beten und erwerben, häusliche und Privattugenden entwickeln, im Staate fühlt er sich nur verpflichtet, nicht berechtigt. Der Staat ist das Haus des Fürsten und seiner Familie, welche ihrerseits darin nach Belieben Privattugenden und Privatlaster entfalten können, ohne daß dem Bürger etwas anderes als schweigendes Dulden und leidender Gehorsam dabei zukäme, gerade wie dem Kinde gegenüber seinem Vater. Nur mit solcher Demuth ist man „gutgesinnt".

Feste, aufrechte Männlichkeit kann unter derartigen Verhältnissen nicht gedeihen. Und die Dichtung, welche ähnliche Zustände zum Hintergrunde hat, gefiel sich zu allen Zeiten in der Verherrlichung häuslicher Tugenden und stillzufriedenen Glückes, in der Verurtheilung alles höheren Strebens als nichtigen Ehrgeizes und unerlaubter Ueberhebung.

Auch in dem Deutschland der Zwanziger Jahre fehlte es daran nicht, und der ganze beliebte Apparat spieleriger Gefühlsduselei, von der selbst Grillparzers erste Werke nicht völlig frei sind, wurde dafür in Bewegung gesetzt. Insbesondere war es Sachsen, das sich — wie schon im vorigen Jahrhundert zur Zeit der Gellert und Weiße — in dieser Hinsicht auszeichnete. Aber einen Poeten ersten Ranges hat die Richtung in Deutschland nicht hervorgebracht. Das war Oesterreich vorbehalten, wo zu allen jenen natürlichen Folgen des Despotismus sich noch die geistliche Erziehung gesellte, welche blinden Glauben und unbedingtes Vertrauen in die Vorgesetzten zur Pflicht machte, welche den eigenen Willen und das persönliche Selbstgefühl ertödtete, welche an die Stelle einsichtigen und bewußten Strebens die mechanische Handwerksarbeit und todten Gedächtnißkram setzte und nicht Kraft und Stolz, sondern Demuth und Schwäche als sittliche Ideale aufstellte.

So hat der Staat als eine unbewußt im Dichter mitarbeitende Kraft ihm beides, Nutzen und Schaden gebracht. Und dem entsprechend fanden wir in Grillparzers politischen Ansichten ebensowohl Elemente rückhaltsloser Hingebung, wie auch herber Kritik.

Aber mit dem Staate ist der Begriff Vaterland noch nicht erschöpft.

Grillparzer hat oft Gewicht gelegt auf den Stammescharakter der Deutschen Oesterreichs, und welche Eigenschaften er mit denselben zu theilen, was er denselben zu verdanken glaubte, haben wir bereits im zweiten Capitel gesehen.

Der Stammescharakter, das Reichscentrum, die Residenz und die Großstadt durchdrangen sich in dem, was Wien dem Dichter gewähren konnte und — was es ihm nehmen mußte.

Wenn Grillparzer den Nationalfehler der Deutschen das Schwanken und Tappen in der Kunst nannte, so haben wir ihn selbst frei von diesem Fehler gefunden. Wir konnten im Gegentheil seine technische Sicherheit und seine frühe Bühnenkenntniß bewundern. Daran hat, glaube ich, der Umstand, daß er in Wien auf die Welt kam, wohl einigen Antheil. Die Stadt der lebhaften naiven Empfindungsäußerung, die Stadt der Schaulust und der Posse, die Stadt des Burgtheaters konnte den schlummernden Theaterdämon in ihm leicht wecken.

Freilich, der umsichtige, bühnenkundige, um das Theaterwesen hochverdiente Schreyvogel war erst seit 1814 Leiter des Burgtheaters, und vor ihm war das Institut in unläugbarem Verfall. Es konnte nicht mehr bieten und lehren als jede andere große Bühne auch. Aber Wien zeichnet sich vor anderen Städten Deutschlands aus durch eine festere Geschmacksrichtung, durch eine gewisse Stetigkeit des ästhetischen Urtheils und durch eine entschiedene Abneigung gegen gewagte litterarische und künstlerische Experimente. Schon der Styl der Geselligkeit ist bei uns weniger wandelbar, nicht so auf einzelne Persönlichkeiten zugeschnitten und bestimmteren Traditionen unterworfen als in Norddeutschland. Und wie in der Aesthetik des Lebens, so ist es auch in den Künsten. Ayrenhoff und Collin, die einheimischen Vorgänger Grillparzers auf dem Gebiete des Dramas, bewegen sich streng in den Formen der französischen Bühne und von diesen geht auch wieder Grillparzer aus. Selbst das Studium der Spanier kann ihn in den Hauptpuncten der Technik nicht beirren. Das Drama des achtzehnten und neunzehnten Jahrhunderts stellt sich bei uns demnach in ununterbrochener stetiger Fortentwicklung dar.

Waren es die in dem Wien des siebzehnten bis neunzehnten Jahrhunderts mächtigen romanischen Bildungseinflüsse, welche die ästhetische Haltung der Stadt bestimmten? War es nur eine gewisse Trägheit, die das einmal Gangbare schwerer verläßt? oder war es, daß der germanische Individualismus bei uns weniger entwickelt ist, oder daß wir uns in einem engeren Kreise überhaupt möglicher Entfaltungen bewegen, oder daß uns das inmitten so vieler Nationalitäten früher entwickelte großstädtische Wesen nivellirt hat, oder daß die jesuitische Erziehung an uns dasselbe Geschäft vollzog? Vermuthlich war es von allen diesen Dingen Etwas, und vielleicht kommt noch ein Anderes in Betracht.

Die künstlerische Technik beruht darauf, daß die losgelassene Phantasie nie der Zucht und Lenkung des Verstandes völlig entfliehe, und daß der Verstand seinerseits einen gesunden Respect vor dem Ueblichen und Erprobten bewahre. Zu dieser Mischung von phantastischer Bewegung und verständiger Ruhe, zu diesem Zusammenwirken von Hitze und Kälte, wenn ich so sagen darf, ist der Oesterreicher weit mehr geneigt und geeignet als z. B. der Norddeutsche. Keine lächerlichere Prätention, als wenn wir uns für vorzugsweise phantasiebegabt halten und die „norddeutsche Kälte" verspotten. Die „norddeutsche Kälte" Callot-Hoffmanns macht Euch die Haare zu Berge stehen. Und Heinrich von Kleist packt und ängstigt und erschüttert Euch doch wohl nicht mittelst seines „Verstandes". Die allerphantastischsten Poeten unserer Litteratur waren Norddeutsche. Die energischsten Thaten dichterischer und wissenschaftlicher Phantasie sind von Norddeutschland ausgegangen.

Die norddeutsche Entwicklung ist uns um einige Pferdelängen voraus, die große Schule der modernen deutschen Sprache haben wir nicht mitgemacht, weder die logische Zucht des Verstandes, welche die Aufklärung durchsetzte, noch jenes vom Pietismus angebahnte Ringen nach dem Ausdruck des Unsagbaren, des Tiefen, Schlummernden, Ahnungsvollen, das uns im Innersten lebt. Daher die Incorrectheiten der Sprache, von denen auch Grillparzer nicht frei ist. Daher die seltsame Thatsache, daß bei unläugbarer lyrischer Begabung und Stimmung Grillparzer doch kein großer Lyriker geworden ist. Denn hier thuts die Sprache zumeist und der Reim und der Wohllaut. Grillparzer aber ist — wie man mit Recht gesagt hat — in seinen Dramen ein besserer Lyriker als in seinen lyrischen Gedichten.

Trotz dem weiten Zurückbleiben in mancher Hinsicht hat uns nun aber die lange Abschließung von Deutschland doch gewisse Vortheile gebracht.

Wenn seit Lessing Kunsttheorie und Praxis, wenn wissenschaftliche und dichterische Thätigkeit in Deutschland Hand in Hand gingen, so konnte es nicht fehlen, daß Verschrobenheiten der Theorie zuweilen auf die Praxis einwirkten. In Oesterreich hat diese Verschwisterung nicht stattgefunden. Ohne Antheil an der großen philosophischen Bewegung, haben sich die Oesterreicher naiver zu der Kunst verhalten. Und wenn das ihrer geistigen Tiefe Eintrag that, so hat es doch ihre Technik gefördert. Der klägliche Abstand zwischen hochgespanntem Wollen und ungenügendem Vollbringen findet sich bei uns seltener als im übrigen Deutschland.

Also nicht die große Phantasie, sondern der durch Theorien unbeirrte ganz ungemeine künstlerische Verstand hat Grillparzern die Meisterschaft dramatischer Technik verschafft. Das ist der schlichte Sinn, die gesunde Natürlichkeit und das richtige Empfinden, das er sich selbst und seinen Landsleuten nachrühmte, und dies hatte er ohne Zweifel im Auge, wenn er einmal im Jahre 1846 die sonderbare Aeußerung that: „Die Oesterreicher sind jetzt von allen Deutschen vielleicht die Gescheidtesten."

Aber auch hier fehlt die Kehrseite nicht. Jenem Ausspruch über die österreichische Gescheidtheit fügte er sofort die Einschränkung hinzu: „Aber es herrscht hier eine solche — nicht Dummheit, sondern Gedankenfaulheit und daher Gedankenlosigkeit, eine solche Vorliebe für Spaßmacherei, daß selbst die Besseren heute gern über das lachen, wofür sie gestern begeistert waren."

Und schon früher klagte er über das „Capua der Geister", über die weichliche entnervende Luft, in der er doch zeitlebens athmete. Ein reiches, bewegtes, geistig-ernstes Leben, worin sich tausend Kräfte schaffend regen und in der Gesellschaft auserwählter Geister, in dem bunten Treiben vieler mächtig Strebenden jeder Keim zur Blüte reift, ein solches angeregtes und anregendes, befreiendes und förderndes Leben bot ihm die Heimat nicht. Und sie hat seine Productionskraft nicht blos nicht gefördert, sein Talent nicht gehoben und gehalten und getragen, sondern sie hat ihn direct geschädigt und zurückgeschreckt. Der bitterste Schmerz seines Lebens, die erste große, nie verwundene Kränkung, die er erfahren, war eine rohe Unthat des Wiener Publicums.

Acht bedeutende Dramen hatte er der Bühne geschenkt. Eine reiche Begabung hatte sich entfaltet. Eine zwanzigjährige ruhmvolle Laufbahn lag hinter ihm. Oesterreich, einst eine Wiege der herrlichsten Dichtung, dann jahrhundertelang zurückgeblieben, war durch ihn wieder eingefügt worden als ein würdiges und ebenbürtiges Glied in die deutsche Gesammtlitteratur. Der Fluch geistiger Unfruchtbarkeit, der seit der Reformation auf uns zu lasten schien, war durch Grillparzer behoben. Schon waren einzelne seiner Dichtungen in die meisten Cultursprachen Europas übergegangen. Schon hatte ein Mann wie Lord Byron seinem Genius gehuldigt und ihm den Anspruch auf ewigen Nachruhm zuerkannt. Da wurde ihm in den Räumen des Wiener Burgtheaters eine Schmach angethan, die er mit Recht nie verzeihen konnte.

Das Lustspiel „Weh dem, der lügt" gehört gewiß nicht zu seinen besten Leistungen. Aber daß man einen Dichter wie Grillparzer einfach auspfiff, daß man alle dem Genius schuldige Achtung bei Seite setzte und das vielleicht mislungene Stück eines edlen, gottbegnadeten Poeten auf eine Stufe stellte mit den frechen Versuchen der Talentlosigkeit, welche Züchtigung verdienen: das war ein Mangel an Tact, eine Unbarmherzigkeit und vor allem eine Gemüthsroheit, welche als ewiger Makel auf dem „gemüthlichen" Wiener Publicum der Dreißiger Jahre haften wird.

Grillparzer war kein Mann ohne Selbstgefühl. In einem Gesuche an die Hofkammer aus dem Jahre 1831 schrieb er: „Ich habe durch litterarische Arbeiten meinem Vaterlande Ehre gemacht und darf daher wohl, wenn Jedermann in der Schuld seines Vaterlandes ist, auch dieses letztere als ein wenig in der meinigen betrachten."

Aber dieses Selbstgefühl stand ihm nicht überall zu Gebote, wo

er es brauchte, nicht gegenüber dem Publicum, nicht gegenüber dem
Miserfolg von „Weh dem, der lügt". Es fehlte ihm die heitere
Sicherheit, welche eine solche Kränkung gar nicht an sich herankommen
läßt und sich viel zu hoch dafür dünkt. Es fehlte ihm jene souveraine
Verachtung der Dummheit und Gemeinheit, die alle thatkräftigen
Naturen sicher und unangefochten durch den Schlamm der Welt leitet.
So hatte er der ihm angethanen Schmach nichts entgegenzusetzen als
Klagen und Verbitterung und Zurückziehung auf sich selbst. Er empfand
wie ein edles Weib, das sich von ihrem Geliebten verkannt und mishandelt sieht. Die Bühne, die Oeffentlichkeit, war ihm verleidet.
Was er nun noch arbeitete, war nicht für die Gegenwart, die ihn
umgab. Ein tiefer Widerwille gegen die litterarische Kritik erfaßte ihn.
In dem Gedichte „Rechtfertigung" führt er diesen als den Grund
seines Verstummens an. Und in demselben Gedankenkreis bewegen
sich Epigramme und mündliche Aeußerungen gegen den frechen, rück-
sichtslosen, absprechenden Ton der Kritik, der von Deutschland herüber-
gekommen, bei uns aber noch gesteigert und gemeiner geworden sei.

Er war indeß unbefangen genug, hinzuzufügen, daß ihm wirklich
nichts mehr oder doch selten etwas einfalle. Er meinte, es sei viel
besser, wenn einem nachgesagt würde: „Der hat schon aufgehört" als:
„Der schreibt noch immer". Das Versiegen der Productionskraft
datirt bei Grillparzer aber nicht von dem unglücklichen Lustspiel.

Nachdem alle seine Hauptwerke in vierzehn Jahren (1817 bis
1831) entstanden waren, folgte eine Pause von sieben Jahren, in der
nur ein älteres Werk „Traum ein Leben" ans Licht trat und am Ende
dieser Pause eben jenes Lustspiel, das nur ein neues noch viel län-
geres Schweigen einleiten sollte.

Jede Erklärung aus äußeren Motiven schlägt also fehl. Auch
Grillparzers eigene Bemerkung (er hat sich bald so, bald so darüber
erklärt), daß es ihm an äußerem Anreiz, an einem Zwang zur Arbeit
gefehlt habe, kann kaum als entscheidend angesehen werden. Wir
dürfen einfach sagen: zu Mehr reichte seine Begabung nicht aus.
Und höchstens können wir daran erinnern, daß nach der eigenthümlichen Anlage unseres Volksstammes der Contrast zwischen Jünglingsarbeit und Mannesarbeit ein größerer als anderwärts, und zwar zu
Ungunsten einer nachhaltigen, stetig fortgesetzten reifen Thätigkeit ist.

Grillparzers frische Productivität dauert von seinem 26. bis zu seinem 40. Jahre. Mit der wachsenden geistigen Reife geht dabei ein Rückschritt an Erfindungs- und packender Gestaltungskraft Hand in Hand. Was nach dem 40. Jahre folgt, sind wenige Nachblüten, deren Bühnenwirksamkeit zweifelhaft bleibt.

Ich habe, soweit mein Blick reicht, zu zeigen versucht, was Grillparzer seinem engeren Vaterlande verdankte, worin es ihm nutzte, worin es ihm schadete. Wie verhielt er sich zu Deutschland?

Es fällt mir nicht ein, all die verschiedenen Wendungen zusammenzustellen, in denen Grillparzer seine Antipathie gegen Preußen kundgab oder die deutsche Uebercultur verspottete oder einem Gefühl der Ueberlegenheit Ausdruck lieh oder die Hegel'sche Philosophie anklagte, daß sie die deutsche Kunst verdorben habe. In allen solchen Dingen redete und urtheilte er ganz wie ein anderer Alt-Oesterreicher. Das Nationalgefühl war nur wenig in ihm entwickelt und als politischer Factor zählte es bei ihm nicht mit. Daß das misgünstige Auge manchen wirklichen Fehler entdeckte, soll dabei nicht geläugnet werden. Aber wenn ein Epigramm aus der letzten Zeit besagt:

> Als die Deutschen bescheiden nach alter Weise,
> Sprach ich gern ein Wort zu ihrem Preise;
> Nun aber, da sie sich selber loben,
> Fühl ich mich fürder der Müh überhoben —

so wüßte ich jene Worte zum Preise der Deutschen nicht nachzuweisen. Vielmehr scheint der Dichter mit besonderem Behagen seinerseits nur zu tadeln, und — sagen wir nicht: das Lob, aber die gerechte Würdigung durchweg Anderen zu überlassen. Und wenn er den alten Merenberg im „Ottokar" beten läßt:

> O gib daß wir, der Deutschen Aeußerste,
> Theilnehmen an dem Heil, das dort entstand,
> Daß alle, die wir Oesterreicher sind,
> Entnommen aus des Fremden harter Zucht,
> Wie Brüder kehren in der Eltern Haus,
> Von Eines Vaters Auge fromm bewacht —

so soll das nicht nationale Gesinnung ausdrücken; sondern unter dem „Heil das dort entstand" wird Rudolf von Habsburgs „leuchtendes Gestirn" verstanden.

Dennoch gab es einen Punct, wo Grillparzer sich mit Begeisterung als Deutscher fühlte.

In ein Exemplar von "Traum ein Leben", das er nach Weimar sandte, schrieb er die Zeilen:

> So willst du dahin dich begeben,
> Wo Goethes Spur verwittert kaum?
> In Weimar war die Kunst ein Leben,
> Uns ist sie höchstens noch ein Traum.

Dieselbe Gesinnung nahm wohl auch eine polemische Wendung an, um die Gegenwart zurückzusetzen:

> Nur weiter geht ihr tolles Treiben,
> Von "vorwärts! vorwärts!" erschallt das Land.
> Ich möchte, wärs möglich, stehen bleiben,
> Wo Schiller und Goethe stand.

Er fühlte, was er der großen Weimarer Zeit verdankte. Von dort ist der mächtige Aufschwung ausgegangen, der diesen Oesterreicher mit sich fortriß.

Von seinem zweiten Besuch bei Goethe erzählt Grillparzer: "Als ich im Zimmer vorschritt, kam mir Goethe entgegen und war so liebenswürdig und warm als er neulich steif und kalt gewesen war. Das Innerste meines Wesens begann sich zu bewegen. Als es aber zu Tische ging, und der Mann, der mir die Verkörperung der deutschen Poesie, der mir in der Entfernung und dem unermeßlichen Abstande beinahe zu einer mythischen Person geworden war, meine Hand ergriff, um mich ins Speisezimmer zu führen, da kam einmal wieder der Knabe in mir zum Vorschein, und ich brach in Thränen aus. Goethe gab sich alle Mühe, um meine Albernheit zu maskiren." Grillparzer ist mir nie so liebenswürdig und so verehrungswürdig zugleich erschienen wie in diesem Augenblicke knabenhaft vorbrechenden Gefühles. Wenn ich mir ihn so vorstelle, neben Goethe, da ist Alles verschwunden, was mir sein Bild verdunkelt.

Zu Bauernfelds siebzigstem Geburtstag.

Feuilleton der „Deutschen Zeitung" vom 13. Januar 1872.

Als wir neulich Mendelsohns Musik zu „Oedipus auf Kolonos" hörten, da ergriff mich der Chor „Nie geboren zu sein, ist der Wünsche größter" wieder mit wunderbarer Gewalt. Es lag etwas schauerlich Unbarmherziges und Grausames darin, als — getragen durch Mendelsohns treu an Sinn und Metrum angeschmiegte Musik — die herben Worte ertönten, in denen der griechische Dichter das Alter schildert:

> Am düstern Ende naht sich, verachtet,
> Oede, kraftlos, aller Freunde
> Leer, das Alter, dem sich jedes
> Wehe des Wehs gesellt hat:
> In dem, Unselger, dich
> Ueberall, wie nördlich einen Seestrand,
> Wogenschlag und Winterorcan' erschüttern:
> Also stürmen auf dich auch,
> Hochher brandend in stetem
> Wuthgrimme, die Leiden — und ruhen nimmer.

Wie ganz anders dagegen, wie tröstlich schön und mild klingt Alles, was Jacob Grimm in seiner berühmten Rede „über das Alter" sagt. Er kennt die Leiden, er ist selbst davon betroffen, aber er deutet sie ins Schöne um, er weiß allen Schwächen eine gute Seite abzugewinnen, selbst das Härteste legt er sich zurecht; nicht geduldig fügsam, sondern fast dankbar genießend, scheint er sich in den Niedergang des Lebens zu finden. Man fühlt: es liegt eine Umwälzung der Weltanschauung zwischen dem Griechen und dem Deutschen, das Christenthum hat die Menschen genügsamer gemacht.

Ob ich nun aber Sophokles hernehme oder Jacob Grimm, und ihre Schilderungen des Alters — auf Bauernfeld paßt weder die eine noch die andere. Gegenüber Sophokles' trübgefärbter Betrachtung steht Bauernfeld als lebendige Widerlegung da. Aber auch das friedsame Greisenalter, das Jacob Grimm zeichnet, hat auf Bauernfeld keine Anwendung.

Daß Bauernfeld nicht mehr jung ist, kann leider weder er, noch können seine Freunde leugnen. Und wenn er heute und gestern und seit Wochen an diese betrübende Thatsache unaufhörlich erinnert wird, so können wir ihm die Unannehmlichkeit leider nicht ersparen. Aber Bauernfeld würde mich doch mit Recht auslachen, wollte ich ihn als ehrwürdigen Greis bezeichnen. Und selbst einen alten Herrn würde ich nicht wagen ihn zu nennen. Denn Bauernfeld ist nicht blos einer der frischesten alten Herren — ich bitte um Verzeihung, diesmal muß ich das Wort gebrauchen, aber ich wills nicht wieder thun — Bauernfeld ist nicht blos einer der frischesten alten Herren die mir je vorgekommen, sondern einer der frischesten Menschen überhaupt, eine unerschöpflich heitere, kräftige, elastische Natur. Ich habe oft mit Neid auf ihn geblickt. Wir Jungen müssen uns beschämt verstecken vor dieser Spannkraft, dieser Unverwüstlichkeit, dieser Fülle von Lebensmuth und Lebenslust. Bauernfeld ist ein Jüngling mit grauem Haar, und wenn er — was wir ihm von Herzen wünschen — das hundertste Lebensjahr erreicht, ich bin überzeugt, er wird nie ein Greis.

Man möge es entschuldigen, wenn die ewig neugierige Wissenschaft diese merkwürdige Erscheinung nicht ohne weiteres als Factum hinnimmt, sondern nach einer Erklärung sucht. Und man möge es dem Litterarhistoriker zugute halten, wenn er zunächst bei seiner Wissenschaft sich Auskunft holt, wenn er einen bedeutungsvollen Zusammenhang erblickt, wo Andere sich vielleicht mit der Anerkennung einer individuell glücklichen Organisation begnügen würden, und wenn er die Gefahr nicht scheut, den Inhaber dieser Organisation selbst zu den lustigsten Bemerkungen herauszufordern über eine weitausholende

Gelehrsamkeit, die sich bis ins finstere Mittelalter verirrt, um den bescheidenen Geburtstagsstrauß zu pflücken, welchen sie heute im Möllerhof überreichen möchte. —

Nirgends prägt sich der Charakter eines Volkes oder Volksstammes so rein aus, wie in seiner Kunst und Litteratur. Und dem aufmerksamen Beobachter zeigen durch die Folge der Zeiten hin einzelne Nationen und Stämme stets dieselben Grundlinien ihrer künstlerischen Physiognomie. Durch die gesammte österreichische Litteratur vom elften Jahrhundert bis ins neunzehnte geht ein einheitlicher Zug, ein Zug der Jugendfrische, der Naivetät, des Jünglinghaften.

Vergeblich bemühten sich die Mönche des elften und zwölften Jahrhunderts, ihr Publicum in den engen Gesichtskreis der Klosterzelle, in den Dunstkreis trüber ascetischer Lebensauffassung hineinzuziehen. Selten, daß sie einmal einen einzelnen Geist verfinstern und ihm die sonnige Unbefangenheit rauben. Treu hängen die Oesterreicher an den Jugendidealen der Völker. Die Heroen der germanischen Wanderung besingen sie nach wie vor. Die Kriegsstürme Attilas finden ihren Nachklang, die alten Gothenkönige bleiben unvergessen, der blühende Held vom Rhein, jung Siegfried, lebt in österreichischen Liedern fort. An den Gestalten der germanischen Jugendzeit erbauen sich die adeligen Kreise des zwölften Jahrhunderts. Ueppiger Lebensgenuß zieht in unsere Lande ein, verklärt und veredelt durch eine Liebespoesie voll natürlichen Zaubers und unverkünstelter Anmuth, unmittelbarer Abdruck eines seligen, jungen, heiteren Herzenslebens. Der große Walther von der Vogelweide wächst aus dieser Welt heraus, oppositionslustig und fromm, ein echter deutscher Ritter, der die Pfaffen haßt und Rom und seinen Uebermuth, formgewandt und melodienreich, graziös und naiv, lebenslustig und empfindungstief. Und nach ihm, welches tolle Leben thut sich auf, welche Fülle von Scherz und guter Laune! Derbe Späße, Bauernprügeleien, Schwänke mit Dorfschönen, kräftige Satiren und komische Genrebilder, verrückte Erfindungen ausgelassenen Humors, gedichtete und gelebte Fastnachtspossen, knabenhafte Lust an Spiel und Tanz, an Mummereien und Aufzügen. Dabei heftige aufwallende Leidenschaften, plötzliche schroffe Gegensätze, die sich rasch wieder versöhnen, ein üppiges, frisches, genießendes Geschlecht. Die Wolken der Sorge liegen nicht auf seiner Stirn. Die Erde bietet ihm alle ihre Freuden dar, warum soll es nicht zugreifen, sich nicht anklammern an die schöne Welt, die es mit ihren süßesten Reizen lockt?

Die ernste Denkarbeit der deutschen Philosophie des vierzehnten Jahrhunderts, die harte Mannesarbeit der Reformation konnte hier nicht gethan werden. Durch die besten österreichischen Schriften der Reformationszeit geht ein eigener weicher Ton schlichter Herzlichkeit und sanftmüthiger Liebe, frommer, kindlicher Einfalt und williger Ergebung. Nachher kam die lange Knebelung der Gegenreformation. Aber die unverwüstliche Laune wußte sich auf die Kanzel Bahn zu brechen, das Theater wurde nicht müde, den deutschen Volkshumor in seinen tollsten Gestalten immer fort zu pflegen. Die energische Spannung aller Geisteskräfte, die großartige idealistische Erhebung, aus welcher die classische Litteraturepoche entsprang, dafür waren wir Oesterreicher verdorben. Wir fühlten uns ausgeschlossen, viele Anläufe waren vergeblich, erst das neunzehnte Jahrhundert brachte uns den litterarischen Wiederanschluß an Deutschland. Aber der Sinn, in dem wir uns an dem geistigen Leben der Nation betheiligten, war der alte. Die schöne Weltfreudigkeit der „Schöpfung" und der „Jahreszeiten", die brausende, stürmische Lebenslust des „Don Juan" trug sich jetzt, gemäßigt und gemildert, in die Poesie hinüber. Selbst im Tragischen war etwas Jünglinghaftes: keine herben Abschlüsse, keine grellen Dissonanzen, eine Stimmung, die keine Illusionen, keine schweren Enttäuschungen kennt, mehr Rührung als Erschütterung, mehr Melancholie als Verzweiflung, und immer noch Genuß auch im Schmerz. Im Hintergrunde ein genügsames Innenleben, anspruchslos, gutmüthig, heiter und froh. Und als der große politische Idealismus wie der Blitz in uns hineinfuhr, welches Feenland schien sich zu öffnen! Was für eine sonnige Jugendlichkeit lag über den Märztagen von 1848! Die Jünglingsarbeit des Niederreißens war so schön gelungen, wie es die Mannesarbeit des Aufbauens nimmermehr konnte.

Wenn nun alle gute Laune, alle Lebenslust und Humor, alle Sorglosigkeit, die den Augenblick genießt, alle Aufgelegtheit zu knabenhaftem Scherz, alle Spottsucht und Oppositionslust, alle Schwelgerei in bösklingenden, aber gutmüthigen Worten, wenn die Geschicklichkeit

und Anstelligkeit, die Gewandtheit und Eleganz, wenn alle leichthin=
fließende Rede und alle einschmeichelnde Liebenswürdigkeit, die sich in
einem Volksstamme aufgespeichert finden — wenn alle diese Eigen=
schaften sich in einem einzelnen Menschen zusammenfassen und wenn
der Eine mit grauen Haaren noch ein Jüngling ist: darf man darin
bloßen Zufall sehen? Ist es nicht der Geist, die Gesinnung und
Stimmung, was ihn jugendlich und frisch und unverwelklich erhält?
Und dankt er diesen Geist nicht dem Volksstamme, dem er angehört
und den er — als einer der Ersten — wieder würdig eingeführt hat
in die Litteratur des deutschen Volkes?

Die Menschen des heutigen Oesterreich scheiden sich in Vor=
Achtundvierziger und Nach=Achtundvierziger. Wir Jungen, die
Anno 48 noch Kinder waren, fühlen uns von einem ganz fremd=
artigen Geiste angeweht, wenn wir den Alten gegenüberstehen. Aber
dürfen wir uns mit voller Beruhigung sagen, daß wir besser geworden
sind? Dürfen wir mit Zuversicht behaupten, daß sich in uns Spä=
teren ein unbedingter Fortschritt ausspreche?

Es ist eine heikle Frage, die ich hier berühre, und ich möchte
nicht die Gegenwart schmähen, um einem Vertreter der Vergangenheit
meine herzliche Verehrung zu bezeigen. Aber Eins darf ich sagen:
der Vor=Achtundvierziger Oesterreicher ist ein glücklicher Mensch aus
Einem Gusse, rund, voll, ganz, in sich gegründet, ein einheitlicher,
consequenter, sicherer Charakter ohne inneren Zwiespalt. In die Nach=
gebornen ist ein Bruch gekommen, sie sind „problematisch" geworden.
Die alte Natur kann sich nicht ganz verleugnen, aber neue Ideale
sind in die Welt getreten, neue Aufgaben sind uns auferlegt, denen
wir uns nicht gewachsen fühlen. Ueber den Zwiespalt zwischen Wollen
und Können gelangen wir selten hinaus. Als handelnde Menschen
suchen wir nach einem äußeren Halt. Als empfindende Menschen
tragen wir das volle Heimatsgefühl in uns.

Es gibt ein kleines Bild von Schwind, ein gar anspruchsloses
Ding ohne großen Kunstwerth. Bauernfeld und Schwind fahren
über Land. Sie sitzen auf einem „Zeiselwagen". Ein munteres
Bäuerlein schwingt kräftig die Peitsche über zwei muthig anziehenden
Ackergäulen. Die Straße, auf der sie sich im Vordergrunde bewegen,
ist mit steifen Pappeln besetzt. Im Hintergrunde ein paar Waldberge,

ganz gewöhnlich, ohne irgend hervorragende Formen, einige Burg-
trümmer auf der Höhe, kurz eine alltägliche Gegend, wie man sie
überall an den Ausläufern des Wiener Waldes sehen kann.

Ich wußte mir lange nicht zu sagen, worin der unendliche Zauber
dieses Bildes bestand, den es immer auf mich ausübte, so oft ich es
in der Schwind-Ausstellung sah. Und einem Fremden könnte ich es
auch heute nicht deutlich machen, ich würde Jeden vorüberdrängen,
damit er mir den Liebling nicht schmähe. Mit Worten ist es nicht
auszudrücken, an Form und Farbe liegt es nicht, die Situation hat
nichts Frappantes — aber Straße und Flur und Berg und Wald
— es ist Heimat! Und die beiden lieben, fröhlichen, unbefangenen
Menschen und das gemüthliche Bäuerlein — sie sind Heimat! Und
wenn ich mir dächte, daß ich einmal nach vielen Jahren, etwa im
Auslande, vielleicht mitten unter anderen Interessen, Menschen, Pflichten, plötzlich dies Bild sehen sollte — ich weiß, es würde mit
thränenerzwingender Macht mir die Seele bewegen.

Als ein prächtiges Stück Heimat, das weit über die Heimat
hinaus gewirkt und uns alle geehrt hat, steht Bauernfeld vor mir
da. Als eine Huldigung an den heimatlichen Geist in seiner ungebrochenen, kräftigen, reinen Entfaltung möge er sich diese Zeilen
gefallen lassen.

Die Litteraturgeschichte sucht ihre Helden gern in der geistigen
Wiege auf. Sie beobachtet ihre erste Entfaltung fast noch lieber als
die Höhe ihres Schaffens. So waren mir in Bauernfelds Gesammelten Werken ganz besonders die ältesten Stücke interessant, in denen
seine Muse sich aus der Umarmung des romantischen Geistes noch
nicht losgewunden hat. "Der Musikus von Augsburg", "Die Geschwister von Nürnberg," "Der Fortunat" sind solche Stücke.

Vor Allem ist mir der "Fortunat" ans Herz gewachsen. Der
Held des alten Volksbuches hatte schon im siebzehnten Jahrhundert
einmal unter dem Schutz der "englischen Komödianten" die Bühne betreten. Seitdem, meines Wissens, nicht wieder bis auf Tieck. Und
als Bauernfeld mit weit mehr Bühnentechnik als Tieck den Versuch
erneuerte und seinen Fortunat den Wienern vorführte, da wurde
er ziemlich schnöde abgelehnt. Und doch ist dieser Fortunat ein
reizender Bursche.

> Ein schöner Jüngling, lieblich, freundlich, lebensfroh,
> Rasch, unbekümmert, ecken Handelns, herzenswarm,
> Gebildet nicht, doch bildsam, drum den Frauen werth.
> Wenn Ihr in Eures eignen Herzens Tiefe forscht,
> So habt Ihr Wunderbares auch, gleich ihm, erlebt,
> Denn Ihr wart jung, und Jugend ist der Wunder Zeit.

Ja wohl, alle Wundergaben der Jugend sind ausgegossen über Bauernfelds „Fortunat". Eine Reihe bunter, lockender Bilder entrollt er uns, „erfüllet uns mit Lebens- und mit Liebesglanz". Zu wonnigem Behagen ladet er uns ein und zum Genuß des „jungen, reichen, freudeblühnden Lebens".

Bauernfeld selbst ist ein Fortunat. Auch ihm hat die gütige Göttin Fortuna einen Wunschsäckel ertheilt voll des gemünzten Goldes lauterer Poesie, voll Jugendfrische, Heiterkeit und unermüdlicher Schaffenslust. Verschwenderisch hat er seine Schätze ausgestreut. Und doch fehlt ihm der Leichtsinn Fortunats, der all die Reichthümer nicht zu Rathe hält. Bauernfeld hat es wie Wenige ernst mit dem Berufe des Dichters und Schriftstellers genommen. Er gehört zu den beneidenswürdigen Naturen, die in augenblicklicher Eingebung produciren und ihre Gaben aus dem Aermel schütteln. Nirgends liegt die Verführung zu leichtsinniger Ueberproduction näher, als bei so glücklicher Organisation. Aber Bauernfeld ist streng gegen sich selbst. Man betrachte nur einmal die Gesammtausgabe und seine kurzen Notizen in den Anhängen. Was ist da nicht alles weggelassen! Wie Vieles hat er der Aufnahme nicht für werth gehalten! Wie Vieles hat er umgearbeitet, geändert, gefeilt, gebessert! Und wie bescheiden ist der Ton, in dem er von allen seinen Sachen redet! Es ist als wären diese Bemerkungen sämmtlich von der Gesinnung eingegeben, welche ihm folgende Worte dictirte, mit denen er den ersten Band der Gesammtausgabe einer Freundin überreichte:

> Wie Du mich kennst, so bin ich! Und alle die Fehler und Schwächen,
> Mäßig mit Gutem vermischt, spiegeln sich wieder im Buch.

Alle Menschen, denen es ernst ist um die Sache, sind bescheiden, d. h. sie beugen sich vor dem Ideal, dem sie nachstreben und das sie sich bewußt bleiben nie zu erreichen. Diese Bescheidenheit schließt aber persönliches Selbstgefühl nicht aus. Und so wollen wir

Bauernfeld wünschen, daß er an seinem siebzigsten Geburtstage mit Stolz und Befriedigung auf die Zeit zurückblicke, die hinter ihm liegt. Möge ihm der Tag, der ihn wieder um ein Jahr älter macht, durch das Bewußtsein versüßt sein, etwas Tüchtiges geschaffen und mit seinem Pfunde redlich gewuchert zu haben! Und möge für die Zeit, die noch vor ihm liegt, der wunderthätige Säckel seine Kraft nie einbüßen!

Unpolitische Glossen zu einem politischen Actenstücke.
Feuilleton der „Deutschen Zeitung" vom 12. Januar 1872.

Mit großer Spannung hatte ich dem Adreßentwurf des Abgeordnetenhauses entgegengesehen. Unsere Nationalität ist einer großen Gefahr entgangen. Der Versuch war gemacht worden, die Deutschen Oesterreichs in eine tschechische Gefangenschaft zu führen, wie einst die alten Juden in die babylonische und assyrische: der Versuch ist abgeschlagen; die Vergewaltigung deutschen Geistes ist zurückgewiesen; die eben noch unterdrückte Partei ist wieder Herrscherin, sie besitzt das Vertrauen der Krone, sie hat die Macht, in ihrer Hand liegt die nächste Zukunft. Der Augenblick trifft zusammen mit dem kühnsten glänzendsten Aufschwung deutschen Nationalgefühles. Von Angst und Sorge befreit athmen wir auf und geben uns neuen Hoffnungen hin. Ein freies erfolgreiches Leben scheint vor uns zu liegen. Von allen Seiten regt es sich, schaffensfreudig und arbeitsfroh. Lange Versäumnisse sollen eingeholt werden. Das Gefühl ist allgemein, der erfochtene Sieg müsse benutzt, die Stellung der Deutschen bis zur Unerschütterlichkeit fest begründet werden. Eine gesegnete Aera weiser Maßregeln scheint sich aufzuthun. Die Regierung selbst entwirft ein umfassendes Programm, voll reichen Stoffes für eine breitangelegte, weitverzweigte, rastlose Thätigkeit.

Was werden die Vertreter des Volkes in einem solchen Augenblicke der Regierung, was werden sie der Krone sagen? Werden sie sich auf der Höhe ihrer Aufgabe zeigen? Werden sie dahinter zurück=

bleiben? Werden uns ihre Worte mit Befriedigung oder mit Enttäuschung erfüllen?

Mit solchen Fragen und Zweifeln nahm ich das Blatt zur Hand, das den Adreßentwurf enthielt . . . .

Ich will nicht mit Einem harten Worte sagen, welchen Eindruck ich davon empfing. Ich konnte nicht verkennen, daß der Entwurf viel Verdienstliches bot. Auch ist der eigentlich politische Gehalt, der sich um die augenblicklich brennenden Tagesfragen dreht, von den Gesinnungsgenossen allgemein gebilligt worden. Und ich bin nicht gewillt, diese Billigung einzuschränken oder abzuschwächen. Aber ich muß offen gestehen, daß ich in dem Entwurfe manches nicht gefunden was ich erwartete — und manches gefunden was ich nicht erwartete. Und ich will meine Bedenken nicht zurückhalten, auch wenn sie ein wenig hinterher hinken. Es handelt sich um die höchsten Ziele der deutschen Partei. Zu deren Klärung und Sichtung beizutragen scheint mir Pflicht jedes Einzelnen. Und unter dem Strich fallen manche Rücksichten weg, die man über dem Strich wohl gerne nimmt.

Der Entwurf ist, insofern er nicht weitergehende Forderungen oder eingehendere Erörterungen enthält, eine treue Paraphrase der Thronrede. Wie kommt es also, daß die Stelle der Thronrede, welche die Ordnung des Universitätswesens als eine der wichtigsten Aufgaben der Regierung bezeichnet, wie kommt es, daß diese Stelle in dem Adreßentwurfe des Abgeordnetenhauses kein Echo gefunden hat?

Sollten wirklich die Vertreter des Volkes an Fürsorge für das geistige Leben desselben hinter der Regierung zurückbleiben wollen? Und warum? Müssen wir uns vielleicht erinnern, daß der Verfasser des Adreßentwurfes, ein ehemaliger Professor, aus seiner Abneigung gegen die seit 1848 begonnenen Neuerungen auf dem Gebiete des Unterrichtswesens kein Hehl macht? Aber wird das Abgeordnetenhaus als Ganzes dem Beispiel des Adreßausschusses folgen und diese Abneigung des Herrn Geheimraths Herbst ratificiren? Oder sollen wir den Grund dieser Auslassung vielmehr in den tönenden Schlußsätzen der Adresse angedeutet finden, worin die Staatstheorie des Verfassers sich unverkennbar spiegelt?

Betrachten wir uns diese Schlußsätze etwas genauer.

„Wir tagen in einer Zeit nie geahnten wirthschaftlichen Aufschwunges, regen und emsigen Schaffens auf allen Gebieten des Verkehrs und der Production in unserem gesegneten Vaterlande." Die sichtliche Steigerung des Volkswohlstandes wird hierauf die natürlichste Quelle der Zufriedenheit genannt. Und als die Grundlage für die volkswirthschaftliche Blüte eines Landes werden Friede, Verfassung, Gesetz hingestellt. Aus der Sicherung dieser Güter soll neues Vertrauen entspringen, durch die Sicherung dieser Güter soll der österreichische Staatsgedanke neue Kräftigung erfahren.

Es klingt als ob der Volkswohlstand der Mittelpunct wäre, um den die ganze Aufgabe des Staates sich drehe. Da können die höchsten Pflegestätten des geistigen Lebens freilich nicht auf besondere Rücksicht zählen. Was kümmern uns die Universitäten! Was tragen die Universitäten zur Hebung der materiellen Interessen bei! Oekonomische Blüte, gesicherter Genuß des Lebens, darauf kommt es an, dadurch gedeihen die Staaten.

So sind denn die Lehren der Jahre 1870 und 1871 an dem Verfasser des Adreßentwurfes spurlos vorübergegangen?

Da war ein Staat im Westen, dessen volkswirthschaftliche Blüte nichts zu wünschen übrig ließ. Die „unerschöpflichen Hilfsquellen" des gesegneten Landes wurden unermüdlich ausgebeutet. Alles, was Production und Verkehr sichern, befördern, heben konnte, war da geschehen. Und dieser glückliche Staat ist heute eine Ruine, die Zauberinsel ist eine trostlose Stätte wilder Leidenschaften geworden, die Sirenenstimmen haben sich in Revanchegekrächz verwandelt, la belle France sieht uns traurig und verzweifelt an, der Sieger selbst steht schaudernd vor der inneren Verwüstung eines glänzenden Volkes und beklagt das entsetzliche Unglück des Niederganges französischer Civilisation und Geistesblüte. . . . Wir aber in Oesterreich, wir liegen auf den Knien und beten an den Gott der materiellen Interessen. Mercurius, der Schutzpatron der Kaufleute und Industrieritter, das ist der Heilige, dem wir Altäre bauen.

Das neue deutsche Reich und Preußen, das es geschaffen, steht vor uns als ein lebendiger Beweis, was treue, selbstlose Arbeit, was ernste Mühe um die edelsten Güter der Menschheit, was Opferfreudigkeit, Begeisterung und Pflichtgefühl, was folgerichtiges Denken und entschlossenes Handeln, was ein an Thatsachen geschulter Idealismus werth sind. Wir dünken uns groß, wenn wir über die Formen der Gottesfurcht spotten, in welchen dieser Idealismus manchmal sich äußert und rufen inbrünstig: o heiliger Mercurius, bitt für uns!

Der österreichische Staat, in welchem alle centrifugalen Kräfte sich Stelldichein gegeben haben, worin die nackte Selbstsucht eines aufgeblasenen Nationchens soeben noch dem unerhörtesten Triumphe nahe war — der österreichische Staat steht da wie ein noch in Vollzug befindliches Experiment, wodurch das Weltenschicksal die Folgen des Egoismus und die Nothwendigkeit des Gemeingeistes demonstriren will. Wir aber schließen die Augen vor den offenliegenden Thatsachen und rufen andächtig: o heiliger Mercurius, bitt für uns!

Nach der Schlacht von Königgrätz ging ein Angstruf nach Intelligenz durch die Reihen der österreichischen Armee und des österreichischen Volkes. Heute, wo diese Intelligenz die Bewunderung der Welt auf sich gezogen hat und niegesehene Lorbeern erntet — heute haben wir für die Interessen der Bildung, des Wissens, der Forschung kein einziges förderndes Wort. Wir kehren Minerven den Rücken zu und rufen krampfhaft: o heiliger Mercurius, bitt für uns!

„Aber — wird man mir vielleicht einwenden — der Adreßentwurf vernachlässigt die Bildung keineswegs. Er gedenkt des Volksschulwesens, er betont die ernste Durchführung der Volksschulgesetze, er wendet sich ausdrücklich gegen die Aufhetzungen der Clericalen, deren Widerstand gebrochen werden müsse."

Ich habe den betreffenden Passus nicht übersehen. Und ich bin dem Verfasser der Adresse dafür dankbar. Aber der Charakter des ganzen Schriftstückes wird dadurch in noch helleres Licht gesetzt.

Wo es die Opposition gegen den Clerus gilt, da ist der landläufige Liberalismus rasch zur Hand. Dafür hat er Sinn, ja hier schießt er auch über das Ziel gern hinaus. In der Opposition überhaupt hat er seine Stärke. Wo es gilt zu bauen und zu schaffen, wo es sich um Durchführung positiver Programme handelt, wo die obersten Ideen und Interessen der Zeit ihre Verwirklichung fordern, da geht ihm Verständniß, Lust und Kraft aus.

Welches aber das positive Programm, der lebengebende Gedanke sei, von welchem allein uns Heil kommen kann, das brauche ich den

Lesern der „Deutschen Zeitung" kaum zu sagen. Der Messias, auf den wir warten, hat seine Herrlichkeit längst gezeigt. Der Retter Oesterreichs kann nur der deutsche Geist sein.

Wohlgemerkt, ich sage nicht: die Deutschen. Ich sage: der deutsche Geist. Und ich glaube, man sollte diese Unterscheidung immer machen. Stellt man „die Deutschen" als den Kitt des Staates hin, so könnte das wie ein Anspruch auf Oberherrschaft klingen. Und die Deutschen als solche, als einzelne Nation, erheben diesen Anspruch nicht. Sie würden ihre eigene Sache dadurch schwächen. Das Machtgebiet des deutschen Geistes ist weit größer als das Machtgebiet der Nation. Und für den deutschen Geist die Herrschaft in Oesterreich fordern heißt nur: das Ergebniß natürlicher Culturverhältnisse präcisiren, welche keine Gewalt der Erde abzuändern im Stande ist.

Was wir den deutschen Geist nennen, das ist nicht nebelhaft und unfaßbar wie sonst Geister sind: es steht sichtbar vor unseren Augen, es ist ein Inbegriff von Gedanken, Gefühlen, Meinungen, von sittlichen, ästhetischen, politischen, wissenschaftlichen Ideen, der von einem bestimmten Mittelpunct aus sich über alle Seiten des Daseins verbreitet, sie belebt und befruchtet und sich in einer Menge von Institutionen ausprägt, die meist nicht einen beschränkt nationalen, sondern einen absolut menschlichen Werth besitzen. Der deutsche Geist in diesem Sinne ist zum großen Theil das letzte Resultat der bisherigen Culturentwicklung überhaupt. Seine Fortschritte und Errungenschaften sind vielfach Fortschritte und Errungenschaften der Menschheit. Die deutsche Heeresorganisation ist für jetzt die oberste Stufe, welche die Heeresorganisation überhaupt erreicht hat. Der Schulzwang und die allgemeine Wehrpflicht sind Einrichtungen von unbedingter Trefflichkeit. Die deutsche Volksschule, das deutsche Gymnasium und die deutsche Universität haben bisher nirgends ihres gleichen. Die Methoden deutscher Wissenschaft sind für den Gebrauch der Welt gefunden. Und mancher andere geistige Besitz von intimerem Charakter, der an die specifischen nationalen Eigenthümlichkeiten sich inniger gebunden zeigt, wie die Grundsätze des Rechtes und der Verwaltung, — das ist zwar nicht für die Welt aber doch für uns mit gefunden und errungen worden.

Der deutsche Geist beherrscht seine Umgebung. Es gibt keine specifisch österreichische, es gibt keine tschechische, keine slovenische Cultur. Unsere Cultur ist die deutsche, aber auf einer niedrigeren Stufe. Wir können die Errungenschaften Deutschlands wohl annehmen und uns zu eigen machen, aber wir können sie dermalen nicht übertreffen. Und es ist thörichter Eigendünkel, dies zu versuchen. Wir sind zurückgeblieben. Da gibt es kein anderes Mittel, als dies einmal in ehrlicher Bemühung nachzuholen. Man kann nicht plötzlich ernten, wo man nie gesät hat. Dieselben Wege, welche Deutschland auf die Höhe gewandelt ist die es jetzt einnimmt, dieselben Wege müssen wir erst nachwandeln.

Daran aber haben die mitten unter uns wohnenden Slavenstämme ein eben so starkes Interesse wie wir. Wer sich zum Diener des deutschen Geistes macht, der ist uns willkommen, der gilt uns als Deutscher, gleichviel ob seine Wiege in Czaslau oder in Wien, in Laibach oder in Graz gestanden hat.

Die Deutschen einholen, den Deutschen nacheifern, deutsche Art pflanzen und hegen: das ist die Aufgabe, in der wir uns einigen, das ist die Idee, an der wir wieder Hingebung und Glauben lernen können. Macht uns theilhaftig der inneren Segnungen, deren sich Deutschland erfreut: und gestillt ist die Sehnsucht nach den Brüdern „im Reich", gewonnen ist das höchste Gut, wodurch uns das Leben in Oesterreich wieder lebenswerth wird.

Mittelalter und Gegenwart.
Aus einem Wiener Vortrage vom 17. October 1870.

Die Beurtheilung des Mittelalters hat drei Stadien durchlaufen seit hundert Jahren: ein bekämpfendes, ein bewunderndes, ein verstehendes.

Die zweite Hälfte des vorigen Jahrhunderts, die vorzugsweise so genannte Periode der Aufklärung, hatte ein Interesse daran, das Mittelalter möglichst herabzusetzen. Die Zeit wollte auf diese Weise ihre eigene Vollkommenheit inne werden. Ich sage das nicht tadelnd, es ist ein natürlicher Zug der menschlichen Natur: wenn man ein Stück Weges zurückgelegt hat, will man sehen, wie weit man gekommen, man will an der Größe des Erreichten die Größe seiner Kräfte abschätzen, man will Zuversicht erwerben gegenüber den neuen Aufgaben, die ihrer Lösung harren. Alle Mächte, denen gegenüber das Zeitalter der Aufklärung emporkam, hatten während des Mittelalters im Zenith ihrer Kraftentwicklung gestanden; das Wesen des Mittelalters war zusammengesunken unter den Schlägen eines Geistes, der gerade in der Aufklärungsepoche mächtiger als je seine Glieder reckte und stolz herabblicken durfte auf die Leichen erschlagener Feinde. War es nicht begreiflich, daß dieses Siegesgefühl den überwundenen Gegner möglichst ins Schwarze malte?

Man suchte zusammen, was ernste Satiriker, was begeisterte Prediger des Mittelalters ihren Zeitgenossen Schlechtes nachsagten. Alle Klagen über sittlichen Verfall wurden herbeigeholt. Die strengen Bußordnungen der Kirche, welche eine wahre Musterkarte des Lasters aufrollen, konnten zu demselben Zwecke dienen. Man schilderte die mittelalterlichen Verfassungen und Rechtsordnungen und hatte leichte Mühe zu beweisen, daß sie den Staatszweck wenig erfüllten, daß für die Wohlfahrt, für die Rechtspflege, für die äußere und innere Sicherheit der Unterthanen sehr schlecht gesorgt war, daß ein System gegenseitiger Ausbeutung herrschte, in welchem der Schwache nirgends Schutz fand — die Begriffe Feudalismus und Faustrecht bezeichneten das Aergste und Verhaßteste was sich ein gebildeter Politiker des achtzehnten Jahrhunderts vorstellen konnte. Man wies darauf hin, daß eine Menge nützlicher Erfindungen nicht gemacht waren, daß daher die Industrie und die Bequemlichkeit des Lebens sehr im Argen lagen. Man glaubte vollends gewonnenes Spiel zu haben, wenn man den Zustand der Religion und der Wissenschaft im Mittelalter prüfte, man konnte die blindeste Ergebung in die Autorität, den crassesten Aberglauben verzeichnen, der Stand der Naturwissenschaften war der niedrigste, die Philosophie war nicht productiv, um die Philologie war es ärmlichst bestellt, die Alles beherrschende Theologie konnte nicht zur Befreiung der Geister führen.

Als Vertreter dieser Richtung, welche über das ganze Mittelalter blos Nacht und Dunkel lastend ausgebreitet sah, nenne ich nur den Göttinger Professor Meiners und seine „historische Vergleichung der Sitten und Verfassungen, der Gesetze und Gewerbe, des Handels und der Religion, der Wissenschaften und Lehranstalten des Mittelalters mit denen unseres Jahrhunderts in Rücksicht auf die Vortheile und Nachtheile der Aufklärung". Das Buch erschien zu Hannover 1793 und 1794 in drei Bänden. Es ist der Inbegriff alles dessen, was sich dem Mittelalter Uebles nachsagen ließ.

So urtheilte man noch im letzten Decennium des achtzehnten Jahrhunderts. Kaum ein Dutzend Jahre war seitdem verflossen, als bereits ein großer Umschwung sich vollzogen und in der gemeinen Ansicht der Gebildeten das Mittelalter einen ganz anderen Sinn gewonnen hatte.

Man muß z. B. die Declamationen hören, in denen sich Joseph Görres, der größte Rhetor der Romantik, erging. Wo Meiners nur dunkle Schattenmassen erblickt hatte, da sah Görres ein glänzendes Lichtmeer, dessen Pracht ihn blendete und ihm Sinn und Verstand gefangen nahm. Für ihn war das Mittelalter die Epoche des Christenthums: wie das Christenthum die Weltreligion sei, so sollte die Kirche, die Eine Kirche die ganze geistige Welt in sich begreifen und das Kaiserthum, das Eine Kaiserthum, die ganze politische Welt umfassen. Nur in den Köpfen der großen Päpste jener Zeit habe die Idee dieses Riesenwerkes festgestanden, und wenn dieselbe nicht zur Ausführung kam, so lag das nach Görres vorzüglich an dem Ungeschick, an dem plumpen Ungestüm einer Reihe deutscher Kaiser, die für das Große keinen Sinn besaßen. Gleichwohl seien es gewaltige Jahrhunderte gewesen, deren Thaten noch für ihre Größe zeugen. „Kraft, Heldenmuth, Tapferkeit, Weisheit, Edelmuth, Seelenstärke belebten die Glieder dieses Kirchenreichs, in der Glorie der Göttlichkeit sonnte sich die irdische Welt." Die Zeit des Uebels brach natürlich herein mit der Reformation.

Gegenüber diesen beiden Standpuncten, gegenüber Abscheu und Verehrung, Verdammung und Anbetung, wo werden wir unsere Stellung suchen?

Ich habe schon einen dritten Standpunct angedeutet, als das dritte Stadium in der Beurtheilung des Mittelalters, den Standpunct des Verstehens, des Begreifens, der objectiven historischen Durchdringung. Dies soll der unsrige sein und ich glaube, es wird auch der Standpunct der Gerechtigkeit sein. Wir werden weder lauter Schatten noch lauter Licht erblicken, auch für uns ist der mittelalterliche Zustand ein Zustand relativer Unvollkommenheit, auch wir können die Bezeichnung der Nacht für das Mittelalter acceptiren. Aber es ist eine helle, eine glänzende Nacht, in der unzählige Sterne mit theils mildem, theils kräftigem Lichte leuchten.

Eben darum ist der Standpunct der Gerechtigkeit keineswegs der der Gleichgiltigkeit. Wenn wir uns ins Mittelalter begeben, so stehen wir nicht auf neutralem Boden. Ich kann über Ideen und Zustände des deutschen Mittelalters nicht sprechen wie über Ideen und Zustände von Japan oder China. Das Mittelalter liegt uns recht fern, wir würden uns sehr fremd fühlen, wenn wir mit einem mittelalterlichen Menschen uns verständigen, wenn wir in einem mittelalterlichen Hause leben sollten, fremder würden wir uns vielleicht fühlen als im alten Rom oder Athen. Aber gleichwohl, nicht blos näher als Japan oder China, sondern auch näher als Athen oder Rom liegt uns noch immer das Mittelalter. Die alte Nacht will auch über uns noch ihren schwarzen Schleier werfen und jene funkelnden Sterne, sie leuchten auch uns.

Am 6. März 1458 wurde zu Straßburg ein Mann verbrannt, Namens Friedrich Reiser. Er stammte aus Schwaben, hatte Deutschland, Böhmen und die Schweiz ruhelos durchzogen, endlich sich in Straßburg niedergelassen und eine kleine Gemeinde um sich gesammelt, der er das Wort Gottes mit etwas freieren Ansichten predigte, als die Kirche es vertragen konnte. Sein Hauptverbrechen aber und der Punct, worauf er selbst das meiste Gewicht legte, war die Lehre: der Papst sei nicht höher als der geringste Laie, er solle keine weltliche Macht besitzen, denn mit diesem Besitze sei das Verderben in die Kirche gekommen. Er nannte sich Fridericus Dei gratia Episcopus fidelium in Romana Ecclesia donationem Constantini spernentium: „Friedrich von Gottes Gnaden Bischof der Gläubigen in der römischen Kirche, die von Konstantins Schenkung nichts wissen wollen." Auf eine erdichtete Schenkung Kaiser Konstantin des Großen führte man nämlich im Mittelalter die weltliche Macht des Papstes zurück.

Der klagende Schatten des armen „Bischofs Friedrich", wenn er noch zürnend umherirrte, ist entsühnt. Die weltliche Macht des Papstes ist so eben in Rauch aufgegangen. Aber ertönen nicht die Proteste aus Fulda, aus Mecheln und vielleicht noch aus vielen anderen Orten, auf die jetzt kein Mensch achtet? Kennen wir nicht sehr genau die noch immer mächtige, wenn auch augenblicklich etwas kleinlaute Partei, welche den Panegyriker des „Kirchenreiches", welche Joseph Görres als einen großen Propheten verehrt und ihn wie einen neuen Heiligen in einem Fenster des Kölner Domes angebracht hat? Können, sollen wir in Oesterreich je vergessen, wie die Giftspinnen dieser Partei über den blühenden Leib eines edlen deutschen Stammes hingekrochen sind, um ihm den verderblichen Stoff einzuimpfen, der das Mark in den Knochen verzehrt, der Geist, Charakter, Unabhängigkeit, Großsinn, Herzensstärke austilgt und nur das animalische Behagen am Leben zurückläßt? Können wir — wir die Todfeinde der späten Enkel — können wir von den Urahnen, wo sie uns im

Mittelalter begegnen, jemals anders reden als mit dem Accent des Hasses?

Aber das Mittelalter bietet auch eine andere Seite. Wir gewahren eine Reihe tüchtiger, ernster, zukunftsreicher Bestrebungen, denen wir unsere ganze Sympathie schenken müssen. Sollen wir nicht stolz sein auf die Kraft des deutschen Bürgerthums, auf den Bund der Hansa, die erste und oberste Handels- und Gewerbsmacht im damaligen Europa? Sollen wir nicht stolz sein auf den Glanz der Sprache, auf die Innigkeit der Empfindung, auf den Witz und den Geist, auf die Tiefe des Gedankens, welche unsere Dichter des dreizehnten Jahrhunderts zu entfalten wußten? Sollen wir nicht mit heller Freude hinblicken auf die kraftvollen Persönlichkeiten, welche die Geschichte der Kaiserzeit uns vorführt? Die mächtige und geachtete Stellung, welche Deutschland damals nach Außen einnahm, die Suprematie in Europa wollen wir wahrlich nicht gering anschlagen. Der Glanz und die Furchtbarkeit, welche zeitweise dem deutschen Namen beiwohnte, kann uns noch heute unsere Pulse höher schlagen machen, wenn wir in den Annalen und Chroniken davon lesen. Denn niemals wieder seit den Tagen Karls des Großen, seit der Zeit der Ottonen und seit der Regierung Heinrichs des Dritten hat Deutschland so weithin geherrscht und so viele fremde Nationen mit seiner Macht überflogen. Und wer möchte leugnen, daß es schön ist zu herrschen, obgleich nicht immer klug und weise, obgleich nicht immer sittlich und edel?

Aber fern liegt uns jede Regung des Neides, sehr ferne der Wunsch, jene Verhältnisse möchten sich erneuern. Wir werden nie vergessen, daß nur Mäßigung die Mutter dauernder Schöpfungen ist. Voll empfinden wir das Glück, das uns die Gegenwart beschert. Wir sind froh, daß wir fortan ohne Scham auf die große verlorne Vergangenheit zurückschauen können, ja daß vor unseren Augen ein Staatsgebäude ersteht von ganz anderer Festigkeit, als es diese Vergangenheit je geahnt. Fast könnte uns zu Muthe sein als wäre das deutsche Volk aus einem kleinen geduldigen Zwerg einer von jenen Riesen im Märchen geworden, die ihre Feinde gleich dutzendweise lebendig in den Sack stecken. Und wenn wir uns der langen schweren Kämpfe zwischen Kaiser und Papst erinnern, in welchen der Kaiser unterlag und das Reich in Trümmer ging, so können wir nicht ohne Behagen darauf hinweisen, daß es heute dieselbe glänzende Reihe erstaunlicher Thaten ist, welche den Namen von Kaiser und Reich wieder im Ernst auf deutsche Lippen bringt und zugleich den unfehlbaren Bischof von Rom von der Last der erlogenen konstantinischen Schenkung befreit. Es ist als ob der erwachende Kaiser in seinen ersten Morgenträumen mit einem zufälligen Ruck der Hand den Tempel des Wahns umgestürzt hätte.

Zu Lessings „Nathan".

Man weiß, was die heutige Naturforschung Atavismus nennt. Auch die Geschichte des Geistes hat ihren Atavismus. Es leben unter uns Leute, deren seelische Verfassung, deren Gedanken, Anschauungen, Empfindungen aus einer abgelaufenen Geschichtsepoche, aus dem Mittelalter stammen.

Wie nach Karl Vogt die Mikrocephalen den Stammvater des Menschen und Affen wiederholen sollen, so wiederholt der Pastor Knak und sein Anhang eine längst untergegangene Menschenspecies, den vorcopernicanischen Menschen (homo antecopernicanus L. im Gegensatz zum homo sapiens L.).

Aber auch das Umgekehrte findet statt. Einzelne Organe besonders hervorragender Individuen der niederen Thiergeschlechter bilden sich aus im Laufe der Zeit; eine neue, höher geartete Classe entsteht; und was einst das mühsam bewahrte Privilegium weniger Auserwählter war, ist einer zahlreichen Gruppe von Wesen anvertraut zum täglichen bequemen Gebrauch.

Es ist nicht anders mit der Entwicklung der Ideen. Die schüchterne Vermuthung eines bescheidenen Weisen pflanzt sich stille fort in erleuchteten Köpfen, bis der Prophet auftritt der sie verkündet; er wird vielleicht gesteinigt oder verbrannt, aber die Idee wirkt und lebt, sie weckt sich Männer der That, es sammelt sich um sie wie eine Armee, unaufhaltsam zieht sie über die Welt daher wie ein Eroberer, vor welchem Throne stürzen und die Völker sich beugen.

Eine solche längst gepflegte, still gewachsene, arg befehdete, in

Blut und Wunden erzogene, zuletzt doch groß gewordene Idee ist die Humanität, die Religion werkthätiger Liebe, williger Selbstverleugnung, sanfter Duldung, vor welcher die endlichen Schranken der Bekenntnisse fallen und die alleinseligmachenden Kirchen verschwinden.

Das Evangelium dieser Religion ist Lessings „Nathan der Weise". Das wissen nicht blos die Bekenner, das wissen vor Allem die Gegner. Das wußten z. B. die verdienstvollen Leute, denen es beim Erscheinen des Stückes gelang, dasselbe in den Catalogus librorum a commissione Caesarea Regia aulica prohibitorum (Cum supplemento usque ad 1780, Viennae, p. 313) zu bringen und damit das Verbot in Oesterreich, in dem Oesterreich Maria Theresiens und Josephs des Zweiten, durchzusetzen. Wie schmerzlich, daß es ihnen nicht eben so leicht wurde, das Verbot für alle Zukunft aufrecht zu erhalten, daß am 25. Januar 1819 der „Nathan" sogar in Wien gegeben wurde und seitdem wohl über achtzigmal das Publicum erbaut hat.*)

Wie das christliche Evangelium sich an einzelne Parabeln knüpft, so ist es auch hier eine symbolische Erzählung, um die der Bau der herrlichen Dichtung sich erhebt, die Geschichte von den drei Ringen.

Es ist bekannt, daß Lessing die Geschichte nicht erfunden hat. Und doch kein Zweifel, daß Lessing den Sinn, in dem er sie gebrauchte, nicht etwa erst hineinlegte, sondern daß dieser Sinn schon ursprünglich darin lag.

Lessings unmittelbare Quelle war der Boccaccio. Aber Boccaccio war ein Sammler, der wenige Novellen selbst erfunden hat. Die Erzählung von den drei Ringen lag ihm in den Cento novelle antiche und anderwärts vor. Auch ein französisches Fabliau des dreizehnten Jahrhunderts enthält sie.**) Aber alle diese Novellen des Mittelalters haben eine — man möchte fast sagen unendliche — Geschichte, die meistens von Indien ausgeht und über Persien, Arabien nach Spanien, Italien und dann nach Nordeuropa zu verfolgen ist. Wie verhält es sich nun mit den drei Ringen und woher stammt die Geschichte schließlich? Wo finden wir den Originalboden, in dem

---

*) Die Aufführung zur Feier von Lessings Geburtstag am 22. Januar 1870 war der Anlaß des vorliegenden in der Wiener „Presse" erschienenen Artikels.

**) Li dis dou vrai aniel, herausgegeben von Adolf Tobler. Leipzig 1871.

diese Pflanze keimte und aufwuchs? Wer war es, der das tiefsinnige Märchen zuerst erzählte?

Die Duldung hat ihre älteste Heimat in der Seele der Unterdrückten. Die ersten Spuren der Erzählung finden wir unter den spanischen Juden des zwölften Jahrhunderts.

Don Petro von Aragonien (1094—1104) richtet an einen weisen Juden die verfängliche Frage, ob die christliche oder die jüdische Religion die bessere sei. Der Jude sucht vergeblich Ausflüchte, er bittet endlich um eine dreitägige Bedenkzeit. Nach Ablauf dieser Frist kommt er wieder und stellt sich aufgebracht und verstimmt. Auf die theilnehmende Frage des Königs, was er habe, antwortet er: „Vor einem Monate reiste mein Nachbar weit fort und um seine beiden Söhne zu trösten, ließ er ihnen zwei Edelsteine zurück. Nun kommen die beiden Brüder zu mir und verlangen, daß ich sie von der Eigenthümlichkeit der Steine und deren Unterschied in Kenntniß setzen solle. Und als ich ihnen erwiderte, daß dies Niemand besser wüßte als ihr Vater, der ja ein großer Kenner von Edelsteinen nach Werth und Form sei, da er ein Juwelier wäre, und daß sie sich an ihn wenden möchten, der ihnen das Richtige sagen würde, so schlugen sie mich und schmähten mich wegen dieses Bescheides."

Wie nun der König versetzt: „Daran haben sie Unrecht gethan und sie verdienen bestraft zu werden," da antwortet der Weise mit der Nutzanwendung: „Siehe, auch Christen und Juden sind Brüder, von denen jedem ein Edelstein überliefert wurde, und Du fragst nun, Herr, welches der bessere sei? So mögest Du, König, einen Boten an den Vater im Himmel senden, denn dieser ist der große Juwelier und er wird den Unterschied der Steine schon anzugeben wissen."

Der Grundgedanke ist hier schon gegeben und die Geschichte bedarf nur geringer Modification, um ihren ganzen Tiefsinn zu entfalten.

Setzen wir an die Stelle des Edelsteines ein Kleinod, das den Erben kennzeichnet, an die Stelle der zwei Söhne die drei gleichgeliebten, für welche der Vater zwei unechte, aber vom echten nicht unterscheidbare Kleinode machen läßt: so haben wir die entscheidende Fassung, auf welcher Boccaccio und Andere fortbauten. Daß der König ein Sultan, daß das Kleinod ein Ring wird, thut nichts

Wesentliches zur Sache. Genug, der Sinn ist gewonnen: ob Christenthum, ob Judenthum, ob Mohammedanismus die rechte Religion sei, das können wir Menschen nicht entscheiden.

Erst Lessing fügte einen neuen Gedanken hinzu, indem er dem Ringe die Kraft zuschrieb, „beliebt zu machen, vor Gott und Menschen angenehm", und daran die Mahnung an die Söhne knüpfte:

> Es strebe von euch jeder um die Wette,
> Die Kraft des Steins in seinem Ring an Tag
> Zu legen! Komme dieser Kraft mit Sanftmuth,
> Mit herzlicher Verträglichkeit, mit Wohlthun,
> Mit innigster Ergebenheit in Gott,
> Zu Hilf!

Hierdurch erst ist die Parabel aus einem Symbol des Indifferentismus oder der Toleranz zu einem Symbol der Humanitäts-Religion geworden.

Uns aber erscheint es wichtig, zu beobachten, daß Entstehung und vielleicht auch nächste Fortbildung der Erzählung nach dem mittelalterlichen Spanien führen.

In Spanien trafen Christenthum, Judenthum und Islam in so naher Berührung zusammen, wie nirgends sonst. Man trat sich geistig näher, ein Culturaustausch fand statt, intimere Beziehungen im Leben waren nicht unerhört; spanische Christen, Prinzen und Edelleute, traten in arabische Dienste.

In Spanien konnte man die Religionen am bequemsten vergleichen, und vergleichen ist anerkennen. In Spanien entstand daher das Buch Khozari, dessen Verfasser die Theologen der drei Religionen und einen Philosophen gegen einander argumentiren läßt. In Spanien war der Jude Moses Maimonides zu Hause, dessen halbrationalistische Philosophie sich geneigt erwies, den Wunderglauben zu untergraben und die Schöpfung aus Nichts zu bestreiten, und Moses Maimonides traf mit dem schärfsten Tadel seine Glaubensgenossen, welche sich erlaubten, den Islam als Götzendienst zu bezeichnen. Aus Spanien ging der arabische Philosoph Ibn-Roschd (Averroes) hervor, welchem die abendländische Wissenschaft zum Theil den Aristoteles zu verdanken hatte, und dessen Lehren sich manchen Anhänger unter den Scholastikern erwarben. Diesem Averroes aber ist es geläufig, von den „drei Religionen", von den „Lehrern der drei Gesetze" in einem Ton zu sprechen, welcher offenbar die Gleichstellung einschloß.

Für alle solche Meinungen und Bestrebungen, die sich in Andalusien zusammendrängten, war das übrige Europa vom Ende des zwölften und Anfang des dreizehnten Jahrhunderts nicht unempfänglich.

Der Gesichtskreis hatte sich durch die Kreuzzüge erweitert. Die eigenthümliche Bildung des Orientes war erschlossen. Geographische Interessen kamen empor. Naturwissenschaftliche Studien griffen um sich. Ueberall regte der Geist freier die Schwingen. Ein geheimes Gefühl, daß Glaube und Wissen nicht verträglich sei, wurde lebendig. Jener milden, duldsamen Historie von den drei Ringen stand ein freches revolutionäres Wort entgegen, das sich die Zeit scheu ins Ohr flüsterte: „Die Welt ist getäuscht worden von drei Betrügern; zwei sind ruhmbedeckt gestorben, nur Jesus endigte am Kreuze." Bald war es jener Averroes, bald der freigeistige Hohenstaufe Friedrich der Zweite, dem man den Ausspruch zuschrieb, welcher später zu einem eigenen Buche „Von den drei Betrügern" (de tribus impostoribus) erweitert wurde.

Die höchsten und wahrsten Gedanken wagten sich zum erstenmal ans Licht. Friedrich dem Zweiten warf ein Papst vor, er habe geäußert, man dürfe nichts glauben was gegen die Naturgesetze und gegen die Vernunft verstoße. Gleichviel, ob Friedrich das wirklich gesagt hat, gleichviel, wer es sonst sagte, gleichviel, wem es in den Mund gelegt wurde: gesagt ist es worden in jener Zeit. Und daß es gesagt wurde, ist für uns der hellste Punct des Mittelalters.

Die poetische Litteratur der mittelhochdeutschen Blütezeit ist tief getränkt mit freisinnigen Anschauungen. Bei Walther von der Vogelweide (S. 139), bei Freidank begegnet mehr oder minder bestimmt die Gleichstellung der drei Religionen. Während noch der römische Syllabus des neunzehnten Jahrhunderts allen denen die Hoffnung auf die ewige Seligkeit abschneidet, welche außerhalb der „wahren Kirche Christi" stehen: so ereifert sich im dreizehnten Jahrhundert der größte Dichter des deutschen Mittelalters, Wolfram von Eschenbach, gegen die Lehre von der ewigen Verdammniß der Heiden. Und derselbe Wolfram schildert in seinem „Parzival" ein ideales christliches

Reich, das ohne ausdrückliche Polemik doch in Gegensatz gegen das orthodox-römische Christenthum und die sichtbare Kirche tritt, ein Reich der Gläubigen und Auserwählten des Herrn ohne römische Hierarchie, ohne Papst und ohne bevorrechtete Priesterschaft, ohne Bann, Interdict und Ketzergerichte, worin Gott selbst im Geiste des reinen Evangeliums Herrscher und Richter seiner Gemeinde ist und sein Reich nicht äußerlich, sondern in der Brust des Menschen gründet und ausbaut. In dem socialen Romane Gottfrieds von Straßburg fällt nicht blos der gelegentlich hervortretende Rationalismus des Verfassers, sondern noch viel mehr der Umstand auf, daß das Institut der Ehe ohne alle Rücksicht auf die offiziellen kirchlichen Begriffe der Sittlichkeit in ganz revolutionärem Sinne behandelt wird. Ja selbst im Nibelungenliede ist das offizielle Christenthum nur eine leichte Tünche, das alte germanische Heidenthum blickt überall durch, die heidnische Moral gibt die Triebfedern her, welche die grandiosen Heldengestalten in ihrem Handeln bewegen: Demuth, Milde, Versöhnlichkeit und ähnliche Tugenden der Entsagung sind für sie noch nicht erfunden. Kurz, man darf sagen: die edelsten Schöpfungen der altdeutschen Dichtung entstammen einem Geiste, der zu der Kirche in theils offener theils heimlicher, theils bewußter theils unbewußter Opposition stand.

Man sieht, die Welt, in der das Märchen von den drei Ringen aufkam, bietet doch einige wohlbekannte moderne Züge dar, welche an die charakteristische Physiognomie des achtzehnten Jahrhunderts erinnern. Die Sonne der Aufklärung begann damals zu dämmern am fernen Horizont. Kein Wunder, daß ein Product jener Epoche mehrere hundert Jahre später verwandten Gesinnungen, ähnlichen Bestrebungen zu Hilfe kam. Wir sagen nicht zu viel, wenn wir behaupten: der erste Erzähler jener Novelle und unser Lessing waren Eines Geistes Kinder, über Jahrhunderte hinweg reichen sie sich die Hände, freuen sich des gleichen Ursprungs und verbinden sich zu gemeinschaftlichem Wirken.

Aber wie kam dieses Bündniß zu Stande? Unter welchen näheren Modalitäten wurde es geschlossen? Weßhalb hat unter den vielen Novellen des Boccaccio gerade diese Lessing so betroffen, daß er schon frühe daran dachte, sie zum Stoffe eines Dramas zu wählen? Mit einem Worte: welches war der Entstehungsproceß des göttlichen Ge‍dichtes in der Seele des Verfassers?

Darüber ist viel geschrieben, viel geforscht. Sehr scharfsinnig, zu scharfsinnig vielleicht, hat man den Elementen nachgespürt, aus denen der „Nathan" erwuchs. Eine zweite Novelle des Boccaccio soll den Namen Nathan und Züge zu seinem Charakter, so wie zu dem des Tempelherrn geliefert haben. Eine dritte hätte die Grundlinien der Familiengeschichte, die sich zwischen Nathan, Recha, dem Tempel‍herrn und Saladin abspielt, an die Hand gegeben. Und dazu wäre endlich noch eine Erinnerung an die Lebensgeschichte Swifts getreten, welche Lessing auch bei „Miß Sara Sampson" und Goethe bei seiner „Stella" vorschwebte. Auch daß das Grundmotiv, die vergleichende Gegenüberstellung der drei Religionen, schon in einer Jugendarbeit Lessings, in den „Rettungen", sich nachweisen lasse, hat man längst erkannt.

Aber wie früh dieser Gedanke bei Lessing wirklich begegnet, ist wahrscheinlich nur dem engsten Kreise der litterarischen Fachgelehrten bekannt.

Es ist geradezu der erste und älteste Lessing'sche Gedanke, den wir kennen. Das erste Blatt Papier, beschrieben von Lessings Hand, das wir besitzen, enthält diesen Gedanken.

Als Lessing im Sommer 1741 die Fürstenschule zu Meißen be‍ziehen sollte, mußte er die übliche Aufnahmsprüfung bestehen. Der Rector hatte zur Uebersetzung ins Lateinische Einiges über den Be‍griff der Barbaren bei den Alten und die Aufhebung dieses Völker‍unterschiedes durch Christus dictirt. Lessing, der die Aufgabe schnell löste, hatte Zeit übrig, von freien Stücken das Folgende (das wir gleich deutsch wiedergeben) hinzuzufügen:

. . . „Diesen Ausspruch (wahrscheinlich den Satz: Liebe deinen Nächsten wie dich selbst) wollen wir immer im Sinne behalten, denn es ist barbarisch, einen Unterschied zu machen zwischen den Völkern, welche sämmtlich Gott erschaffen und mit Vernunft begabt hat. Am meisten geziemt es dem Christen, seinen Nächsten zu lieben und unser Nächster ist, nach Christus, wer unserer Hilfe bedarf. Wir bedürfen aber alle der Hilfe anderer Menschen, also sind wir Alle einander die Nächsten. Darum wollen wir nicht die Juden verdammen, ob‍

gleich sie Christum verdammten, denn Gott selbst hat gesagt: Richtet nicht, verdammet nicht. Wir wollen ebensowenig die Mohammedaner verdammen, auch unter den Mohammedanern gibt es rechtschaffene Menschen. Kurz, Niemand ist ein Barbar, wer nicht unmenschlich und grausam ist."

Gewiß, wir haben da noch nicht die Lehre des Nathan. Aber merkwürdig früh den ersten Keim dazu. Denn es war ein zwölfjähriger Knabe, der solche Worte schrieb.*)

Nur erhebt sich von Neuem die Frage: wie kam der junge Lessing dazu, und wie kam ein zwölfjähriger Knabe zu solchen Ansichten, zu dieser bestimmten Anwendung von christlichen Sätzen, die er allerdings aus dem Katechismus lernen mußte?

Wir dürfen es wagen, auch auf diese weitere Frage noch eine Antwort zu versuchen.

Es war im Jahre 1670, als Theophilus Lessing, der Großvater unseres Lessing, seines Zeichens später Jurist, nach Vollendung seiner philosophischen Studien die hergebrachte Disputation hielt. Und was war das Thema derselben? Es betraf eine damals naheliegende Frage.

Der dreißigjährige Krieg war entbrannt über diese Frage und predigte mit Feuer und Schwert die einfache Antwort, die man sich so schwer entschloß zu begreifen und anzunehmen. Aber nun, nach dreißigjährigem Leiden, nach dreißigjährigem Jammer hatte man sie wohl begreifen müssen. Und Philipp v. Zesen kam sicherlich einem

---

*) [Die obige Notiz wurde entnommen aus Loebells von Koberstein herausgegebenem Lessing (Entwickelung der deutschen Poesie Band 3) S. 277. Sie ist dort geschöpft aus E. A. Dillers Meißner Programm „Erinnerungen an G. E. Lessing, Zögling der Landesschule zu Meißen in den Jahren 1741—46". Ich habe mir dieses Programm erst vor Kurzem verschaffen können, und da ergab sich denn leider, daß der Verfasser in der Vorrede S. IX bemerkt: „Alle unsere Nachrichten beruhen auf eigner Prüfung und Benutzung der zugehörigen Quellen; nur der Artikel über Lessings Receptionsprüfung ist der Ausführung nach ein selbstentworfenes Gemälde, aber die Grundlinien dazu sind aus der Wirklichkeit." Wie viel darin Wirklichkeit, wie viel Erfindung ist, sagt Diller nicht. Aber ich kann kaum zweifeln, daß das litterarische Document, das uns von so unschätzbarem Werthe wäre, zu dem Erfundenen gehört. Indessen wäre directe Nachricht aus Meißen noch immer willkommen.]

Bedürfniß seiner Zeitgenossen entgegen, wenn er nachwies, wie lange schon weise Männer die Lehre verkündet hatten, welche erst durch namenloses Elend in der deutschen Welt zur Anerkennung gelangte. Philipp v. Zesen stellte in zwei Sammelwerken, welche zu Amsterdam 1665 herauskamen: „Des geistlichen Standes Urtheile wider den Gewissenszwang" und „des weltlichen Standes Urtheile" über denselben Gegenstand zusammen.

Dies war denn auch das Thema Theophil Lessings. Er disputirte de religionum tolerantia und zwar über die allgemeine Duldung aller Religionen, über die Religionsfreiheit, wie wir sagen würden.

Sollte nun die Vermuthung zu kühn sein, daß die milde, duldsame Gesinnung gegen Andersgläubige, welche sich in jener Prüfungsarbeit des jugendlichen Lessing ausspricht, eine Art **Familientradition** gewesen sei? Ob nun die mündliche Unterweisung des Vaters sich auf dieser Bahn hielt, ob dem Knaben selbst die Disputationsschrift des Großvaters einmal in die Hände gefallen und von dem Vielleser verschlungen worden war — genug, daß wir mit einigem Grunde den Satz aufstellen dürfen: **Die Gesinnung, aus welcher der „Nathan" entsprang, hat Lessing durch directe Vererbung empfangen.**

Liegt nicht etwas Tröstliches in den vorstehenden Betrachtungen? Der glückliche Einfall eines unbekannten spanischen Juden des zwölften Jahrhunderts erweist sich fortzeugend in einem der freiesten Köpfe des achtzehnten. Und einer vergessenen Dissertation des siebzehnten Jahrhunderts danken wir vielleicht das Humanitäts-Evangelium der Aufklärungszeit.

Kein tüchtiges edles Wollen geht verloren in dem Haushalt der Geschichte. Auch der bescheidenste Arbeiter darf hoffen, das Große und Höchste zu fördern. Wer nur immer in seinem Kreise beharrlich und muthig eintritt für die Ideen, auf denen der Fortschritt unseres Geschlechtes beruht, der mag sich des stolzen Bewußtseins freuen, daß auch er einen Nagel geschmiedet hat zum Sarge des antecopernicanischen Menschen.

Die deutsche Litteraturrevolution.

Unwillkürlich lebt man auch aus der Ferne die Bewegung mit, welche Deutschland jetzt ergriffen hat. Man versenkt sich in die Stimmung der Freiheitskriege. Man sucht die Gesinnungen jener großen Zeit in sich nachklingen zu lassen. Und alle Aufzeichnungen der damals Betheiligten gewinnen einen neuen Werth.

Ich kann es z. B. nicht ohne vergleichenden Blick auf die Gegenwart lesen, wenn der Freiherr vom Stein über die Franzosen schreibt: „In keiner Geschichte findet man eine solche Unsittlichkeit, einen solchen moralischen Schmutz, als in der französischen. Nirgends stellt sich dieses deutlicher und überzeugender als in der Geschichte der Revolution dar, deren Gang gleich eine lasterhafte und verbrecherische Richtung nahm, sobald die Schwäche der Regierung kund wurde und die Nation ihren Charakter ohne Scheu vor Strafe zeigen konnte. Unter Napoleons Despotismus schmiegte sie sich knechtisch, aller Gemeingeist, aller Sinn für Wahrheit und Recht verschwand, ihren Platz nahm Sclavensinn, gemeiner Egoismus, Habsucht, Sinnlichkeit und Ränkesucht ein."

Manche Reflexionen ließen sich daran knüpfen, Steins Urtheil wäre zu ergänzen, zu erweitern, zu berichtigen. Aber nicht hierauf kommt es vorzüglich an, sondern das Gegenbild möchte ich betrachten, das Stein gelegentlich von den Deutschen entwirft. Wenn das Porträt der Franzosen in mancher Hinsicht noch trifft, so dürfen wir froh behaupten, daß die Deutschen der Schilderung Steins längst unähnlich geworden sind.

„Bestimmt die Staatsverfassung die Auswahl der Wissenschaften — bemerkt er — so kann man sich leicht erklären, warum von einer Nation, die durch Bureaukratie regiert wird und wenig Geselligkeit fühlt, Metaphysik mit so vielem Ernste betrieben wird; sie ist durch ihre Verfassung von allen öffentlichen Angelegenheiten zurückgedrängt und zur Speculation verdammt, weil sie zum Handeln gelähmt ist; das ist der Fall der Deutschen."

Deutlicher und ausführlicher spricht er sich in einer Denkschrift vom Jahre 1807 aus, worin er das zudringliche Eingreifen der Staatsbehörden in Privat- und Gemeindeangelegenheiten scharf verurtheilt. „Räumt man dem Volke Theilnahme an seinen eigenen National- und Communalangelegenheiten ein, so zeigen sich die wohlthätigsten Aeußerungen der Vaterlandsliebe und des Gemeingeistes; verweigert man ihm alles Mitwirken, so entsteht Mismuth und Unwille, die arbeitenden und mittleren Stände der bürgerlichen Gesellschaft werden alsdann verunedelt, indem ihre Thätigkeit ausschließend auf Erwerb und Genuß geleitet wird, die oberen Stände sinken in der öffentlichen Achtung durch Genußliebe und Müßiggang oder wirken nachtheilig durch wilden unverständigen Tadel der Regierung. Die speculativen Wissenschaften erhalten einen usurpirten Werth, das Gemeinnützige wird vernachlässigt, und das Sonderbare, Unverständliche zieht die Aufmerksamkeit des menschlichen Geistes an sich, der sich einem müßigen Hinbrüten überläßt, statt zu einem kräftigen Handeln zu schreiten."

Das Wesentliche des damaligen Zustandes erfaßt Stein vollkommen richtig. Und der weitblickende Staatsmann weiß die Ursache desselben aus unmittelbarster Kenntniß scharf zu bezeichnen.

Der despotische Beamtenstaat hatte den unabhängigen Bürger von den öffentlichen Geschäften möglichst ausgeschlossen; der Geist der Bevormundung zog immer größere Gebiete des Lebens in seinen Bereich; die allgewaltige Bureaukratie wachte eifersüchtig auf ihre Rechte und war bestrebt, sie fortwährend zu erweitern.

War es unter solchen Umständen nicht natürlich, daß gerade unter den geistig Höchststehenden sich eine völlig unwürdige Ansicht vom Staat festsetzte, als ob er eine bloße Zwangsanstalt zur Privatsicherheit wäre, als ob ein von Armeen umpanzertes Privatleben ein

Recht auf den Namen Staat hätte, als ob der Zweck der bürgerlichen Gesellschaft damit erschöpft sei, eine möglichst große Anzahl von Virtuosen im Denken, Meinen, Leben und künstlerischen Bilden zu erziehen? -

In dieser Weise ungefähr schildert Adam Müller die Zeit. Fichte gebraucht für diese Zurückziehung auf das Privatleben die Formel „Egoismus". Und Schleiermacher predigt gegen die „Lieblosen", die gleichgiltig sind gegen Alles was nicht unmittelbar in den Kreis ihres persönlichen Daseins eingreift, aber auch gegen diejenigen, die sich „durch Irrthum auf irgend einer Seite, um einer abweichenden Ueberzeugung willen" ausgeschlossen haben von der Theilnahme an den allgemeinen Angelegenheiten und nun mit aller Liebe, die ihnen innewohnt, sich auf das Gebiet des häuslichen Lebens einschränken. Und wer erkennt nicht — fragt Schleiermacher — den Werth der häuslichen Verbindungen? Wer weiß es nicht, wie viel sie dem Herzen sind? „Aber laßt uns auch gestehen, sie sollen den nicht ganz für sich nehmen, nicht ganz sein Leben ausfüllen, der in sich Kraft fühlt und Beruf zu einer ausgebreiteten Wirksamkeit, und die muß Jeder fühlen, der auch nur denken kann den Gedanken Vaterland."

Woher kam die Heilung für das Uebel?

Mancher möchte sich vielleicht auf das sogenannte Gesetz von Druck und Gegendruck berufen, und Napoleon das Verdienst zuschreiben, die schlummernden Nationalgeister geweckt zu haben. Daran ist auch etwas Wahres, aber es ist nicht die ganze Wahrheit, es ist nur ein kleiner Theil der Wahrheit. Auch der jetzige deutsch-französische Krieg fördert den Nationalgeist, aber geschaffen hat er ihn wahrhaftig nicht.

Die nationale Bewegung wurde beidemale auf dem Gebiete der Litteratur vorbereitet und gepflegt. Das gibt man freilich in dieser Allgemeinheit gerne zu. Aber die Litteraturgeschichten datiren die „Einkehr ins deutsche Leben" nicht früher, als etwa vom Ende des ersten Decenniums unseres Jahrhunderts. Dadurch wird unsere große classische Litteraturepoche überhaupt in ein falsches Licht gerückt. Nicht durch ihr bloßes Dasein, wie man zu sagen pflegt, hat sie uns wieder Stolz und Selbstgefühl gegeben und unsere gemeinsamen geistigen Interessen vergegenwärtigt, sondern von Anfang an war sie auch dem

Stoffe nach eine „Einkehr ins deutsche Leben", nur daß sie allerdings gewissen Gegenwirkungen eine Zeit lang nicht widerstehen konnte.

Wiederholt hat man einzelne Erscheinungen dieser Epoche der französischen Revolution an die Seite gesetzt. Was dort politisch, soll sich in Deutschland litterarisch vollzogen haben. H. Heine setzte die Kant'sche Philosophie als eine Art Erstürmung der Bastille in Scene. Dilthey und Haym vergleichen die Excentricitäten der Friedrich Schlegel und Genossen mit den Stürmen jenseits des Rheins. Aber dann wäre ja wohl Schlegels „Lucinde" das revolutionärste Buch unserer Litteratur? Nein, das ist nur ein ganz schlechter, frecher und überdieß mislungener Putschversuch; mit dem Namen Revolution geschieht dem elenden Ding zu viel Ehre.

Vielmehr muß man die ganze litterarische Bewegung von Lessing und Herder bis Jacob Grimm als ein Analogon der Revolution hinstellen, worin es zweierlei galt: Emancipation von fremden Mustern, Abwerfung der litterarischen Fremdherrschaft, und zweitens Emancipation von dem Geiste des achtzehnten Jahrhunderts.

Was man den Geist des achtzehnten Jahrhunderts oder der Aufklärung nennt, setzt sich aus sehr verschiedenen Elementen zusammen, die theils auf den Ideenkreis der Renaissance, theils auf die großen mathematisch-naturwissenschaftlichen Entdeckungen des siebzehnten Jahrhunderts zurückgehen. Das Resultat: Uniformirung, Centralisirung der Bildung und des Staates, Absolutismus mit allmächtiger Bureaukratie, Mechanisirung, äußerliche Regelung des Lebens nach Rücksichten des Verstandes und der Zweckmäßigkeit.

Dem gegenüber nun eine Revolution, welche sich auf die von der Aufklärung zurückgesetzten Elemente stützt. Gegenüber dem Kosmopolitismus die Nationalität, gegenüber der künstlichen Bildung die Kraft der Natur, gegenüber der Centralisation die autonomen Gewalten, gegenüber der Beglückung von oben die Selbstregierung, gegenüber der Allmacht des Staates die individuelle Freiheit, gegenüber dem construirten Ideal die Hoheit der Geschichte, gegenüber der Jagd nach Neuem die Ehrfurcht vor dem Alten, gegenüber dem Gemachten die Entwicklung, gegenüber Verstand und Schlußverfahren Gemüth und Anschauung, gegenüber der mathematischen Form die organische, gegenüber dem Abstracten das Sinnliche, gegenüber der Regel die eingeborne Schöpferkraft, gegenüber dem Mechanischen das „Lebendige".

Entschieden tritt der neue Geist in den Siebziger-Jahren des vorigen Jahrhunderts hervor, und das Büchlein: „Von deutscher Art und Kunst", woran sich Möser, Herder und Goethe betheiligten, kann als die Signatur der Revolution betrachtet werden. Nur muß man nicht vergessen, daß wesentliche Elemente derselben schon früher, schon bei Klopstock, bei Lessing, in den Litteraturbriefen vorhanden sind, ja daß an Gleims preußischen Kriegsliedern Lessing der Begriff einer volksthümlichen Poesie zuerst aufging.

Es wäre, scheint mir, die Aufgabe der Litteraturgeschichte, vor Allem die **gemeinschaftlichen Züge** der Epoche von 1770—1815 zu erforschen, und dann erst den besonderen Charakter jedes Decenniums oder jeder litterarischen Generation zu beleuchten. Man muß das Niveau bestimmen, über welches sich die Berggipfel erheben.

Der Sinn für die nationale Vergangenheit, der sich in Herder und dem jungen Goethe regt, findet sich bei anderen europäischen Völkern in ähnlicher Weise wieder. Bei den Engländern gibt Perch alte Volkslieder heraus und bereitet so für Walter Scott den Boden. In Frankreich wählen zwei Dichter, d'Arnaud und Belloy, gleichzeitig (1769) und ohne von einander zu wissen, den Ritter von Fayel zum Stoffe eines Trauerspiels, und d'Arnaud hält bei dieser Gelegenheit dem Ritterthume eine warme Lobrede. Wenige Jahre später erscheint Goethes „Götz".

Von Herders und Goethes Interesse für Volkslieder und Volksbücher, welches Maler Müller, Jung Stilling und Andere theilen, führt eine stetige und gleichmäßige Entwicklung zu dem Tieck der „Volksmärchen" und von da zu „des Knaben Wunderhorn", zu Arnim, Brentano, Görres und den Brüdern Grimm. Goethes „Erwin von Steinbach" läßt sich in gerader Linie verbinden mit Wackenroders frommen Kunstphantasien, mit Friedrich Schlegels Interesse für altdeutsche Kunst, mit Sulpiz Boisserée. Die volksthümliche Mythologie, Riesen, Zwerge und das gesammte Geisterreich kommt in einer verbreiteten Schauerromantik wieder zu Ehren, woran Schiller, Tieck, Kleist, Arnim, Hoffmann betheiligt sind. Die ästhetisch gefärbte religiöse Stimmung der Schleiermacher, Wackenroder, Novalis hat nach vorwärts und rückwärts ihre Anknüpfungspuncte. Der deutsche Pantheismus erfaßt in stetiger Folge Herder, Goethe, Schleiermacher, Schelling, Görres, Kanne, Hegel. In der ästhetischen Theorie hat die Lehre vom genialen Subject, das keine Regeln braucht, während jener ganzen Epoche immer wieder Anhänger gefunden und auch auf das sittliche Gebiet mitunter bedenklich herüber gespielt. Ja, auch in der Politik fehlt es nicht an einer durchgehenden und eigenthümlichen Tendenz. In altväterischen Formen tritt Justus Möser doch unermüdlich für die Autonomie ein. Wilhelm v. Humboldt greift die Vielregiererei und die bureaukratische Allgewalt des Staates an, um dem Individuum die weitestgehenden Rechte zu vindiciren. Seine politische Theorie hängt auf das genaueste mit der Heilighaltung der Individualität zusammen, als deren Hauptsymptom Goethe selbst einmal Lavaters Physiognomik hinstellt, und welche innerhalb der Romantik namentlich in Schleiermachers „Monologen" einen hervorragenden Ausdruck fand. Der active Staatsmann aber dieser deutschpolitischen Tendenz ist kein anderer als Stein, der haßerfüllt gegen die Bureaukratie den Neubau des Staates auf der Grundlage der Selbstverwaltung durch seine Städteordnung begann. Damals wurde in Deutschland angebahnt, wonach die besten unter den Franzosen seit Jahren vergeblich streben, weil sie darin mit Recht die einzige wirksame Garantie der Freiheit erblicken: die administrative Decentralisation.

Die vorstehende Skizze konnte natürlich nur die äußersten Umrisse, nur die allgemeinsten Grundzüge des deutschen Revolutionszeitalters vorführen. Diese Tendenzen sind nun vielfach theils durchkreuzt, theils unterstützt durch die Ideen der französischen Revolution selbst und durch manche litterarische Einwirkungen von außen, wie Shakspeare, Ossian, Rousseau, Sterne, bei denen es aber meist zu einer lebendigen Durchdringung und Verarbeitung kam, so daß sie nicht wie ein fremdes Element innerhalb des nationalen Lebens standen.

In der größten litterarischen Erhebung jener Zeit aber, in der Goethe- und Schiller-, der Weimarer Glanzepoche, erscheinen die Strebungen der deutschen Revolution gemäßigt und geregelt durch eine letzte gewaltige Nachwirkung des Kunstprincips der Renaissance.

Die Sehnsucht des Bürgers nach einem weltmännisch-freieren Dasein ist der Kern des Lebensgefühls, das sich in unserer classischen Litteraturperiode emporarbeitet. Klopstock muß die würdige sociale Stellung des Dichters erst erkämpfen; noch seinen Zeitgenossen erscheint manchmal der Schatten des armen verkommenen Günther als ein Schreckbild, das die zuströmenden Jünger mit drohend erhobener Rechten vom Parnaß zurückscheucht. Der junge Lessing stürzt sich gleich auf der Universität in ein freieres Weltleben, wie es Pastorssöhne sonst wohl nur aus der Ferne betrachten mochten. Wieland erhält in adeliger Gesellschaft seine entscheidenden Impulse.

Und auf die höheren socialen Schichten fing der Dichter an seine Producte, je höher er stand, desto mehr zu berechnen. Goethes Freund Merck macht die Durchschnittspoeten darauf aufmerksam, daß sich unter dem Publicum Weltleute befänden, „die das selbst gethan und gewirkt haben, was vor ihren Augen von den Marionetten des Verfassers tragirt wird." Goethe schreibt an Herzog Karl August im Jahre 1787: „Ich möchte nun nichts mehr schreiben, was nicht Menschen, die ein großes und bewegtes Leben führen und geführt haben, nicht auch lesen dürften und möchten."

Unter dem deutschen Adel aber herrschte die französische Bildung. Man konnte ihm nicht beikommen ohne eine strenge Kunstform, welche sich der französischen ebenbürtig an die Seite stellen durfte. Die Quellen dafür konnte man nur in den Quellen der französischen und der Renaissancelitteratur überhaupt finden. Dahin wiesen Lessing und Winckelmann.

Auf solche Weise wurden die Tendenzen der deutschen Litteraturrevolution durchkreuzt, durchbrochen, gehemmt. Herders und Schlegels umfassendes, nach allen Seiten hin gerecht werdendes litterarisches Studium that auch das Seinige dazu. Die Poetisirung der Welt und des Lebens war die Frucht der feineren Geselligkeit, des hochgetriebenen Cultus des Privatlebens.

„In der Welt wird Alles durch Zweikampf entschieden," sagt Carlyle einmal. Man hat angefangen, die Geschichte der politischen Parteien in Deutschland zu erforschen. Es wäre zu wünschen, daß man auch in der Litteraturgeschichte einmal aufhörte, immer ein lebendes Bild nach dem andern vorzuführen, wie man ruhig einen Fluß hinabfährt und sich die wechselnde Scenerie der Ufer betrachtet. Vielmehr sollte man jene lebenden Bilder in bewegte Dramen umsetzen, man sollte die Parteien und ihre Stärke, ihre Action, das Auf- und Abwogen des Kampfes, Sieg und Niederlage erforschen und darstellen.

Im achtzehnten Jahrhundert messen sich Antike und Volksthum in Deutschland. Die streitenden Parteien erleben aber viele Umwandlungen. Die Antike erscheint zuerst nur als Renaissance. Als solche glaubt man sie geworfen in den Siebziger-Jahren. Da kehrt sie vertieft und geläutert, aus den Quellen ihres Ursprungs getränkt zurück und ersicht manchen bedeutenden Sieg. Nicht minder erstarkt das Volksthümliche durch mächtiges Eintauchen in nationale Gegenwart und Vergangenheit. Die Erscheinungen, die man für die Freiheitskriege charakteristisch hält, beginnen zum Theil viel früher. In Tiecks „neuem Herkules am Scheidewege" (1800) wird bereits ein „Altfranke" verspottet. Und Adam Müller bestätigt 1807: „Vor einigen Jahren fing man in Deutschland ein gewisses vaterländisches Wesen, eine gewisse derbe, biedere und wackere Deutschheit zu affectiren an. Man hoffte, sich in Hermanns Schlacht über den Varus und in den Gesängen der Barden für immer mit vaterländischem Geist berauschen zu können." Man sieht, wie früh der Turnvater Jahn zu spuken anfing.

Die energischeste Verkörperung hat der deutsche Revolutionsgeist ohne Zweifel in der sogenannten zweiten Generation der Romantiker, in Arnim, Görres, Grimm gefunden. In ihr war die Erkenntniß zum vollen Durchbruch gekommen, daß man in vieler Hinsicht nur für etwas kämpfte, was vor dem Eindringen der Renaissance in Deutschland bereits vorhanden war. Daher die nahe Beziehung zum Mittelalter und Allem, was noch im sechzehnten und siebzehnten Jahrhundert im Gegensatz zur Renaissance auf volksthümlicher Grundlage bestand. Zugleich gemäß dem erregten Nationalgefühl das Streben nach der Anschauung des rein und ursprünglich Germanischen gegenüber aller späteren Beimischung.

Wie unmittelbar in dem Bewußtsein jener Menschen die altdeutsche Litteratur mit ihrer nächsten politischen Aufgabe zusammenhing, zeigt sich oft recht charakteristisch. Beim Wiederbeginn des

Krieges gegen Napoleon im Jahre 1815 besorgte August Zeune in Berlin einen Abdruck des Nibelungenliedes, „da viele Jünglinge dies Lied als ein Palladium in den bevorstehenden Feldzug mitzunehmen wünschten". Er nennt das eine „Feld- und Zeltausgabe".

So kindlich, so unschuldig sind die Deutschen heute nicht in den Kampf gezogen. Aber ist das ein Nachtheil?

Wien, 23. August 1870.

Friedrich Hölderlin.

Geboren 20. März 1770, gestorben 7. Juni 1843.

> Es kann nichts wachsen und nichts so tief
> vergehen wie der Mensch. Mit der Nacht
> des Abgrunds vergleicht er oft sein Leiden
> und mit dem Aether seine Seligkeit. Aber
> wie wenig ist dadurch gesagt!
> Hölderlins Hyperion.

Geboren 1770, gestorben 1843: — ein Alter von 73 Jahren, davon kaum Ein Jahrzehend poetischen Schaffens und vier Decennien umnachtet vom Wahnsinn. Das ganze Schicksal des unglücklichen Dichters ist mit diesem Ueberschlage seines Lebens umschrieben.

Ich sage: kaum Ein Jahrzehend poetischen Schaffens, und die Zahl muß noch reducirt werden.

Es ist wahr: wir haben Gedichte Hölderlins schon aus dem Jahre 1785. Aber noch bis gegen 1796 bleibt er unselbständig. Erst um diese Zeit findet er seine eigene Manier, seine eigene Sprache, seinen eigenen Styl; es gelingen ihm lyrische Gedichte von hoher Vollendung; 1797 und 1799 erscheint sein Roman „Hyperion"; er versucht sich an dramatischen Plänen. Aber schon 1801 neigt sich seine Bahn nach abwärts und bald war es völlig um ihn geschehen.

Also fünf Jahre vielleicht, fünf Jahre von dreiundsiebzigen, in denen ihm das Hochgefühl zu Theil wurde — und auch dieses vergällt durch namenloses Leid — das Hochgefühl, auszusprechen was kein Anderer so aussprechen konnte. Und im Anfange der Dreißiger, ehe er noch auf „die Mitte unseres Lebenswegs" gelangt war, Alles vorbei.

Wird da nicht sein Lied an die Parzen begreiflich?

> Nur Einen Sommer gönnt, ihr Gewaltigen!
> Und Einen Herbst zu reifem Gesang mir,
> Daß williger mein Herz, vom süßen
> Spiele gesättiget, dann mir sterbe!

Es war die Zeit, in der er an seinem Trauerspiele „Empedokles" arbeitete, womit er das Höchste zu erreichen hoffte. Er verlangte nichts mehr als nur dies noch vollenden zu dürfen:

> — ist mir einst das Heil'ge, das am
> Herzen mir liegt, das Gedicht gelungen:
> Willkommen dann, o Stille der Schattenwelt!

Nicht einmal dieser bescheidenste Wunsch wurde ihm erfüllt. Nur Fragmente des Empedokles, Fragmente von hoher Schönheit, können wir bewundern.

Armer Hölderlin! Du bist verwelkt „wie ein abgefallenes Blatt, das seinen Stamm nicht wieder findet, das umhergescheucht wird von den Winden, bis es der Sand begräbt!" —

In der ersten Epoche seines Dichtens, in der Periode seiner Unselbständigkeit, erinnert Hölderlins Prosa an Wieland und Heinse, Hölderlins Poesie an Matthisson und an seine Landsleute Schubart und Schiller. Vor Allen der Letztere hat mächtig auf ihn eingewirkt. Hölderlins gereimte Hymnen haben ganz die bauschige Rhetorik, die langen wort- und bilderreichen Perioden, aber auch etwas von dem Schwung und Adel, der Schillers ähnliche Gedichte auszeichnet. In diesen Formen besingt er alle abstracten Ideale hochsinniger Jünglinge: Liebe, Freundschaft, Freiheit, Menschheit, Schönheit, die Göttin der Harmonie, die Genien der Jugend und Kühnheit.

Von Schiller, zu dem er in rührender Bescheidenheit emporblickte, fühlte er sich so abhängig, daß er ihm noch 1797 schreiben konnte: Von Ihnen dependir ich unüberwindlich. 1798: Ich darf Ihnen wohl gestehen, daß ich zuweilen im geheimen Kampfe mit Ihrem Genius bin, um meine Freiheit gegen ihn zu retten, und daß die Furcht, von Ihnen durch und durch beherrscht zu werden, mich schon oft verhindert hat, mit Heiterkeit mich Ihnen zu nähern.

Auch in der inneren Anlage ist die Verwandtschaft unverkennbar.

Poesie und Philosophie sind die erhabenen Göttinnen, zwischen deren Verehrung er schwankt. Ideal, Natur und Griechenthum — diese Begriffe flossen ihm in Eins.

Um Hölderlin innerhalb des schwäbischen Geistes recht zu würdigen, muß man ihn zwischen Schubart und Schiller einerseits, zwischen seine Freunde Schelling und Hegel andererseits stellen. Dort der kosmopolitische Liberalismus, genährt an Rousseau. Hier das begeisterte Studium Kants, über den hinaus es ihn zurück auf Spinoza und zum Pantheismus trieb.

Alles das, insbesondere die Mängel der Form, durchschaute Schiller selbst sehr wohl. In einem denkwürdigen Briefe ruft er den Jünger ab von dem betretenen Wege. Er warnt ihn vor der Weitschweifigkeit, die in einer endlosen Ausführung und unter einer Fluth von Strophen oft den glücklichsten Gedanken erdrückt. Wenige bedeutende Züge in ein einfaches Ganze verbunden, weise Sparsamkeit, sorgfältige Wahl des Bedeutenden und klarer einfacher Ausdruck desselben: das ist's, was er ihm empfiehlt.

Diesen Mahnungen, die sich Hölderlin sehr zu Herzen nahm, kam eine entscheidende Wendung seiner Gemüthsverfassung entgegen.

Der Zauberstab der Liebe hatte sein Herz berührt. Eine allmächtige Leidenschaft wandelt ihm das Innere um. Er fühlt sich in einer neuen Welt. Ein Wesen ist ihm erschienen, das ihm die Schwungkraft des Adlers mittheilt. Ein Wesen, worin sein Geist meint Jahrtausende verweilen zu können, um dann noch zu sehen, wie schülerhaft all unser Denken und Verstehen vor der Natur sich findet. „Lieblichkeit und Hoheit — schreibt er einem Freunde — Lieblichkeit und Hoheit und Ruh und Leben, und Geist und Gemüth und Gestalt ist ein seliges Eins in diesem Wesen."

Wohl hat er recht zu sagen: „Großer Schmerz und große Lust bildet den Menschen am besten." Das neue Leben, das ihn durchströmte, gab ihm beides im Uebermaße. Das höchste Glück und das tiefste Leid: die Seligkeit verstanden, geliebt zu werden; die Unmöglichkeit, je die Geliebte besitzen zu dürfen. Ja noch mehr: seine Diotima war nicht blos die Frau eines Andern; diesem Andern befand er sich in abhängiger Stellung gegenüber, dieser Andere hatte das Recht, ihn aus ihrer Nähe zu vertreiben — er hatte das Recht und machte Gebrauch davon. Es soll nicht verschwiegen werden, was die Tradition berichtet: der Unglückliche wurde unter Mishandlungen aus dem Hause gejagt. Tödtlich gekränkt, in seinem Heiligsten verletzt, durfte er die Schmach nicht einmal rächen aus Rücksicht für die Geliebte.

Unter diesen Wandlungen des Schicksals bildet sich Hölderlin seinen Styl.

Der Glanz der Rhetorik verschwindet wo die Seele schwerbelastet seufzt, wo unter dem Druck einer überirdischen Gewalt das Herz nach Halt und Fassung ringt, wo im furchtbaren Zusammenstoß der ideale Hang des Gemüths vor der brutalen Wirklichkeit sich beugt.

„Ich hüte mich — läßt der Dichter seinen Hyperion sagen — viel Worte zu machen von Dingen, die das Herz zunächst angehen, meine Diotima hat mich so einsylbig gemacht." Seine Gedichte werden kurz, seine Sprache knapp, allen Schmuck, auch den des Reims verschmäht er, oft ist ihm eine einzige Strophe genug, um eine den ganzen Menschen durchzitternde Empfindung darin niederzulegen. In die wunderbarste Einfachheit des Wortes hüllt sich ihm der tiefste Inhalt.

> Wie mein Glück ist mein Lied. — Willst du im Abendroth
> Froh dich baden? Hinweg ist's und die Erd' ist kalt,
> Und der Vogel der Nacht schwirrt
> Unbequem vor das Auge dir.

„Ich habe sehr wenig von dem gesagt, was ich dabei empfand," äußert er einmal über eine seiner vollendetsten Elegien. Aber er irrt, wenn er meint, er gebe oft seine lebendigste Seele in sehr flachen Worten hin, und kein Mensch wisse, was sie eigentlich sagen wollen, als er selbst. Gerade, daß man Alles ahnt was er verschweigt, daß Alles in uns erregt wird was ihn dabei bewegte, gerade das gibt manchen Gedichten eine so schauerliche, erschütternde Wahrheit. Die „flachen Worte" sind wie ein vielstimmiger Accord, in den eine Welt von Tönen zusammenrinnt.

Ich kann nicht beschreiben, wie es mich ergreift, wenn er seinen Lebenslauf in die scheinbar kahlen Sätze faßt:

> Hochauf strebte mein Geist, aber die Liebe zog
> Bald ihn nieder; das Leid beugt ihn gewaltiger;
> So durchlauf ich des Lebens Bogen
> Und kehre, woher ich kam. —

Es wäre aber unrecht, sich zu täuschen und nicht scharf den Blick auf die Grenzen von Hölderlins Begabung zu lenken.

Schiller und Goethe haben ihn vollkommen richtig beurtheilt. Er ist zu subjectiv, überspannt, einseitig. „Fliehen Sie die philosophischen Stoffe — hatte ihm Schiller zugerufen — sie sind die undankbarsten, und in fruchtlosem Ringen mit denselben verzehrt sich oft die beste Kraft. Bleiben Sie der Sinnenwelt näher, so werden Sie weniger in Gefahr sein, die Nüchternheit in der Begeisterung zu verlieren."

Das aber war es eben, was Hölderlin am wenigsten konnte. Es fehlt ihm ganz die derbe Lust an der Wirklichkeit, ohne die kein rechter Poet gedeihen kann. Sein Auge saugt sich nicht an, er klammert sich nicht fest an den Urquell aller darstellenden Kunst, an die sinnliche Erscheinung. Nicht der Stoff packt ihn, sondern die Idee. Er weiß nicht den Gedanken in Gestalt umzusetzen. Er schreitet wie ein Schwebender dahin, sein Scheitel berührt die Wolken, aber sein Fuß steht nicht auf der Erde fest.

Es mangeln bei ihm alle Contraste. Das Böse, auch wo er es darstellen will, lernt man nie von Angesicht zu Angesicht kennen. Alle seine Gedichte, auch die erzählenden und dramatischen, sind im Grunde ideale Selbstdarstellungen. Je länger er einen Stoff behandelt, desto mehr treten alle festen Elemente zurück, und der gesunde Erdgeruch verliert sich. Im Hyperion ist, unter mehrfachen Umarbeitungen des Erzählenden, des Thatsächlichen immer weniger geworden. Seine Liebesgedichte haben nichts Dramatisches, keinen Fortschritt, keine Entwicklung. Alle seine Seelenkräfte scheinen in einem einfärbigen Knäuel verschlungen.

Hölderlin kennt diese Gebrechen. Er weiß, wo es ihm fehlt: weniger an Ideen als an Nuancen, weniger an einem Hauptton als an mannichfaltig geordneten Tönen, weniger an Licht wie an Schatten, und das Alles aus Einem Grunde: er scheut sich, das Gemeine und Gewöhnliche im wirklichen Leben zu sehen. Er ringt mit aller Kraft seiner Seele nach dem „Lebendigen in der Poesie". Aber er fühlt auch, daß er sich nicht herauswinden kann aus den poetischen Irren, in denen er wandelt.

Im Grase zu liegen und das himmlische Blau anzuträumen, war die Lust des Knaben. Es ist als ob für seine ganze Poesie dieses Element stets die Basis geblieben wäre. „Ein Gott ist der Mensch, wenn er träumt," ruft Hyperion aus.

Die gestaltlose Idealität Klopstocks hat sich in Hölderlin fortgesetzt. Nur unendlich vertieft und veredelt und auf ein anderes Gebiet gewendet.

Auch Hölderlin ist ein Pietist. Aber ein Pietist des Pantheismus.

„Eins zu sein mit Allem, was lebt! — sagt Hyperion — mit diesem Worte legt die Tugend den zürnenden Harnisch, der Geist des Menschen das Scepter weg, und alle Gedanken schwinden vor dem Bilde der ewig einigen Welt, und das eherne Schicksal entsagt der Herrschaft, und aus dem Bunde der Wesen schwindet der Tod, und Unzertrennlichkeit und ewige Jugend beseliget, verschönert die Welt."

„Dich wird kein Lorbeer trösten und kein Myrthenkranz — schreibt Diotima an Hyperion — der Olymp wirds, der lebendige, gegenwärtige, der ewig jugendlich um alle Sinne Dir blüht: die schöne Welt ist Dein Olymp . . ."

Hölderlin schafft sich eine neue Mythologie. Der Aether ist der Gott, zu dem alle Wesen aufstreben, zu dem des Menschen Seele sich wie im Gebete erhebt. Am schärfsten läßt er seinen Empedokles das Naturevangelium verkündigen.

> — Was ihr geerbt, was ihr erworben,
> Was euch der Väter Mund erzählt, gelehrt,
> Gesetz' und Bräuch', der alten Götter Namen,
> Vergeßt es kühn und hebt wie Neugeborne
> Die Augen auf zur göttlichen Natur.

Aber trotz allem Schwelgen in der Natur — man begreift doch, wie Goethe zu dem Eindruck kam: die Natur scheint ihm nur durch Ueberlieferungen bekannt zu sein. Mit wenigen Ausnahmen ist es als ob ein Nebelkreis um ihn gelagert wäre, durch welchen die reale, greifbare Natur nicht in ihrem Glanze dringen könnte.

Hölderlin war kein Plastiker. Hölderlin war ein Stimmungsmensch. Kein Wunder, daß er sich gerne auf den Wogen der Musik schaukeln ließ und die Musik ihn wie ein letzter treugebliebener Schutzengel auch in die Nacht seines Geistes begleitete.

Was aber war die Grundstimmung, die durch sein ganzes Dichten und Leben ging?

Es war eine tiefe Verbitterung gegen die Versunkenheit des Vaterlandes.

Als er ins wirkende Leben hinaustrat, wurde er schmerzlich geweckt aus kindlichen idealischen Träumen. Schillers Don Carlos „war die Zauberwolke, in welche der gute Gott seiner Jugend ihn hüllte, damit er nicht zu früh das Kleinliche und Barbarische der Welt sähe, die ihn umgab". Es war in der That eine kleinliche und elende Welt, aus der er sich herauskämpfen sollte. Es war nicht die Welt von Weimar und Jena, nicht die Welt der höchsten Kreise deutscher Bildung. Es war die enge philiströse Welt kleiner württembergischer Landstädtchen, in welcher das Höchste, was er anstrebte, als Affectation, Uebertreibung, Ehrgeiz, Sonderbarkeit galt. Es war eine Welt, von der er Recht hatte zu sagen: „Ich glaube, daß sich die gewöhnlichsten Tugenden und Mängel der Deutschen auf eine ziemlich bornirte Häuslichkeit reduciren: Jeder ist nur in dem zu Hause, worin er geboren ist, und kann und mag mit seinen Interessen und seinen Begriffen nur selten darüber hinaus." Da war kein Schwung, keine Elasticität, kein großer mannichfaltiger Trieb, kein Gefühl für gemeinschaftliche Ehre und für gemeinschaftliche Nationalität.

Aus dieser Welt flüchtet er ins Griechenthum. Dieser Welt hält er als Spiegelbild das antike Menschheitsideal seines Hyperion vor. Dieser Welt zur Warnung stellt er seinen Empedokles in demselben Conflicte mit beschränkter Bürgerlichkeit dar, unter welcher sein eigenes Sein sich verzehrt.

„Ja, vergiß nur — sagt Hyperion — vergiß nur, daß es Menschen gibt, darbendes, angefochtenes, tausendfach geärgertes Herz! und kehre wieder dahin, wo du ausgingst, in die Arme der Natur, der wandellosen, stillen und schönen."

Seiner Nation und sich selbst wünscht er zurück die verlorene

Jugend. Aus der Ueberfülle des Leids sehnt er sich nach dem Tode. Seine letzte Zufluchtsstätte ist das Grab. Er redet den Archipelagus an:

> Wenn die reißende Zeit mir
> Zu gewaltig das Haupt ergreift, und die Noth und das Irrsal
> Unter Sterblichen mir mein sterblich Leben erschüttert,
> Laß der Stille mich dann in deiner Tiefe gedenken!

Er bricht in furchtbaren Groll aus gegen das Schicksal, gegen die menschliche Bestimmung. „Wir werden geboren für Nichts, wir lieben ein Nichts, glauben an Nichts, arbeiten uns ab für Nichts, um allmälig überzugehen in Nichts. Wenn ich hinsehe auf das Leben, was ist das Letzte von Allem? Nichts. Wenn ich aufsteige im Geiste, was ist das Höchste von Allem? Nichts." —

Solche Empfindungen waren nicht ihm allein eigenthümlich. Schon Andere haben bemerkt, daß Hölderlin nur mitergriffen war von einer geistigen Epidemie, welche seit den Siebziger-Jahren des vorigen Jahrhunderts gerade die Edelsten und Besten vielfach umstrickte und schwächere Seelen vernichtete. Es ist dieselbe Epidemie, welche in unserem Jahrhundert den Namen des Weltschmerzes erhielt und als deren Philosophen wir Schopenhauer kennen.

Es ist mir unbegreiflich, wie dessen Lehren heute noch Anhänger finden können. Es gibt ja viel Elend in der Welt und Jeder hat sein Theil Unglück zu tragen. Arm wer nie entbehren mußte und aus der Entsagung Kraft für ein höheres Dasein schöpfte. Aber wer mag sich an dem Gedanken der Vernichtung berauschen in dieser herrlichen Welt, in der täglich so viel neues Leben erwacht, in der unzählige Kräfte sich regen, in der alle Wissenschaften kühn vordringen wie auf geebneter Bahn, in der die sehnsüchtigen Wünsche von Jahrtausenden sich zu erfüllen beginnen? Wer mag zaghaft träumen, wer mag in bitterem Groll sich berauschen mitten in dieser Zeit der freudigen Zuversicht, der selbstgewissen Heiterkeit, der stolzen Thatkraft?

Nein, unter uns ist kein Raum mehr für den Weltschmerz. Was will da Schopenhauer? Aber auch: was will da Hölderlin?

Hölderlin ist keine dauernde Lectüre für einen vollen heutigen Menschen. Aber er ist ein Tröster auf Augenblicke. Tröstend eben, weil er so trostlos ist. Kein besseres Heilmittel für die Erschöpfung eines Momentes, als der Anblick dieser ungeheuren Erschöpfung des Schmerzes, die jeden gesammelten Gedanken in den Abgrund gezogen hat. Denkt euch ein Haus das einen Wahnsinnigen zu pflegen hat. Heiligkeit scheint auszuströmen von ihm. Man wird besser in seiner Nähe. Vor so grenzenlosem Unglück verstummen alle kleineren Klagen.

Es ist eine tiefe Bemerkung von Gervinus, daß neue Richtungen einer Nation mit neuer geistiger Anstrengung, mit der Erregung lange ungeübter Kräfte nicht ohne traurige Schicksale Einzelner durchgesetzt werden können. Der neue Gott, der seine Herrschaft über die Gemüther antritt, fordert ein Opfer.

Von Poesie, Philosophie, Politik erwartete Hölderlin die Erneuerung des deutschen Lebens.

Er hat sich nicht geirrt. Diese Mächte kamen, wirkten segensreich, aber sie warfen ihn in die Tiefe.

Seltsam, wie der Gedanke des Opfers als ein hoher und herrlicher ihn in allen seinen Gedichten viel beschäftigt hat. Den Tod fürs Vaterland preist er wiederholt. Es begeistert ihn, Achill weggerafft zu sehen in der Jugendkraft. Sein Empedokles stürzt sich in den Aetna als ein Opfer, welches seine Zeit verlangt. Und in diesem Sinne wollte er wol einst den Tod des Sokrates behandeln, und den Tod des Agis als das letzte Aufleuchten alter Spartanertugend.

Es gibt auch ein Schlachtfeld des Geistes, ein titanisches Ringen mit höheren Mächten. Auf diesem Schlachtfelde ist Hölderlin gefallen.

Hölderlin war schön. Wenn er vor seinen Studiengenossen auf und nieder ging, so war es ihnen als schritte Apollo durch den Saal. Als er im Jahre 1800 nach der Heimat zurückkehrte, glaubte man einen Schatten zu sehen.

Dazwischen lag die unglückliche Liebe. Dazwischen lag das verzweifelte Ankämpfen gegen die Grenzen seines Talents. Dazwischen lag die Erfahrung, daß er keine Wirkung auf das Publicum hervorbrachte — der heftig erregte Ehrgeiz und doch kein Element, „worin er sich ein stärkend Selbstgefühl erbeuten konnte" — das Scheitern aller seiner Hoffnungen.

Schon in gesundem Zustande wurde es ihm schwer, seine Gedanken von einem Gegenstande zum anderen zu wenden. Die Kraft des Willens war nicht stark in ihm. Es fehlte ihm die sichere Herrschaft über die verschiedenen Vorstellungskreise seiner Seele. In der Fremde — seine lange Hofmeisterlaufbahn hatte ihn schließlich nach Bordeaux geworfen — traf ihn der letzte Schlag, dem die zarte, nervöse, empfindliche, gereizte, unter mütterlicher Erziehung gepflegte Organisation nicht mehr widerstehen konnte. Es scheint, daß bei der Nachricht vom Tode der Geliebten ihm zuerst der klare Zusammenhang der Gedanken abhanden kam. Die Zügel der Leitung über seinen arg bestürmten Geist entglitten ihm völlig. Die Form seines Irrsinns war eine aus gänzlicher Erschöpfung hervorgegangene Zerstreutheit. — Halten wir das Bild des Armen mit seinen eigenen Worten fest:

> Manches hab ich versucht und geträumt und habe die Brust mir
> Wund gerungen . . . .

Caroline.

I.

„Caroline" ist der Titel eines eben erschienenen, von Georg Waitz herausgegebenen Buches,*) zu dessen Lectüre ich meine Leser durch die nachfolgenden Zeilen verlocken möchte. Wer irgend sich für die litterarischen Zustände und Parteien Deutschlands am Ende des vorigen und Anfang dieses Jahrhunderts interessirt, wird die reichste Belehrung daraus schöpfen und die Anschauung eines Frauenbildes gewinnen, das man sich nicht ohne Bewegung vergegenwärtigen kann.

Die Heldin des Buches — das keine Biographie, sondern nur in einer reichen Correspondenz die Materialien dazu liefert — ist die 1809 im Alter von 46 Jahren verstorbene Caroline Schelling, geschiedene Schlegel, verwittwete Böhmer, geborene Michaelis.

Tochter des berühmten Göttinger Orientalisten, aufgewachsen in den Professorenkreisen der Universitätsstadt, dann verheiratet in einem Landstädtchen der Harzgegend an den Arzt Böhmer, den sie nach vierjähriger äußerlich ungetrübter, aber innerlich (wenigstens für sie) nicht eben sehr beglückter Ehe durch den Tod verliert, — sucht die junge geistvolle Witwe lange vergeblich nach einem festen Halt im Leben. Freundschaftliche Berührung mit August Wilhelm Schlegel, der ihr leidenschaftlich huldigt — Heiratsanträge eines würdigen Geistlichen — Liebeswirrnisse mit einem gewissen Tatter — Aufenthalt zu Mainz

---

*) Caroline. Briefe an ihre Geschwister, ihre Tochter Auguste, die Familie Gotter u. s. w., nebst Briefen von A. W. und Fr. Schlegel. Herausgegeben von G. Waitz. Zwei Bände. Leipzig. S. Hirzel 1871.

mitten in den Revolutionsstürmen, an denen man sie thätig betheiligt glaubte — Freundschaft mit Georg Forster — Staatsgefangenschaft auf der Festung Königstein: so ungefähr lassen sich die Lehr- und Wanderjahre der merkwürdigen Frau umschreiben, welche endlich durch die Vermälung mit Wilhelm Schlegel einen vorläufigen Abschluß finden, bis auch dieses Band sich unter beiderseitiger Uebereinkunft löst, und die Vielumhergeworfene in den Armen des zwölf Jahre jüngeren Schelling ein spätes, aber tief und dankbar genossenes Glück erlangt.

Das ist freilich kein alltäglicher Lebenslauf. Und Caroline konnte dem Schicksale nicht entgehen, auf das jede Frau gefaßt sein muß die so weit von der Heerstraße der Gewöhnlichkeit abschweift. Und doch ist allzu bereitwillig der Stab über sie gebrochen worden. Man vergißt so leicht, daß es in moralischen Dingen kein Recrutenmaß gibt, daß Temperament und Naturanlage, individuelle Dispositionen und Lebensverhältnisse und die sittlichen Anschauungen des Zeitalters nothwendig in Rechnung gezogen werden müssen, um ein reines und gerechtes Urtheil zu ermöglichen. Wer will überhaupt alle räthselvollen Irrwege des menschlichen Herzens zum voraus berechnen und ihm ein für allemal den Gang vorzeichnen, den es nehmen müsse? Das Leben ausgezeichneter Menschen bietet mehr als einen vielverschlungenen psychologischen Knoten, den wir nicht aufzulösen vermögen, den wir als ein undurchdringliches Geheimniß schweigend anzuerkennen haben. Aber dürfen wir vorschnell verdammen, weil wir nicht überall verstehen?

Vielleicht hätte man Carolinen ihre extraordinären Schicksale gern vergeben. Mindestens ihre Zeitgenossen waren darin nicht so streng. Aber sie war eine allerliebste Frau, sie hatte jene hinreißende Anmuth und Weichheit, jene reizende Mischung von Geist, Lebhaftigkeit, Witz und Gefühl, jene Harmonie des ganzen Wesens, welche Liebe auszuathmen und Liebe zu verlangen scheint — nicht mit Absicht, nicht aus Berechnung, es ist ihre innerste Natur so, sie kann nicht anders; sie ist unbefangen, naiv, offen, wahrhaftig; sie hat etwas von jener „aus der Unschuld entspringenden Verwegenheit", wie es Goethe einmal nennt, welche auf Männerherzen eine so unwiderstehliche Macht ausübt.

Um solche Frauen sammelt sich regelmäßig ein Kreis ausgezeichneter Männer, die alle mehr oder weniger für sie zu schwärmen, alle mehr oder weniger von ihr bezaubert zu sein scheinen. Grund genug, daß sie von anderen Frauen gehaßt werden die auf ebensoviel Geist und Liebenswürdigkeit Anspruch erheben zu dürfen glauben, ohne daß sie in gleichem Maße gefeiert wären. „Solche Anziehungskraft! dabei kann es nicht mit rechten Dingen zugehen, dabei müssen falsche, unerlaubte Künste im Spiele sein." Auf diese Art bildet sich die öffentliche Meinung, und die Verleumdung hat ein weites Feld.

So ungefähr ist es auch Carolinen ergangen. Die Damen, denen sie Concurrenz macht, wollen ihr nicht wohl, die betreffenden Männer und Verehrer müssen in dasselbe Horn stoßen, in Briefen wird das Urtheil Fernerstehender nach der gleichen Richtung dirigirt. Solche Briefe kommen dann unter den Nachlebenden an das Licht der Oeffentlichkeit, unsere detailsüchtige Litteraturgeschichte macht sich zum Echo des alten Klatsches. Und so kommt es, daß das Bild Carolinens immer dunkler und dunkler dargestellt wird, je besser man sich unterrichtet zeigen kann. Aus der zierlichen kleinen Frau wird schließlich ein dämonisches Wesen, ein zwietrachtstiftender Kobold, eine „Dame Lucifer", die alle Verhältnisse um sich her zerrüttet, eine Art böser Genius der romantischen Schule.

Mit dem vorliegenden Buche in der Hand fühlt man sich versucht, den neuesten Darstellungen der Romantik gegenüber zum Ritter der hart angefochtenen Dame zu werden und eine der jetzt so beliebten „Rettungen" zu schreiben. Aber ich glaube, das Buch selbst ist die beste Rettung. Schade, daß es nicht über alle Puncte des intimsten Lebens volle Klarheit verbreitet. „Ich könnte begreifen — schreibt Caroline einmal — wie man die Documente eigener verworrener Begebenheiten seinen Kindern und auch der nach uns lebenden Welt als eine die Menschheit überhaupt interessirende Erfahrung hinterlassen kann. Erst wenn Namen und Personen nichts mehr zur Sache thun, tritt sie in ein wahres Licht." In diesem Sinne läßt das Werk Manches vermissen, die Begebenheiten sind nicht immer deutlich, aber der Charakter Carolinens wird vollkommen anschaulich: sie zeigt sich überall als eine groß und frei und edel angelegte Natur. Diesem Eindruck wird sich kein aufmerksamer Leser entziehen können, und die erwähnten Litterarhistoriker werden gewiß selbst die Gelegenheit ergreifen, um der liebenswürdigen Frau die ungalanten Urtheile abzubitten, die sie über sie gefällt haben.

Man heftet sich ohnedies viel zu sehr an biographische Details, die — an sich vielleicht höchst lehrreich und interessant — doch für die Hauptsache wenig austragen. Es könnte Alles wahr sein was man Carolinen nachgesagt hat, und der Kern ihrer Persönlichkeit bliebe davon ziemlich unberührt. Was Einer ist und leistet, das scheint mir die Hauptsache. Das Andenken hervorragender Männer in der Geschichte wird nicht durch ihr Privatleben bestimmt, nicht dadurch daß sie brave Familienväter, gute Ehegatten, friedfertige Collegen waren, sondern durch das was sie für den Staat, für das Vaterland, für Wissenschaft und Kunst, für die ganze Menschheit ge=than haben. Die Wirkungssphäre der Frauen ist meist viel einge=schränkter, ihr Andenken in der Geschichte lebt in der Regel nur durch das fort was sie ausgezeichneten Männern gewesen sind. Unvergeß=lich bleibt dem deutschen Volke Frau v. Stein, weil ihr Goethe so viel verdankte. Und die indiscrete Neugier, welche in die eigentliche Natur der Beziehungen zwischen dem Dichter und der angebeteten Freundin eindringen und womöglich die intimsten Momente ihres Zu=sammenseins belauschen möchte, hat sehr wenig mit einer gerechten historischen Würdigung zu thun. So kommt es auch bei Caroline vor Allem auf das an was Schlegel und Schelling ihr verdankten. Der Segen, den sie im Herzen ihrer Männer zurückgelassen, ist ein unvertilgbares Verdienst, das sie sich um sie und dadurch mittelbar um Deutschlands Geistesleben erworben hat. Und wer kann darüber besser urtheilen als diese Männer selbst?

Etwa drei Monate nach ihrem Tode schreibt Schelling: „In je größere Ferne sie mir tritt, desto lebhafter fühle ich ihren Verlust. Sie war ein eigenes einziges Wesen, man mußte sie ganz oder gar nicht lieben. Diese Gewalt, das Herz im Mittelpuncte zu treffen, behielt sie bis ans Ende. Wir waren durch die heiligsten Bande ver=einigt, im höchsten Schmerz und im tiefsten Unglück einander treu geblieben — alle Wunden bluten neu, seit sie von meiner Seite ge=rissen ist. Wäre sie mir nicht gewesen was sie war, ich müßte als Mensch sie beweinen, trauern, daß dies Meisterstück der Geister nicht mehr ist, dieses seltene Weib von männlicher Seelengröße, von dem schärfsten Geist, mit der Weichheit des weiblichsten, zartesten, liebevollsten Herzens vereinigt. O etwas der Art kommt nie wieder!"

Caroline Schelling war eine rechte Gelehrtenfrau, nicht wie sie gewöhnlich sind, sondern wie sie sein sollten.

Wissenschaft als Lebensberuf ergriffen führt immer die Gefahr einseitiger Verbissenheit, handwerksmäßiger Beschränkung und stumpfsinniger Abgeschlossenheit in einem engen Kreise mit sich. Da muß die Frau eine Art umgekehrter Circe sein, die das gelehrte Heerdenthier jedesmal wieder in den Menschen verwandelt. Hiervon besaß Caroline ein lebhaftes Bewußtsein. Wie sie selbst die größte Angst hatte sich in eine philiströse Existenz versinken zu sehen, so wußte sie auch Andere davor zu bewahren. „Was ist doch das ein elendes Leben, das ein Gelehrter führt — schreibt sie ihrem Bruder Philipp — o suche ja bis ans Ende Deiner Tage Sinn für die weite offene Welt zu behalten, das ist unser bestes Glück." Die großen Jungbrunnen der Menschheit sind Natur und Kunst; wie die Sonne nach mythologischen Vorstellungen täglich in den Ocean, so sollen wir untertauchen in das Schöne, um daraus Kraft und Freiheit der Seele zu holen neben aller eingeschränkteren Thätigkeit.

„O mein Freund — schreibt Caroline an Wilhelm Schlegel — wiederhole es Dir unaufhörlich, wie kurz das Leben ist und daß nichts so wahrhaftig existirt als ein Kunstwerk. — Kritik geht unter, leibliche Geschlechter erlöschen, Systeme wechseln, aber wenn die Welt einmal aufbrennt wie ein Papierschnitzel, so werden die Kunstwerke die letzten lebendigen Funken sein, die in das Haus Gottes gehen — dann erst kommt Finsterniß."

So sehr Caroline das lebendigste Gefühl der Unabhängigkeit in sich nährte, und so sehr sie Denen, die sie liebte, zu geben vermochte, so groß war doch ihre Fähigkeit, zu empfangen, so wunderbar ihr Talent, sich anzuschmiegen. Sie besaß eine unglaubliche Elasticität des Geistes, mit der sie alles Bedeutende ergriff was ihr nahe kam. „Nichts Gutes und Großes war zu heilig oder zu allgemein für ihre leidenschaftlichste Theilnahme," sagt Friedrich Schlegel. So durchlebte sie feurig bewegt die Mainzer politische Revolution, so die Revolution der Romantiker gegen das Ancien Régime in der Litteratur des vorigen Jahrhunderts. An Wilhelm Schlegels Shakespearearbeiten, an der Recensionsthätigkeit der verbundenen Freunde betheiligte sie sich, in die Ideen von Schellings Naturphilosophie warf sie sich mit Begier — sie hat auch dies und jenes für den Druck geschrieben, aber immer nur gedrängt von Außen, auf bestimmte Veranlassung, um etwa Schlegel eine Freude zu machen, aber ganz ohne persönliche litterarische Prätensionen. Sie besaß nach Wilhelm Schlegels Zeugniß alle Talente um als Schriftstellerin zu glänzen, ihr Ehrgeiz war aber nicht darauf gerichtet. Sie fühlte sich nicht geschaffen, über die Grenze stiller Häuslichkeit hinwegzugehen. Es fehlte ihr in der That an eigentlich originaler Productionskraft. Sie hat etwas von dem receptiven Genie, das in Wilhelm Schlegel, dem unvergleichlichen Uebersetzer, Recensenten, Litterarhistoriker wohnte. Sie empfindet das aber als einen Mangel und bezeichnet es in einem Briefe an ihren Bruder als Familienfehler, „vieles aufzufassen, um es mit ein paar Ideen darüber wieder hinzuwerfen".

Gerade dieses Talent jedoch — welches Glück für einen Mann, der wie Schelling mit den ernstesten tiefsten Problemen rang, wenn die Gefährtin ihm in die fernsten Gedankenregionen zu folgen vermochte, wenn er sie einweihen durfte in die Mysterien der abstractesten Speculation, wenn ihm seine Ideen aus ihrem Munde mit neuer Klarheit entgegentönten, wenn er mit Zinsen zurückerhielt, was er ihr von seinen Geistesschätzen spendete.

Der weibliche rasche Blick, der schlichte gerade Verstand, das unbeirrbare sichere Urtheil war Caroline im höchsten Maße eigen. „Die Ueberlegenheit ihres Verstandes über den meinigen habe ich sehr frühe gefühlt," erzählt ihr Schwager Friedrich Schlegel. Das klare Wesen einer ursprünglich heiteren, thätigen, bestimmten Natur prägt sich in ihren Jugendbriefen manchmal mit überraschender Schärfe aus. „Es ist ganz vergeblich, hier nachzudenken — mit diesen Worten reißt sie sich von gewissen religiösen Reflexionen los — es ist ganz vergeblich, hier nachzudenken; es verwirrt unsere Begriffe und verwirrte Begriffe machen muthlos." Und ein andermal beschreibt sie, wie sie immer einen Plan haben müsse im Großen oder Kleinen: „Ich mag keine Nadel abstricken ohne den Eifer und die Aussicht, etwas fertig zu bekommen und hinterher zu denken, ich habe wirklich was gethan. Bin ich zwecklos, so ist mir wie Denen, die gewohnt sind sich von Sonnenaufgang bis Untergang zu schnüren, und ungeschnürt nicht wissen, wo sie den Leib lassen sollen. Kommt nun noch der Pfahl im Fleisch dazu, daß ich etwas thun will was ich nicht mag, und habe doch nicht die Macht es zu forciren, so bin ich ein elendes Geschöpf, das mit Gleichgiltigkeit das Morgenlicht durch die Vorhänge schimmern sieht und ohne Satisfaction sich niederlegt."

Ihre hohe Verständigkeit aber äußert sich nie aufdringlich, steif, pedantisch, sie bleibt immer biegsam, zierlich, schön. Durch die ernsten litterarischen Geschäfte der Männer schlingen sich ihre anmuthigen Briefe wie leichte graziöse Arabesken durch. Die schweren Gedankenaccorde Schelling'scher Philosopheme umspielt sie wie mit den geistreichen Begleitungsfiguren einer süßschwärmenden Musik.

Sie war wie gemacht zur Geselligkeit, weniger zu der rauschenden Geselligkeit eines großen Cirkels, in welchem allzu viele langweilige und unbedeutende Menschen gleichmäßige Artigkeit und Aufmerksamkeit erfordern, als zu der bescheidenen Geselligkeit am traulichen Theetisch mit wenigen guten Freunden, vor denen sie sich ganz gehen lassen und alle ihre glänzenden Gaben des Gesprächs zwanglos entfalten konnte. Sie sprach wunderbar schön. Sie war wie die Jungfrau im Märchen, der bei jedem Wort, das sie spricht, eine Rose aus dem Munde fällt. „Alles umgab sie mit Gefühl und Witz, sie hatte Sinn für Alles, und Alles kam veredelt aus ihrer bildenden Hand und von ihren süßredenden Lippen. Sie vernahm jede Andeutung und sie erwiderte auf die Frage, die nicht gesagt war. Keine Sphäre belebter Unterhaltung war ihr fremd. Sie konnte in derselben Stunde irgend eine komische Albernheit mit dem Muthwillen und der Feinheit einer gebildeten Schauspielerin nachahmen, und ein erhabenes Gedicht vorlesen mit der hinreißenden Würde eines kunstlosen Gesanges."

Und trotz diesen geselligen Talenten, trotz den Huldigungen, die ihr überreich zu Theil wurden, wie ist sie so gar nicht verwöhnt, wie anspruchslos und bescheiden steht sie neben ihrem Mann, wie eifrig leistet sie ihm Secretärsdienste, wie willig fügt sie sich in seine Abhaltungen, wie gutmüthig tritt sie zurück, wo die Wissenschaft ihn nicht losläßt. So entschuldigt sie einmal Versäumnisse Schellings bei einem Freunde mit den Worten: „Ich habe ihn selber seit acht

Tagen nicht gesehen, außer wenn er zum Essen herunterkam und dabei auch eiligst die Siegesnachrichten zu sich nahm, ich habe selber oft vor der verschlossenen Thüre gestanden und allerlei Anliegen gehabt, allein Baal war taub, und ich habe mir bald gesagt: Baal dichtet. So lassen wir ihn denn dichten . . . ."

Habe ich nun nicht recht zu sagen: sie war das Ideal einer deutschen Gelehrtenfrau?

Denn ich muß hinzufügen, sie ist auch eine eifrige, praktische, exacte Hausfrau, die für das Leibliche trefflich zu sorgen weiß; sie ist eine sehr geschickte Ehefrau, welche die Launen des gestrengen Herrn in anmuthigster Weise zu ertragen, zu ignoriren oder zurückzuweisen versteht; sie ist auch eine gute Tochter und Schwester, eine zuverlässige Freundin, eine ausgezeichnete Mutter. Mit welcher schwärmerischen Liebe hängt sie an Auguste Böhmer, ihrer einzigen Tochter. Und wie ist ihr die ganze Welt umgewandelt von dem Augenblicke an, wo sie diese Tochter verliert. Man fühlt sofort, eine Wunde ist ihr geschlagen, die nie völlig wieder vernarben kann. Der Gedanke an das liebliche todte Mädchen ist fortan der stille traurige Hintergrund ihres ganzen Lebens.

In ihrer Jugend steht Caroline als ein herrliches Bild der Kraft, des Selbstgefühls, der Frische und des Lebensmuthes vor uns da: „nicht schön, nicht bescheiden, aber gut, stolz und natürlich," wie sie selbst sich abschildert. Wie unbekümmert wandelt sie über die Erde, „die gottlose kleine Frau, die kokette junge Wittwe"; solche Lesarten gibts nämlich über sie, und sie meldet das ganz lustig ihren Freunden. Wie reizend scherzt sie über ihre Unbesonnenheiten: „Ich hoffe in meinem achtzigsten Jahre noch welche zu begehen, wenn ich nicht so glücklich bin, vor dem vierzigsten zu sterben." Wie genußkräftig packt sie das Leben an: „Glückseligkeit besteht nur in Augenblicken; nichts verzeih' ich mir weniger, als nicht froh zu sein, auch kann der Augenblick niemals kommen, wo ich nicht die Freude, die sich mir darbietet, herzlich genießen sollte." Und mit welcher Sicherheit muß ein Wesen in sich selbst gegründet gewesen sein, welches sagen konnte: „Ich fürchte, das Geschick und ich haben keinen Einfluß mehr auf einander; seine gütigen Anerbietungen kann ich nicht brauchen, seine bösen Streiche will ich nicht achten. Auf Wunder rechnet man nicht, wenn man sich fähig fühlt Wunder zu thun und ein widerstrebendes Schicksal durch ein glühendes, überfülltes, in Schmerz wie in Freude schwelgendes Herz zu bezwingen."

Da klingt es denn freilich ganz anders, wenn sie in dem Todesjahre Augustens aus Jena, wohin sie eben erst wieder zurückgekehrt war, an Wilhelm Schlegel schreibt: „Ich bin nur froh, hier das Erste überstanden zu haben, und verlasse mich für das Zukünftige ruhig auf Deine Freundschaft und die stille Gewalt meines eigenen guten Gemüths. Diese werden schon wieder etwas bilden, ein Hüttchen anbauen unter den Trümmern alter Herrlichkeit. O mein Freund, ich baute oft und riß oft ein. Dieses sind nun die letzten Zweige, Zweige der weinenden Weide, die ich über meinem Haupt zusammenflechte, um unter ihrem Schatten den Abend zu erwarten."

Der Ton der Neckerei, des Spottes, der humoristischen Schilderung verschwindet nun beinahe gänzlich aus ihren Briefen. Sie ist sehr verändert. Aber der Grundzug der Wahrhaftigkeit, Charakterstärke und Herzensgüte ist geblieben.

So wie uns nun Caroline erschienen ist: wird noch Jemand die Frage aufwerfen, ob sie im Stande war, hübsche Briefe zu schreiben? Die reizendsten von der Welt! Der Herausgeber des gegenwärtigen Buches hat ganz Recht, wenn er sagt: Carolinens Briefe dürfen als solche einen Platz in unserer Litteratur in Anspruch nehmen. Sie sind nicht blos wichtig als historische Quelle, sondern sie sind wahre Kleinode der Form, zierliche Muster des unbefangen plaudernden Briefstyles, unmittelbare Abdrücke einer lebhaften, angeregten, bedeutenden Natur, „welche durchsichtig und seelenvoll hinschreibt, was sie als Gespräch gedacht hat."

Schade, daß der Herausgeber „Unbedeutendes", wie er sagt, hinwegließ. Ob sich darunter auch gewiß nichts Anderes findet, als was Jeder gern entbehren würde, wenn er es kennte? Der Geschmack des Herausgebers braucht nicht nothwendig auch der seiner Leser zu sein. Diese Art Frauen hat es an sich, gerade über gänzlich Unbedeutendes so reizend zu schreiben, daß man sich für jeden Strumpf und jedes Kinderhäubchen interessirt. Wie es andere Menschen gibt, die nur „Lichtstrahlen" von sich geben sollten, in deren Briefen und sonstigen Producten ganze Seiten nur da zu stehen scheinen um eine einzige schöne Stelle zu illustriren, so kann man bei den echt harmonischen Wesen, wie Caroline eines war, eigentlich nichts herausreißen aus dem was ihrer Feder entfließt; sogenannte schöne Stellen gibts da im Grunde nicht, die Einzelheiten kommen kaum zum Bewußtsein, aber das Ganze ist bezaubernd.

Ich würde mich freuen, wenn ich bei einer neuen Auflage noch einige Lücken ergänzt fände. Und vielleicht entschließt man sich dann auch, ein Facsimile von Carolinens Handschrift beizugeben, das ich wenigstens ungern vermisse.

Der erste Band ist durch ein Bild Auguste Böhmers geziert, es zeigt jene „zarte in sich gekehrte Weiblichkeit", welche die Mitlebenden über sie verbreitet fanden. Vor dem zweiten Bande entzückt uns der Anblick Carolinens selbst. Ein ganz wunderbares Gesicht; keine regelmäßige Schönheit; eine etwas unschöne breite Nase und der Mund vielleicht zu groß. Aber welche Güte und welcher Verstand blitzt aus den Augen, welche Schalkhaftigkeit sitzt auf den Lippen, welche Klarheit thront auf der offenen Stirn: „Frank und frei" scheint als Wahlspruch über diesen Zügen zu schweben.

Die Farbe ihrer Augen war blau, wie man gelegentlich aus einem Briefe erfährt, worin sie sich selbst die blauäugige Caroline nennt und neben Wilhelm Schlegel wie die blauäugige Pallas Athene neben den homerischen Helden stehen möchte, um ihn als Redner zu begeistern. Daß ich nichts Genaueres über Gestalt und Gang weiß, ist mir ein wenig fatal. Aber wenn ich lese, wie Friedrich Schlegel ihr ins Gesicht über die „kleine, zierliche, zerbrechliche, leichtsinnige, colossalisch verliebte Frau" scherzt, so kann ich mir doch nur eine feine biegsame Figur mit leichtem, sicherem, elastischem Schritte denken...

Ach, daß die süßredenden Lippen auf ewig verstummt sind! Es ist mir aber doch, indem ich mich in die Briefe versenke, als ob ich die Worte mit dem Klang einer weichen melodischen Stimme vernähme — ja es ist, wie Friedrich Schlegel sagt: bei mancher Stelle glaubt man zu sehen, wie die Blicke wechseln, wie ihre Mienen leicht sich ändern. Der ganze unwiderstehliche Zauber ihrer reichen schönen Natur wirkt durch das geschriebene Wort noch einmal; ich wenigstens muß bekennen, daß ich demselben vollständig unterlegen bin; es ergriff mich, wie wenn sie mir gestorben wäre, als ich die Schilderung ihres Todes bei Schelling las: „Ihre letzten Tage waren ruhig; sie hatte kein Gefühl von der Gewalt der Krankheit, noch der Annäherung des Todes. Sie ist gestorben wie sie sich immer gewünscht hatte. Am letzten Abend fühlte sie sich leicht und froh; die ganze Schönheit ihrer liebevollen Seele that sich noch einmal auf; die immer schönen Töne ihrer Sprache wurden zur Musik; der Geist schien gleichsam schon frei von dem Körper und schwebte nur noch über der Hülle, die er bald ganz verlassen sollte. Sie entschlief am Morgen des 7. September, sanft und ohne Kampf; auch im Tode verließ sie die Anmuth nicht; als sie todt war, lag sie mit der lieblichsten Wendung des Hauptes, mit dem Ausdrucke der Heiterkeit und des herrlichsten Friedens auf dem Gesicht."

15. Juni 1871.

II.

Als ich die vorstehenden Zeilen schrieb, wußte ich die arg compromittirenden Dinge aus Carolinens Mainzer Epoche noch nicht, welche mir nachher Waitz mittheilte und welche Haym in seinem Artikel „Ein deutsches Frauenleben aus der Zeit unserer Litteraturblüte" (Preußische Jahrbücher Bd. 28) allgemein bekannt gemacht hat. Ich war der Meinung gewesen, daß wir sie eines Augenblickes der Schwäche gegenüber einem geliebten Manne anzuklagen hätten, der sie dann treulos verließ und sich von ihr zurückzog. Ich wußte nicht, daß die herrliche Frau die Beute eines beliebigen Franzosen geworden war. Mein erstes Gefühl, als ich es hörte, war Zorn und Empörung, wie man sie empfindet, wenn ein edles Kunstwerk verstümmelt worden ist — „abscheulich! unverzeihlich!" ich hatte kein anderes Wort dafür.

Alles Beschönigen und alles Entschuldigen hilft nun nicht. Gerne läßt man die von Haym angeführten Milderungsgründe gelten. Gerne sagt man sich, daß wir alle näheren Umstände kennen müßten um den Grad der Verschuldung zu ermessen. Aber die Verschuldung als solche bleibt unberührt, Niemand kann sie leugnen, Niemand kann sie hinwegschaffen. Die brutale Thatsache ist von unablöschlicher Häßlichkeit. Caroline selbst kann nur mit peinlichen Empfindungen an die wüste Mainzer Zeit zurückgedacht haben.

Wenn es den Menschen vergönnt wäre über einen Trunk Lethe zu verfügen um nach freier Wahl einen Theil ihrer Thaten und Erlebnisse für immer der Vergessenheit zu überliefern — vielleicht würden sie unschlüssig stehen und nicht wissen, wovon sie sich schwerer trennten, von ihren vergangenen Leiden oder von ihren entflohenen Freuden. Nur eins gibt es, was Jeder ohne Bedenken und hastig zugreifend gerne loswerden würde, die Erinnerung an solche Augenblicke, in denen er gethan was seiner nicht würdig war.

Solches Vergessen müßte sein wie Einschlafen oder Ertrinken. Die Wellen umwogen, umspielen uns, ziehen uns in die Tiefe, zuletzt ist Alles ruhig.

Das Leben mancher Menschen ist nicht ein Kampf ums Dasein, sondern ein Kampf um den Schlaf, moralisch vielleicht ein Kampf ums Vergessen. Manchen aber gewährt die Natur beides willig. Es ist möglich, ja es ist sehr wahrscheinlich, daß Caroline jene Gedächtnißschwäche besaß, welche öfters bei sehr elastischen Frauennaturen gefunden wird, die wie Wassernixen aus der Tiefe des Sees emportauchen und alles Gras und Schilf und Schlamm und Röhricht von sich abstreifen und wieder wie jung und neugeboren die leuchtenden Glieder durch die klaren Wogen drängen. Caroline lebte in der Gegenwart, ging voll auf in ihr, und ihre Vergangenheit konnte sie vielleicht ansehen, als ob sie selbst es nicht gewesen wäre, wie Schicksale einer fremden Person. Aber ganz vergessen kann Niemand solche Erfahrungen. Und in Augenblicken, in denen ihr das Gedächtniß völlig zurückkehrte, in denen all der böse Schlamm ihr noch einmal die Phantasie beengte, durch den sie hindurch gemußt, in den sie sich hinein begeben: — ich bin überzeugt, daß tiefe Schamröthe ihr in die Wangen stieg. Und wenn sie auch wohl nicht an den Nutzen der Reue glaubte und die Vergangenheit so leicht und licht als möglich zu nehmen suchte (auch das traue ich ihr zu) — sie hat gewiß Alles gethan, damit die arge Dissonanz so wenig als möglich in ihrer Seele nachtönte. Aber als Dissonanz muß sie in ihr erklungen sein, und widerwärtig muß ihr das Andenken gewesen sein.

Gleichwohl schäme ich mich nicht des ehrlichen Entzückens das mir die Existenz dieser Frau einflößte, und ich beharre bei den enthusiastischen Worten die man oben gelesen hat.

Es ist mit überlegener Miene darüber gespottet worden, daß Caroline mehr als sechzig Jahre nach ihrem Tode noch verschiedenen deutschen Professoren die Köpfe verdreht habe. Sehr viel Ehre für die deutschen Professoren! Man wirft ihnen gerne, und nicht ganz mit Unrecht, eine gewisse Engherzigkeit und Philisterhaftigkeit in moralischen Dingen vor. Sehr schön, wenn Caroline im Stande war, solche Strenge zu mildern. Ich beneide Niemanden um die robuste Tugendhaftigkeit, welche Schellings angebetete Gattin ohne weiteres in Eine Linie mit einer beliebigen Straßendirne stellt. Ich streite aber auch gar nicht um die moralische Beurtheilung dieser einzelnen Frau, obwohl ich von Natur mehr zum Verzeihen als zum Verdammen neige. Aber ich sage offen, daß es mir als Rohheit erscheint, wenn man den Werth einer Frau wie diese nur nach dem sechsten Gebot bemißt und wenn alles was sie sonst war und that einfach ausgelöscht erscheint dadurch, daß sie einmal in ihrem Leben auf unverantwortliche Weise leichtsinnig gewesen ist und Schande auf sich geladen hat. Einigermaßen dürfen doch auch wir sie mit Schellings oder mit Louise Gotters Augen betrachten.

Sind wir wirklich schon so weit herunter gekommen, daß uns die bloße Correctheit als das höchste Gut erscheint? Haben wir vergessen, daß schöne Menschlichkeit die Blüte aller Sittlichkeit ist? Was helfen uns alle correcten Frauen der Welt, wenn sie unsere Freude am Dasein nicht verstärken. Im Beichtstuhl und nach dem Katechismus ist es äußerst gleichgiltig, ob eine Frau schön oder häßlich: ist es auch fürs Leben gleichgiltig und für eine höhere Sittlichkeit, für die reiche, freie und schwungvolle Entfaltung aller edlen Menschlichkeit im Menschen? Möchten wir wohl ein einziges vollkommenes vielleicht in schrankenloser Leidenschaft entstandenes Liebeslied dahingeben um den Preis, den Dichter zu einem vorwurfsfreien correcten Hagestolzen oder Ehemann zu machen?

Aber das sind nur nebenbei aufgeworfene Fragen. Ich fühle mich nicht zu Carolinens Advocaten berufen. Mein Enthusiasmus galt und gilt nicht dem Individuum, nicht dieser einzelnen bestimmten Caroline, sondern der in ihr Fleisch gewordenen Idee.

Wenn der Venus von Milo in den Stürmen der Pariser Commune die Nase abgeschlagen wäre, bliebe sie darum weniger die Venus von Milo? Würde der Künstler, der sie geschaffen, darum weniger auf den Dank und die Bewunderung der Nachwelt rechnen dürfen? Ich beklage die Schuld, durch welche Caroline selbst ihr Leben entstellt hat, ganz wie eine solche Verstümmelung. Aber das herrliche Menschenbild, das dadurch entstellt ist, bewundere ich nach wie vor, und dankbar bleibe ich der schaffenden Natur, daß sie ein solches Wunderwerk erzeugen wollen.

Die Sprache zwingt — oder verführt wenigstens — auch den heutigen Menschen manchmal zu einer Art Mythologie. Ich habe von der in Carolinen erschienenen Idee gesprochen. Ich meine nichts über die Thatsachen der Wirklichkeit Hinausgehendes und doch etwas Aehnliches wie die Platonische Idee. Es ist uns jetzt geläufiger von Typen zu sprechen. Wir sammeln die zerstreuten Charakterformen, die sich zu wiederholen scheinen, deren jeder seine Einseitigkeit zeigt; wir können sie durch einander ergänzen, berichtigen, erweitern und verengern und ein Idealbild des Typus gewinnen, das in seiner Vollkommenheit nirgends ganz erscheint, welchem sich aber die Gestalten der wirklichen Welt mehr oder weniger nähern. Das Leben entfernt das Individuum oft von der Reinheit des Typus. Das Kind verheißt mehr als das entwickelte Wesen hält.

Caroline nun ist die vollkommenste Verwirklichung des Typus, zu dem sie gehört. Dieser Typus aber, diese wunderbare Mischung hinreißender und verführerischer Eigenschaften, scheint mit einer gewissen Schwäche fast unauflöslich verbunden.

Caroline war entschieden eine der Frauen, welche auf männliche Leitung, darauf daß ein wirklicher starker überlegener Mann neben ihnen steht, angewiesen sind. Wenn ihnen der fehlt, wenn sie sich selbst überlassen sind, dann ist ihre Schwäche und phantastische Erregung zu Allem, auch zu dem Verkehrtesten fähig. Frau Böhmer und Frau Schelling: was ist gegen diese einzuwenden? Die Wittwe Böhmer und Frau Schlegel, die befanden sich in jener ungeleiteten, ungeschützten, beklagenswürdigen Lage.

Wenn also eine gewisse, nicht blos physische Zerbrechlichkeit zu jenem Typus gehört und wenn sie auch Carolinen anhaftet und in verhängnißvoller Weise ihr Leben verunstaltet hat: sollen wir darum die Idee die in ihr erscheint nicht bewundern? sollen wir uns nicht

die Freude zu erhalten suchen an all den Eigenschaften, die wir loslösen können von ihrer irdischen zufälligen Persönlichkeit, um daran
ein Stück vollkommener Weiblichkeit anzuschauen?

Und wenn wir uns ein Idealbild unseres Volkes gestalten, wenn
wir überschauen wollen, welche reiche sittliche Productivität es entfaltet, wie vielerlei Charaktertypen es hervorgebracht hat: so wird,
dünkt mich, unter den Frauentypen an ästhetischer Vollkommenheit derjenige oben an stehen, den Caroline am vollkommensten repräsentirt.

13. Juni 1874.

III.

Wir werden ohne Zweifel noch erleben, daß Caroline als Heldin
irgend eines schlechten Romanes misbraucht wird. Sie selbst hat es
erlebt, daß sie Gegenstand eines schlechten Dramas wurde.

Dasselbe führt den Titel: „Die Mainzer Klubbisten zu Königstein. Ein tragi=komisches Schauspiel in einem Aufzuge." 1793.
c. O. 32 Seiten klein Octav.

Schon das Personenverzeichniß gibt eine genügende Vorstellung
des albernen Products. Es lautet wörtlich:

Bürgerin Böhmer, eine viel versprechende und wenig haltende
Wittwe.

Bürgerin Forkel, Taglöhnerin bei der englischen Uebersetzer=Fabrik
des Bürger und Mainzer Nationalkonvents Deputirten, Forster.

Bürgerin Eßbeck, ehemal von Abel, nun Vorleserin im Klub.

Bürgerin Wehdekind, Mutter des großen Erzbürgers Wehdekind.

Bürgerin Wehdekind, Frau des Erzbürgers.

Aloysius Franziskus Xaverius Ignatius Loyola Blau, Professor
der demokratischen Dogmatik zu Mainz.

Arnsperger, zügelloser Kaplan zu Kassel, Farren zu Bingen
(vergl. S. 30, wo Reit zu ihm sagt: „Zum Farren, nicht zum
Pfarrer hätte man dich in Bingen machen sollen").

Scheuer, Polizeikommissar und Proklamationsreuter in Mainz.

Reit, Duodezgelehrter aus Mainz.

Arand, der gelehrteste Pfarrer im ersten Mainzer Grenzorte

Nackenheim, Regens und Weinhändler im Seminare, Pfarrer zu Kristoph, Doctor baccal. Biblic. Stultiss. formatus et bombasticus, wirklicher Weihbischof, Erzbischof in petto.

Der Commandant von Königstein.

Wache.

Die Erfindung ist höchst ärmlich. Die zu Königstein eingekerkerten Klubbisten erhalten durch den Commandanten die Erlaubniß, sich in seinem Zimmer zu einem Thee zu versammeln, wie sie es bei Forster gewohnt waren. Da halten sie sich gegenseitig ihre alten Sünden vor, bis es dem Commandanten zu arg wird und er sie durch die Wache abführen läßt.

Der erste Auftritt spielt im Zimmer der Bürgerin Böhmer. Für die Scandalsüchtigen ohne Ausbeute, lehrt vielmehr auch diese Darstellung noch, die natürlich von einem wüthenden Gegner herrührt, daß Caroline als die bedeutendste Frau des revolutionären Kreises neben Therese Forster galt. Sie wird von dem Verfasser immer mit verhältnißmäßiger Achtung behandelt. Selbst in dieser schlechten Satire bleibt sie schwungvoll, nur in ihrem Munde ist revolutionäres Pathos.

Von der wahrhaft fürchterlichen Lage, in der sie sich damals befand, war im großen Publicum, wie man deutlich sieht, nichts bekannt. Denn der Verfasser, dessen Cynismus in der Polemik nichts zu wünschen übrig läßt, hätte sich ein so dankbares Thema nicht entgehen lassen.

Die schärfsten Vorwürfe, welche er Carolinen zu machen hat, legt er ihrer Mainzer Hausgenossin, der Frau Forkel in den Mund. Sie soll Forstern gegen seine Frau, nach deren Abreise, verhetzt haben: „Deine Absicht war aber, Forstern in dein Netz zu verwickeln, ihn zu deinem Manne zu machen, mit ihm, der schon lange nichts anderes träumte und den vielleicht dieser Plan allein zum Demokraten machen konnte, als Deputirten des Mainzer Nationalconventes (so) nach Paris zu ziehen, dort und in Mainz die bedeutende, große, gelehrte Dame zu spielen und —"

Hier wird Frau Forkel von der Bürgerin Böhmer unterbrochen: „Lange genug habe ich mit der möglichsten Fassung deine Beleidigungen angehört. Hätte ich je eine Schwachheit für Forstern gehabt, so war mirs zu verzeihen; — ich bin Wittwe und frei von jeder Verbindung" u. s. w.

Hierauf wird sie von der Bürgerin Forkel als ein „verlogenes, ehrsüchtiges, falsches, gottloses Geschöpf" bezeichnet, „dessen Demokratie höchst unrein ist, denn nur der Hochmuth machte dich dazu, und hätten sich die Adelichen nur ein wenig mit dir abgegeben, es wäre dir nicht eingefallen, zu dieser Fahne zu schwören."

Ueber Therese sagt die Bürgerin Böhmer: „Sie war es, welche Forstern, der Anfangs zu gutmüthig und schwach vor den französischen Mordthaten und folglich vor der Capitulation selbst zurückbebte, mit ihrem Feuer elektrisirte, und so entstand aus einer geringfügigen Ursache das Größte, das Nützlichste was Menschen thun können: demokratische Proselytenmacherei."

Man sieht, es ist nichts daraus zu lernen. Der Verfasser ist so ungeschickt, daß er die Personen in der crassesten Weise aus ihrer Rolle fallen läßt. Wie weit sonst das Pamphlet etwa dazu dienen kann, die traurige Geschichte der Mainzer Verwirrungen zu beleuchten, das mögen Andere untersuchen, wenn es der Mühe werth ist.

Friedrich Schleiermacher.

I.

Man darf behaupten, daß die meisten großen Männer sich vorgenommen haben es zu werden; daß ihnen von früh auf, wenn auch in dunklen Umrissen, das erhabene Ziel vorschwebte, dessen Erreichung nachher das Resultat ihres Lebens war.

Alexander der Große berauschte sich an den Helden Homers, ihnen wollte er ähnlich werden. Friedrich der Große gestand höchst unbefangen ein, daß er aus Ehrgeiz, aus Bedürfniß sich hervorzuthun, den schlesischen Krieg begonnen. In Lessing lag ein starkes Element der Ruhmsucht, in seiner Jugend verzehrte ihn eine Zeit lang die heftigste Eifersucht auf Klopstock. Ja in der ganzen deutschen Litteratur des vorigen Jahrhunderts spielt der Wetteifer mit den Fremden, der heftige Wunsch, es den vorgeschritteneren Franzosen und Engländern gleichzuthun, die größte Rolle als bewegendes Moment. Man hat ein unbestimmtes Bewußtsein von innerer Kraft und Stärke. Die einstige Nationalgröße wirkt nach. Phrasen, wie die verbreitete von der „uralten deutschen Heldensprache", spuken in den Köpfen. Man will sich emporarbeiten aus dem Zustande geistiger Zurücksetzung, dem man unter den civilisirten Völkern Europas verfallen war. Die Neuberin schreibt an Gottsched, daß sie in allen ihren Bestrebungen stets nur „auf den rühmlichsten und besten Nutzen der gesammten deutschen Gesellschaft denke". Und dem Publicum erklärt sie:

> Bedenkt: mein Vorsatz war, das sag' ich öffentlich,
> Daß unserm deutschen Reich kein Vorzug sollt' gebrechen.

Und darum versuchte sie die Reform der Schauspielkunst. Mit solchem bewußten Streben ging man an den Unterbau unserer Litteratur, und in Denen, die das Werk krönten, war das Bewußtsein wahrlich nicht geringer.

Das deutsche Volk hat im achtzehnten Jahrhundert eine große Litteratur errungen, weil es sie erringen **wollte**. Gerade wie es im neunzehnten Jahrhundert seine politische Einheit erringt, weil es sie erringen **will**.

Die kühne That ist die Tochter des bewußten Entschlusses. Wenn man das so hinstellt, scheint es trivial, und doch wird in den weltgeschichtlichen Entwickelungen diese treibende Kraft oft übersehen. Man führt die Ereignisse manchmal vor, als ob das Glück seine Günstlinge im Schlaf damit überrascht. Namentlich in der Culturgeschichte scheinen mitunter die Begebenheiten wie Pflanzen aufzuwachsen.

Jenes bewußte Streben ganzer Nationen sammelt sich in dem Einzelnen als Ehrgeiz, Ruhmsucht, Thatenlust an. Aber **dieses Phänomen ist kein ausschließlich giltiges**. Es kommt vor, daß der Nationalgeist seine Organe gleichsam wider ihren Willen an ihr Tagewerk heranzwingen muß.

Zu diesen seltenen Naturen gehörte **Schleiermacher**. Beim Durchlesen seines Briefwechsels[*] ist mir nichts so aufgefallen, wie die merkwürdige Abwesenheit des Verlangens nach einer Wirksamkeit ins Große.

Dieser Schriftsteller, dessen gedruckte Werke Tausende von Bogen füllen, bekennt, daß es ihm eine höchst unangenehme Empfindung mache, etwas von sich gedruckt zu sehen. Er könne seine Zeit besser brauchen, als um etwas zu schreiben. Bücherschreiben ist ihm „nur ein widerliches Treiben ohne Leben, ohne Anschauung, ohne Nutzen. Das Predigen — fährt er fort — ist wol etwas mehr, aber nach der gegenwärtigen Einrichtung doch auch wenig genug."

Ein Gelehrter, ein Philosoph, ein Geistlicher, der das Predigen

---

[*] Aus Schleiermachers Leben in Briefen. 4 Bände. Berlin 1860—1863.

gering anschlägt und die schriftstellerische Wirksamkeit noch geringer! Was will er in der Welt, wenn er das Predigen und das Schreiben verschmäht?

„Schleiermacher ist eine Beichtvaternatur," sagte ein witziger Freund. Die Bezeichnung trifft scharf, aber zu scharf, wenn man an die historische Erscheinung des Beichtvaters denkt, die so viel Gehässiges und Unheilvolles mit sich führt. Aber in einem höhern Sinne kann man das Wort vielleicht gebrauchen; in diesem Sinne hat es mit dem Charakter des Erziehers die entschiedenste Verwandtschaft. Und Schleiermacher selbst würde nichts dagegen einwenden, wenn man ihn eine Erziehernatur nennen wollte. „Es scheint mir — schreibt er — die unnachläßlichste Pflicht eines jeden Menschen zu sein, Andere zu erziehen, es mögen nun Alte sein oder Kinder, eigene oder fremde." Er fühlt in sich eine überlegene Ruhe und Sicherheit, mit der er den Wirrnissen und Verwicklungen seines Freundeskreises ordnend und klärend gegenübersteht. Darum ist es seine eingestandene Lust, „sich in Vieles einzumischen, an Vielem theilzunehmen und in vielerlei Verbindungen mit Menschen zu leben".

Sein Element ist die Geselligkeit, nicht der rauschende Verkehr mit vielen Leuten zugleich, sondern der Verkehr von Mensch zu Mensch, von Seele zu Seele; nicht die Region äußeren Geltenwollens, sondern des Austausches innerer Werthe; nicht der glänzende Salon, sondern das stille Plauderstübchen.

„Eigentlich gibt es doch keinen größern Gegenstand des Wirkens als das Gemüth;" mit diesen Worten bezeichnet er klar die Provinz, in der er zu herrschen wünscht. Das Verborgene einer solchen Wirkung ist ihr größter Reiz. Er stellt sie wie ein heiliges Geheimniß entgegen jener „Thätigkeit der Außenwelt, die so durchaus nur Mittel ist, wo der Werth in dem allgemeinen Mechanismus sich verliert, von der so wenig bis zum eigentlichen Zweck und Ziel alles Thuns hin gedeiht und immer tausendmal so viel unterwegs verloren geht".

Man versteht es, wie eine so geartete Persönlichkeit sich immer genauer an Frauen anschließen mußte, als an Männer. Die Blüte des Verkehrs, „das zarte Gefühl und den feinen Sinn für die lieblichen Kleinigkeiten des Lebens und für die feinen Aeußerungen schöner Gesinnungen, die oft in kleinen Dingen unwillkürlich das ganze

Gemüth enthüllen", Alles dies konnte er nur bei edlen Frauen in seiner Vollendung finden.

Er braucht die Geselligkeit. Sie ist seine Heimat. Er hat Heimweh danach, wo sie ihm fehlt. Stumpfsinn kommt über ihn, wenn er isolirt ist. Ohne Freund, ohne herzliches Gespräch, ohne Wechsel zwischen Arbeit und geselligem Genuß gibt es für ihn kein Leben. Das sind die Stunden, in denen er „nichts ist", wie er sich ausdrückt. Er fällt zusammen, wenn es ihm an der wahren und einzigen Nahrung seines Geistes fehlt. „Wahrlich — schreibt er aus solcher Einsamkeit — ich bin das allerabhängigste und unselbstständigste Wesen auf der Erde, ich zweifle sogar, ob ich ein Individuum bin. Ich strecke alle meine Wurzeln und Blätter aus nach Liebe, ich muß sie unmittelbar berühren, und wenn ich sie nicht in vollen Zügen in mich schlürfen kann, bin ich gleich trocken und welk. Das ist meine innerste Natur, es gibt kein Mittel dagegen und ich möchte auch keines."

So spricht Schleiermacher über sein eigenes Wesen, und er ist ein eifriger, gründlicher, scharfsichtiger Beobachter seiner selbst. Er hat den Kern seiner Anlage ohne Zweifel richtig erfaßt. Trotzdem — was ist die Frucht dieser Anlage und was ist das Resultat dieses Lebens, das aufgehen zu wollen scheint in dem stillen unscheinbaren Weben des Gemüthes?

Als Schleiermacher starb, hatte er eine so großartige Wirksamkeit nach außen hinter sich, wie sie nur wenigen Menschen unseres Jahrhunderts zu Theil geworden ist. Er war bei seinem Tode vielleicht der angesehenste und einflußreichste Mann der protestantischen Kirche. Er war das Haupt einer ausgebreiteten theologischen Schule, die noch heute in Kraft steht. Er war das Haupt einer zahlreichen Gemeinde, die von nah und fern ihm ihre Verehrung entgegenbrachte. Er stand als Universitätslehrer wie als Kanzelredner gleich hoch. Er hatte an der Aufraffung des deutschen Staates den hervorragendsten Antheil. Er hat das Feuer, das die Napoleonische Herrschaft in Deutschland verzehrte, redlich geschürt. Er kämpfte für eine freiere Verfassung der protestantischen Kirche. Er war der mächtigste schriftstellerische Vertreter der Union. Er stand im preußischen Agendenstreite Mann gegen Mann dem Könige Friedrich Wilhelm dem Dritten selbst gegenüber. Ist das nicht ein reiches Leben, aber reich gerade an äußeren Thaten, reich an dem was er in seiner Jugend so stolz verschmäht hatte, um allein in der Welt des Gemüthes seine Wohnung aufzuschlagen?

Wie war das gekommen? Woher ein solcher Gegensatz zwischen Anlage und Ausführung? Was hat ihn vertrieben aus den stillen Regionen, in denen er sich so heimisch fühlte? Was hat ihn hinausgedrängt in das Gewühl, in den Kampf, auf den Schauplatz der Außenwelt?

Im Allgemeinen ist die Antwort leicht gegeben. Eine bedeutende Individualität ist wie eine gewaltige Naturkraft. Welche Fesseln man ihr anlegen mag, sie zerbricht sie und stürmt heraus. Auch Schleiermachers Scheu vor dem äußeren Leben ist nur so eine Fessel, wenn auch eine Fessel, welche die Natur sich selber angelegt hat. Das Gemüthsleben, das er preist, ist ein religiöses. Er spricht es aus: „Religion war der mütterliche Leib, in dessen heiligem Dunkel mein junges Leben genährt und auf die ihm noch verschlossene Welt vorbereitet wurde; in ihr athmete mein Geist, ehe er noch seine äußeren Gegenstände, Erfahrung und Wissenschaft gefunden hatte; sie half mir, als ich anfing den väterlichen Glauben zu sichten und das Herz zu reinigen von dem Schutte der Vorwelt; sie blieb mir, als Gott und Unsterblichkeit dem zweifelnden Auge verschwanden; sie leitete mich ins thätige Leben; sie hat mich gelehrt, mich selbst mit meinen Tugenden und Fehlern in meinem ungetheilten Dasein heilig zu halten, und nur durch sie habe ich Freundschaft und Liebe gelernt."

Religion war der Gegenstand, in den er sich am gründlichsten vertiefte, dem er den größten Ernst widmete, mit dem er so lange rang, bis er ihn bewältigt zu haben glaubte. Von Religion war sein Herz voll. Es quoll über.

Dieser Religiöse stand einer irreligiösen Zeit gegenüber. Er wollte sie bekehren. Es ging ihm wie den großen Religionsstiftern. Zuerst ringen sie in der Einsamkeit, bis sie die Wahrheit, bis sie das Heil gefunden zu haben glauben. Dann drängt es sie, der übrigen Menschheit diesen Segen zuzuführen.

Einem solchen Drange unterlag auch Schleiermacher, als er die „Reden über die Religion" schrieb. Damit war die Fessel gesprengt.

Seine Natur stellte ihre Eigenthümlichkeit mit dem Anspruch auf Geltung vor die Welt. Er mußte für diese Geltung kämpfend eintreten. Die praktische Thätigkeit im möglichsten Umfang war ihm fortan Pflicht. Der Beichtvater war Priester und Prophet geworden. Er mußte erziehen im Großen. Der Nationalgeist hatte ihn an sein Tagewerk herangezwungen.

So, wie gesagt, läßt sich die Persönlichkeit Schleiermachers im Allgemeinen, in den Umrissen ansehen. Wer Aufschluß darüber verlangt, wie sich im Einzelnen der eigenthümliche Inhalt seiner Individualität gestaltete, den verweise ich auf Diltheys Buch, dessen erster Band die Entwickelungsgeschichte Schleiermachers enthält, dessen zweiter Band sein philosophisches und theologisches System und seine äußere Wirksamkeit darstellen wird.*)

Diltheys „Leben Schleiermachers" ist eine ganz hervorragende Leistung. Alle Bedingungen, um ein ausgezeichnetes Werk zu schaffen, sind hier zusammengetroffen.

Nicht leicht hat ein geistiger Heros so viel von der verborgenen Arbeit seiner Seele zu Papier gebracht in Tagebüchern, Briefen, Entwürfen, Aufzeichnungen aller Art, wie Schleiermacher. Fast Alles aber was Schleiermacher aufzeichnete, so wie Alles was durch schriftlichen Verkehr von Aufzeichnungen Anderer bei ihm einlief, ist bewahrt geblieben. Und Alles was bewahrt blieb hat Dilthey benutzen dürfen. Es ist also ein ganz colossales Material in seinem Buche verarbeitet.

Weit höher aber schlage ich das an, was dem Verfasser nicht gegeben wurde, sondern was er selbst zur Behandlung seines Gegenstandes mitbrachte.

Alle Probleme, welche Schleiermacher beschäftigten, hat Dilthey selbständig durchdacht. Alle Philosophen, Theologen, Dichter, welche neben und vor Schleiermacher dieselben oder ähnliche Probleme behandelten, hat Dilthey studirt.

Und der Vortheil, der ihm hieraus erwuchs, ist ein doppelter. Der eine wird schon im vorliegenden Bande sichtbar, der andere muß

---

*) W. Dilthey, Leben Schleiermachers, Bd. I. Berlin 1870.

sich erst im zweiten Bande zeigen. Der vorliegende Band sucht Schleiermacher zu erklären, der zweite muß ihn kritisiren.

Schleiermacher erklären heißt: Sein Denken und Empfinden auf große Gedanken und Empfindungsrichtungen vor ihm und neben ihm zurückführen. Es heißt nachweisen, wie seine Eigenthümlichkeit durch das Allgemeine bedingt ist, wie seine Individualität durch den Gang der Geschichte gefordert und geschaffen wurde. Es heißt zeigen, was alt ist an Schleiermacher und was neu, worin er fortsetzt und worin er anfängt, was er aufnimmt und was er producirt, worin er abhängig ist und worin originell, und wie die Originalität oft nur in der neuen Combination, in der Zusammenfassung gegebener Richtungen besteht.

Alle die großen Culturrichtungen, welche Schleiermacher beherrschen, welche Schleiermacher erzeugen, hat der Verfasser exact erforscht. Und er stellt sie dar — nicht wie sie ihm erscheinen, sondern wie sie den Zeitgenossen erschienen. Alle die Persönlichkeiten um Schleiermacher her, welche jene Richtungen repräsentiren, hat er sich vergegenwärtigt und anschauliche Porträte von ihnen entworfen. So entrollt er das erhebende Schauspiel gewaltiger, gegen und mit einander arbeitender Kräfte, aus deren gährendem Durcheinanderwogen sich neues Leben gestaltet.

Aber diese Darstellung bedarf einer Ergänzung. Der Verfasser muß den Werth der Schleiermacher'schen Lebens- und Weltansicht feststellen. Und er muß noch weiter gehen: er muß den Werth der allgemeinen Culturrichtungen feststellen, aus denen sie hervorging. Er muß sie messen an der Bedeutung, die sie für unser geistiges Leben bewährten, er muß sie messen an unseren heutigen Ueberzeugungen, an seinen eigenen Gedanken über die höchsten Probleme.

Das ist es, was wir vom zweiten Band erwarten, wenn der großartige Plan, der dem Verfasser vorschwebt, ausgeführt werden soll. Er will nicht erzählen blos, sondern überzeugen. „Er möchte, daß vor der Seele des Lesers, wenn er dies Buch schließt, das Bild eines großen Daseins stehe, aber zugleich ein Zusammenhang bleibender Ideen, streng begründet, eingreifend in die wissenschaftliche Arbeit und das handelnde Leben der Gegenwart."

II.

„Ueber die Religion, Reden an die Gebildeten unter ihren Verächtern" — unter diesem Titel erschien in Berlin 1799 das erste größere Werk Schleiermachers, das ihn zuerst berühmt machte und an das man immer zuerst denken wird, wenn der Name Schleiermacher genannt wird. Das Buch steht wie ein Wegweiser da, der aus der Religionsauffassung des achtzehnten Jahrhunderts in die des neunzehnten hinüberdeutet. In gewissem Sinne überragt es alle späteren theologischen Schriften Schleiermachers, insbesondere die berühmte und vielbewunderte „Glaubenslehre". Die Reden stehen in einem unbefangeneren Verhältniß zu den Resultaten der exacten Wissenschaft als die Glaubenslehre. In die Reden könnte man sich das Leben Jesu von Strauß eingeschaltet denken, ohne daß ihr wesentlicher Inhalt irgend alterirt würde; die Glaubenslehre stellt sich mit ihrer Christologie, mit ihrem eben so urbildlichen als geschichtlichen, ihrem absolut irrthumslosen und sündlosen Erlöser der modernen kritischen Forschung in unversöhnlichem Widerstreit entgegen.

Eine Lehre, in deren Consequenz es liegt, die höchste Stufe des thierischen Lebens, welche im Menschen erreicht wird, mittels der Vorstellung einer noch höheren Stufe, einer einmaligen übermenschlichen Erscheinung zu durchbrechen — eine solche Lehre wird die heutige Wissenschaft nicht befriedigen können, welche in dem ausnahmslosen Verhältniß von Ursache und Wirkung ein unantastbares Heiligthum erblickt. Aber die „Reden" sind von den eben geschilderten Elementen einer theologisch strengeren Auffassung noch ziemlich frei. Nur wenn ihr Verfasser eine Umprägung theologischer Begriffe vornimmt und Worten, wie „Wunder, Offenbarung, Eingebung, Weissagung, Gnadenwirkung" einen unverfänglichen Sinn unterschiebt, den sie nach dem Sprachgebrauch niemals gehabt haben, so übt er bereits jene Methode, welche ihm in der „Glaubenslehre" gestattet, sich äußerlich merkwürdig genau an die hergebrachten Lehrsätze des kirchlichen Systems anzuschließen und ihnen dabei innerlich eine ganz neue Bedeutung beizumessen.

Der Hauptinhalt der „Reden" hat jedoch hiemit wenig zu thun.

Sie entwickeln eine Ansicht über das Wesen der Religion, welche so interessant, so tiefgreifend und dem Standpuncte der Gegenwart in vielen Stücken so nahe ist, daß eine Auseinandersetzung damit auch heute noch lohnt.

Schleiermacher weist der Religion ein besonderes, ihr ganz allein eigenes Gebiet der menschlichen Seele an, unabhängig von der Metaphysik, unabhängig von der Moral.

Unabhängig von der Metaphysik: denn er stand auf den Schultern Kants, er bewegte sich auf dem Boden der Kritik der reinen Vernunft, er durchschaute die Unzulänglichkeit aller Beweise vom Dasein Gottes und von der Unsterblichkeit. Den Begriff Gottes ersetzt er durch den in der Regel ganz unpersönlich gefaßten des Universums. Von der Unsterblichkeit macht er keinen Gebrauch, ja er bezeichnet die Sehnsucht nach ewiger individueller Fortdauer als irreligiös. Der wahrhaft religiöse Mensch sehnt sich vielmehr danach, aufzugehen im Universum.

Unabhängig von der Moral: dieser Punct ist schwerer zu fassen, vielleicht aber darf man an uralte Vorstellungen dabei anknüpfen.

Das Mittelalter unterschied zwei große Lebensrichtungen: die vita activa und vita contemplativa, das thätige und das beschauliche Leben. Es war unvermeidlich, diese Sphären einander entgegenzusetzen und gegeneinander abzuwägen, wobei stets die Contemplation vor der Activität den Vorzug erhielt. Mußte man doch im Mönche den Repräsentanten des beschaulichen, im ritterlichen Kriegsmann den Repräsentanten des thätigen Lebens erblicken.

Eine ähnliche Unterscheidung schwebt Schleiermacher vor, nur daß er natürlich Thätigkeit und Beschaulichkeit im weitesten Sinne nimmt. Das thätige Leben weist er ausschließlich der Moral zu; das, was man im Mittelalter vita contemplativa nannte, entspricht ungefähr der Schleiermacher'schen Religion. Als einen Typus des echt religiösen Lebens feiert er Spinoza.

Ausschließlich der Religion weist er die Gefühle der Ehrfurcht, Demuth, Liebe, Dankbarkeit, des Mitleids und der Reue zu: kurz Alles was die Alten als Frömmigkeit zusammenfaßten und ebenfalls unmittelbar auf die Religion bezogen.

Alle diese Gefühle aber glaubt er aus der Betrachtung des Universums (Spinozas cognitio Dei intuitiva) ableiten zu dürfen. Er schildert des Nähern, was er unter dieser Betrachtung oder „Anschauung", wie er es nennt, versteht. Er meint jene Totalanschauung des Universums, welche schon Herder in den „Ideen" auf ähnliche Weise entwickelt hatte. Er meint eine Betrachtung der äußeren Natur, welche nicht bei der Pracht der Erscheinung, nicht bei der Versenkung in die ungeheuren Massen, Zahlen und Größen stehen bleibt, sondern die Gesetze ins Auge faßt. „Erhebt Euch zu dem Blick, wie diese Alles umfassen, das Größte und das Kleinste, die Weltsysteme und das Stäubchen welches unstät in der Luft umherflattert, und dann sagt, ob Ihr nicht anschaut die göttliche Einheit und die ewige Unwandelbarkeit der Welt."

Er meint eine Betrachtung des geistigen Lebens, welche aus allen Individuen zusammengenommen sich die vollkommene Anschauung der Menschheit verschafft, der Menschheit als eines organisirten Ganzen, worin die einzelne Persönlichkeit nur ein verschwindender Theil ist, worin ein unaufhaltsamer Fortschritt stattfindet, worin das Rohe, das Barbarische, das Unförmliche immer mehr verschlungen und in organische Bildung umgewandelt wird. Blinder Instinct, gedankenlose Gewöhnung, todter Gehorsam, alles Träge und Passive soll vernichtet werden. „Dahin deutet das Geschäft des Augenblicks und der Jahrhunderte, das ist das große, immer fortgehende Erlösungswerk der ewigen Liebe."

Aber die Menschheit verhält sich zum Universum, wie die einzelnen Menschen zu ihr. Die Menschheit ist nur eine einzelne Form des Universums. Darum strebt die Ahnung über sie hinaus ins Unendliche.

Man sieht, daß das Universum der Hauptbegriff ist in Schleiermachers Religionsansicht. In der Betrachtung des Universums durchdringt uns Ehrfurcht; demüthig fühlen wir unsere Kleinheit; wir lieben unsere Brüder als dasselbe was wir sind, als Darstellungen der Menschheit; wir sind Denen dankbar, welche aus Religiosität — „als solche, die sich mit dem Ganzen schon geeinigt haben und sich ihres Lebens in demselben bewußt sind" — uns in unserem Dasein und Streben fördern; wir bemitleiden die Egoisten, die sich in ihr

Ich verschanzen; wir bereuen Alles in uns, was dem Genius der Menschheit feind ist.

So fließt aus der Betrachtung des Universums die „Frömmigkeit" oder — warum sollen wir es nicht nennen, wie das achtzehnte Jahrhundert es zu nennen pflegte, wie es Herder verkündigte? — die Menschlichkeit, die Humanität.

Die Religion also ist Anschauung und Gefühl des Universums.

Schleiermacher aber geht noch einen Schritt weiter. Er behauptet, es helfe nichts, alle diese Anschauungen und Gefühle sich zu vergegenwärtigen, sie vollkommen zu verstehen, sie zu haben im klarsten Bewußtsein; um wahrhaft religiös zu sein, um als Ausfluß einer wirklich religiösen Natur gelten zu dürfen, müssen sie in dem Menschen ursprünglich eins und ungetrennt gewesen sein, er muß Momente in sich erlebt haben, in welchen keines dieser Gefühle und Anschauungen ihm gegenwärtig war, worin aber eine Empfindung über ihn kam, welche sie alle enthielt.

Und Schleiermacher beschreibt einen solchen Moment mit allem Aufwand sprachlicher Mittel, die ihm zu Gebote standen. Die Stelle ist bekannt, aber hier unentbehrlich.

„Könnte und dürfte ich ihn doch aussprechen — jenen Augenblick — andeuten wenigstens, ohne ihn zu entheiligen! Flüchtig ist er und durchsichtig wie der erste Duft, womit der Thau die erwachten Blumen anhaucht, schamhaft und zart wie ein jungfräulicher Kuß, heilig und fruchtbar wie eine bräutliche Umarmung; ja nicht wie dies, sondern er ist alles dies selbst. Schnell und zauberisch entwickelt sich eine Erscheinung, eine Begebenheit zu einem Bilde des Universums. So wie sie sich formt, die geliebte und immer gesuchte Gestalt, flieht ihr meine Seele entgegen, ich umfange sie nicht wie einen Schatten, sondern wie das heilige Wesen selbst. Ich liege am Busen der unendlichen Welt, ich bin in diesem Augenblick ihre Seele, denn ich fühle alle ihre Kräfte und ihr unendliches Leben wie mein eigenes, sie ist in diesem Augenblicke mein Leib, denn ich durchdringe ihre Muskeln und ihre Glieder wie meine eigenen und ihre innersten Nerven bewegen sich nach meinem Sinn und meiner Ahnung wie die meinigen. Die geringste Erschütterung — und es verweht die heilige

Umarmung und nun erst steht die Anschauung vor mir als abgesonderte Gestalt, ich messe sie und sie spiegelt sich in der offenen Seele wie das Bild der sich entwindenden Geliebten in dem aufgeschlagenen Auge des Jünglings und nun erst arbeitet sich das Gefühl aus dem Innern empor und verbreitet sich wie die Röthe der Scham und der Lust auf seiner Wange.

„Dieser Moment ist die höchste Blüte der Religion. Könnte ich ihn Euch schaffen, so wäre ich ein Gott — das heilige Schicksal verzeihe mir nur, daß ich mehr als eleusische Mysterien habe aufdecken müssen. Er ist die Geburtsstunde alles Lebendigen in der Religion."

So weit Schleiermacher. Er schildert mit diesen Worten zunächst ein ganz subjectives psychologisches Phänomen, das sich auch sehr wohl erklären läßt.

Die stärksten religiösen Impulse hat Schleiermacher in der Gemeinde der Herrnhuter bekommen. Die herrnhutische Religion war sozusagen eine genießende, eine schwelgerische Religion. Die Herrnhuter schwelgten in der Betrachtung des Osterlammes und seiner Wunden. Die Aeußerung ihrer Gefühle bewegte sich dabei zum Theil in Formen, welche schon dem Mittelalter geläufig waren und wodurch die Seele als Braut Gottes dargestellt wurde. Eben diese Auffassung finden wir hier bei Schleiermacher. Mit Recht sagt Julian Schmidt: „Die Zärtlichkeit des Redners für das Universum hat immer etwas von der Zärtlichkeit des Herrnhuters für Jesus."

Die persönliche innere Erfahrung Schleiermachers wird also wohl klar sein. Die Gefühle seiner gläubig religiösen Zeit gegenüber einem Gegenstande, den seine Phantasie mit aller erdenklichen Vollkommenheit ausstattete, waren ihm geblieben, als jener Gegenstand selbst ihm durch ernste, wissenschaftliche Arbeit nach langen schweren Kämpfen verloren ging. Ein neuer Gegenstand der Verehrung bot sich ihm dar im Universum, auf ihn übertrug er die alten Gefühle. Nicht ohne Schaden für die Auffassung des Gegenstandes. Man kann nichts lieben, was keine Person ist. So läuft es denn ohne mythologische Personification auch in den Reden nicht ganz ab. Manchmal erscheint der Weltgeist oder das Göttliche, das Allmächtige statt des Universums.

Welcher Art aber thatsächlich jene Gefühle waren, die er sich durch bloße Arbeit der Phantasie so persönlich färbte, das verräth er deutlich, wenn er das unendliche Chaos des Sternenhimmels als das schicklichste und höchste Sinnbild der Religion bezeichnet. Jene Gefühle waren **ästhetischer Natur**. Das Gefühl des **Erhabenen** überkam ihn im Anschauen des Universums. Dieses brachte die Stimmung der Ehrfurcht und Demuth über ihn.

War es nun richtig, eine so ganz persönliche Empfindung für das Wesen der Religion überhaupt zu erklären?

Ganz gewiß nicht. Die historische Forschung widerspricht entschieden.

Die ältesten Religionen sind ohne Metaphysik, will sagen ohne Mythologie, gar nicht zu denken. **Theils** stammen die Mythen aus bloßen poetischen Ausdrücken, deren ursprünglicher Sinn in späteren Sprachepochen verloren ging. Sie stellen sich dann als eine Art Allegorie dar. Ich will ein Beispiel geben. Was kann einfacher klingen als folgender Satz: „Odin senkte den Blick in den Born der Erinnerung, um daraus Weisheit zu schöpfen." Die altnordische Mythologie hat aus dem Born der Erinnerung einen wirklichen Brunnen gemacht, den ein Riese „Erinnerung" (Mimir) hütet und worin Weisheit und Verstand verborgen sind. Dahin kommt Odin und verlangt einen Trunk, erhält ihn aber nicht eher, als bis er sein eines Auge zum Pfande setzt, d. h. in die Weisheitsquelle versenkt.

Theils muß man die Mythen als Anfänge der Physik betrachten. Der Mensch sucht sich die Naturphänomene zu erklären, indem er menschliches Thun als ihre Ursache voraussetzt. Er hört Lärm und Gepolter in den oberen Luftregionen. Das erweckt ihm die Erinnerung an Getöse und Schreien bei menschlichen Kämpfen. Also schließt er: da oben wird auch gekämpft, da schlagen sich die Leute. Er dichtet eine Schlacht und ergänzt die aus menschlichen Kämpfen bekannten Motive dazu. Die betheiligten Personen nimmt er aus der unmittelbaren Anschauung. Er sieht dunkle Wolken, er sieht den hellen Himmel davon umdüstert und dann wieder hell. Er personificirt die Wolken und personificirt den Himmel. Er träumt von einer Schlacht, welche der Himmelsgott den Wolkendämonen siegreich geliefert hat. Und das Gewitter ist für ihn erklärt.

Die gewaltigen entfesselten Naturkräfte aber fürchtet er in ihrer unwiderstehlichen Macht. Er sucht ihnen beizukommen in seiner Weise, durch Zauberei, durch Opfer, durch Gebet. Das Alles ist nichts Anderes als verschiedene Mittel, um die Kräfte der Natur in seinen Dienst zu zwingen.

Die stolze Formel „Beherrschung der Natur zu menschlichen Zwecken" gilt nicht blos für unsere erleuchteten Zeiten. Was wir mit Eisenbahnen und Telegraphen thatsächlich erreichen, das glaubte der Naturmensch durch Zauberei, Opfer, Gebet zu erlangen. Wie jene Gewittermythen zu unserer Kenntniß von Dampf und Elektricität, so verhalten sich Zauberei, Opfer, Gebet zu unserer heutigen Mechanik.

Jene urweltliche Mechanik ist auch heute noch nicht ausgestorben, selbst auf den Höhen der Civilisation. Aber verträgt sie sich mit dem gegenwärtigen Stande der exacten Wissenschaft?

Wenn nicht, so ist auch bewiesen, daß Schleiermacher vollkommen recht hatte, die Metaphysik, die Fragen nach Gott und Unsterblichkeit gänzlich auszuscheiden aus der Religion. Schleiermacher irrte, wenn er sein subjectives Religionsgefühl für das Wesen der Religion überhaupt nahm. Die ältesten Religionen sind ganz anders entstanden, ihr Wesen ist ein anderes: rohe Vorstellungen von Naturkräften, rohe Versuche, dieselben dem Menschen unterthänig zu machen; roh in ihrem Ursprung, wenn auch vielfach verfeinert und verflüchtigt in ihrer weiteren Entwicklung; darum aber nicht minder Abkömmlinge jener uralten Zeit.

Eben deßhalb mußten alle solche Vorstellungen ausgeschieden werden, wenn von Religion überhaupt noch geredet werden sollte. Die Religion mußte unabhängig von ihnen dastehen, wenn sie mit der modernen Wissenschaft sich überhaupt noch vertragen sollte.

Was aber Schleiermacher an die Stelle des Verworfenen setzen will, kann schwerlich in dem Bewußtsein eines heutigen Menschen sich befestigen. Was soll uns das Gefühl der Erhebung in der Betrachtung des Universums? Die Tugenden, welche Schleiermacher daraus ableitet, haben zum Theil gewiß ganz andere Quellen.

Und darum werden wir die Scheidung von der Sittlichkeit kaum zugeben können, ohne den allgemeinen und wohlbegründeten Sprachgebrauch zu verletzen.

Die religiösen Gefühle sollen nach Schleiermacher nur wie eine heilige Musik alles Thun des Menschen begleiten; er soll Alles mit Religion thun, nichts aus Religion; die religiösen Gefühle sollen ihn vor der Einseitigkeit bewahren, welche das handelnde Leben verlangt. Diese begleitende Versenkung ins Universum ist im Grund nichts Anderes als was wir Bildung zu nennen pflegen. Jene Gefühle der „Frömmigkeit" aber, Liebe, Mitleid, Dankbarkeit u. s. w. erkennen wir am sichersten aus den sittlichen Handlungen, in denen die Ehrfurcht vor dem Ganzen den Egoismus des Einzelnen bändigt. Und in dem „Ganzen" werden wir nicht sofort das Universum, sondern zunächst die realen sittlichen Gemeinsamkeiten: Familie, Staat, Nation, Menschheit erblicken müssen.

Es gibt viele Abstufungen des Guten.

Es gibt ein Gutes, das aus Furcht vor der Strafe des Staates entspringt.

Es gibt ein Gutes, das aus Furcht vor der öffentlichen Meinung oder vor deren Spiegelbild, dem individuellen Gewissen entspringt.

Es gibt ein Gutes, das aus Ehrgeiz entspringt, der Alles für sich aufrufen und sich dienstbar machen will was die Menschen für hoch und trefflich halten. Das ist eine Mechanik des Geistes, welche die idealen Kräfte der Menschheit zu individuellen Zwecken verwerthet.

Es gibt endlich ein Gutes aus Liebe zum Guten, welches die edelsten Geister als das einzige wahrhaft Gute verherrlicht haben.

Nur diese Spitze der Sittlichkeit, wenn überhaupt etwas, wollen wir Religion nennen. Sie entsteht nicht ohne ein ästhetisches Element der Bewunderung für die Tugenden, welche die Dichter besingen, welche die Kunst verewigt. Aber ihr Hauptbegriff ist der Glaube. Wie viel er auch durch die Einsicht in den bisherigen Gang der Geschichte genährt werden mag, wie sehr es auch eine historische Wahrscheinlichkeitsrechnung geben mag, die uns manchmal den Ereignissen vorausblicken und das Kommende ahnen läßt: die starke, lebendige, unerschütterliche Ueberzeugung des Glaubens ist über alles Wissen, über alle Erfahrung, über alle Ahnung hinaus. Und dieser Glaube treibt mehr als irgend etwas Anderes zum Handeln. Wofür werdet ihr eure ganze Kraft einsetzen, als woran ihr glaubt?

Willst du dich aufopfern für einen Zweck, an dessen schließliche Verwirklichung du nicht glaubst? Wirst du einem Staate mit Begeisterung dein Leben weihen, der dir verfault scheint und reif zur Auflösung? Wirst du dich einer Wissenschaft, einer Kunst hingeben, deren Schöpfungen dir gleichgiltig vorkommen für die Erweiterung menschlichen Erkennens und menschlichen Empfindens? Du wirst vielmehr nur dann Großes erreichen, wenn dir die innere Weihe nicht fehlt, und damit begnadigt dich allein der Glaube.

Aber die Religion ist nicht blos, wo es sich um die allgemeinen und höchsten Angelegenheiten der Menschheit handelt. Die Religion ist überall, wo selbstlose Liebe, Treue, Hingebung, Opferwilligkeit erscheint: in der Freundschaft, in der Ehe, in jedem menschlichen Verhältniß, worin der Egoismus sich nicht blos widerwillig beugt, sondern gleichsam aufgezehrt und vernichtet ist durch eine höhere Gewalt.

Nur allerdings, woran die beseligende Macht des Glaubens sich in unserer Zeit am herrlichsten enthüllt, das sind die Begriffe Vaterland, Nation und Staat. Darum ist das Deutschland des neunzehnten Jahrhunderts um so viel frömmer als das Deutschland des achtzehnten, weil diese Begriffe eine solche niegekannte Macht in ihm gewonnen haben.

Daß Schleiermacher ein Religionsbegeisterter, ein Glaubensheld auch in unserem Sinne war, dafür möge hier nur ein einziges Zeugniß stehen.

Es ist der Schluß der Reden über die Religion in der zweiten, 1806 nach Deutschlands tiefem Fall erschienenen und schon etwas mehr specifisch christlich gefärbten Auflage.

„Deutschland ist immer noch da, und seine unsichtbare Kraft ist ungeschwächt, und zu seinem Beruf wird es sich wieder einstellen mit nicht geahnter Gewalt, würdig seiner alten Heroen und seiner vielgepriesenen Stammeskraft... Hier habt ihr ein Zeichen, wenn ihr eines bedürft, und wenn dies Wunder geschieht, dann werdet ihr vielleicht glauben wollen an die lebendige Macht der Religion und des Christenthums. Aber selig sind die, durch welche es geschieht, die, welche nicht sehen und doch glauben."

Wien, im August 1870.

Otto Ludwigs Shakspearestudien.

Aus dem Nachlasse des Dichters, herausgegeben von Moriz Heydrich.
Leipzig. Cnobloch, 1872.

Otto Ludwigs Shakspearestudien sind eines der merkwürdigsten und lehrreichsten Bücher, die man lesen kann. Ihre Form ist freilich nicht die anziehendste. Künstliche Mittel des Styles werden nicht in Bewegung gesetzt, durch welche sich ein träger Leser, der nur halb bei der Sache ist, gefesselt fühlen könnte. Immer um denselben Gegenstand dreht sich Alles, der wird um und um gewendet, in neue Beleuchtung gerückt, erst aus der Ferne, dann immer näher betrachtet, bald fallen gelassen, bald wieder vorgenommen, erst die Umrisse und das Ganze, dann die kleinsten Einzelnheiten mit unnachlassender Vertiefung. Es ist kein fertiges Buch, Otto Ludwig selbst würde es nie so herausgegeben haben. Es sind nur Vorbereitungen zu einem Buche, eine Reihe einzelner werthvoller Erkenntnisse, die Ludwig in seine Studienhefte eintrug wie sie ihm kamen, ohne System, ohne zum voraus geregelte Ordnung. Der Herausgeber konnte in der Mittheilung derselben kaum anders verfahren als er verfahren ist. Nur war es besser, anstatt der weitschweifigen und wenig belehrenden Einleitung ein orientirendes Register beizugeben, wonach man rasch übersehen konnte, an welchen verschiedenen Stellen Ludwig über denselben Gegenstand gehandelt hat.

Eben darum aber, weil es kein leicht zu genießendes Buch ist, scheint es Pflicht der Kritik, recht nachdrücklich darauf hinzuweisen und offen zu erklären, daß der deutschen Litteratur hiermit ein Werk geschenkt ist, worauf sie alle Ursache hat stolz zu sein. Wer sich nur durch unbequeme Aeußerlichkeiten nicht abschrecken läßt und herzhaft in die harte Schale beißt, dem wird der Geschmack des süßen Kernes nicht entgehen.

Wir stellen das Buch in eine Reihe mit Laubes Schriften über das Burgtheater und das norddeutsche Theater und mit Freytags Technik des Dramas.

Alle diese Werke tragen die Signatur unserer sogenannten unphilosophischen Zeit, und es ist ein wahrer Genuß, sie neben das dünne Raisonnement etwa von E. v. Hartmanns „Aphorismen über das Drama" zu halten. Die Schönheitsmetaphysik, die Deductionen aus dem Begriffe des Tragischen, die flachen Eintheilungen in große todte Behälter anstatt der lebendigen Mannigfaltigkeit der Geschichte, das Operiren mit höchst sublimirten Abstractionen, die von der Welt der Thatsachen kaum mehr einen schwachen Geruch an sich tragen — kurz, der ganze alte Adam deutscher Philosophie ist hier gründlich abgethan. Praktische Ziele werden ins Auge gefaßt.

Schauspielkunst ist Menschendarstellung, und die dramatische Poesie liefert das Material, woran diese Menschendarstellung sich entfalten kann. Bühnendramen, nicht Lesedramen! — darin möchte heute wol alle Welt einig sein.

Die Bühne und ihre Bedürfnisse wechseln. Das Publicum ändert sich, sein Geschmack, seine Stimmung, seine ästhetische und moralische Gesinnung, seine Gedanken und Gefühle erfahren Wandlungen je nach Zeit und Ort. Das deutsche Publicum ist kein einheitliches und es kann überall nur bis zu einem gewissen Grade erzogen, von seiner natürlichen Richtung weggezogen werden.

Andererseits ändert sich auch das Holz, aus welchem Schauspieler geschnitzt werden. Jede Zeit, jede Generation liefert nur eine beschränkte Anzahl von moralischen Typen. Auf einigen mehr begünstigten Gebieten bilden sich neue heraus, auf anderen kehren kaum die alten wieder. Gewisse Seiten des Charakters stellen sich in erhöhter Mannigfaltigkeit, in reicherer Gliederung dar, andere verarmen. Demgemäß ändert sich auch das Quantitätsverhältniß, in welchem für die eine oder andere Charakterseite auf hervorragende schauspielerische Repräsentanten zu rechnen ist. Dieser Zweig stirbt ab, jener treibt neue Sprossen.

Eine dramatische Production, welche mit ihrer Zeit Fühlung behält und mit den gegebenen Factoren rechnet, wird auf alle solche Dinge Rücksicht nehmen. Und hierüber sind Laubes Bücher voll Belehrung und Aufschluß. Insoferne ergänzen sie Freytag und O. Ludwig, welche die dramatische Technik mehr aus idealer Ferne, ohne den speciellen Hinblick auf die irdischen Mühen der Inscenirung und des Repertoires, der Erziehung des Publicums und der Schauspieler behandeln.

Freytags „Technik des Dramas" zeigt eine feine und geschmackvolle, auf vielfältige Erfahrung gegründete Reflexion. Aber er will zunächst nur aus der bisherigen Praxis heraus einige praktische Winke und Rathschläge geben. Es fehlt daher jene kühne Einseitigkeit, mit der man Bahn bricht. Es fehlt jene Fruchtbarkeit der Gesichtspuncte, welche nach allen Seiten hin ungeahnte neue Aussichten eröffnet.

Otto Ludwig leistet das Alles in hohem Maße. Er war ein vorzugsweise energischer Geist. Mit gewaltigem Ernste geht er den Sachen zu Leibe. Bewunderungswürdig diese Fähigkeit der Selbstkritik, diese Entschlossenheit sich einzugestehen: ich war auf falschem Wege, ich habe im Nebel getappt, ich muß von vorne anfangen, ich muß das Handwerk meiner Kunst erst nochmals lernen und die Principien des Schaffens mühsam aus den großen Mustern abstrahiren; hiermit muß ich erst im Reinen sein, ehe ich neuerdings producire. — „Endlich nun öffne ich mir die Thüre des Kunsttempels, zu dessen Dache ich hineinstieg," ruft er aus, sowie ihm die Grundsätze klarer werden. Die höchsten und werthvollsten Seiten des deutschen Volkscharakters fanden sich in Ludwig zusammen: der hingebende Ernst und der unbestechliche Wahrheitssinn.

Schon seit dem ersten Aufblühen des Dramas im sechzehnten Jahrhundert gehen zwei Compositionsformen neben einander her: eine lose, freiere Manier, die mit dramatisirten Historien anhebt, und eine mehr geschlossene Composition nach dem Muster der Antike. Jene empfängt in den großen Zeiten der englischen, diese in den großen Zeiten der französischen Bühne ihre entscheidende Ausbildung. In Deutschland herrscht weder die eine noch die andere unbedingt. Kaum hat sich im vorigen Jahrhundert das französische Muster recht durchgesetzt und Nacheiferung geweckt, so machte Lessing die folgenschwere

Entdeckung, daß die englische Bühne uns näher liege, weil die Nationalgeister enger verwandt seien. Seitdem liefern sich die Schatten Corneilles und Shakspeares auf deutschem Boden ihre Schlachten.

War es nöthig, sich so völlig auf die englische Seite zu schlagen, wie es Otto Ludwig that? Muß man Shakspeare gleich einem Gott verehren und liegt nur in ihm das Heil?

Jedenfalls darf zunächst die Wissenschaft sich glücklich schätzen, daß Otto Ludwig so fühlte. Ohne solchen Glauben an Shakspeare keine solche Vertiefung in Shakspeare; ohne diese Vertiefung keine Resultate wie sie uns jetzt dargeboten werden, kein solcher Einblick in die Werkstatt, in die intimsten Geheimnisse dramatischer Technik. „Sein Urtheil befreit nur, wer sich willig ergeben hat," sagte ein großer Philologe. Otto Ludwig hat den Proceß der Läuterung an Shakspeare für viele Andere mit durchgemacht.

Aber objectiv genommen möchten wir nicht Shakspeare als den ersten und letzten Glaubensartikel des Dramatikers so rückhaltslos hinstellen, wie es Ludwig thun zu müssen meinte. Die vollberechtigte Forderung, daß die Handlung und ihr Verlauf sich mit Nothwendigkeit aus den Charakteren ergeben und Zufälle ausschließen müsse — ist unabhängig von dem Style der Durchführung. Von dieser Seite steht es uns ebensowohl frei mit der Katastrophe anzufangen, wie mit dem Beginne der Verwicklung. Strenge Motivirung ist bei der festgehaltenen Einheit der Zeit und des Ortes eben so möglich, wie bei dem freiesten Schalten mit Zeit und Raum.

Hierfür scheint es nur Eine vernünftige Regel zu geben: die einem Dichter zunächst liegende, sich seiner Phantasie mit Nothwendigkeit aufdrängende Auffassung des Stoffes muß die Compositionsform bestimmen.

Unsere Zeit hat einmal mit der gebundenen Styltradition gebrochen, sie muß frei wählen. Sie hat sich davon entwöhnt, es hilft nichts, sie neuerdings binden zu wollen an eine doch auch nur gewählte Form. Der Dramatiker mag sich aus inneren Gründen, je nach der Natur des Gegenstandes für die eine oder für die andere Compositionsform entscheiden, so gut wie wir im Kirchenbau lieber nach der Gothik, im Palastbau lieber nach der Renaissance greifen. Aber die Strenge des inneren Zusammenhanges, die folgerichtige

Motivirung müssen wir freilich nach dem Muster Shakspeares fordern. Jedes richtig gebaute Drama ist ein in Scene gesetztes Plaidoyer für die Unfreiheit des menschlichen Willens, für seine Abhängigkeit von dem gewordenen Charakter.

Da stoßen wir indessen gleich auf einen weiteren bedenklichen Punct.

Otto Ludwig wendet sich wiederholt gegen die moderne Art zu motiviren, die er hauptsächlich auf Schiller zurückführt. Es scheint ihm, daß schwächliche Humanitätsbegriffe, daß ein Beschönigungs- und Abschwächungssystem um sich greife, das seiner männlichen Natur widerstrebt. Er meint, der neuere Dichter mache sich zum Anwalt der unterliegenden Partei. Er schiebe die Schuld von dem Angeklagten auf die Situation, auf die Zeit, auf den Richter selbst. „Im Helden fällt nun nicht ein Schuldiger, sondern ein Opfer der materiell mächtigeren Gegenpartei; sein Ausgang ist nicht die Folge seiner Schuld, sondern das Loos des Schönen auf der Erde."

Auch hier scheint uns Ludwig zu schroff gegen unsere Zeit, zu ausschließlich einer vergangenen zugeneigt. Nicht blos das Drama, sondern die Poesie im Allgemeinen, und nicht blos die Poesie, sondern auch die Geisteswissenschaft hat ein Interesse an dem Probleme der Motivirung und ist fortwährend bemüht es zu lösen. Eines kann nicht vom Anderen getrennt werden. Die Methode, die auf dem einen Gebiete herrscht, wirkt unwillkürlich auf die anderen hinüber. Und der Einfluß der Wissenschaft in dieser Hinsicht ist wohl größer als man gemeiniglich annimmt.

Wir sind nun stufenweise dahin gekommen, den handelnden Einzelnen immer mehr zu entlasten, den Einfluß, den die allgemeinen Geistesmächte auf ihn üben, immer genauer zu berechnen und immer höher anzuschlagen. Es kann nicht fehlen, daß solche wissenschaftliche Anschauungen auch die dichterische Motivirung erfassen und umgestalten.

Ja, wir selbst sind anders geworden, unser Wollen und Empfinden unterliegt anderen Gesetzen als in früherer Zeit. Wir sind so zahm, vernünftig und sittsam. Wir wissen so trefflich zu entsagen, mit heiterer Stirn Opfer zu bringen und mit Anstand uns in Unvermeidliches zu schicken. Das Herz bricht uns, ohne daß wir eine

Miene verziehen. Haß, Eifersucht, Zorn, Rachsucht und ähnliche wilde Leidenschaften treten nur mit Maulkörben auf. Und wo einst Gift und Dolch in Bewegung gesetzt wurden, da sind wir mit Nadelstichen zufrieden. Die zunehmende Bildung schwächt das starke egoistische Begehren. Der Respect vor dem Allgemeinen, vor dem Gesetze und der öffentlichen Meinung ist größer als je. Der Einzelne räumt den Umständen gern einige Bedeutung ein, er liebt es, für seine Entschlüsse einen gewissen Spielraum zu behalten und den Zufall auch mit entscheiden zu lassen. Wir Alle führen gerne den mythologischen Begriff des Schicksals im Munde; Männer von sehr festem Willen empfinden sich als Werkzeuge einer höheren Leitung, man zieht vor, als Pflicht aufzufassen, was im Grunde innerste Neigung ist. Wir haben große Staatsmänner ohne persönliches Machtverlangen, und der gewaltige Mensch, der das alte Europa aus seinen Angeln gehoben hat, sagt bescheiden: Fert unda nec regitur. Freilich, wenn die Uebermacht des Allgemeinen uns schwächt, so stärkt sie uns auch andererseits. Haben wir uns einer Idee gefangen gegeben, so ist sie es, die in uns wirkt, uns hebt, unsere Kraft verzehnfacht, unseren Willen hart wie Stahl macht.

Aufzuhalten ist diese Umwandlung nicht, wenn man auch einmal die Geduld dabei verlieren mag, wie Otto Ludwig. Und wo die wirklichen Menschen anders werden, da können die Menschen der Dichtung nicht zurückbleiben.

Wenn ich hierin Ludwig entgegentrete, so will ich aber damit nicht sagen, daß alle harten Worte, die er gegen Schiller gesprochen hat, ungerecht seien. Dieselben beschränken sich keineswegs auf den Einen soeben geltend gemachten Gesichtspunct. Hier möge man nachprüfen und gerecht abwägen. Daß Ludwig sich durch seine strenge Kritik an Schiller versündigt habe, darf Niemand behaupten. Man muß ihn beurtheilen nach seinen eigenen Worten: „Habe ich Manches nicht gebilligt was der Nation heilig geworden ist, so kann ich mich nur mit der Gewissenhaftigkeit meines Strebens rechtfertigen; ich habe auch meine eigenen Wünsche und Vorurtheile für nichts geachtet." Seine Kritik ist nicht gegen den Dichter Schiller als solchen gerichtet, sondern gegen den Dramatiker. Es kann etwas an sich sehr schön und poetisch sein, was innerhalb einer bestimmten Gattung

Tadel verdient. Der allgemeine poetische Gehalt kann die dramatische Form geradezu sprengen. Ludwigs Ausführungen über Schiller sind nun namentlich dadurch sehr fruchtbar, daß sie auffordern, die Genesis von Schillers dramatischer Technik näher zu untersuchen, den Mustern, den Styltraditionen nachzuspüren, die ihn geleitet und die dann durch eigene ästhetische Theorie und moralische Anschauung modificirt wurden.

Ueberhaupt, für die historische Forschung ist das Buch voll Anregung. Auch für die Behandlung Shakspeares selbst wird es ohne Zweifel neuen Anstoß geben. Es wäre ein schlechtes Zeichen für die deutsche Shakspeareforschung, wenn sie sich nicht rasch Ludwigs Gesichtspuncte zu eigen machte und die von ihm begonnenen Untersuchungen fortführte. Ludwigs Beobachtungen sind oft lange nicht umfassend genug. Ihm kommt es immer in erster Linie auf Regeln für die Production an. Die Frage nach dem Ursprunge von Shakspeares Technik ist nirgends aufgeworfen, geschweige denn beantwortet.

Wenn z. B. Shakspeare dem Dialoge Spannung verleiht, indem er eine Mittheilung, welche erfolgen soll, durch Ungeschick oder Aufregung oder Befangenheit des Erzählers lange nicht zum Vorschein kommen läßt, sondern weite Umwege wählt, um die Ungeduld des Hörers zu erregen: so habe ich dieses Mittel, mit bewußter Kunst angewendet, auch bei einem Zeitgenossen Shakspeares, dem Straßburger Dramatiker Kaspar Brülow, gefunden. Brülow hat nur lateinisch gedichtet, und ein älterer lateinischer Dichter des sechzehnten Jahrhunderts, der Holländer Cornelius Schonäus, bedient sich desselben Kunstgriffes. Woher hat ihn Shakspeare?

Aber noch nach einer anderen Seite hin können Otto Ludwigs Studien, wenngleich nur andeutungsweise, zur Nachfolge reizen. Wiederholt begegnet uns bei ihm der Versuch, complicirtere ästhetische Erscheinungen auf ein Urphänomen zurückzuführen. Und diese Reduction ist unerläßlich, soll eine psychologische Erklärung gelingen, welche nur an letzte Analysen anknüpfen und das einfachste Phänomen als Object nehmen kann.

Otto Ludwigs nachgelassenes Werk ist ein neuer Beweis, daß wir endlich ruhig in die Straße wieder einlenken, welche Aristoteles gezeigt und Lessing nach ihm betreten. Die deductive Methode ist überall in Mißcredit gekommen. Wir fühlen uns wieder heimisch auf dem Boden der Erfahrung, und erst durch die Generalisation von Beobachtungen glauben wir zu allgemeinen Wahrheiten aufsteigen zu können. Eindringende Erforschung der vorliegenden Muster — anders können ästhetische Theorien nicht gewonnen werden. Anders können wir auch zu einer Kunstlehre des Dramas nicht gelangen, als indem wir die technischen Eigenthümlichkeiten der Dramen aller Zeiten und Völker umfassend sammeln, ordnen, gegenseitig an einander messen und in ihrem Verhältnisse zu den jeweiligen Forderungen der Bühne erforschen.

Ich habe nur eine schwache Andeutung von dem reichen Inhalte des Otto Ludwig'schen Buches gegeben. Man fühlt sich eben überall aufgelegt, mit einem so ernsten Geiste, sei es bedingt beistimmend, sei es bekämpfend, zu discutiren. Und darüber versäumt man, was vielleicht wichtiger wäre, ihn selbst häufiger zum Worte kommen zu lassen.

Wien, 4. April 1872.

Moderne Legenden.

Sieben Legenden. Von Gottfried Keller. Stuttgart, Göschen. 1872.

Gottfried Keller hat lange geschwiegen. Seine „Leute von Seldwyla" sind 1856, sein „Grüner Heinrich" schon 1854 erschienen. Seinem Ruhm und seiner Kunst hat die lange Pause nicht geschadet. Der Vollgehalt echter Poesie, wie in „Romeo und Julie auf dem Dorfe", kann keinen brillanten plötzlichen Erfolg haben, aber immer größer und größer wird der Kreis seiner Verehrer. Manche andere Geschichte der „Leute von Seldwyla" in ihrem eigenartigen carikiren= den Humor wird nur langsam Freunde finden, etwa wie die Poesie der Lalenburger, des Finkenritters, des Schelmuffsky oder mancher anderen altdeutschen humoristischen Geschichte, dem an gepfefferte Kost gewöhnten Geschlechte der Gegenwart nicht mehr recht munden mag.

Auch der „Grüne Heinrich" machte in der Stille seinen Weg. Auch dies kein Buch für die Menge; mehr eine ernste Charakter= studie als ein leicht lesbarer Unterhaltungsroman; ein Buch voll Versenkung in die geheimsten Falten eines träumerischen Gemüthes. Man liest und liest und liest sich hinein und wird gefangen von der seltsamen Welt und ist voll Bedenken und selbst Widerstreben und liest doch weiter und kann nicht aufhören, etwa wie man vor einem vielfächerigen alten Schubkasten voll vergilbter Papiere und halbver= moderter Briefe und Stammbücher und intimer Aufzeichnungen ge= wöhnlicher und ungewöhnlicher Menschen sitzt und wühlt und wühlt und eine ganze versunkene Gemüthswelt nach und nach vor sich auf= steigen läßt.

Ganz eigenartig und merkwürdig und wieder nicht auf große durchschlagende Wirkungen berechnet sind auch Gottfried Kellers gewiß nur wenigen bekannte Gedichte. Mir selbst sind nur die „neuen Gedichte" (Braunschweig 1854) einmal in die Hände gefallen.

Die Natur krystallisirt sich zu neuen Mythologien darin, in der reichen duftigen Welt siedelt sich die Liebe an in tausendfältiger Gestalt, holde Mädchengestalten sehen wir ziehen, aus den edlen Reben steigen lebendige Geister auf und der Humor fährt bald lächelnd, bald grinsend dazwischen. Der Taugenichts kommt zu seinem Recht, nicht der ideale Eichendorffs, sondern der leibhaftige zerlumpte Betteljung. Aus dunklen Waldseen tauchen weiße Feenleiber empor und über dem grünen bunten Thal stehen wie alte graue Berge die ernsten waltenden Gedanken, die das Höchste und Tiefste im Menschen bewegen, entschlossene radicale Anschauungen über Politik und Religion, das Denken und Fühlen eines ganzen modernen lebenswarmen Menschen und eines ganzen Poeten. Zu den trüben unerklärlichen Wallungen des Herzens findet er die Naturstimmung, zur Naturstimmung die lebendige Gestalt. Ueberall dichtet er mehr für die Phantasie als für die Empfindung. Selten ein Ton, der uns ganz durchschauert, wie junger Wein glühend durch die Adern rollt. Eine betrachtende Stimmung bleibt herrschend. Keine Phrase, keine triviale rhetorische Floskel. Feste Bilder, bestimmte Situation; originell gedacht, originell ausgeführt; Alles fest und anschaulich, klar umrissen, nicht traumhaft im Nebel schwankend, und doch bei aller Gegenständlichkeit und Linienbestimmtheit voll Gesang und Melodie. Meister Brahms, der seine Texte so trefflich zu wählen weiß und manchem scheinbar gedankenschweren Liede schon das Musikalische abgelauscht und manches vergessene gerettet hat, könnte, dünkt mich, in Kellers Gedichten mehr als Eine Perle finden, würdig in das Gold seiner Melodien gefaßt zu werden.

Es ist immer derselbe Gottfried Keller und doch in neuer höchst unerwarteter Gestalt, der uns nun die „sieben Legenden" darbietet.

„Legenden? — wird man vielleicht verwundert oder gar entrüstet fragen — Legenden von einem modernen Dichter? Von einem Freigeist und Republikaner? Was wollen die? Spotten, lästern, blasphemiren, das Heilige verhöhnen?"

Ich will nicht behaupten, daß es ganz ohne Spott dabei ablaufe. Ein so durch und durch humoristischer Mensch wie Keller thut es nicht ohne einige Schelmerei. Ja es ist möglich, daß diese für ihn den Hauptreiz dabei ausgemacht hat. Aber es bleibt immer ein gutmüthiger Scherz mit dem Heiligen, wie er sich in naiven Zeiten, im Mittelalter, bei Hans Sachs unzählige Male findet, und wie am meisten ein recht moderner Mensch ihn mit Behagen nachfühlen kann, der frei betrachtend über diesen Dingen schwebt, gerade wie er etwa die griechischen Götter mit einiger Ironie behandeln und doch an ihrem idealen Wesen, wie eine erhabene Kunst es ausgeprägt hat, sich erbauen mag. Und soll dem echten Humor, nicht dem leichtfertigen Spaß, sein Gebiet beschränkt werden und ängstlicher beschränkt als es in den gläubigsten Zeiten war?

Keller selbst bekennt, er habe den alten Geschichten zuweilen das Antlitz nach einer anderen Himmelsgegend hin gewendet, als nach welcher sie in der überkommenen Gestalt schauten.

Was das sagen will, kann man an der „Eugenia" (die erste Nummer von den sieben und die Krone der Sammlung) und am „schlimm-heiligen Vitalis" studiren. Die frommen Heiligen der Legende schließen hier als Unheilige. Die exaltirten Gemüther, welche gegen die Natur ankämpfen, unterliegen ihren natürlichen Empfindungen. Das Menschliche ist stärker in ihnen als das Uebersinnliche, das seiner irdischen Schranken zu spotten sucht.

Dieser Grundgedanke ist nichts Neues. Andacht und Schwärmerei durch ihre Uebertreibung ad absurdum zu führen und etwa den Gott Amor als glücklichen Sieger über verstiegene Hirngespinnste religiöser Phantasie darzustellen, haben sich schon viele Poeten zum besonderen Vergnügen gerechnet. Aber gar nicht erst im Zeitalter der Aufklärung. Auch hierin hat das Mittelalter vorgearbeitet, es gibt Erzählungen schon aus dem elften Jahrhundert, worin z. B. junge Leute, die sich durch Fasten zu Heiligen ausbilden wollen, ganz kläglich den irdischen Qualen des Hungers unterliegen und demüthig ihre Schwäche bekennen. Und die italienische Novellistik des vierzehnten Jahrhunderts bearbeitete mit Vorliebe solche Stoffe. Der moderne Dichter nun freilich erlaubt sich, die Heiligen selbst dazu zu benutzen und ihr fleckenloses Ansehen in den Staub des Irdischen herabzuziehen. Und bei aller Ehrbarkeit, denn Keller ist sehr weit von Wielands lüsterner Manier entfernt, schlimm bleibt es für die arme Eugenie und den tapferen Vitalis doch immer, daß ihnen, nachdem sie so lange im Rufe der strengsten Enthaltsamkeit gestanden, nun plötzlich nachgesagt wird, sie seien schließlich doch wie andere gewöhnliche Menschen in den Hafen der Ehe eingelaufen und hätten sich da erst recht glücklich gefühlt. Aber der Dichter wird uns ja Auskunft ertheilen können, ob ihm vielleicht ein zürnender Schatten nächtlich im Traum erschienen und ihn über seine Unthaten zur Rede gestellt hat. Oder wer weiß, ob nicht diese alten gebildeten Himmelsbewohner aus Alexandria mit der Zeit fortgeschritten sind, wenn sie auch unserer irdischen Vollkommenheit ein wenig nachhinken, wie es bei der großen Entfernung vom Herde der Civilisation nicht anders sein kann — und ob sie jetzt nicht gerade dabei sind, die neuesten Schriften von Voltaire zu verschlingen und danach ihre eigenen früheren Ansichten ein wenig zu modificiren.

Aber sehen wir ab von diesen boshaften Erfindungen, in denen der moderne Dichter das wohlerworbene Renommée seiner Helden so wenig rücksichtsvoll ins Gegentheil verkehrte. Er hat andere Geschichten erzählt, in denen er das Wesen der Legenden unangetastet ließ, ihnen aber durch merkwürdige Zuthaten einen ganz neuen, eigenthümlichen Reiz verlieh.

Da ist eine Erzählung, die man in Kosegartens „Legenden" als den „Garten des Liebsten" findet. Darin geht die heilige Dorothea den Gang zum Martyrium, den jammernden Freunden gegenüber preist sie sich glücklich und frohlockt, und während ein eisiger Schlossenregen aus den Wolken niederbraust, drückt sie ihre Freude aus, nun bald zu spazieren mit dem Liebsten in des Liebsten Garten.

> Schöne Rosen wird mein Freund mir pflücken,
> Süße Aepfel mir vom Baume brechen,
> Ruhen werd ich in des Liebsten Armen
> Am krystallnen Bach im weichen Grase.

Und Theophilus, des Landvogts Schreiber, spottet ihrer: „Ei, so schicke mir von diesen schönen Rosen, diesen süßen Aepfeln, die da wachsen in des Liebsten Garten." — „Was du bittest, soll geschehen," sagt sie lächelnd und geht ruhig weiter. Auf dem Richtplatz aber steht plötzlich ein wunderschöner Knabe vor ihr mit einem aus Silberdraht geflochtenen Körbchen, worin drei rothe Rosen und drei Aepfel: diese schicke der Liebste aus seinem Garten. Da ordnet Dorothea den feinen Knaben gleich an Theophilus ab, er möge sagen: zum Angedenken an Dorothea. Hierauf winkt sie dem Henker und ihr Haupt entsinkt dem Nacken. Theophilus aber, gedankenvoll am Fenster stehend, empfängt die Botschaft und schlägt sich reuig an die Brust und spricht tiefseufzend: „Weh mir! Ich habe Gott gelästert und Christi keusche Braut verhöhnt!" Von Stund an wurde er bekehrt, glaubte an Christus, predigte gewaltig und erhielt auch seinerseits die Martyrkrone.

Ich schweige davon, wie drastisch und charakteristisch Keller die einzelnen beibehaltenen Züge herausgearbeitet hat und wie dabei immer ein leises Lächeln um die Lippen des Erzählers schwebt. Bei ihm sind Theophilus und Dorothea ein Liebespaar, das durch einen unglücklichen Scherz des Mädchens getrennt wird. In der Dämmerung erhält Theophilus das Körbchen, die drei Aepfel sind leicht angebissen von zwei zierlichen Zähnen. Während sich der Sternenhimmel über ihm entflammt, ißt er sie langsam auf, eine gewaltige Sehnsucht durchströmt ihn mit süßem Feuer, er eilt zum Statthalter und bekennt sich zu Dorotheas Glauben. „So fahre der Hexe nach!" ruft der Statthalter und läßt ihn noch in derselben Stunde enthaupten.

So wurde Theophilus für immer mit Dorotheen vereinigt. Mit dem ruhigen Blicke der Seligen empfing sie ihn. „Wie zwei Tauben, die, vom Sturme getrennt, sich wiedergefunden und erst in weitem Kreise die Heimat umziehen, so schwebten die Vereinigten Hand in Hand, eilig, eilig und ohne Rasten an den äußersten Ringen des Himmels dahin, befreit von jeder Schwere und doch sie selber." Welche anmuthige Vorstellung! Man fühlt sich an Francesca da Rimini bei Dante erinnert. — So ziehen die Liebenden dahin, trennen sich spielend, vereinigen sich wieder, ruhen im Anschauen ihrer selbst. „Aber einst geriethen sie in holdestem Vergessen zu nahe an das krystallene Haus der heiligen Dreifaltigkeit und gingen hinein; dort verging ihnen das Bewußtsein, indem sie, gleich Zwillingen unter dem Herzen ihrer Mutter, entschliefen und wahrscheinlich noch schlafen, wenn sie inzwischen nicht wieder haben hinauskommen können."

Eine andere Geschichte dichtet Keller im Sinne des himmlischen Haushaltes fort, von dem man früh im Mittelalter in gemüthlich-humoristischer Auffassung zu erzählen weiß, wie z. B. beim Gastmal Christi sich die Heiligen treffen und Johannes der Täufer ist Mundschenk, weil er bekanntlich keinen Wein trinkt.

Die einfache alte Erzählung ist die. Ein junges Mädchen, Namens Musa, tanzt leidenschaftlich gern, Kirche und Messe hat sie schon öfter versäumt und es steht zu fürchten, sie werde sich noch um den Himmel tanzen. Glücklicherweise ist sie eine eifrige Verehrerin der Jungfrau Maria und diese beschließt, das sonst so treffliche Mädchen zu retten. Einmal, wie Musa, noch ganz heiß und schwindelnd vom Tanze, in ihr stilles Kämmerchen zurückkehrt und niederkniet vor der Gottesmutter, da sieht sie den Himmel offen und Melodien quellen ihr entgegen, wie sie sie nie gehört. Dazu

>Tanzten Sonn und Mond und alle Sterne
>Und die heilgen Jungfraun weißgekleidet
>Und die hohe Gottesmutter selber
>Selige geheimnißreiche Tänze.

Und Maria fragt: „Möchtest du wol solche Tänze tanzen alle Tage deines Lebens?" Tanzlüstern bejaht es das Mädchen. „Der Wunsch ist leicht zu erfüllen," versetzt hierauf die heilige Jungfrau, „du mußt nur dreißig Tage lang alles Spieles und Tanzes dich enthalten, dann will ich dich abholen in das Haus der Hochzeit." Musa, wie aus schwerem Traum erwachend, fühlt ihr ganzes Innere umgewandelt und thut Buße. Am dreißigsten Tage holt Maria mit einem Kuß ihre Seele ab und des Himmels diamantene Thore thun sich auf und jene wunderbaren Harmonien ertönen wieder und Musa tritt in die hellen Reihen,

>Wo sie tanzt mit Sonn und Mond und Sternen,
>Mit den heilgen Jungfraun, mit der hohen
>Gottesmutter, der Gebenedeiten,
>Immerdar den hochzeitlichen Reigen.

Hieraus nun hat Keller sein überaus reizendes „Tanzlegendchen" gemacht.*)

Musa kann sich einmal nicht enthalten in der Kirche, vor dem Altare selber zu tanzen. Da erscheint ihr ein ältlicher aber schöner Herr und tanzt ihr entgegen und sie glaubt zu träumen und läßt sich nicht stören. Es ist der König David. Da muß man nun aber bei Keller selbst nachlesen, wie er ihn beschreibt mit dem glänzend schwarzen gelockten Bart, „welcher vom Silberreif der Jahre wie von einem fernen Sternenschein überhaucht war"; und wie er die Engel schildert, die oben auf dem Chore Musik machen, man könnte die sämmtlichen kleinen Knirpse gleich malen; und wie dann der König David das junge Mädchen zur Entsagung verlockt, indem er ihr eine himmlische Melodie vorspielen läßt, eine so unerhört glückselige, überirdische Tanzweise, daß dem Kinde die Seele im Leibe hüpft und alle Glieder zucken, und wie sie nun wirklich fromm wird und, weil sie das Zucken nicht lassen kann, ihre feinen Füßchen durch eine Kette fesselt, und wie sie nach drei Jahren dünn und durchsichtig wie ein Sommerwölkchen wird und von ihrem Bettchen in den Himmel schaut und da schon die goldenen Sohlen der Seligen durch das Blau hindurch meint tanzen und schleifen zu sehen, und wie sie endlich stirbt und der wehende Wind sich in Musik zu wandeln scheint und sich der Himmel für sie aufthut und der König David sie empfängt.

Den himmlischen Festtag, zu dem sie gerade zurecht kommt, beschreibt nun Keller des Näheren, indem er folgende köstliche Geschichte erfindet: „An Festtagen war es, was zwar vom heiligen Gregor von Nyssa bestritten, von demjenigen von Nazianz aber aufrechtgehalten wird, Sitte, die neun Musen, die sonst in der Hölle saßen, einzuladen und in den Himmel zu lassen, damit sie da Aushilfe leisteten. Sie bekamen gute Zehrung, mußten aber nach verrichteter Sache wieder an den anderen Ort gehen." Nach dem Tanz ist große Tafel,

---

*) Die Geschichte der Musa steht in Kosegartens Legenden I. 126 f. in zwanzig Zeilen (ich habe bei der Nacherzählung die poetische Fassung in Kosegartens Sagen der kirchlichen Vorzeit benutzt): damit hat Keller einige Züge combinirt, welche aus der dem Motive nach identischen Geschichte des ritterbürtigen Fräuleins bei Kosegarten Leg. I. 118 ff. entnommen sind.

die Musen sitzen an einem besonderen Tisch. Die emsige Martha aus dem Evangelium mit weißer Küchenschürze und einem zierlichen kleinen Rußfleck an dem weißen Kinn, sorgt in eigener Person für sie. Die kleine eben in den Himmel aufgenommene Tänzerin setzt sich zu ihnen. Die heilige Cäcilie nimmt sich schwesterlich ihrer an. Die kleinen Musikbübchen kommen, um von den glänzenden Früchten zu erhalten, die auf ihrem Tische strahlen. König David trinkt ihnen zu und streichelt wol der einen das Kinn im Vorbeigehen. Selbst die heilige Maria bezeigt sich freundlich und huldreich und küßt Urania zärtlich auf den Mund und flüstert ihr beim Abschied zu, sie werde nicht ruhen, bis die Musen für immer im Paradiese bleiben könnten.

Es kam aber anders. Um sich für alle erfahrene Güte zu bedanken, übten die Musen zum nächsten Festtag in einem abgelegenen Winkel der Unterwelt einen Lobgesang ein, dem sie die Form der im Himmel üblichen feierlichen Choräle zu geben suchten. Und als sie wieder zu ihrem Dienste berufen wurden, nahmen sie einen für ihr Vorhaben günstig scheinenden Augenblick wahr, stellten sich zusammen auf und begannen sänftiglich ihren Gesang, der bald gar mächtig anschwoll. „Aber in diesen Räumen klang es so düster, ja fast trotzig und rauh, und dabei so sehnsuchtsschwer und klagend, daß erst eine erschrockene Stille waltete, dann aber alles Volk von Erdenleid und Heimweh ergriffen wurde und in ein allgemeines Weinen ausbrach. Ein unendliches Seufzen rauschte durch die Himmel; bestürzt eilten alle Aeltesten und Propheten herbei, indessen die Musen in ihrer guten Meinung immer lauter und melancholischer sangen und das ganze Paradies mit allen Erzvätern, Aeltesten und Propheten, Alles was je auf grüner Wiese gegangen oder gelegen, außer Fassung gerieth. Endlich aber kam die allerhöchste Trinität selber heran, um zum Rechten zu sehen und die eifrigen Musen mit einem lang hinrollenden Donnerschlage zum Schweigen zu bringen." Die armen neun Schwestern blieben von nun an verbannt.

Ist das nicht eine wunderbare Erfindung, die sich ganz unvergeßlich einprägt? eine Vorstellung, die man nie wieder los wird, voll tiefer Symbolik und doch ganz unbefangen nur um ihrer selbst willen hingestellt? Die armen Musen, die mit den feurigen schwarzen oder tiefblauen Augen in der ätherischen Gesellschaft so verschüchtert um sich blicken — das Motiv erinnert an Paul Heyses letzten Centaur — man hat ein Gefühl, als ob eine entthronte Königin nur von Almosen oder ihrer Hände Arbeit leben muß und mit dem besten Willen es nie recht machen kann und dann am wenigsten, wenn sie sich die meiste Mühe gibt.

Unwillkürlich bin ich in meinem Bericht dahin gekommen, Gottfried Keller selbst sprechen zu lassen. Sein Styl, wie er sich in dem vorliegenden Bändchen darstellt, ist nicht zu excerpiren oder zu abbreviiren. So kurz, so gedrungen in den sparsam gewählten Worten, mit einer solchen Fülle der Anschauungen ausgestattet, durchgebildet, maßvoll, ohne alle Manier und Affectation, einfach und schlicht, Satz um Satz so natürlich fortrollend, dabei aller Mittel sicher, um mit gering scheinenden Ausdrücken die lebendigsten und wirkungsvollsten Bilder in uns hervorzurufen, um Ernstes und Lustiges anzuregen, letzteres oft wie ein Wetterleuchten über die Landschaft hinfahrend, um uns bald in den sonnigen Orient, bald in die helle Marmorstadt von Alexandrien, bald in ein luftiges Landhaus am Schwarzen Meere, bald wieder nach der Heimat, nach duftigen Wäldern, ragenden Burgen oder in ein dumpfes Kloster zu versetzen: ich habe wirklich seit lange nichts gelesen, was so ausgezeichnet erzählt gewesen wäre und wobei sich so der Eindruck vollendeter Natürlichkeit, die aus der höchsten Kunst entspringt, aufgedrängt hätte.

Ich habe noch kein Wort von den Marienlegenden gesagt, von „der Jungfrau und dem Teufel", der „Jungfrau als Ritter", von „der Jungfrau und der Nonne". Die heilige Jungfrau ist, ohne daß der Verfasser den alten Legenden viel zuzusetzen brauchte, etwas menschlich und irdisch ausgefallen. Sie ist, wenn ich so sagen darf, ein wenig emancipirt. Es reizt sie, mit dem Teufel zu ringen, ja sie traut ihren Kräften einmal zu viel, es gelüstet sie, ein Turnier mitzumachen und als Ritter einem schönen Mädchen zu schmeicheln: der Klosterdienst dagegen wird ihr etwas langweilig, und vielleicht würde das Ehestiften ihr mehr Vergnügen machen — wenigstens in Alexandria; wie der heilige Vitalis an seinem großen Wendepunct angekommen ist und zweifelt, ob er seine Heiligkeit nicht lieber dem ehelichen Glück aufopfern sollte: da wirft er sich vor einem Muttergottesbilde nieder, das eigentlich eine alte Junostatue war, „und als ein röthlicher Schein vorüberziehender Frühwolken auf den Marmor flog, da schien das Gesicht auf das holdeste zu lächeln, mochte es nun sein, daß die alte Göttin, die Beschützerin ehelicher Zucht und Sitte, sich bemerklich machte, oder daß die neue über die Noth ihres Verehrers lachen mußte; denn im Grunde waren Beide Frauen und diese lächert es immer, wenn ein Liebeshandel im Anzug ist."

Ich gestehe, daß für mich die ironischen Blitze lange nicht den Hauptwerth der gegenwärtigen Publication ausmachen. Gottfried Keller bemerkt ganz richtig, daß die Legendenphantasie ähnliche Wege gewandelt ist wie die Novellenphantasie. Es sind dieselben Elemente, welche sich hier wie dort geltend machen, nur etwas anders gewendet und auf ein verschiedenes Gebiet bezogen. Novellen aus der antiken Welt sind uns nicht viele erhalten, das Wenige freilich vom höchsten Zauber. Aber der Geist der antiken Novelle hat sich zum Theil in die ältesten Legenden übertragen, gerade wie auch im Mittelalter die dichterische Phantasie zu Zeiten ihr bestes Können in diese Stoffwelt hineintrug. „Alles was das späte Alterthum der neuen Zeit am unmittelbarsten entgegenbrachte, Allegorien, Parabeln, Apologe, Novellen, religiös-philosophische Streitfragen — sagt Gervinus — das finden wir in der Legende noch völlig erhalten."

Man hat die Gesammtzahl der im Mittelalter cursirenden Legenden auf 40,000 berechnet. Die wundervollen poetischen Erzählungen von Jesu Eltern, von der Kindheit Christi und der Flucht nach Aegypten, diese herrlichen Idyllen, das großartige Evangelium Nicodemi mit seiner ganz dramatischen Schilderung der Höllenfahrt Christi, worin uns jene Höllenmythologie zuerst ganz ausgebildet entgegentritt, aus der nachher Milton und Klopstock schöpften — dann die Lebensbeschreibungen der Apostel — bilden den Kern dieser Litteratur, an welchen sich zunächst die unzähligen Märthrergeschichten aus den Christenverfolgungen, dann die Biographien weit reisender Bekehrer, endlich unzählige Localsagen (späterer bewußter Fälschungen zu geschweigen) anschlossen. Dies ganze große Gebiet der christlichen Heroenwelt, eine reiche Fundgrube poetischer Stoffe hat Gottfried Keller für unsere Zeit wieder entdeckt. Und vielleicht werden wir bald unbefangen genug sein, um eine Sammlung schmucklos und ohne alle Ironie erzählter Legenden rein vom poetischen Gesichtspunct dankbar anzunehmen. Auch den Grimm'schen Märchen mußte erst ein ironischer Musäus den Weg bahnen. Wir aber sind darauf angewiesen und es ist die würdige Aufgabe unserer dichterisch wenig productiven Zeit, alle die Blüten sorgfältig zu sammeln und uns an ihrem Dufte zu erquicken, welche der Genius der Poesie früherhin über die Erde ausgestreut hat.

Für den begabten Dichter aber, der, zum selbständigen Schaffen berufen wie Wenige, sich an der angedeuteten Aufgabe hier so prächtig betheiligte, haben wir den Wunsch, daß er nun nicht abermals in Schweigen versinken, sondern daß er uns bald die zweite Auflage des „Grünen Heinrich" und einen zweiten Band der „Leute von Seldwyla" schenken möge.

Wien, im Mai 1872.

Die neue Generation.

Vor wenigen Wochen ist ein neues Werk von Julian Schmidt erschienen: „Bilder aus dem geistigen Leben unserer Zeit" (Leipzig 1870), eine Sammlung von größeren und kleineren, früher nur zerstreut gedruckten Aufsätzen; ein höchst anregendes und geistvolles Buch, das Niemand ohne Vergnügen lesen wird.

Julian Schmidt hat dieser Sammlung eine Einleitung vorangeschickt, worin er sich ausspricht über die „neue Generation". Es mag ihm eine Anzahl jüngerer Gelehrten und Dichter dabei vorschweben, die sich etwa im Anfange der Dreißiger befinden und deren Hauptleistungen noch im Schooße der Zukunft liegen.

Das Thema ist interessant genug. Wir leben in einer Zeit tiefgreifendster Umgestaltung. Was haben wir nicht seit 1848 erlebt! Wie hat sich insbesondere die deutsche Welt verwandelt, ökonomisch, politisch, sittlich!

Die Frage erhebt sich: wie wirkt diese neue Welt auf den deutschen Geist, auf dichterische und wissenschaftliche Production, und welche Pflanzen wachsen auf dem neuen Boden?

Leider versucht Julian Schmidt keine erschöpfende mit Thatsachen belegte Charakteristik. Er greift nur einige Züge heraus, die ihm gerade auffallen und rückt diese näher ins Licht. Ich will nicht mit ihm darüber rechten. Wer möchte die Schwierigkeit des Gegenstandes verkennen?

Wo fasse ich das Neue, erst Werdende, noch Gährende, nach Wesen und Gestaltung Ringende? Die Leute in fünfzig Jahren werden sehr genau wissen, was sich heute in unserem geistigen Leben vollzieht. Sie werden ohne Mühe die Thätigkeit der Gegenwart taxiren, und in den Litteraturgeschichten von 1920 wird man bequem die Namen der Dichter, Philosophen, Historiker, Philologen aufschlagen, in deren Händen um 1870 die Fortbildung der Poesie und Geisteswissenschaft ruhte. Wie wenig aber ist den Zeitgenossen darüber vergönnt zu wissen. Jeder überblickt nach unserer endlichen Beschränkung nur den kleinen Theil, der gerade in seinen Gesichtskreis fällt.

Trotzdem, wer könnte sich an der kräftigen, geistigen Arbeit dieses Geschlechtes betheiligen, ohne den Wunsch, sich darüber Rechenschaft zu geben, was ihn selbst, was seine Freunde und Genossen, was alle mit und um ihn Strebenden im Innersten bewegt, welches gleichsam die großen Mächte sind, in deren Dienst und Pflicht wir Alle stehen?

Mag nur Jeder sagen, was er sieht oder zu sehen glaubt. Wenn wir unsere Beobachtungen fleißig austauschen und willig berichtigen, so wird sich vielleicht doch ein Gesammtbild ergeben, von dem wir Erweckung und Führung empfangen können. In diesem Sinne wird es erlaubt und nützlich sein, einige Bemerkungen von Julian Schmidt etwas zu prüfen und zu erläutern.

„Die neue Generation ist mit der romantischen Schule verwandt." Das kann man vielleicht zugeben, aber es kommt auf nähere Bestimmungen an.

Die sogenannte romantische Schule war von einer Anzahl allgemeiner Ideen bewegt, welche die Einzelwissenschaften mit einer ungeahnten Fülle neuer Gesichtspuncte befruchteten.

Einige von diesen Gesichtspuncten sind empirisch fast erschöpfend durchgearbeitet worden. Die Kritik, die Methode der Feststellung des Thatsächlichen, ist zur äußersten Feinheit gebracht. Aber andere, nicht minder wichtige Gesichtspuncte hat man fallen lassen.

Die Bewegung kehrt jetzt an ihren Ausgangspunct zurück, um das früher Versäumte nachzuholen. Die allgemeinen Ideen, welche den ersten Anstoß gaben, treten wieder hervor. Je mehr die einzelnen Wissenschaften in ihrem eigenthümlichen Material sich zurecht gefunden haben, desto mehr beginnen ihnen wieder die obersten Principien am Herzen zu liegen. Die höchsten Aufgaben, an denen man vor einem Decennium noch scheu vorüberging, oder die man den harmlosen Träumereien der Philosophie überließ, drängen sich jetzt mächtig auf und heischen Lösung.

Nachdem man lange Zeit die möglichste Arbeitstheilung gefordert hatte, macht sich unter uns wieder das Bedürfniß der Arbeitsvereinigung geltend. Denn die wichtigsten Probleme liegen auf den Grenzgebieten der Wissenschaften. Der Psycholog stellt sich an den Secirtisch, der Sprachforscher lernt von dem Physiologen, der politische Historiker geht bei dem Nationalökonomen in die Schule, und der Culturhistoriker vollends sollte ein Mann mit zehn Köpfen sein, der das ganze physische und geistige Leben des Menschen in seinem ursächlichen Zusammenhange durchschaut.

In der That ist es die Universalität erfahrungsmäßiger Betrachtung, von welcher auf allen Gebieten der Wissenschaft die schönsten Resultate erwartet werden. Jedes Einzelne soll sein Licht von dem Ganzen erhalten. Die verschiedenen Theile des Lebens sind in ihrer innern unlöslichen Verknüpfung erkannt. Der Begriff des Menschlichen wird aus allen Nationen der Erde gewonnen: die niederen Entwicklungsstufen geben Kunde von den Ursprüngen, die höheren im Vergleich damit zeigen, welche Kräfte in Zukunft uns weiter führen.

Es könnte scheinen, als thue die verpönte Polyhistorie früherer Zeit sich wieder auf. Es ist als ob das Wort Lügen gestraft werden sollte, welches Alexander Humboldt als den letzten Polyhistor bezeichnete. Aber man muß unterscheiden zwischen Humboldt und den alten Vielwissern des siebzehnten Jahrhunderts. Die wandelnden Bibliotheken, die athmenden Conversationslexika sind im Aussterben. Niemand beschwert noch sein Gedächtniß mit Dingen, die er bequem in einem Buche nachschlagen kann. Aber die Vertrautheit mit den Methoden und Resultaten verschiedener Wissenschaften scheint die unerläßliche Bedingung großer Fortschritte. Die scheidenden Dämme müssen durchstochen werden. Nicht daß Humboldt so viel wußte macht seine Größe aus, sondern daß die ungeheuren Kenntnisse, die er besaß, sich gegenseitig befruchteten.

Der Polyhistor der alten Zeit hatte alle neun Musen und sämmtliche olympische Götter im Leibe, aber jeder saß gelangweilt in seiner Zelle und wußte nichts vom andern. In dem Polyhistor der neueren Zeit ist das eine vergnügliche, bewegte Gesellschaft geworden, die sich unter einander liebt und Kinder zeugt.

In der lebendigen Berührung scheinbar getrennter Wissenszweige, in dem universalistischen Zuge überhaupt liegt nun allerdings eine Verwandtschaft mit der romantischen Schule. Nur daß wir viel bescheidener geworden sind, daß wir von dem was uns gelingen kann weit mäßigere Vorstellungen bekommen haben. Die Correctur des schrankenlosen Universalismus liegt in dem was Julian Schmidt mit Recht hervorhebt: Die neue Generation baut keine Systeme.

Wir fliegen nicht gleich zu den letzten Dingen empor. Die „Weltanschauungen" sind um ihren Credit gekommen. Selbst der letzte interessante Versuch einer solchen kann dem nicht abhelfen. Denn das blos Interessante hat keinen Werth mehr. Wir fragen, wo sind die Thatsachen, für welche ein neues Verständniß eröffnet wird? Mit schönen Ansichten, mit geistreichen Worten, mit allgemeinen Redensarten ist uns nicht geholfen. Wir verlangen Einzeluntersuchungen, in denen die sicher erkannte Erscheinung auf die wirkenden Kräfte zurückgeführt wird, die sie ins Dasein riefen.

Diesen Maßstab anzulegen haben wir von den Naturwissenschaften gelernt. Und hiemit sind wir auf den Punct gelangt, wo sich die eigentliche Signatura temporis ergibt. Dieselbe Macht, welche Eisenbahnen und Telegraphen zum Leben erweckte, dieselbe Macht, welche eine unerhörte Blüte der Industrie hervorrief, die Bequemlichkeit des Lebens vermehrte, die Kriege abkürzte, mit einem Wort die Herrschaft des Menschen über die Natur um einen gewaltigen Schritt vorwärts brachte — dieselbe Macht regiert auch unser geistiges Leben: sie räumt mit den Dogmen auf, sie gestaltet die Wissenschaften um, sie drückt der Poesie ihren Stempel auf. Die Naturwissenschaft zieht als Triumphator auf dem Siegeswagen einher, an den wir Alle gefesselt sind.

Nicht nur daß für eine Reihe der wichtigsten Aufgaben die Geisteswissenschaften sich von der Naturforschung Hilfe erbitten müssen: die ganze Methode, der ganze Charakter der wissenschaftlichen Arbeit ist ein anderer geworden.

Der rücksichtslose Wahrheitssinn, die Vorurtheilslosigkeit, die Unbekümmertheit um das Resultat stammt von daher. Man ist sich bewußt der Grenzen des Erkenntnißvermögens. Fragen, welche einst alle Gemüther bewegten; Fragen, um die man gerädert, verbrannt und geköpft wurde: wir zucken gleichgiltig die Achseln dazu und sagen: „Ich weiß nicht," oder auch: „Was kümmerts mich?" Denn wir sehen den Versuch ihrer Lösung für eine Competenzüberschreitung der menschlichen Vernunft an.

Wir glauben nicht mehr, daß einige wenige oberste Grundsätze zur Orientirung in der gesammten Welt des Wißbaren und Unwißbaren ausreichen. Gewissenhafte Untersuchung des Thatsächlichen ist die erste und unerläßliche Forderung. Aber die einzelne Thatsache als solche hat an Werth für uns verloren. Was uns interessirt, ist vielmehr das Gesetz, welches daran zur Erscheinung kommt. Daher die ungemeine Bedeutung, welche die Lehre von der Unfreiheit des Willens, von der strengen Causalität auch in der Erforschung des geistigen Lebens erlangt hat.

Sogar die Poesie kann sich der Einwirkung nicht entziehen. Die Motivirung wird strenger. Die Menschen erscheinen wie Puppen in der Hand „unüberwindlicher Mächte". Die Verhältnisse, unter denen Einer aufwächst, werden ihm ein unabwendbares Verhängniß, das ihn zermalmt oder erhebt. Die verborgensten Orte und Gänge der moralischen Welt werden unabläßig durchforscht. Man strebt nach Wahrheit, nach dem Bezeichnenden, Charakteristischen mit einer Energie und Rücksichtslosigkeit, welche für zartbesaitete Gemüther etwas Abstoßendes hat.

Und der erwählte Philosoph der neuen Generation soll — nach Julian Schmidt — nun Schopenhauer sein? Diese hochstrebenden Menschen wären dem Pessimismus verfallen?

Ich setze einer solchen Behauptung den bestimmtesten Widerspruch entgegen.

Der gelesenste deutsche Dichter ist augenblicklich Fritz Reuter. Beweist das Pessimismus oder Optimismus?

Der jüngste pessimistische Philosoph constatirt ausdrücklich den Optimismus, der in Epochen vielverheißender Fortschritte einreiße und den er in unserer Zeit zunächst nur für das politische

Gebiet hervorhebt, „wo die Bildung der Nationalstaaten ihrem Ziele entgegeneilt".

Und doch ist der theoretische Pessimismus scheinbar obenauf. Das Phänomen läßt sich nicht leugnen. Aber es läßt sich erklären.

Zum Theil ist es rein litterarischer Art. Schopenhauer, ein ausgezeichneter, geistvoller Stylist, ein Schriftsteller ersten Ranges, den die Schulphilosophie seiner Zeit nicht aufkommen ließ, hat mit dem Sturze dieser Schulphilosophie eine Art Auferstehung gefeiert. Seine Bücher liest auch der mit Vergnügen, dem sie nichts weniger als ein Evangelium sind.

Im Uebrigen aber: woraus setzt sich die pessimistische Secte zusammen?

Theils finden wir allerdings Menschen, die das Schicksal ungewöhnlich schwer heimgesucht hat, theils aber (und das ist die Mehrzahl) Müßiggänger, welche sich die Zeit mit übler Laune vertreiben — mißvergnügte Lyriker, deren Gedichte nicht mehr gelesen werden — Spatzenköpfe, welche den Pessimismus für besonderen Tiefsinn halten und um jeden Preis tiefsinnig erscheinen wollen — Mitglieder fauler Gemeinwesen, denen nie ein wirklicher Staat mit Flammenlettern das Wort Pflicht in die Seele geschrieben hat — endlich die unübersehbare Masse derjenigen, welche nur der augenblicklichen Mode nachlaufen und den Pessimismus für ein wesentliches Kennzeichen des gebildeten Menschen ansehen.

Ich bin so unhöflich, mit der letztgenannten Classe ganz speciell meine verehrungswürdigen Landsleute zu meinen, welche sich vor jeder neuen Mode so willig beugen, wie weiland das Volk Israel vor einem neuen Götzen. Und wehe dem, der sich gegen Baal auflehnt, um Jehovah in seine alten Rechte einzusetzen!

Alles in Allem genommen gehört der heutige Pessimismus zu den zahlreichen Erscheinungen der Rückbildung, des Atavismus auf geistigem Gebiete. Die „neue Generation" ist daran unbetheiligt. Eher kann man ihr Optimismus, Zuversichtlichkeit, übergroßes Selbstvertrauen zum Vorwurf machen. Denn sehr stark ist in ihr „die Kraft des Hoffens, jene mächtige und sichere Phantasie, die in dem Werdenden schon das Vollendete ahnt".

Eine einzige Quelle des Pessimismus fließt auch für sie.

Gerade sehr hochgerichtetes Streben kann dahin kommen, den Bogen zu straff zu spannen. Je höher das Ziel, desto leichter das Mislingen. Mancher mag die Maske des Uebermuths und der Heiterkeit vornehmen, um die Verzweiflung wegzuscheuchen. Wer einen Funken des himmlischen Feuers erraffen will, der muß darauf gefaßt sein, daß neidische Götter ihn an den Fels schmieden und Jupiters Adler ihn zerfleischen. Wer möchte es ihm verargen, wenn in dem schmerzlichen Ringen nach Wahrheit ihn auf Momente trübe Ahnungen beschleichen?

Aber der große allgemeine Zug der Geister ist mächtiger als solche Ahnungen. Der mehrerwähnte jüngste pessimistische Philosoph fordert schließlich von seinen Jüngern „die volle Hingabe an das Leben und seine Schmerzen". Sein praktisches Resultat ist das gerade Gegentheil der Schopenhauer'schen Verneinung des Willens zum Leben. Und so bringt selbst der Dämon der Verzweiflung dem Gotte des Glaubens sein Opfer dar.

Gewaltig fortschreitende Zeiten wie die unsrige führen eine wunderbar beseligende und erhebende Kraft mit sich. Die Menschen wachsen moralisch über sich selbst hinaus. Die Frage nach dem Lebensglück des Einzelnen tritt weit zurück. Der Soldat, der auf dem Schlachtfelde mit dem Tode kämpft, jubelt mit dem letzten Athemzug den siegenden Cameraden ein Hurrah zu.

Wien, im Juni 1870.

Ludwig Spach.

I.

Moderne Culturzustände im Elsaß. Von Ludwig Spach. Straßburg, Trübner 1873. Zwei Bände.

Als ich das vorliegende Buch, auf dessen Erscheinen ich mich lange gefreut hatte, zum ersten Male in die Hand bekam, da suchte ich neugierig sofort nach dem Namen Ludwig Lavater, und besser hätte ich es in der That nicht treffen können, um das Wehen des Geistes ganz unmittelbar zu empfinden, der in demselben wohnt.

Ludwig Lavater ist nämlich Herr Ludwig Spach selbst auf einer früheren Stufe seiner Entwicklung. Ludwig Lavater sieht in der Vorrede seiner Gedichte (1839) auf seine heimische elsässische Jugend zurück „wie auf ein verschwundenes Traumparadies". Er war über die Vogesen hingezogen in die französische Hauptstadt. Die Heimat war ihm fremd und fremder geworden. Er suchte sie festzuhalten, soviel an ihm lag. Er „nährte in seiner Brust lange und gleichzeitig eine Zwillingsliebe für die gallische und die deutsche Muse". Aber diese Epoche liegt hinter ihm. Es ist nur wie ein Denkmal jener Zeit, wenn er seine deutschen Verse sammelt. Das „unselige Schwanken zwischen zwei sich feindlich bekämpfenden Sprachen" ist vorüber. Er hat den Gedanken aufgegeben, sich auf doppelter Laufbahn Palmen zu erkämpfen. In zwei französischen Romanen hat er sein „Herzblut ausgegossen", und in dem einen, in Henri Farel, bewiesen — nach dem Urtheile der größten lebenden Frau und des größten lebenden Dichters — daß er ein vollkommener Kenner des weiblichen Herzens sei. In französischer Sprache wird er der Geschichtschreiber seines Heimatlandes. In französischer Sprache feiert er ältere und neuere deutsche Dichter. Aber jetzt, an dem Abend seines Lebens, kehrt er zurück in jenes „Traumparadies". Er zaubert sich eine Phantasiewelt aus vaterländischen Erinnerungen. Die Versenkung in die Vergangenheit soll ihn hinwegheben über alle Qual und alle Beschwerde einer Uebergangsepoche. Und in dem vorliegenden Buche legt er Rechenschaft ab von dem geistigen Leben des Elsasses im neunzehnten Jahrhundert. Es ist ein Rückblick auf Selbsterlebtes und zum Theil auf Selbstgethanes. Von Ludwig Lavater redet er wie von einem Halbverstorbenen. Aber noch an vielen anderen Stellen hat er von sich selbst zu sprechen. Er thut es in der liebenswürdigsten Art mit einigem harmlosen graziösen Versteckspiel und mit herzgewinnender Bescheidenheit. Trotz aller Objectivität und obgleich er nie zusammenfassend seine eigenen Leistungen aufzählt, ist das ganze Buch eine Art unwillkürlicher Selbstcharakteristik.

Wir gewahren eine feine, zart organisirte Natur von entschieden ästhetischer Anlage. Die weiche Atmosphäre der feinsten Bildung ist seine Lebensluft. Die Reception alles Schönen und Großen was der Mensch hervorgebracht, und die geschmackvolle Reproduction, der Cultus des Edlen und Hohen mit einem Worte, ist sein Beruf. Wenn er uns (I. 225) erzählt, unter dem schwülen Horizonte der Napoleonischen Periode habe im Elsaß immerfort ein Kern von Männern und Frauen bestanden, „die sich nicht unwillig in dem erfrischenden Haine der Musen ergingen": so dürfen wir sagen: Herr Spach war in Straßburg der Musaget. Wer sich in den Bann seiner Persönlichkeit begibt, der betritt eine Region des Friedens. Alles was Anstoß erregen könnte nach irgend einer Seite hin, das ist daraus verwiesen, es ist vorsichtig verhüllt oder discret angedeutet, es ist gemildert und des Stachels beraubt. Die zarte Grenzlinie des Schicklichen wird nie überschritten. Das allzu Leidenschaftliche, das allzu schroff Charakteristische, das Derbe und Drastische stößt bei ihm auf Abneigung. Noch aus der Ferne widerstreben ihm die bacchischen Feste, die unmäßigen Trinkgelage einer früheren Zeit. Wir wundern uns nicht, in ihm einen Gegner der elsässischen Dialektrichtung zu finden. Er steht durchweg auf Seite der schönen Kunst im Gegen=

satz der vorwiegend charakteristischen. „Der ästhetische Sinn — bemerkt er — muß sich nicht abwenden, schüchtern wie eine Mimose; das eben ist das Zeichen des Genius, daß er sich an rechter Stelle zu bezähmen weiß." Dieses Innehalten, diese Mäßigung bezeichnet Herrn Spach auch überall, wo er das Gebiet der Religion und Metaphysik streift. Es leitet ihn ein gewisser Tact des Herzens und der Phantasie, lieber am Eingang des Tempels bescheiden zu verweilen, als im Innern vielleicht zu schauen was ihm nicht lieb wäre.

Alles was in dem ruhigen gebildeten ästhetischen Genusse als eine Störung empfunden wird, das flieht er wie einen persönlichen Feind. Das Schreckgespenst der socialen Frage gaukelt beständig vor seinem inneren Auge. Die „rohe, von Begierden gepeitschte Masse", der „vierte Stand, der mit derber Faust an die Pforten der europäischen Staaten schlägt", erscheint bei ihm wie der mythologische Wolf, der die Sonne der Cultur zu verschlingen droht. Er hält in Frankreich beinahe das System der Centralisation für das einzig berechtigte, wenn der Föderalismus nur als Maske für communistische Umtriebe dient (I. 214). Das einzige Mal, daß er früher seine Stimme in einer praktischen Frage der Socialpolitik erhob, da waren es Vorschläge, um durch die Begünstigung der Auswanderung nach Amerika einen Abzugscanal für das Proletariat zu schaffen (I. 242).

Ein Mann, für den Bildung und geistige Freiheit Alles ist, konnte wol sich fügen und zurechtfinden, aber nicht sich eigentlich wohl fühlen unter dem Napoleonischen Regiment. Der Historiker beobachtet die Zeichen der Zeit, und die Tragweite der vollendeten Thatsachen ist ihm weit klarer als seinen verblendeten Landsleuten, welche für vorübergehend halten, was durch den stahlharten Willen eines geistes- und waffenmächtigen Volkes unerschütterlich festgehalten wird. Die Wahl zwischen dem Frankreich der Commune und dem Vaterland Schillers und Goethes konnte für Herrn Spach nicht zweifelhaft sein. Der neue Zustand mußte ihn auf Seite der freieren und menschlicheren Bildung finden. Der Aesthetiker und Litterarhistoriker blickt zu den Heroen der deutschen Poesie mit einer Verehrung auf, wie sie ihm offenbar kein Franzose abgewonnen hat. Er spricht gegen einzelne Zweige der französischen Litteratur Verwerfungsurtheile aus, wie sie schärfer nicht gedacht werden können. Er redet von den liederlichen fabrikartigen Producten der Boulevardlitteratur. Er bezeichnet Victor Hugo kurzweg als halbwahnsinnig. Ja er schlägt gegen den „unflätigen Patriarchen von Ferney" einen Ton an, wie wir anderen Deutschen ihn uns jedenfalls nicht gestatten würden. Aber Schiller und Goethe sind für ihn Gestalten von unantastbarer Hoheit. Er steht ihnen gegenüber etwa wie ein französisch gebildeter Deutscher des vorigen Jahrhunderts, der alle Vorzüge des französischen Styls sich angeeignet hat und nun dieses langvermißte Gut gebildeter freier Form durch unsere Classiker auch den Deutschen gewonnen sieht. Nicht so sehr Nationalgefühl macht ihn zum Bewunderer und Verehrer, als vielmehr objective Werthschätzung. Und erst die litterarische Gesinnung wird zur Grundlage der nationalen. Dieses eine Beispiel schon würde genügen, um uns zu überzeugen von der Macht nationaler Propaganda, welche eine große Litteratur mit sich führt. Jenes vielgetadelte weltbürgerliche Element unserer classischen Litteraturepoche ist gerade die Quelle ihres weitgehenden Einflusses.

Herr Spach hat so entschieden und rückhaltslos Partei genommen, wie nur wenige seiner Landsleute. Aber er bleibt auch jetzt ein Vermittler und er bleibt es mit Recht. Schon früher war das Elsaß ein von Parteien zerrissenes Land: die confessionellen Gegensätze sind geblieben, die politischen und nationalen haben eine ganz andere Schärfe und eine ganz andere Bedeutung bekommen. Herr Spach hat früher immer gestrebt, ein neutrales Gebiet ausfindig zu machen, auf welchem sich die sonst schroff gesonderten Parteien friedlich treffen und zu gemeinschaftlicher Arbeit verbinden könnten. Ueberall wo es galt einen Mittelpunct zu schaffen, zerstreute Kräfte zu sammeln und in lebendigen Contact zu setzen: da fand man ihn an der Spitze. Er war der Präsident der litterarischen Gesellschaft, er war der Präsident der historisch-archäologischen Gesellschaft, er war eines der thätigsten Mitglieder von beiden und einer der Hauptarbeiter an der Revue d'Alsace.

Auch für die neuen Parteien gibt es ein solches Feld der Vereinigung, und es ist kein anderes als das alte, auf welchem sich Herr Spach zeitlebens mit so großer Vorliebe bewegte. Der Boden der Vermittelung ist die Wissenschaft, es sind die allgemeinen Interessen der Bildung. Schon jetzt war es nicht möglich, den eingewanderten Deutschen den Zutritt zur historischen Gesellschaft zu wehren, und wir hoffen auf erfolgreiches Zusammenwirken. Auch hier aber ist der erste entscheidende Schritt von keinem Anderen als Herrn Spach ausgegangen.

Er hat sich, wie gesagt, rückhaltslos auf die Seite der Deutschen gestellt. Er sah voraus und acceptirte die Bevorzugung der deutschen Sprache im Allgemeinen. Aber er betonte auch andererseits mit Recht: „Ueber dem Knie abzubrechen mit der achtzigjährigen überkommenen französischen Bildung schiene nicht rathsam." Er hat seiner Zeit ein wesentlich französisch gebildetes Publicum unermüdlich hingewiesen auf die Schätze der deutschen Litteratur. Möge er jetzt seine Stellung an der neuen Reichsuniversität benutzen, um die deutsche Jugend hinzuweisen auf das, was innerhalb der französischen bleibende Bedeutung und hohen Werth besitzt auch für uns.

Ein Werk der Vermittelung ist auch das vorliegende Buch.

Es will die eingewanderten Deutschen in die Tradition des früheren geistigen Lebens der Elsässer, insbesondere Straßburgs, versetzen. Der Verfasser beginnt mit einer Charakteristik der Präfecten des niederrheinischen Departements. Er schildert die Maires von Straßburg. Er entrollt eine Bilderreihe alsacischer deutscher Dichter. Er macht uns mit den französischen Poeten des Elsasses bekannt. Er führt uns die neueren elsässischen Geschichtschreiber vor. Er geleitet uns in die historische, in die litterarische, in die naturwissenschaftliche Gesellschaft, in die Ackerbaugesellschaft des Unterelsaß, in die Société industrielle von Mülhausen. Wir wohnen mit ihm den öffentlichen Vorlesungen bei, wir besuchen die frühere Akademie und das Straßburger Theater. Wir durchblättern die Revue d'Alsace, die Revue catholique, die Gazette médicale de Strasbourg, die politischen Journale des Elsasses von 1800 bis 1870. Wir stehen betrachtend still vor einigen hervorragenden Erzeugnissen moderner elsässischer Sculptur. Wir werden über die kirchlichen Zustände des Elsasses orientirt. Das Buch verbreitet sich mit gleichem Interesse über die Verhältnisse der Protestanten, der Katholiken und der Juden. Mit einem Wort: wir erhalten ein so allseitiges und vollständiges Gemälde des geistigen Lebens im Elsaß während des neunzehnten

Jahrhunderts, wie es entfernt nicht für eine andere teutsche Statt oder Landschaft unternommen oder vollends ausgeführt wurde. Und dies alles in einer Sprache von vollendeter Leichtigkeit, Anmuth und Geschmeidigkeit. Der Verfasser versteht uns anzuziehen, festzuhalten und befriedigt zu entlassen. Auch scheinbar trockener Stoff belebt sich unter seinen Händen. Langweile kommt nie auf, und man fühlt sich nicht blos fesselnd unterhalten, sondern reich belehrt. Die schwierige Aufgabe scheint dem Verfasser spielend und mühelos zu glücken. Und daß ihm die deutsche Sprache als litterarisches Medium viele Jahre lang beinahe gänzlich fremd war, das merkt nur der sehr aufmerksame Leser und nur an sehr wenigen Stellen. Herr Spach ist ein Meister der Form.

Auf das politische Leben fällt manches bedeutsame Streiflicht. Es ist interessant zu beobachten, wie der unaufhörliche Systemwechsel Frankreichs auch nach der Grenzprovinz seine Wellen wirft. In Uebergangszeiten ein fortwährender Wechsel der Präfecten. Der Nachfolger immer der Feind des Vorgängers: was dieser geschaffen und begünstigt, das wird von jenem principiell vernachlässigt oder wol geflissentlich geschädigt. Die beste Zeit wird auf Wahlagitation verschwendet. Den Wahlen ist schließlich jedes andere Interesse untergeordnet. Das Alles freilich ist an sich nichts neues, aber es wird anschaulicher an dem concreten Beispiel.

Am liebsten verweilen wir, wo wir den Verfasser am meisten in seiner geistigen Heimat finden, bei seinen Berichten über die Thätigkeit der gelehrten Gesellschaften, über die Erscheinungen der Litteratur und Kunst.

Ueber diese Dinge konnte er sprechen, wie es niemals ein auswärtiger Beobachter oder selbst ein Eingewanderter im Stande war. Er hat die volle Vertrautheit, die absolute Sachkunde und den Einblick ins innere Getriebe. Aber er spricht wie der Präsident einer Versammlung über die einzelnen Mitglieder. Er sucht ein gleichmäßiges Licht zu verbreiten, nur sehr selten fallen dunklere Schatten. Er erweist manchmal den Unbedeutenden zu viel Ehre, und er erweist den Bedeutenden nicht genug. Und so muß denn der Unterzeichnete eigene frühere Urtheile dem ausdrücklichen Widerspruch des verehrten Verfassers gegenüber noch immer ausdrücklich festhalten. Gerade seine vorliegende Darstellung kann zur Bestätigung dienen. Auch er spricht von „unserer prosaischen Zwittergesellschaft" (I. 138) und beklagt „die befähigten Geister, die hier zu Lande der zwitterhaften Stellung zwischen Ost und West zum Opfer fielen" (I. 103). Und wenn man ein Gesammtresultat seines Berichtes ziehen wollte, so empfängt man den Eindruck: eine Schaar ausgezeichneter Kräfte bemüht sich um die undankbare Aufgabe, durch künstliche schwierige Leitungen unter einer verzehrenden Sonne, in schwüler Luft, unter heißen ausdörrenden Winden ein Fleckchen Land grün und kühl und für den Anbau geeignet zu erhalten — unwillkürlich legt man sich die Frage vor: was würden diese Kräfte geleistet haben unter einem andern Himmelsstrich?

Wir bedauern übrigens, daß der Herr Verfasser nicht die Thätigkeit der Elsässer außerhalb des Elsasses in umfassender Weise berücksichtigt hat. Es ist ein glänzendes Blatt in der Geschichte der modernen französischen Malerei, welches durch elsässische Namen ausgefüllt wird. Auch wie viel die Pariser Journalistik von elsässischem Geiste und speciell von den Zöglingen des protestantischen Seminars profitirt hat, darüber wünschte man gern Näheres zu erfahren. Ein Mann wie Edmond Scherer hätte wol eingehende Darstellung verdient . . . . Doch wir dürfen keine Ansprüche an den Verfasser stellen, welche er aus seinem Plane mit vollem Bewußtsein ausschloß. Er hat sich die Frage wol vorgelegt, ob er elsässische Schriftsteller aufnehmen dürfe, die, in Paris lebend, ganz im Pariser Leben aufgegangen sind. Und er bescheidet sich nur diejenigen zu besprechen, die durch irgend ein sichtbares Band mit dem Elsaß in Contact geblieben sind.

Herr Spach spricht in der Vorrede von der undankbaren Rolle des Vermittlers, die er, einem angeborenen Triebe folgend, nicht verleugnen wolle. Nun in der That, Undank genug von Seiten seiner Landsleute hat sie ihm eingetragen. Möge ihm dafür der aufrichtige Dank und die unverholene Anerkennung der eingewanderten Deutschen eine schwache Entschädigung bieten. Die Jugendfreunde die er verloren, die alten Genossen die sich von ihm gewendet — diese können sie ihm nicht ersetzen, die Lücke in seinem Herzen, welche die neuen Zustände nothwendig reißen mußten, in keiner Weise ausfüllen.

Aber Herr Spach sieht ein neues Leben hervorsprießen in dem Lande, das er vor allen liebt. Er sieht jene Interessen der Bildung geschützt und gefördert, für die er vor Allem lebt. Von jenen Parteien, deren schroffe Sonderung er so sehr beklagt, wird die nächste Generation nichts mehr wissen. Er kann mit Beruhigung in die Zukunft seiner Heimat blicken. Und er kann die Ueberzeugung festhalten: daß diese Zukunft ihn ehren und seinen edlen Bestrebungen die vollste Gerechtigkeit widerfahren lassen wird.

Straßburg, 18. April 1873.

II.

Henri Farel, roman alsacien, par Louis Lavater. Paris, Adolphe Guyot, 1834.

Endlich also halt ich das merkwürdige Buch in Händen, auf das ich so lange vergeblich Jagd machte. Der Verfasser selbst besaß kein Exemplar mehr, Niemand in Straßburg will den Roman kennen, in der Heitzischen Bibliothek, welche die ganze alsatische Litteratur in seltener Vollständigkeit darbietet, ist er nicht vorhanden: das Buch hatte seiner Zeit großen Anstoß gegeben, die provinzielle Prüderie fand sich tief beleidigt durch die Anspielungen auf bekannte Ereignisse, die dem Gedächtniß der Mitlebenden noch nicht entschwunden waren, durch das kühne Wagniß, die Geheimnisse des ehelichen Lebens offen zu besprechen, durch die Unbefangenheit, mit welcher gelegentlich Pariser Sittenzustände künstlerisch verwerthet werden. Man machte dem Verfasser einen Vorwurf aus solchen Einzelheiten und übersah, was die Hauptsache war, daß man ein Werk vor sich hatte, das wie wenig andere zur Ehre der elsässischen Heimat geschrieben war.

Der Henri Farel ist 1834 erschienen, zwei Jahre nach der Indiana von George Sand, und man glaubt zu merken, falls nicht ein Zufall uns täuscht, daß sich der Verfasser dem Einflusse dieser hinreißenden Erscheinung nicht entziehen konnte. Auch hier eine Frau ohne inneres Verhältniß zu ihrem Manne, und zwei Liebhaber: der eine treu, schmucklos, etwas prosaisch, in rührender Hingebung unablöslich gefesselt; der andere brillant, verführerisch — dieser zweite besitzt ihr Herz, das für ihn nur eine vorübergehende Studie bildet, woran er sich die ersten Sporen in Liebessachen verdient. Die arme Frau ist schließlich tief gedemüthigt und fühlt sich zurückgestoßen und mit empörender Gleichgiltigkeit behandelt, wie Indiana. Aber es ist dann kein Tröster zur Hand, sondern jener treue, bescheidene hat mittlerweile den Tod vorgezogen.

Es ist eine unverkennbare Aehnlichkeit, aber es sind auch bestimmte Unterschiede vorhanden. Die Typen sind nicht so allgemein, nicht so unbedingt und unwahrscheinlich idealisirt. Die Sand malt die Männer in der Regel, wie sich eine Frau von großen Leidenschaften dieselben wünscht, als Ausbund alles Guten, Großen und Schönen und doch ohne rechten Beruf. Oder der ganze Mensch wird auf eine einzige Eigenschaft gebaut, die sich in ihm incarnirt, er ist blos treu z. B., aber dann auch treu bis zum Exceß, hundetreu, er erstickt alle Eifersucht, bleibt unnatürlich besonnen und verständnißvoll und stets vollendeter Cavalier. Henri Farel ist nicht so, er ist ein ganz natürlicher Mensch und könnte jeden Augenblick in der Wirklichkeit so vorkommen. Er schmachtet in den Fesseln der Frau Minna von Wängenheim. Maßlose Eifersucht verzehrt ihn, er quält sie, oft thöricht, oft mit Recht, oft lächerlich das Harmloseste zur Staatsaffaire aufblähend, oft mit dem wunderbarsten Scharfblick wirkliche Gefahren ahnend. Und, wie es ganz begreiflich ist, er wird der Dame seines Herzens lästig. Dieses ewige Ueberwachen, diesen schwerfälligen Mangel an Verständniß für die einfachsten, unverfänglichsten Dinge, das können Frauen nicht vertragen. Sie weiß trotzdem immer, was sie an ihm hat, aber sie läßt sich hinreißen durch ihre grenzenlose Schwäche und durch eine seltsame Verirrung des Herzens.

Der brillante Liebhaber, der sie bezaubert, ist ein halbes Kind. Frau von Wangenheim hat ihn als Schüler in Paris gesehen, er ist der Sohn einer elsässischen Landsmännin und Jugendfreundin und eines Pariser Bankiers. Er soll in Straßburg seine Studien beginnen, die Mutter empfiehlt ihn an Frau von Wangenheim. Diese wünscht heimlich, daß der junge Mann und ihre leidenschaftlich geliebte Tochter Lili ein Paar werden möchten. Aber Lili wird durch einen plötzlichen Tod dahin gerafft. Der talentvolle Pariser, der das Mädchen immer als reines Kind behandelt hat, findet es für gut, der Mutter die Cour zu machen, und Minna ist nicht unempfänglich für seine Schmeicheleien, unmerklich, ihr selbst unbewußt, wandeln sich ihre mütterlichen Empfindungen in ein anderes Gefühl.

Was den Hintergrund so vieler französischer Romane ausmacht, die gesetzliche Unmöglichkeit der Ehescheidung, das spielt auch hier seine Rolle. Aber der Verfasser hat überall die Wirklichkeit eines bestimmten historischen Momentes, eines bestimmten Locals und fester Bedingungen des Standes und der Verhältnisse im Auge. Der Roman spielt in der Zeit von 1810 bis 1816. Die Aufhebung der Ehescheidung durch das Gesetz vom 16. Mai 1816 greift in das Leben zweier Menschen ein und macht sie unglücklich.

Frau von Wangenheim hat zum ersten Mal deutlich beobachtet was in Alfred vorgeht, sie sieht mit Unruhe und Gewissensbissen die Gefahr vor sich, daß der Sohn ihrer Freundin durch den Verkehr mit ihr in die Geheimnisse einer Leidenschaft eingeweiht werden könnte, welche seine lebhafte Phantasie gewiß längst geahnt: die ihr selbst drohende Gefahr empfindet sie noch nicht. Andererseits hat der Tod ihrer Tochter das einzige Hinderniß hinweggeräumt, das für ihre Auffassung einer Scheidung entgegenstand. Und wenn ihr manches an dem Gedanken einer neuen Ehe widerstrebt: sie ist sie Farel schuldig, er hat sie verdient durch jahrelange Treue, dadurch, daß er seine ganze Existenz an die ihrige geheftet und nur für sie gelebt hat. Sie darf hoffen, seine fürchterliche Eifersucht werde doch endlich schwinden, wenn er am Ziele seiner Wünsche stehe. Sie spricht also das Wort, sie gibt das Versprechen, das ihn zum seligsten aller Menschen macht. Er ist außer sich, ein Gefühl nie gekannter Wonne durchströmt den starken Mann, ein Jubel erfüllt ihn, der ihm die Brust zersprengen will. Mit Mühe beruhigt sie ihn. Alle Verabredungen werden getroffen. Sie begeben sich in den gemeinschaftlichen Salon. Da ist Herr von Wangenheim und andere Gesellschaft. Der Gegenstand ihres Gespräches tritt bald für Minna und Farel hervor, die Nachricht, um die es sich dreht, wird durch ein Zeitungsblatt belegt: „Gesetz vom 16. Juni 1816: Article unique: Le divorce est aboli."

Ich beschreibe die Wirkung nicht, die jeder Leser schon nach dieser schwachen Skizze ahnen muß.

Das letzte Hoffnungslicht, das dem armen Farel aufging, ist durch eine reactionäre Maßregel der Restauration ausgelöscht und vernichtet. Zwei Menschen, die noch glücklich sein konnten, — die letzte Möglichkeit dazu ist ihnen benommen. Nun geht Alles seinen Gang nach abwärts, wie es muß.

Ich fühle, daß ich nicht im Stande bin, eine eigentliche Analyse des Romans zu geben. Dazu müßte ich ihn von Anfang bis zu Ende ruhig erzählen, aber das objective Erzählen wird mir so schwer und der hier verarbeitete Stoff ist so reich und mannigfaltig.

Wenn einerseits George Sand auf die Conception von ferne eingewirkt zu haben scheint, so finden wir andererseits die unzweifelhaftesten Anklänge an Goethe, namentlich an die Wahlverwandtschaften, weniger an Wilhelm Meister.

Henri Farel ist ein Schweizer Fabrikant, Sohn eines Arztes aus der Familie des Reformators von Neufchatel. Er hat eine reichere humane Bildung erhalten, wie der Goethe'sche Kaufmannssohn, die Schweiz hat seinen Natursinn ausgebildet, er ist ein Poet geworden in Auffassung der Dinge dieser Welt und in den Bedürfnissen seines Herzens.

Um ihn sind drei Frauen gruppirt.

Die erste, Juliette, eine Jugendliebe, hat er vergessen: er sieht sie wieder unmittelbar vor seiner Hochzeit mit einer andern. Sie aber lebt von dem Andenken der Stunden, die sie auf der Insel Ufenau als halbe Kinder getheilt. Sie liebt ihn ihr Leben lang. Sie ist wie sein guter Engel, der ihn aus der Ferne beschützt, und in dem Augenblicke einer großen Gefahr tritt sie als Retterin ein.

Die zweite ist Madeleine, eine ländliche Schönheit, an Bildung tief unter Farel stehend. Trotz den Warnungen seines Vaters und Bruders — eines Pfarrers, zu dem er kein rechtes Verhältniß hat —, trotz dem Wunsche seiner verstorbenen Mutter, der ihm allerdings zu spät bekannt wird — macht er sie zu seiner Frau. Die Ehe wird unglücklich, wie sich erwarten ließ; sie ist eine innere Unmöglichkeit. Madeleine hat die bedenklichsten Seiten ihres Charakters mit bäurischem Instinct zu verbergen gewußt, sie hat ihn sechs Jahre lang festgehalten durch verstellte Demuth und eine stets unveränderte Sanftmuth. Sobald sie Frau ist, kommt ihr wahrer Charakter fast brutal an den Tag. Sie strebt nach unbedingter Herrschaft über einen Mann, den sie nicht versteht, dem sie geistig nichts gewähren kann und dem ihre kalte Natur sinnlich nichts gewähren will. . . .

Zu spät sieht Henri Farel die Unhaltbarkeit seiner Ehe ein, aber er will keine Scheidung, obgleich diese gesetzlich möglich wäre. Er hat ein zu lebhaftes Gefühl von Ehre, um die Gesetze seines Vaterlandes für sich aufzurufen, ehe er alle Mittel erschöpft sieht, um seine angetraute Gattin in Wirklichkeit zu gewinnen.

Madeleine soll zu ihrer Mutter zurückkehren, seine Geschäfte rufen ihn nach auswärts, er will sie nur in Unterbrechungen sehen. Er geht ins Elsaß. Herr von Wangenheim, Fabrikant wie er, fordert ihn auf sein Associé zu werden.

Dort auf der einsamen Fabrik (ihre Lage scheint in der Nähe von Zabern gedacht) tritt ihm die dritte Frau entgegen, deren Einfluß auf sein Herz entscheidend wird. Der Abbruch seines Geschäftes in der Schweiz fällt zusammen mit dem Tode seines Vaters, dieser Tod bewirkt eine Annäherung zwischen Heinrich und Madeleine; sie verlangt in die neue Heimat mitgenommen zu werden, und Heinrich gibt widerstrebend nach. Minna von Wangenheim wünscht nichts anderes als ihn zum Freunde zu behalten, aber sie wünscht auch ein innerlich glückliches Verhältniß zwischen den beiden Gatten. Sie benutzt ihren Einfluß auf Heinrich, um eine Annäherung herbeizuführen. Aber die Eifersucht Madeleines, ihr Haß gegen Minna, geschürt durch boshafte Einflüsterungen Wangenheims und Anderer, ist nicht zu stillen. Es kommt zu einer neuen heftigen Scene. Madeleine gebiert unter dem Beistande Minnas vor der Zeit ein todtes Kind. Heinrich ist vier Stunden unterwegs gewesen, um Hilfe zu holen, zurückkehrend findet er Alles vorbei.

Un enfant mort-né était couché sur un fauteuil; des mouchoirs blancs couvraient ce petit cadavre; une jolie tête pâle sortait seule de dessous cette enveloppe. Henri, les larmes aux yeux, s'agenouilla pour le voir de plus près; et, dans le même instant, il rebondit sur ses pieds.

— Qu'avez-vous? lui demanda Minna.

— L'avez-vous bien fixé, madame?

— Non, reprit-elle en rougissant.

Ils ne s'étaient que trop bien compris. En voyant ces

traits à peine ébauchés, empreints pourtant d'une criminelle ressemblance, il semblait à Henri qu'un enfant de Minna venait de mourir.

Das Citat wird genügen, um die Einwirkung der Wahlverwandtschaften außer Zweifel zu stellen.

Schiller und Goethe und andere deutsche Dichter kehren nicht blos dem Verfasser selbst fortwährend wieder, Situationen und Charaktere aus ihren Werken sind nicht blos ihm vielfach gegenwärtig, und er zieht sie wie zur Erläuterung herbei: sondern auch in einzelne seiner Personen legt er das gleiche Interesse.

Heinrich Farel ist mit deutscher Litteratur vertraut, und im Juni 1815 auf Vorposten am Rhein als Hauptmann einer Freischaar zieht er in der Nacht am Biwachtfeuer Körners Gedichte heraus: mit denselben Versen, welche seine jungen Landsleute gegen die Franzosen begeisterten, facht ein Mensch von germanischer Rasse unter den französischen Fahnen seinen Kriegsmuth an.

Ich kann die Erfindung dieses Motivs nicht eben loben, ich halte es für recht unwahrscheinlich. Aber es ist charakteristisch für den Verfasser.

Alfred, von mütterlicher Seite Elsässer d. h. Deutscher, von väterlicher Seite Franzose, stellt diese Gegensätze auch in seinem Charakter dar. Die beiden Nationalitäten stoßen in ihm wie auf einem Schlachtfelde zusammen, sie machen ihn unruhig und unentschlossen, heute arbeitsam und der edelsten Vorsätze voll, morgen träg und gleichgiltig; heute enthusiastisch wie einen Berliner Studenten, morgen spöttisch wie einen Pariser Gamin.

Dieser junge Alfred aber hat es durchgesetzt, daß er nicht in das Geschäft seines Vaters einzutreten braucht, er will Schriftsteller werden und möchte sich mit deutschem Geiste befruchten. Die deutschen Dichter, von denen er einige Kenntniß aus den Gesprächen seiner Mutter schöpfte, will er an der deutschen Grenze studiren. Er geht nach Straßburg. Da discutiren die Studenten über Schiller und Goethe ganz wie in Deutschland. Den Professor Arnold, den Verfasser des Pfingstmontag, machen sie zum Schiedsrichter ihres Streites. Alfred lernt einen ungarischen Offizier kennen, der eine für einen Ungarn allerdings merkwürdige, aber doch nicht unmögliche Bekanntschaft mit deutscher Litteratur verräth. Der meint: „Die Franzosen sollten sich rächen für die Millionen, die wir ihnen entführen werden, indem sie unsere litterarischen Schätze plündern. Es ist klar, daß Ihr einer Erneuerung bedürft. Ich will des Teufels sein, wenn nicht unsere jungen Berliner Offiziere aus ihren Reisetaschen einige Bände Schiller auf den Straßen von Paris fallen lassen: man wird sie aufheben."

Damit scheint Alfred ganz einverstanden. Als er von Minna zärtlichen Abschied nimmt, ist er im Begriff nach Berlin aufzubrechen. Und zu Ende des Romanes, wo ihn die Unglückliche aufsucht und so schnöde behandelt wird, da ist er eben von Berlin zurückgekehrt und corrigirt die ersten Bogen seines ersten Werkes: un résumé brillant des doctrines philosophiques qu'il avait écrémées à Berlin, un coup d'oeil prophétique sur l'avenir littéraire de la France.

Die Erfindung hat nichts Unwirkliches. Man erinnert sich, wie stark gerade die deutsche Philosophie von der französischen eklektisch ausgebeutet wurde.

Aber man fühlt durch, wie der Verfasser des Romans seine eigene Lebensaufgabe in einer ähnlichen Vermittelung erblickt, wie er auf dem Gebiete der Poesie deutsche Anregungen in Frankreich verwerthen möchte.

Gleichwohl, wie stark auch fremde Einwirkungen ihn beherrschen mögen, es ist in seinem Buche ein Element, das sich weder auf französische noch auf deutsche Voraussetzungen, weder auf die Sand noch auf Schiller und Goethe zurückführen läßt und das innerhalb der deutschen Litteratur nachher durch Immermanns Münchhausen und die Dorfgeschichten repräsentirt wird. Man ist leicht mit dem Schlagworte „Realismus" zur Hand. Man darf sich auf das stark entwickelte elsässische Heimatsgefühl berufen. Man kann die Erzählungen von Erckmann-Chatrian vergleichen, denen ich aber Spachs Roman bei weitem vorziehe. Das eigentlich Entscheidende jedoch ist der echt historische Sinn des Verfassers, der sich hier einem poetischen Producte mittheilt und es überall durchbringt, ohne daraus einen sogenannten historischen Roman zu machen. Das Historische drängt sich nicht auf, es ist nicht um seiner selbst willen da, es sollen nicht nebenbei geschichtliche Kenntnisse mitgetheilt und große historische Ereignisse zur Erhöhung des poetischen Reizes beigezogen und hervorragende Persönlichkeiten eingeführt werden, die bei dem Lesepublicum ein ähnliches Bedürfniß der Neugier befriedigen, wie man etwa Bismarck unter den Linden zu begegnen sucht oder sich in die Nähe der Monarchen oder großer Kriegshelden drängt, um sie von Angesicht zu Angesicht zu sehen; nichts von alle dem.

Der Verfasser sucht, wie schon bemerkt wurde, die höchste locale und zeitliche Bestimmtheit. Diese braucht er, um seine Personen lebendig zu concipiren. Schweiz, Elsaß, Paris: das Alles hebt sich in den Contrasten der Wirklichkeit von einander ab; die landschaftlichen Schönheiten der Alpen und der Vogesen werden nicht vergessen; die politischen Verhältnisse der Schweiz und des Elsasses spielen herein. Wie Farel das erste Mal in Straßburg ist, wohnt er den Empfangsfeierlichkeiten für Marie Louise bei. Er hat früher in der Schweiz gegen die Franzosen gekämpft, 1815 kämpft er unter Rapp gegen die Deutschen als Eindringlinge. Die moralische Verderbniß der Revolutionszeit findet ihre Typen in Herrn von Wangenheim und seinem Vetter Jean, dem ehemaligen Genossen von Eulogius Schneider.

Die verschiedenen Nationalitäten sind ausgezeichnet charakterisirt. Dem Helden haftet etwas specifisch Schweizerisches an. Das Deutschthum wird unter anderem durch den Studenten Bernhard Link vertreten, ein warmes ehrliches Herz bei pedantischem Aeußeren, ein Typus jenes deutschen Enthusiasmus, der sich gleichzeitig für die Wissenschaft und irgend eine ideale Liebschaft begeistert. Dazu kommt, damit in den Hauptgegensätzen des Deutschen und Französischen sich nicht Alles erschöpfe, die kleine heißblütige Italienerin Laurette, Juliettens Freundin, und der ungarische General Gabi mit seiner soldatischen Biederkeit und seinen lateinischen Floskeln, eine köstliche, lebenswahre, höchst gelungene Figur.

Nicht minder heben sich die Stände von einander ab. Madeleine und die schöne Müllerin Rosette, so wie der Müller Jean sind vortreffliche gar nicht geschmeichelte Typen des Bauernthums. Von allen Nebenpersonen, auch wenn sie ganz im Hintergrunde bleiben, erhält man ein festes Bild, so von Madeleines Mutter, von Juliettens Vater. Dazu die religiösen Gegensätze: Heinrich Farel Deist; Minna gleichfalls liberal gesinnt; dagegen Alfreds Mutter orthodoxe Lutheranerin; der gute Pastor Ressel ein rechter Bauernpfarrer;

endlich die Ueberbleibsel der Schreckenszeit, die atheistisch-glaubenslosen, aber jetzt äußerlich der Kirche sich fügenden Wangenheims.

Bei allem Guten was ich von dem Buche gesagt habe — und ich gab doch nur eine ganz objective und höchst lückenhafte Charakteristik — darf ich nicht verhehlen, daß man dem Verfasser anmerkt, er steht nicht auf der Höhe seiner Kunstübung, sondern am Beginn. Manche Uebergänge sind zu hart; mehrfach vermißt man strenge Motivirung, das Benehmen Madeleines z. B. wird nicht völlig klar; nicht überall ist man überzeugt, daß die Dinge so gehen mußten wie sie der Verfasser gehen läßt. Der Anfang des Anfangs, daß Farel so blind in sein Verhängniß rennt, daß er in sechs Jahren Madeleine nicht besser kennen gelernt, daß er z. B. jetzt zum ersten Mal erfährt, sie habe keinen Sinn für die Natur: das scheint nicht recht glaublich. Das Ungeheuer Wangenheim, Minnas Gemahl, ist allzu sehr Ungeheuer; er ist so sehr durchtriebener Teufel, daß man ihn für einen bloßen Theaterteufel halten möchte. Am meisten aber, dünkt mich, wäre noch für Minna zu thun. Sie ist nicht hinlänglich ausgestattet mit reinem, bestrickendem, den Leser unmittelbar ergreifendem Reize. Sie macht den Eindruck eines unvollkommenen Porträts: der Künstler war von dem Original vielleicht zu sehr entzückt, er verlor die Sicherheit der Beobachtung und weiß in dem Beschauer darum nicht das gleiche Entzücken hervorzurufen. Oder er will sich unwillkürlich rächen für die Bewunderung die ihm abgezwungen worden, und so hebt er die kleinen Züge mehr hervor als die großen.

Aber neben einzelnen Fehlern, welchen bedeutenden Eindruck empfängt man doch im Ganzen. Welche reichen Anlagen, welche tief ergreifenden Situationen, welche Kenntniß des weiblichen Herzens, welche drastischen Erfindungen. Wie schade, daß diesem ersten Schritte keine weiteren folgten, daß der Verfasser sein Talent nach dieser Seite hin nicht ausbildete!

Ist etwas Symbolisches dabei, wenn die Elsässerin Minna den schwerfälligen ehrlichen deutschen Farel so tief kränkt, dadurch, daß sie ihr Herz nicht verschließen kann gegen den Zauber eines jungen Parisers?

Ludwig Lavater schildert den verhängnißvollen Einfluß, den die Aufhebung der Ehescheidung von 1816 auf das Schicksal von Heinrich Farel nimmt.

Soll ich zu schildern suchen, welchen verhängnißvollen Einfluß die Rückgabe des Elsasses an Frankreich in den Pariser Verträgen von 1814 und 1815 auf Ludwig Spach genommen hat?

Was hätte ein Mann von diesen wissenschaftlichen und poetischen Gaben für die deutsche Litteratur werden können. Was für einen Geschichtschreiber hätten wir an ihm gewonnen mit dieser glücklichen Anmuth und Leichtigkeit der Sprache, mit dieser vergegenwärtigenden Phantasie, mit dieser Gabe zu charakterisiren, mit diesen allseitigen Culturinteressen und dem sicheren Blick für politische Verhältnisse.

In Frankreich hat er entbehrt was nur Paris gewähren konnte und was es ihm versagte, was Niemand entbehren kann der in die erste Reihe gehört: das Gefühl zusammen zu arbeiten mit den Besten, an ihnen sein erstes ebenbürtiges Publicum, seine gerechten Richter und seine fördernden Gleichstrebenden zu besitzen.

28. December 1873.

Verlag der Weidmann'schen Buchhandlung in Berlin.

Druck von Breitkopf und Härtel in Leipzig.